H-.P. Siebenhaar

Michael Müller

Fränkische Schweiz

VERLAG
MICHAEL MÜLLER

Text und Recherche

HANS-PETER SIEBENHAAR	Bamberg, Forchheim, Trubachtal, Walberla, Neunkirchen, Betzenstein, Hollfeld, sowie das Einleitungskapitel (ohne Geographie und Geschichte).
MICHAEL MÜLLER PETRA ROST	Ebermannstadt, Heiligenstadt, Aufseß, Gräfenberg, Streitberg Muggendorf, Gößweinstein, Waischenfeld, Pottenstein, Bayreuth, Geographie
LORE MARR	Gräfenberg und Umgebung
JOCHEN GRASHÄUSER	Vorwort

LEKTORAT	Harald Sippel
KARTEN U. PLÄNE	Petra Rost
ILLUSTRATIONEN	Peter Göschel
FOTOS	Petra Rost, H.-P. Siebenhaar, Verkehrsamt Pottenstein u. Gößweinstein
UMSCHLAGGESTALTUNG	Judit Ladik
TITELFOTOS	Petra Rost, Bernd Böhner

4. überarbeitete Auflage 1991   ISBN 3-923278-15-2

Inhalt

Bamberg 250

"Verfallene Burgen, zerklüftete Felsen, dichte Wälder, liebliche Täler . . ." erste Bilder einer romantischen Dichtung und gleichermaßen eine Landschaftsbeschreibung der Fränkischen Schweiz.

Die Universität in Erlangen lehrt, daß die Fränkische Schweiz nicht nur die romantische Landschaft an sich ist, sondern daß die Romantik als Kunstform auf dem Weg von Pottenstein nach Gößweinstein geboren wurde.

Zwei junge Mönche befanden sich auf einer Pilgerfahrt, die sie von Pottenstein zum Wallfahrtsort Gößweinstein führte. In ihr Reisetagebuch notierten sie Eindrücke, die sie von der umgebenden Landschaft empfingen: Es entstanden Verse, die erste romantische Stilelemente enthielten, lange bevor die Schriftsteller und Maler der Romantik die Fränkische Schweiz als erste Touristen durchwanderten.

Von den einst über zweihundert Burgen und Schlössern stehen heute noch etwa achtzig, viele davon als Ruinen. Im Zuge der Flurbereinigung werden Flüsse und Bäche begradigt, gesichtslose Neubauviertel gruppieren sich oft um die gewachsenen Ortskerne, und es gibt nur noch wenige Täler, durch die keine Autostraße führt.

Und doch liegt noch immer ein Zauber über dem *Gebürg*, den unser Jahrhundert noch nicht gebrochen hat, und von dem sich jeder in seinen Bann ziehen lassen kann, der sich zu Fuß durch die Geburtslandschaft der Romantik bewegt.

Die Fränkische Schweiz ist ein vielfältiges, kleinräumiges Gebiet, das neben Naturschönheiten auch eine abwechslungsreiche Geschichte aufweist. Ob im Frühjahr zur Zeit der Kirschblüte, wenn die Täler in weißer Blütenpracht stehen, oder im Herbst, wenn der Nebel Berge und Täler undurchdringlich einschließt und in dicken Schwaden zu den Türmen der Ritterburgen hochsteigt - die Fränkische Schweiz ist zu jeder Jahreszeit voller Stimmung.

Wer mit dem Auto von Höhle zu Burg, von der Aussichtsplattform zum fränkischen Fachwerkdorf unterwegs ist, kann die Atmosphäre dieser Gegend nur hastig schnuppern.

Der landschaftliche Reiz erschließt sich dem, der sie sich zu Fuß erarbeitet, der einen Fluß entlangläuft, über einen Höhenzug in das nächste Tal gelangt oder eine endlose Jurahochflächen quert, die plötzlich und steil ins nächste Tal abfällt.

Und zu den Einheimischen, in der Regel wortkarg und verschlossen, bekommt der Fußgänger unter den Touristen auch sofort ein anderes Verhältnis. Es gefällt ihnen, wenn man durch ihre Heimat läuft. Zitat eines Wirtes:
"Wos? Ihr laffts durch die Frängische? Des is doll. Heit wollns doch masdns am libbsdn glei midm Audo in däi Wertschaftn neifohrn!" (Da war kein Druckfehlerteufel am Werk, es ist nur schwierig, das Fränkische als Lautschrift wiederzugeben. Die Übersetzung lautet: "Was? Ihr lauft durch die Fränkische? Das ist toll. Heute wollen sie doch meistens am liebsten gleich mit dem Auto in die Wirtschaften hineinfahren!")

Das *Gebürg* ist eine in sich geschlossene Landschaft mit Tälern, die in alle Himmelsrichtungen verlaufen: Hinter einem Höhenrücken befindet sich ein wieder völlig anders gestaltetes Tal, dessen Fluß eine neue, nicht vorhersehbare Richtung einschlägt.
Buchen- und Fichtenwälder, aus denen weiße Felstürme ragen, wechseln sich ab mit sanften Wiesentälern. In den Wäldern an den Berghängen verstecken sich Höhlen, an den Flüssen, die sich leise gluckernd im Talgrund schlängeln, stehen noch heute viele Mühlen, die, obwohl meist stillgelegt, den idyllischen Charakter dieser *"Gegend, die zu tausend Schwärmereien einlädt"* (Ludwig Tieck) spüren lassen.
Und die mächtigen Burgen oben auf den Bergen lassen auch noch als Ruinen davon ahnen, welche Kämpfe um Macht und Besitz in dieser melancholischen und doch so freundlichen Landschaft stattgefunden haben.

So ist die Fränkische Schweiz ein Gebiet, in dem es sich zu jeder Jahreszeit lohnt, sie mit festen Schuhen zu erlaufen, auch auf Routen, die mehrere Tage beanspruchen. Was die Strecken und die Dauer der Wanderungen betrifft, sind der Phantasie außer der eigenen Kondition keine Grenzen gesetzt.
Unter dem Stichwort **Wandern** finden Sie unter den einzelnen Ortsbeschreibungen Tourenvorschläge, die zum Laufen anregen sollen. Grundsätzlich gilt aber, daß man die gesamte Fränkische Schweiz durchwandern kann.

Wandern ohne Gepäck

Möchten Sie auf Schusters Rappen die Mittelgebirgslandschaft ohne Schwierigkeiten beim Übernachten entdecken, dann sollten Sie das Angebot "Wandern ohne Gepäck" der Tourismuszentrale Fränkische Schweiz nützen. Mindestens einen Monat vor Wanderbeginn buchen Sie bei der Ebermannstadter Zentrale. Von hier werden dann die Reservierungen für Sie über die örtlichen Verkehrsämter vorgenommen. Rechtzeitig erhalten Sie dann vor Antritt der Wanderung ihre Buchungsliste, eine Karte mit Streckenbeschreibung und einen Gepäckanhänger. Die weitere Gepäckbeförde-

Herbstliches Wiesenttal bei der Schüttersmühle

rung übernimmt der Wirt oder das Verkehrsamt. Es werden zwei 5-Tage-Wanderungen und eine 7-Tage-Wanderung (durch das Herz der Fränkischen Schweiz) angeboten. Der Preis der Übernachtungen liegt zwischen 20-60 DM pro Person. 5 DM sind zusätzlich für Gepäckbeförderung zu entrichten.

Noch eine Besonderheit: Augen und Füße werden so gut wie nie durch Zäune belästigt, die die Bundesrepublik von den Kuhweiden des Allgäus bis hoch zu den Nordseedünen in abgeriegelte, oft nicht zugängliche Schutz- und Besitzzonen einteilen.

● *Wanderkarten* (eine Auswahl): Fritsch Wanderkarte Blatt Süd, Naturpark Fränkische Schweiz, 1:50.000.
Fritsch Wanderkarte Blatt Nord, Naturpark Fränkische Schweiz, 1:50.000.
Fritsch Umgebungskarte (Markt Wiesental) Nr. 124, 1:35.000.

● *Auskunft*: Tourismuszentrale Fränkische Schweiz, Oberes Tor 1, 8553 Ebermannstadt. Tel. 09194/8101. Fränkische Schweiz Verein e. V., Oberes Tor 1, 8553 Ebermannstadt. Tel. 09194/1433.

Tourismus

Mit den Höhlen fing alles an. Schon im 18. Jahrhundert wurde das "alte Gebürg" nach geheimnisvollen Grotten durchforscht. Als schließlich 1774 der Uttenreuther Pfarrer Johann Friedrich Esper ein Buch über die unterirdischen Labyrinthe um Muggendorf veröffentlichte, war der Grundstein für den Tourismus gelegt.

Heute zählt die Fränkische Schweiz mehr als eine Million Übernachtungen im Jahr, nicht mitgerechnet die vielen Wochenendausflügler und Urlauber in Privatquartieren. Für die Fränkische Schweiz, arm an Industrie, ist der Tourismus neben der kriselnden Landwirtschaft zum zweiten Standbein geworden. Es werden jährlich rund 120 Millionen Mark umgesetzt. Die etwa 75 Mark, die ein Gast heute täglich ausgibt, sind damit wirtschaftliche Grundlage der Region geworden.

▶ **Die Anfänge**: Zu Beginn des 19. Jahrhunderts, im Zeitalter der Romantik, begeisterten sich erstmals literarisch interessierte Reisende für die Landschaft im Dreieck Bamberg-Bayreuth-Nürnberg. Unter den prominenten Reisenden waren AUGUST GRAF VON PLATEN genauso wie KARL IMMERMANN oder der weitgereiste FÜRST VON PÜCKLER-MUSKAU (siehe auch Kapitel Literatur).

Die erste Reiseliteratur entstand. 1820 veröffentlichte der Waischenfelder JAKOB REISELSBERGER in holprigen Versen sein Poem "*Die kleine Schweiz*" und 1829 der Bamberger Privatgelehrte JOSEPH HELLER einen noch heute lesenswerten Reiseführer, der der Fränkischen Schweiz ihren Namen gab. Schon damals versuchte er, das Problem der Eingrenzung der Fränkischen Schweiz zu lösen. Joseph Heller schlug einen Radius von sechs Stunden Fußmarsch um Muggendorf vor. Wörtlich hieß es bei ihm so: "Die Gegend um Muggendorf, welche nicht mit Unrecht auch die Fränkische Schweiz genannt wird, liegt unter dem 28° 51' östlicher Länge von Ferro und unter dem 49° 48' nördlicher Breite und macht fast einen Mittelpunkt Deutschlands aus."

REISEREGELN FÜR DIE FRÄNKISCHE SCHWEIZ ANNO 1856

Wie man sich die Fränkische Schweiz "erobert", erzählte Dr. Friedrich Mayer in seinem 1856 in Nürnberg erschienenen "*Praktischen Führer durch die Fränkische Schweiz*". Er schreibt: "Da die Reise in die Fränkische Schweiz eine Fußtour ist, so darf man keine großen Bedürfnisse und Ansprüche haben. Leichte, bequeme Kleidung, gute, für die Füße genau passende Bundschuhe, nur die nötigste Leibwäsche (die ja an jedem Ort schnell gewaschen wird), um die Reisetasche nicht zu beschweren, Messer, Schere, Nadel und Faden, um sich losgerissene Knöpfe usw. selbst anzunähen, die nötigsten Reinigungswerkzeuge, Kamm, Haar- , Zahn- und Kleiderbürste, Zungenschaber, Rasieretui, dann Feuerzeug, einige Hausmittel, im Falle des Befallenwerdens von Unwohlsein, als da sind etwas Rhabarberpulver, gedörrte Orangenblüten, Brausepulver, Hoffmännische Tropfen; nicht zu vergessen ein Stück Hirschunschlitt, um die Füße vor dem Schlafengehen nach dem Einreiben von Fruchtbranntwein damit einzutalgen und am anderen Morgen wieder sorgfältig davon zu reinigen. Ein fester Reisestock darf auf keinen Fall fehlen, und nun wollen wir zuletzt noch das nötigste Requisit auf einer Reise, das Geld, nennen."

Entwicklung bis heute: Der älteste Luftkurort in der Fränkischen Schweiz war *Muggendorf* im Wiesenttal. Bereits in der ersten Hälfte des 19. Jahrhunderts erlebte das Dörflein einen regen Zustrom. Im benachbarten Streitberg wurden Molkenkuren angeboten. Die wesentlichen touristischen Impulse gingen aber von den bereits erwähnten Höhlen aus. Damals erkundeten die Touristen mit Leitern, Seilen und Fackeln die heute verschlossene Rosenmüllerhöhle bei Muggendorf, die Försterhöhle bei Waischenfeld und die 1833 entdeckte Sophienhöhle.

Durch den Ausbau des *Eisenbahnnetzes* wurde die Fränkische Schweiz immer leichter zugänglich. Bahnlinien verliefen von Bayreuth nach Hollfeld, von Forchheim über Ebermannstadt bis Behringersmühle, von Gasselsdorf nach Heiligenstadt, von Eschenau nach Neunkirchen, und noch heute ist die Linie Nürnberg-Gräfenberg in Betrieb.

Zu Beginn des 20. Jahrhunderts wurde die Erschließung des Mittelgebirges vom *Fränkische-Schweiz-Verein* vorgenommen. Der 1901 in der Schüttersmühle gegründete Verein war von der Wandervogelidee angeregt und forderte schon damals eine Verbesserung der Verkehrswege. Um den Fremdenverkehr "*professionell und marktgerecht*" zu betreiben, wurde diese Aufgabe bereits in den 30er Jahren Gebietsausschüssen übertragen.

Heute wird das "*Land der Burgen, Höhlen und Mühlen*" vom Gebietsausschuß Fränkische Schweiz, dem die Landkreise Forchheim, Bayreuth, Kulmbach und Bamberg angehören, vermarktet. 1974 wurde die *Tourismuszentrale Fränkische Schweiz* mit Sitz in Ebermannstadt aus der Taufe gehoben, um das Marketing und die Betreuung für die Urlauber zu verbessern.

Die Politiker, aber auch viele Unternehmer, kurbelten den Tourismus fleißig an. Vor allem Straßen und nochmals Straßen wurden gebaut. Die Fränkische Schweiz ist heute durch ein eng geknüpftes Asphaltnetz durchzogen. Mit der "Heiligen Kuh Tourismus" werden noch heute, wider besseres Wissen, Täler durch Straßenausbau- und

Umgehungsprojekte zerstört. Der Tourist muß jeden Fleck mit dem Auto erreichen können - heißt offensichtlich die Devise.

Bisher wurde die Fränkische Schweiz trotzdem weitgehend von den negativen Folgen des Massentourismus verschont. Die kleinen Pensionen, Gasthöfe und Privatvermieter haben 5, 10, 20, vielleicht 30 Betten. Noch hat der Tourismus an den Dorfrändern keine Betonburgen entstehen lassen. Lediglich die Kirchen ließen bisher Großprojekte bauen. In *Heiligenstadt* entstand ein Familienwerk der Evangelisch-Freikirchlichen Vereinigung und in *Obertrubach* das Von-Ketteler-Ferienwerk oberhalb des alten Dorfes. Ein weiteres Großprojekt wie das geplante 1500-Betten große Feriendorf in Waischenfeld wird hoffentlich abgeblasen.

Kennst du das kleine Paradies, vom Himmel ist's gefallen: Es liegt im schönen Frankenland, wird hochgelobt von allen. . .

intonieren nicht nur die Sänger des neuen "Fränkischen-Schweiz-Liedes" in F-Dur. Molltöne sind auch von den Tourismus-Managern nicht zu hören. In den letzten 15 Jahren konnten schließlich die Übernachtungszahlen fast verdoppelt werden. Vor allem gelang es, vom Image des "Berliner Rentner-Gebirges" wegzukommen. Insbesondere Gäste aus Norddeutschland - darunter viele Hamburger -, aus Nordrhein-Westfalen und Baden-Württemberg schätzen mittlerweile die Freizeitregion. Die Tourismusprofis setzen in Zukunft verstärkt auf Aktivurlaube. Kanuwanderungen, Golf (in Kanndorf und Thurnau), Bierseminare, Tennis, Malkurse und Reiterferien soll die Gäste in die Mittelgebirgslandschaft locken. Doch leider vergessen wurden bisher mehr Fahrradwege und ausreichende öffentliche Verkehrsmittel. Damit werden die kilometerlangen Autoschlangen auf der B 470 durchs Wiesenttal auch weiterhin zum Alltag sommerlicher Sonntage gehören.

> **Die kleinräumige Fränkische Schweiz ist eine sensible Landschaft. Der Fremdenverkehr darf nicht Landschaftszerstörung bedeuten!**

Alternative - oder Sackgasse? Im August 1985 trafen sich auf Einladung der *Deutschen Naturfreundejugend* unterschiedliche Organisationen auf der Alpe Bierenwang. Sie suchten nach Alternativen zum derzeitigen "harten Tourismus", der Landschaften und Kulturen zerstört.

Vertreter der Naturfreunde, der Naturfreundejugend, der Alpenvereinsjugend, der Deutschen Wanderjugend, der DGB-Jugend, des Allgemeinen Deutschen Hochschulsportverbandes, der Gruppe Neues Reisen, Intercultur, der Grünen, der SPD sowie einige kleine Reiseunternehmen beschlossen den *Bierenwanger-Aufruf*, der neue Wege für den Tourismus aufzeigt.

Bierenwanger-Aufruf - *Für sanften Tourismus*

Erstmalig haben sich gemeinnützige Organisationen und nicht-profitorientierte Reiseveranstalter zusammengefunden, um gemeinsam nach Auswegen aus der immer bedrohlicheren und umweltschädigenderen Praxis des Massentourismus zu suchen.

Mit ihrem neuen Ansatz plädieren sie für einen sanften, ökologisch und sozial verantwortlichen Tourismus. Der Aufruf im Wortlaut:

"Ökologische und soziale Krisen bedrohen uns alle. Der Tourismus hat in seiner jetzigen Form vielfach dazu beigetragen, sie zu verschärfen. Er verbraucht Landschaft, er gefährdet und zerstört unwiederbringlich Lebensräume von Pflanzen, Tieren und Menschen. Soziale und kulturelle Identität werden dem harten, rein ökonomisch motivierten Tourismus geopfert.

Mit diesem "harten Tourismus", dessen Ursachen auch in der Unwirtlichkeit unserer Städte und in der häufigen Unmenschlichkeit der Arbeitsbedingungen liegen, finden wir uns nicht ab.

Wir plädieren deshalb für einen ökologisch und sozial verantwortlichen Tourismus als Konkretisierung dessen, was seit 1980 als "sanfter Tourismus" diskutiert wird.

Sanfter Tourismus heißt also nicht nur, Alternativen zum bestehenden Tourismus zu entwickeln, sondern auch - weil Tourismus ein Spiegelbild des Alltags ist - für eine Humanisierung des Alltags einzutreten.

1. *Sanfter Tourismus* ist Teil jenes notwendigen gesellschaftlichen Wandels, der für die Bewältigung der heutigen lebensbedrohlichen Krisen unverzichtbar ist.

2. *Sanfter Tourismus* verlangt die volle Anwendung der bestehenden Umweltschutzbestimmungen und in vielen Fällen ihre Verschärfung.

3. *Sanfter Tourismus* bedeutet: sofortigen Erschließungsstopp - zumindest als Denkpause - und, wo notwendig, Rücknahme touristischer Erschließungen zur Wiederherstellung natürlicher und naturnaher Ökosysteme.

4. *Sanfter Tourismus* heißt: volle Anwendung des Verursacherprinzips auch bei Schäden durch Tourismus.

5. Gemeinnützige Organisationen und nicht-profitorientierte Reiseveranstalter tragen hier eine besondere Verantwortung:

   Sie machen Theorie und Praxis des Sanften Tourismus zum Schwerpunkt ihrer Arbeit.

   Sie müssen die öffentliche Diskussion über Alternativen zum und im Tourismus in Politik, in Medien und im Bildungswesen vorantreiben.

   Sie prüfen jede ihrer touristischen Maßnahmen auf ihre Umwelt- und Sozialverträglichkeit.

Sie reisen mit umweltfreundlichen Verkehrsmitteln, sie unterstützen die Verwendung von Fahrrad, Bahn und Bus.

Sie tragen weiterhin die Verantwortung dafür, daß Sanfter Tourismus nicht zum Privilegierten-Tourismus wird.

Sanfter Tourismus strebt den Übergang vom Fremdenverkehr zum Gästeverkehr an, der Verständnis und Rücksichtnahme bei Gast und Gastgeber zur Grundlage hat.

Sanfter Tourismus darf nicht zu touristischer Monokultur führen. *Sanfter Tourismus* muß auch in den bereisten Regionen zum Thema werden."

Bisher hat die öffentliche Hand einseitig den harten Tourismus gefördert. In Zukunft muß sie verstärkt den *Sanften Tourismus* - mit Aufklärung und Beratung, nicht mit Erschließungsmaßnahmen - begünstigen.

Höhlen

Die Popularität der Fränkischen Schweiz beruhte einst nicht nur auf ihren romantischen Tälern, den vielen Burgen sowie Schlössern allein. Vor allem die Höhlen waren es, die die Reisenden früherer Zeiten faszinierten. Mehr als 350 gibt es davon und im Höhlenkataster für die Fränkische und Hersbrucker Schweiz sind sogar über 800 Höhlen, Halbhöhlen und Höhlenruinen verzeichnet. Die Fränkische Schweiz ist damit das größte zusammenhängende Höhlengebiet der Bundesrepublik.

Erstmals urkundlich erwähnt wurde das **Ahornloch**, die heutige **Sophienhöhle**. Im Jahre 1490 wollte ein gewisser HANS BREU aus Bayreuth versuchen, aus Ablagerungen im Höhleninneren den begehrten Salpeter zu gewinnen. Höhlensedimente wurden damals von den Einheimischen oftmals als Heilerde oder "*Terra sigillata*" (Siegelerde) verkauft.

Über hundert Jahre später fanden die Höhlen der Fränkischen Schweiz Erwähnung in einer Publikation des 1602 in Irland geborenen Magisters JOHANNES BONIUS. Insbesondere die **Zoolithenhöhle** bei Burggaillenreuth war es (sie wird noch heute erforscht und ist für die Öffentlichkeit nicht frei zugänglich), die das wissenschaftliche Interesse hervorrief - zum Beispiel in dem 1748 erschienenen Werk "*Descriptio antri subterranei prope Galgenreuth*" des Bambergers PETRUS ZWEIDLER.

Richtig populär wurden die Höhlen der Fränkischen Schweiz aber erst durch den Geistlichen JOHANN FRIEDRICH ESPER (1732 - 1781). Zehn Jahre vor seinem Tod unternahm er zum ersten Mal aus Neugier eine Exkursion in die unberührte Höhlenwelt der Fränkischen Schweiz. Drei Jahre später erschien dann sein berühmt gewordenes Werk "*Ausführliche Nachricht von neuentdeckten Zoolithen unbekannter vierfüssiger Thiere und denen sie enthaltenden, sowie verschiedenen anderen denkwürdigen Grüften der Obergebürgischen Lande des Markgrafthums Bayreuth".*

Der Pfarrer aus Uttenreuth bei Erlangen schilderte darin die "fränkische Unterwelt" in den schillerndsten Farben: "Die Naturspiele aber an den Wänden beschäftigen das Auge noch mehr. Ein wahnwitziger Bildhauer scheint hier seine Werkstätte gehabt zu haben: mit so verworrenen Figuren sind die Wände geziert. So fallen hunderterlei Dessins, welche angefangen sind, in die Augen, von denen nicht eines ausgeführt ist. Hier steht die Concole, wie mit Löwenfüßen unterstützt an der Wand; dort scheint ein Engel mit dem Rücken aus den Wolken sich niederzulassen; da ist der Anfang zu einer Säule gemacht." Diese bildreiche Beschreibung der legendären Schönsteinhöhle bei Muggendorf begeisterte die Zeitgenossen.

In seinem Buch berichtete Esper auch über die **Zoolithenhöhle** bei Burggaillenreuth und andere Höhlen, in denen Überreste fossiler Säugetiere gefunden worden waren. Vor allem dies hatte die Naturforscher ganz Europas elektrisiert und eigentlich erst die wissenschaftliche Höhlenforschung in der Fränkischen Schweiz begründet. Selbst Markgraf ALEXANDER VON ANSBACH-BAYREUTH ließ es sich 1784 nicht nehmen, JOHANN GEORG WUNDER aus Muggendorf als Höhleninspektor zum Schutz der Höhlen einzusetzen. Doch schon damals hatte er wenig Erfolg . . .

Das Interesse der Wissenschaftler wuchs. Bereits Ende des 18. Jhs. stellte der Leipziger Anatomieprofessor JOHANN CHRISTIAN ROSENMÜLLER (nach ihm ist eine bis 1964 öffentlich zugängliche, mittlerweile ziemlich zerstörte Höhle bei Muggendorf benannt) anhand von Skelettfunden fest, daß das rätselhafte Tier in den Höhlen der Fränkischen Schweiz der längst ausgestorbene Höhlenbär alias *Ursus spelaeus Rosenmüller* war. Sogar JOHN HUNTER von der Royal Society of London und der legendäre "Katastrophen-Theoretiker" in Sachen Evolution, BARON DE CUVIER, beschäftigten sich mit den Funden aus der Fränkischen Schweiz. Sie untersuchten die Zoolithenhöhle. Aus dieser gewann auch der später berühmt gewordene ALEXANDER VON HUMBOLDT, in jungen Jahren ein unbekannter Bergwerksinspektor in Creussen (Landkreis Bayreuth), wichtige Erkenntnisse für seinen Diskurs über die "Grubenwetter".

Die wissenschaftliche Forschung setzten zu Beginn des 19. Jahrhunderts beispielsweise der Leipziger Professor J. CHR. ROSENMÜLLER und der Paläontologe GOLDFUSS fort.

Paläontologie: Die Höhlen sind interessante Fundstätten für Paläontologen. Knochenreste und verschiedene Sedimentablagerungen geben Aufschluß über Zusammenhänge in der Evolution. Auch menschliche Skelettteile wurden gefunden, wie zum Beispiel beim **Großen Hasenloch** (bei Pottenstein), wo man Reste von Neandertalern entdeckte, oder Schädelfunde in der Höhle von **Dietersberg** (bei Egloffstein). Die **Jungfernhöhle** bei Tiefenellern war eine steinzeitliche Opferstätte, und eine Höhle bei Oberailsfeld war im Mittelalter Beerdigungsort für Pesttote gewesen. Noch heute sind die Forschungen teilweise nicht abgeschlossen, und es werden Grabungen nach neuen Wegen und Zugängen durchgeführt.

Höhlenbewohner: Nicht nur bei der Erforschung der Vergangenheit spielen die Höhlen eine wichtige Rolle, sie bilden auch eigene Ökosysteme. 78 höhlenliebende (*troglophile*) Tierarten können bei einer Luftfeuchtigkeit zwischen 90 und 100 % in fast absoluter Dunkelheit leben. Meist sind es wirbellose Tiere wie der Höhlenfloh, die Höhlenspinne oder der Strudelwurm. Augenfälligste, aber nur zeitweise Bewohner der Höhlen sind Fledermäuse.

Immer wichtiger wird heute der Schutz dieser z. T. vom Aussterben bedrohten Tierarten. So wird beispielsweise die labyrinthartige Schönsteinhöhle bei Streitberg vom 1. Oktober bis 1. Mai verschlossen, um den Fledermäusen wie der selten gewordenen "Großen" und "Kleinen Hufeisennase" eine Überwinterungsmöglichkeit zu geben. Zugesperrt sind außerdem die Zoolithenhöhle, die Moggaster Höhle, die Wassergrotte und das Geisloch bei Oberfellendorf. Nicht nur die Gefährlichkeit des Einstiegs, auch der Schutz der dort überwinternden Mausohrfledermäuse machten diese Maßnahme notwendig. Zu groß sind die Schäden, die die Besucher verursachen. So vergitterte der Bund Naturschutz eine 100 Meter ins Walberla reichende Höhle namens Hohl-Loch, um ein Winterquartier für aussterbende Tierarten (z.B. Feldmäuse) zu retten.

Fledermausschutz

Seit über zehn Jahren bemüht sich die renommierte Forschungsgruppe Höhle und Karst Franken intensiv um den Schutz der Fledermäuse. Die Enthusiasten brachten mittlerweile mehrere hundert Nistkästen für die Tiere aus, die regelmäßig kontrolliert werden. In den Wintermonaten werden in Absprache mit den Naturschutzbehörden genaue Zählungen in den Höhlen durchgeführt, um die Populationsschwankungen feststellen zu können. Die Ergebnisse werden in der vereinseigenen Zeitschrift "Fränkischer Höhlenspiegel" publiziert.

Heutzutage ist die Fränkische Schweiz bis in die letzten Winkel erkundet. Das Gewirr aus Stalagmiten und Stalaktiten hat nichts von seiner Anziehungskraft verloren. Über 250.000 Besucher zählt die populärste Höhle des Mittelgebirges, die **Teufelshöhle** bei Pottenstein, Jahr für Jahr an Besuchern! Die ebenfalls beliebte Sophienhöhle (nahe Oberailsbach) und die Binghöhle (Streitberg) bringen es immerhin auf über 30.000 bzw. 50.000 Besucher pro Jahr.

Unter dem Motto "*Nimm nichts mit - laß nichts zurück - zerstöre nichts und schlag nichts tot*" fand 1975 das **Internationale Jahr des Höhlenschutzes** statt. In den letzten Jahren hat sich tatsächlich die Situation gebessert. Die Besucher gehen meist schonend mit den Höhlen um. Vor allem die Gemeinden bemühen sich, diese Naturdenkmäler zu erhalten. Mittlerweile haben sich auch die 250 Höhlenforscher im Fränkischen Jura zu einer Interessensgemeinschaft zusammengefunden und wollen verstärkt beim "Umweltschutz untertage" ein gewichtiges Wörtchen mitreden.

Einige Höhlen der Fränkischen Schweiz

Grundsätzlich ist zu empfehlen, eine Höhle nur in Begleitung eines erfahrenen Höhlenführers zu begehen.

Esperhöhle (westlich Gößweinstein): Wer weniger sportlichen Geist besitzt und ungern schmutzige Klamotten in Kauf nimmt, für den ist diese Höhlenruine das Richtige. Die nach dem berühmten Höhlenforscher Esper benannte Höhle liegt knapp einen Kilometer nordwestlich von Leutzdorf an der Wegstrecke nach Burggaillenreuth; schon von weitem durch das halbkreisförmige Felsmassiv erkennbar, an dem auch der Hauptzugang liegt. Sie besitzt ein Labyrinth von Grotten, Einbrüchen und Nebenhöhlen; das Klingloch führt schachtartig dreizehn Meter in die Tiefe: ein hineingeworfener Stein "klingt" mehrmals, bevor er am Grund auftrifft.

Die Höhle wurde kürzlich als Naturdenkmal unter Schutz gestellt und darf zwischen dem 1.10. und 30.4. eines Jahres nicht betreten werden. Zerstörungen und Zuwiderhandlungen werden mit Bußgeldern in Höhe von bis zu 50.000 DM bestraft!

Oswaldhöhle: Einem Ritterroman zufolge hauste in ihr ein Einsiedler gleichen Namens. Wer die begehbare Durchgangshöhle in Erwartung schöner Tropfsteine besucht, wird herbe enttäuscht - sie wurden längst von Höhlenplünderern abgeschlagen. In Verbindung mit einer Wanderung ist der Besuch trotzdem empfehlenswert (siehe Wanderung Muggendorf).

Quackenschloß: Höhlenruine unterhalb des 531 m hohen Adlersteins (ca. 1 km von Engelhardsberg in südlicher Richtung). Der Rest eines alten (ca. 17 m langen) Höhlensystems kann gefahrlos begangen werden (schöne Aussicht!). Der Name bezieht sich einerseits auf eine Sage, andererseits auf die Form des Gesteins (Quacke: fränkischer Name für "löchrigen" Kalkstein). Die herrliche Lage oberhalb des Wiesenttals macht das Quackenschloß zu einem beliebten Ausflugsziel.

Der "Riesensaal" in der Teufelshöhle

Riesenburg (ca. 800 m nördl. Engelhardsberg): Die bekannte Einsturzdoline (16 m Durchmesser) mit drei Felsentoren und anschließender Höhle lohnt den kurzen, aber steilen Aufstieg über 280 Stufen. Guter Ausgangspunkt für einen Abstecher ist der nahegelegene Wanderparkplatz zwischen Doos und Schottersmühle. Zu den prominentesten Besuchern zählen KÖNIG LUDWIG I., LUDWIG RICHTER und ERNST MORITZ ARNDT.
Seinen Namen erhielt das mächtige Dolomitfelsgebilde im letzten Jahrhundert, als die kahlen Felstürme und steilen Felswände die Romantiker an eine mittelalterliche Burg erinnerten. In den letzten Jahrzehnten war sie von der Straße aus nicht mehr zu erkennen, da Bäume und Sträucher die Riesenburg überwuchert hatten. Nach Abwägung zwischen touristischen Interessen und Naturschutz wurden 1990 einige Bäume trotz dieser Bedenken gefällt. Was immer man davon halten mag, die freie Sicht auf die Felsen der Riesenburg ist nun jedenfalls wieder hergestellt - es darf fotografiert werden.

In der Fränkischen Schweiz gibt es heute außerdem drei SCHAUHÖHLEN. Die älteste ist die bereits 1833 entdeckte **Sophienhöhle** bei Oberailsfeld (vgl. Waischenfeld); 1905 wurde von einem Nürnberger die nach ihm benannte **Binghöhle** bei Streitberg entdeckt (vgl. Streitberg), und erst 1922/31 kam die **Teufelshöhle** hinzu (vgl. Pottenstein).

Literatur & Information

Wer sich intensiv für die Höhlen der Fränkischen Schweiz interessiert, sollte zum "Kleinen Führer zu Höhlen um Muggendorf", geschrieben von Brigitte Kaulich und Hermann Schaaf, greifen, erhältlich bei der Naturhistorischen Gesellschaft Nürnberg, Abteilung für Karst- und Höhlenkunde, Gewerbemuseumsplatz 4, Nürnberg.

Näheres über Höhlen können Sie auch beim Verkehrsamt **Muggendorf** (auch Streitberg), Marktplatz 1, Tel. 09196/716, erfahren. Dort gibt Adolf Wunder gerne Auskunft über Besuchsmöglichkeiten.

Als einzige Gemeinde veranstaltet die Gemeinde **Wiesenttal** regelmäßig Höhlenwochen. Es werden Diavorträge und Exkursionen (bis 10 Teilnehmer) zu den wichtigsten Höhlen angeboten.

Klettern

Die kleine Fränkische Schweiz mit ihren unzähligen Dolomitfelsen bietet Kletterern Möglichkeiten in allen Schwierigkeitsgraden. Bei schönem Wetter sind im Sommer Hunderte von Kletterern unterwegs. Längst sind es nicht mehr ein paar Idealisten, sondern eine Massenbewegung ist entstanden.

Die Kletterfelsen der Fränkischen Schweiz sind nicht im geringsten mit alpinen Massiven zu vergleichen. Vielmehr sind es relativ niedrige Dolomitfelsen, die den Kletterer aber durchaus extrem beanspruchen. Den Charme der Fränkischen Schweiz macht ihr Abwechslungsreichtum aus, weshalb dieses kleine Mittelgebirge ein bundesweit bekanntes Eldorado für Kletterfans geworden ist. Die Zeiten des klassischen Kletterns sind allerdings vorbei. Früher war die Fränkische Schweiz als Vorbereitung für große Touren in den Alpen benutzt worden, doch heute hat die Landschaft in Sachen Klettern längst ihre Eigendynamik entwickelt.

Kletterübungen am Signalstein

Doch Kletterer ist nicht gleich Kletterer! Zum einen gibt es den *Deutschen Alpenverein*, der das gängige Klettern vornehmlich betreibt, in jedem größeren Ort. Auf der anderen Seite gewinnt die Sportkletterei immer mehr Anhänger. Ausgerüstet mit extrem leichten, griffigen Schuhen und legerer Kleidung werden scheinbar völlig glatte Wände und außerordentlich schwierige Überhänge (Schwierigkeitsgrade 6 bis 8) bezwungen. Das erfordert vom Kletterer sehr gute Kondition und ständiges Training.

Nachdem das Klettern in der Fränkischen Schweiz so populär ist wie noch nie, bleiben die negativen Folgen nicht aus:

Die **Ehrenbürg** (das Walberla, bekanntester Mittelgebirgsfelsen in der Bundesrepublik!) ist zweifellos das beliebteste Klettergebiet. Insbesondere die Walberla-Ostseite und die Rodenstein-Westseite werden bereits seit den 20er Jahren regelmäßig beklettert. An schönen Sommertagen stehen die Kletterer am Walberla und Rodenstein Schlange für Routen in der gehobenen Mittelklasse. Vermeiden Sie an Mittwochabenden, an der Ehrenbürg zu klettern - total überlaufen!

Genauso wie die Ehrenbürg (Walberla) ist der **Röthelfels** im Ursringtal ein Modegebiet geworden. Die Attraktivität der beiden Felsmassive macht die Unterschiedlichkeit der Schwierigkeitsgrade aus. Von leichten und mittleren Routen geht es bis zur extremen Kletterei, die nur ein Erfahrener sicher bewältigen kann.

Beliebt und stark frequentiert ist auch der **Napoleon**, eine mehrere hundert Meter lange Südwand bei Behringersmühle, sowie die Felsen um Egloffstein (Pfarrfelsen oder im Kletterjargon "Gemsenwand") und das **Todsfeld** bei Thuisbrunn.

Wer Ruhe beim Klettern sucht, sollte zweierlei beachten: Entweder er klettert nicht unbedingt am Wochenende bei strahlendem Sonnenschein und sommerlichen Temperaturen, oder er sucht Dolomitfelsen, die den Kletterer beanspruchen. Empfehlenswert sind die **Martinswand** (hoher Schwierigkeitsgrad), die höchste Wand der Fränkischen Schweiz, oder die Felswände um **Veilbronn** (Leinleitertal) mit extremen Schwierigkeitsgraden.

Die Unfallstatistiken widerlegen das Vorurteil, daß Klettern unbedingt ein gefährlicher Sport sei. In der Fränkischen Schweiz sind die Routen erprobt und mit den sogenannten "Bühler-Haken" ausgerüstet. Dabei handelt es sich um Haken, die einzementiert sind und nicht hervorstehen (absolute Sicherheit!). Somit muß der Kletterer keine neuen Haken einschlagen, und es wird verhindert, daß der Fels zerstört wird.

Doch die Bergwacht hat weniger mit Unfällen zu tun als vielmehr mit einzelnen Kletterern, die wenig Interesse am Erhalt der Natur haben. So muß die Bergwacht immer noch darauf hinweisen, daß die ausgeschilderten Wege zu benutzen sind und man keine Abkürzungen durch den Wald nehmen sollte, um das Niederwild und brütende Vögel nicht noch mehr zu stören (vor allem am Walberla bei Schlaifhausen). Bei den Kletterorganisationen hat in den letzten Jahren ein Umdenken in Sachen Ökologie eingesetzt. So wird beispielsweise vom Deutschen Alpenverein die Ostseite des Rodensteins nicht mehr beklettert.

Interessante Routen für Anfänger und mittlere Kletterer

Die **Galerie am Rodenstein** (Schwierigkeitsgrad 2 bis 3); sehr abwechslungsreich mit Riß- und Quergang; aus der Wand wächst eine kleine Eiche ("Duft von Alpinismus").

Sämtliche Felsen im **Todsfeld** bei Thuisbrunn (Schwierigkeitsgrad 4 bis 5) mit Kaminen, Bändern und Rissen; sehr viel besucht, da die Nürnberger Sektion des DAV dort eine Hütte besitzt.

Tip: Gut geführte Kletterkurse veranstaltet regelmäßig der **Deutsche Alpenverein** (DAV). Er besitzt große Klettergruppen in Forchheim, Erlangen, Nürnberg und Bamberg. Auskunft über Kletterkurse und jeweilige Sektionen gibt es beim DAV, Praterinsel 5, 8000 München.

Informationen auch bei der **Tourismus-Zentrale** Fränkische Schweiz, Oberes Tor 1, 8553 Ebermannstadt, Tel. 09194/8101.

Als Ausrüstung zum Klettern in der Fränkischen Schweiz genügen Sportbekleidung (Trainingsanzug), Anorak und Schuhe (rund 150 DM).

• *Literaturtip*: Das Standardwerk für den Kletterfreund mit detaillierten Beschreibungen der Routen: "Kletterführer für den Frankenjura" von Oskar Bühler, zu beziehen beim Autor in der Peter-Henlein-Straße 49, 8500 Nürnberg, oder in Buchhandlungen.

• *Bergwachthütten*: Es gibt insgesamt 5. Sie sind zu finden am Walberla (unterhalb des Rodensteins), in Veilbronn (Leinleitertal), Behringersmühle (Stempfermühle), Pottenstein und Untertrubach.

Fränkische Küche

Natürlich ist ein so relativ kleiner Landstrich wie die Fränkische Schweiz, ja selbst Franken, kein fest umrissenes kulinarisches Feinschmeckergebiet. Dennoch hat sich die Region zwischen Nürnberg, Bamberg und Bayreuth Eigenarten in Sachen Essen bewahrt. Nicht zuletzt die Notwendigkeit, selbst für die Grundnahrungsmittel zu sorgen - früher war der Weg in die Städte lang und beschwerlich - ließ die Fränkische Schweiz nie zum Paradies für Gourmets werden.

Die fränkische Küche ist meist nichts für Kalorienbewußte, denn es wird gern deftig, schwer und reichlich gegessen. Nicht selten macht die Größe der Portionen die Popularität einer Gastwirtschaft aus. Ob nun allerdings der einfache *Zwiebäläs-Käs* oder die *Lins-Suppn* - die ursprüngliche Küche der Fränkischen Schweiz richtet sich danach, was die Landschaft bietet. Mit Reichtümern ist man nicht ausgestattet.

Freilich, heutzutage wird des Umsatzes willen vom Rehrücken bis hin zum (argentinischen) Steak alles mit dem Attribut *fränkisch* umschrieben. Doch abseits der wenigen Tourismuszentren finden sich immer noch genügend Wirtschaften, wo die Mutter gut fränkisch kocht, das Fleisch aus eigener Schlachtung stammt, die Forellen aus dem Dorfbach und das Bier noch aus kleinen Privat-Brauereien geliefert wird und die Wurst-Brotzeiten nicht aus der Metro kommen.

Vor allem die kleinen, unkomplizierten Speisen sind es, die die Küche der Fränkischen Schweiz prägen. Beispiel ist die hausgemachte *Stadtwurst* mit besonders viel Majoran. Im Dorfwirtshaus heißt es bei der Bestellung: *Stadtwurst mit Musik*. Und die Musik? Das sind feingeschnittene Zwiebeln in Essig. Als *Blaue Zipfel* sind gekochte Bratwürste ebenso in Essig-Zwiebel-Sauce eingelegt.

Seit jeher sind die Franken auch Kartoffelesser:

Die Kartoffel, besser die *Potackn*, wird in allen möglichen Formen zubereitet. Beliebt sind *Baggers* oder in gut Hochdeutsch: Reibekuchen. Die geriebenen Kartoffeln, am besten in Schweineschmalz gebacken, werden meist mit Apfelmus oder anderem konservierten Obst serviert. Freilich, von der Speisekarte sind die *Baggers* oftmals schon verschwunden. Sie sind eben kein Nobel-Gericht. Dennoch, wenn man in kleinen Gasthöfen nachfragt, macht die Köchin gern welche. Eine andere Möglichkeit ist die *Potackn-Suppn*, *Grösta* und natürlich *Klöß*, die zu allen möglichen Arten von Braten und Wildbret serviert werden.

Bei so vielen Bächen und Flüssen ist die *Forelle* vom Speisezettel nicht mehr wegzudenken. Meist nicht einmal teuer, wird sie grundsätzlich auf zwei Arten serviert: entweder *blau* oder *gebacken* - die Wahl bleibt jedem selbst überlassen.

Brotbacken: Das Brotbacken wird heutzutage immer mehr den Fabriken überlassen. Nur noch in wenigen Orten, wie beispielsweise im kleinen *Großenohe* (Trubachtal) bäckt das Dorf gemeinsam in Öfen, die meist an der Hauptstraße stehen. Dennoch, das Brot in den Bäckereien kann sich sehen lassen. Immer mehr Bäcker greifen auf alte Rezepte zurück, und auch die Töchter/Söhne lassen sich von der Großmutter wieder das Brotbacken beibringen.

Entweder man hat Bekannte, die backen, oder kauft sein Brot an den wenigen Straßenständen mit selbstgebackenem Brot, zum Beispiel im Sommer an der Strecke Kunreuth-Walkersbrunn (Abbiegung Regensberg). Aber ansonsten ist es recht schwer, regelmäßig an selbstgebackenes Brot heranzukommen.

Apropos Straßenstände - die Fränkische Schweiz ist eines der größten **Kirschanbaugebiete** Mitteleuropas. Auf einer relativ kleinen Fläche findet man hier unzählige Obstgärten. Vor allem rund um Effeltrich, aber auch im Oberland, ist Obst wie Kirschen, Pflaumen, Äpfel und Birnen zu wirklich niedrigen Preisen zu bekommen - oder man pflückt sich die Früchte selbst. Dementsprechend beliebt ist der Obstkuchen. Oftmals wird ein ganzes Blech mit Hefeteig bestrichen und dann je nach Geschmack und Jahreszeit mit dem jeweiligen Obst belegt.

Was Ihnen vielleicht bei den Gaststättentips auffallen wird - es gibt noch unzählige Gasthöfe mit eigener Metzgerei. Meist genügt ein Gastronomiebetrieb nicht zum Lebensunterhalt - die Saison ist kurz, das Jahr aber lang - und so hilft man sich eben mit Fleischverarbeitung und -verkauf. Das kann nur zum Vorteil des Gastes sein! Insbesondere, wenn eine schwarze Tafel mit der Aufschrift *Schlachttag* vor der Türe steht, lohnt sich eine Einkehr. Da gibt es die beinah legendäre *Metzelsuppn* mit dem unverwechselbaren Geruch frischer Leber- und Blutwurst und selbstverständlich das *Metzelfleisch*. Nur mit Salz, Pfeffer und ein paar Scheiben Bauernbrot schmeckt es am besten! Aber auch wenn gerade kein Schlachttag ist, sind Gasthöfe mit eigener Metzgerei fast immer ein verläßlicher Hinweis darauf, daß es frisches und gutes Essen gibt - und meistens auch noch billiger als bei der Konkurrenz.

Selber Kochen

Wer gern fränkisch kochen möchte, kann nur auf dürftige Kochbücher zu diesem Thema zurückgreifen. Am besten ist es, im Wirtshaus nach einem gelungenen Schmaus das Rezept zu erfragen. Es wird, mit Ausnahme von Nobel-Gasthöfen, gerne weitergegeben. Zwei Kochtips:

Blaua Zipfel: Für 5 Paar dieser Schweinsbratwürste braucht man einen Viertel Liter Wasser, einen Viertel Liter Weinessig und in Ringe geschnittene Zwiebeln (Anzahl der Zwiebeln richtet sich nach dem Geschmack der Köchin/des Kochs). Hinzu kommen ca. ein halber Liter (Franken-)Wein, ungefähr 15 Gramm Senf- und Pfefferkörner und auf alle Fälle zwei Dutzend Wacholderbeeren. Der Punkt auf dem "i" sind Petersilie und eine in Scheiben geschnittene Karotte. Dies alles läßt man ca. 10 Minuten kochen, dann kommen die Bratwürste für ca. eine Viertelstunde mit in den Topf, und fertig sind die *Blauen Zipfel*.

Schäufele: Mit Salz, Pfeffer und Paprika wird das Schweineschulterfleisch gewürzt. Um dem Ganzen eine besondere Geschmacksnote zu geben, gibt man noch Zwiebeln, Kümmel und Karotten dazu. Bei einer Temperatur von ca. 250° wird die Schweineschulter im Ofen gebraten. Zum *Schäufele* gibt's Sauerkraut und fränkische Klöße.

Literatur

Gleich vorweg: Die Fränkische Schweiz hat keinen Theodor Fontane wie die Mark Brandenburg oder einen Theodor Storm wie Schleswig-Holstein. Literatur zur Fränkischen Schweiz wurde fast ausschließlich im 19. Jahrhundert verfaßt. Die wohl bekanntesten Vertreter sind Karl Immermann und Fürst von Pückler-Muskau.

KARL IMMERMANN

Im damaligen Plauderton mit kritischen Ansätzen berichtet der Vormärz-Dichter von seiner "FRÄNKISCHEN REISE IM HERBST 1837". Dabei spart er nicht mit Komplimenten. In Muggendorf, dem damaligen Zentrum des Tourismus, notiert er: "*Franken ist wie ein Zauberschrank; immer neue Schubfächer thun sich auf und zeigen bunte, glänzende Kleinodien, und das hat kein Ende. Wer Deutschlands geheimste jungfräuliche Reize genießen will, muß nach Franken reisen.*"
Neben den Schwärmereien erweist sich der gelernte Jurist recht neugierig. Begeistert erzählt er von Besuchen in der Rosenmüller- und der Burggaillenreuther Zoolithenhöhle, der Riesenburg und Burg Rabeneck. Daß die Fränkische Schweiz schon damals als Reisegebiet kein unbeschriebenes Blatt mehr war, bekennt er ebenfalls: "*Ich habe so viel von diesem Bergländchen und seinen Höhlen, von sei-*

nen Felsgruppen und Raubritter-Schloßruinen, seinen eigenthümlichen Leuten und Trachten gehört."

FÜRST PÜCKLER-MUSKAU

Dieser Lebenskünstler, Literat und Reisende unternahm 1834 ebenfalls eine Exkursion in die Fränkische Schweiz. Vor allem Streitberg, Pottenstein, Tüchersfeld und Gößweinstein sah er sich an. Doch machte er sich nicht wie Immermann über die Forchheimer und ihre Pilatus-Sage lustig, sondern war neben der Romantik der Landschaft durchaus irdischen Genüssen zugetan.

Anerkennend schreibt er: "Da diese Thäler sehr viel von Fremden besucht werden, so ist die Billigkeit der Preise wirklich bemerkenswert. Für Abendessen, Nachtlager und Frühstück, nebst einer Menge frischer Wäsche und vielem Embarras [1], den ich im Hause gemacht, betrug die Rechnung noch nicht ganz drei Gulden." Und vom guten Bier der kleinen Brauereien berichtet er ebenfalls ausführlich: "Nie kann man genug den Nektar Baierns, das vortreffliche Bier, rühmen, was man überall, frisch vom Fasse im Felsenkeller abgezapft, kalt wie Eis erhält, und dessen kräftige, aromatische Bitterkeit dem Magen eben so sehr zusagt, als sein geringer Alkoholgehalt verhindert, daß es zu Kopfe steigt."

Auch daß die Fränkische Schweiz ein armer Landstrich mit viel Arbeit und wenig Lohn war, verschweigt er nicht. Man treffe "bittere Armut" an. Als Gründe für das dürftige Leben der Bauern sah Pückler-Muskau 1834 die "theure Regierung" und die Überbevölkerung an.

ERNST MORITZ ARNDT

Er war einer der ersten Literaten der "Fränkischen", kam aber eher zufällig auf dem Weg von Erlangen nach Bayreuth durch das Wiesenttal. Der Dichter, der sich gegen den Feudalismus und für die sozialen Rechte der Bauern einsetzte, machte im Sommer 1798 in Streitberg Station. Dort diskutierte er mit Amtsschreibern und Posthaltern über die politische Lage, kritisierte die Armut und Bedürfnislosigkeit der Menschen. Sein Aufenthalt im "Muggendorfer Gebirge", wie die Fränkische Schweiz damals hieß, begeisterte ihn. Er stieg hinauf zur Burgruine Neideck, besuchte Waischenfeld, war auf dem Adlerstein und in der Brunnstein- und Schönsteinhöhle. Innerhalb weniger Tage hatte er die bekanntesten Sehenswürdigkeiten ausgemacht und schilderte sie ausführlich in seinen "BRUCHSTÜCKEN AUS EINER REISE VON BAYREUTH BIS WIEN IM SOMMER 1798".

Überhaupt wurde dieser kleine Landstrich von einer ganzen Reihe von Schriftstellern besucht: Neben einem kurzen Abstecher, den JEAN PAUL von Bayreuth unternahm, waren es vor allem WILHELM HEINRICH WACKENRODER und der Romantik-Dichter LUDWIG TIECK, die die

---

[1] Altertümlich für behindern

Fränkische Schweiz in Dichterkreisen in Mode brachten. Im Sommer 1793 brachen die beiden von ihrem Studienort Erlangen über Ebermannstadt auf und bezogen im beliebten "Goldenen Stern" in Muggendorf ihr bescheidenes Quartier. Ihre Schilderungen von den großartigen Höhlen faszinierten die Zeitgenossen (siehe auch Kapitel **Geschichte**, "Vom Gebürg zur Fränkischen Schweiz").

AUGUST GRAF VON PLATEN

Er kam 1820 von der Hugenottenstadt und unternahm am Walberla eine botanische Exkursion. Überhaupt hatte es ihm der Hausberg der Fränkischen Schweiz angetan. Als Student nutzte der junge Graf den Aufenthalt in Erlangen, um möglichst oft das **Walberla-Fest** zu besuchen, auch wenn er auf *"schlechtem Strohlager"* nächtigen mußte.

VIKTOR VON SCHEFFEL

Er war für seine gemütshafte Idyllenpoesie bekannt. Da kam der Dichter freilich in der Fränkischen Schweiz auf seine Kosten! In einem Brief an seine Mutter vom Sommer 1859 berichtet er begeistert von dem *"zerklüftet Kalkgebirg mit abenteuerlich ausgewitterten Dolomitfelsnadeln und Felsspitzen"*. Bei seiner ersten Reise läßt der 33jährige keine Sehenswürdigkeit aus. Im Jahre 1883 ist er nochmals Kurgast in Streitberg und bleibt noch für einige Tage in einem Gasthof in Gößweinstein.

Scheffel wurde mit seiner euphemistischen Naturlyrik und seinen unverfänglichen Versen bald einer der beliebtesten Dichter im Zusammenhang mit der Fränkischen Schweiz. Der Gasthof im Wallfahrtsort ist seit vielen Jahrzehnten nach ihm benannt.

RICHARD WAGNER

Auch ihm erging es nicht anders, als er im Sommer 1879 mit seiner Frau Cosima und den Kindern kurz Gößweinstein und Muggendorf besuchte. Gleich zwei Felsen (bei

Das Viktor von Scheffel Denkmal in Gößweinstein

Behringersmühle und Obertrubach) wurden nach ihm benannt. Angeblich soll die Idee der *Gralsburg* im "Parsival" von der Gößweinsteiner Burg herrühren.

Freilich, namhafte Dichterpersönlichkeiten, die selber aus der "Fränkischen" stammen, sind rar. Dennoch gibt es Poeten in Hülle und Fülle. Bis auf wenige Ausnahmen, wie den Nürnberger FITZGERALD KUSZ oder den Bamberger GERHARD C. KRISCHKER, verdient die Mundartliteratur aber kaum Beachtung. Sie verliert sich in Heimattümelei und beschränkt sich auf Lobhudelei in beschaulicher Reimform. Fast alle paar Wochen erscheinen solche Ergüsse im Selbstverlag oder von kleinen Verlagen zwischenfinanziert.

Nur einmal stand die Fränkische Schweiz für wenige Tage im Brennpunkt der bundesrepublikanischen Literatur: Vom 5. bis 9. Oktober 1967 fand in der Pulvermühle bei Waischenfeld die 29. und letzte Tagung der legendären *Gruppe 47* statt. Nach dem vielbeachteten und konfliktträchtigen Literaturspektakel in Princeton (USA) suchte man ein Jahr die Ruhe der Fränkischen Schweiz, um ungestört diskutieren zu können. Über 80 Schriftsteller, Publizisten und Kritiker, von GÜNTER GRASS über ERICH FRIED bis hin zu GÜNTER EICH, aber auch Rudolf Augstein und Marcel Reich-Ranicki kamen zu der Tagung ins Wiesenttal. Der romantisch gelegene Landgasthof von Kaspar Bezold war umlagert von Kamerateams, Journalisten und Neugierigen, denen schließlich HANS WERNER RICHTER verbot, im Konferenzsaal zu filmen oder zu fotografieren. Insgesamt gab es 25 Lesungen, und der Newcomer JÜRGEN BECKER bekam für seinen Text "Ränder" den Preis der *Gruppe 47*. Sogar der damalige Wirtschaftsminister Karl Schiller kam vorbei, um dem Preisträger zu gratulieren.

Doch die Tagung in der Pulvermühle stand unter keinem guten Omen. So kam es zu Auseinandersetzungen zwischen einerseits Grass und Lettau, Karsunke und Erich Fried auf der anderen Seite. Grass wollte nämlich nicht die Anti-Springer-Kampagne mit der APO in Zusammenhang bringen. Als dann die Tagung noch durch Erlanger SDS-Studenten gestört und die Teilnehmer als "unpolitische Dichter" veralbert wurden, schließlich die Vietcong-Fahne gehißt wurde, spalteten sich die Autoren in zwei Gruppen. Erst nach dem offiziellen Ende und bei manchem Schoppen Frankenwein kehrte Harmonie ein. Günter Eich schrieb ins Gästebuch: "Die Pulvermühle hat nur einen Nachteil: daß man sie nicht mitnehmen kann". Die nächste Tagung, die in Prag stattfinden sollte, wurde wegen der politischen Ereignisse in der Tschechoslowakei hinfällig. Das Treffen in der Pulvermühle blieb die letzte Tagung der Gruppe 47, sozusagen die Beerdigungsfeier der Schriftsteller-Vereinigung.

LITERATURTIPS: Karl Immermann, Fränkische Reise, Faksimile-Ausgabe von 1843 und Fürst Pückler reist in Franken, Faksimile der Ausgabe von 1835. Beide Verlag Palm & Enke, Erlangen.
Wolfgang Buhl, Fränkische Klassiker, Verlag Nürnberger Presse, Preis 68 DM.

Umwelt

Fränkische Schweiz - heile, unverbrauchte Natur?

Die Klischeevorstellung stimmt trotz romantischer Täler und beschaulicher Dörfer längst nicht mehr. Heute ist der Tourismus zum bisweilen landschaftsfressenden Wirtschaftsfaktor geworden. Eine Million Übernachtungen pro Jahr in der Fränkischen Schweiz schaffen Belastungen für die sensible Region. In den letzten Jahren wurde deshalb von Politikern und Bevölkerung versucht, unheilvollen Entwicklungen wie neuen Straßenbauprojekten, Ferienhäusern und Freizeitanlagen entgegenzutreten.

Asphalt, Asphalt . . .

So gut wie kein Tal mehr (bis auf das untere Aufseßtal und das Püttlach-

Heile Welt - das Aufseßtal

tal hinter Pottenstein) gibt es heute, das nicht von einer breiten Asphaltstraße durchzogen wäre. Verkehrsverbindungen müssen sein - doch bei solch landschaftszerstörenden Straßenbauprojekten wie im **Wiesenttal** (bei Gasseldorf), im **Leinleitertal** (zwischen Gasseldorf und Heiligenstadt) oder im **Trubachtal** (zwischen Egloffstein und Gräfenberg), wo noch Straßenbau mit dem Lineal praktiziert wird, entstanden Narben im Gesicht der Tallandschaft.

Noch immer gibt es Geschäftemacher und konservative Dorfpolitiker, die sich auf die Idee versteifen, daß durch mehr Straßen und Brücken noch mehr Touristen in die Fränkische Schweiz kommen würden. Daß die Attraktivität der Region gerade durch solche Maßnahmen auf äußerste gefährdet ist, wird von ihnen meist übersehen.

So ist bei der Bamberger Straßenbaubehörde, die weitgehend für die Fränkische Schweiz zuständig ist, derzeit kaum ein Umdenken in Sicht. Im Gegenteil: geplant ist beispielsweise im Bereich von Gasseldorf und Muggendorf ein großzügiger

Ausbau der Bundesstraße B 470, die von Forchheim zur Autobahn Nürnberg-Berlin führt. Diskussion gibt es auch um die Südumgehung Forchheims, die die Talaue der Wiesent und Trubach quer durchschneiden wird.

"Raus aufs Land"

Die Attraktivität der Fränkischen Schweiz ist ungebrochen. Seit Jahren herrscht ein wahres Baufieber. So hat sich die Einwohnerschaft des ehemals kleinen Wiesentstädtchens Ebermannstadt innerhalb von zwei Jahrzehnten verdoppelt! Mit der ungezügelten Ausweisung von Bauland sind an den Talhängen monotone Einfamilienhaus-Flächen entstanden. Wenn auch der Bau von Wochenendhäusern abgestellt werden konnte, so hält der gewinnträchtige Bauboom nach wie vor an und damit natürlich auch die Landschaftszersiedelung.

Entscheidend für das vielfach schlimme Bild der heutigen Dörfer, vor allem am Rand der Fränkischen Schweiz, ist der von den Gemeinden und Baubehörden genehmigte Bebauungsplan. Ursprünglich sollten solche Planungsmaßnahmen die Bautätigkeit in geordnete Bahnen lenken und die Zersiedelung der Landschaft verhindern. Doch die Realität sieht anders aus. Das Erstellen der Bebauungspläne ist meist vom Ehrgeiz des Dorfbürgermeisters geprägt, die Einwohnerzahl von Jahr zu Jahr zu erhöhen und den Grundbesitzern hohe Profite beim Verkauf der Quadratmeter an die "Städter" zu ermöglichen.

Fränkischer Baustil auf dem Rückzug?

Die Neubausiedlungen in der Fränkischen Schweiz sind gleichförmig, architektonisch monoton und in der Regel nicht am fränkischen Baustil orientiert. Als Beispiel läßt sich Kirchehrenbach am Fuß des Walberlas anführen. Allmählich wird zwar versucht, an traditionelle fränkische Bauformen anzuknüpfen, doch die Versuche stecken noch in den Anfängen. Trotz der lobenswerten Versuche des "Fränkische-Schweiz-Vereins", mit der "Schmuckziegel-Verleihung" das landschaftsgebundene Bauen populär zu machen, setzt erst langsam ein Umdenken bei den Bauwilligen ein.

Der Wald wird sauer

Obwohl das Mittelgebirge im Ruf der sogenannten guten deutschen Waldluft steht, ist es mit Prädikaten wie Luftkurort nicht weit her. So liegt der SO_2-Gehalt der Luft partiell bereits über dem Durchschnitt des Bundesgebiets. Verursacher sind Industrieanlagen im Regnitztal. Nach einer Studie der Zeitschrift "GEO" sind 70 % aller Bäume über 40 Jahre im Landkreis Forchheim (der einen Großteil der Fränkischen Schweiz ausmacht) dem allmählichen Absterben durch Schadstoffemissionen ausgesetzt. Die Wälder der Fränkischen

Schweiz liegen im Siechtum. 45 - 60 % der Staatswälder (Privatwald-besitzer sind offensichtlich aus steuerlichen Gründen nicht zu Informationen bereit) sind bereits deutlich geschädigt.

Bachforelle ade?

Die Fränkische Schweiz besitzt zehn größere Flüsse und Bäche, ist aber ansonsten ein eher wasserarmer Landstrich. Die Wasserqualität kann nach den letzten Untersuchungen der Regierung von Oberfranken Ende 1990 als mäßig bezeichnet werden. Flüsse wie Wiesent, Aufseß, Trubach und Ailsbach bekamen die Güteklassen II (mäßig belastet) zugewiesen. Als kritisches Gebiet gilt das Quellgebiet der Trubach in der Gemeinde Obertrubach. Dort wurde mit der Klasse III (stark verschmutzt) charakterisiert. Die schlechtesten Ergebnisse (Güteklasse IV: Übermäßig verschmutzt) erhielt abschnittsweise das Quellgebiet am nordöstlichen Ende des Ailsbachtales bei Freiahorn. Als besonders sauber (Güteklasse I-II - gering belastet) gelten vor allem die Leinleiter zwischen Gasseldorf und Heiligenstadt sowie die Püttlich östlich von Pottenstein. Seit Jahren verbessert sich peu à peu die Wasserqualität der Bäche und Flüsse der Fränkischen Schweiz. Kanalisationen und schärfere Umweltschutzverordnungen zeigen allmählich Erfolg.

Doch die Gewässergütekarte der Regierung von Oberfranken gibt nur über die biologische Güte der Gewässer Auskunft, nicht aber über die chemische. Diese ist letzten Endes entscheidend. Es wirken vor allem zwei Faktoren: die **Eutrophierung** (Überdüngung) der Gewässer und der **saure Regen**.

Eutrophierung: Kommunale Abwässer und Phosphate aus der Landwirtschaft beeinträchtigen die Gewässer erheblich. Da Phosphate aus Waschmitteln auch in Kläranlagen nicht abgebaut werden, findet eine "Überdüngung" statt. Die durchschnittliche Phosphatverunreinigung bei Ebermannstadt beträgt 0,8 mg/l (alle Werte ermittelt von Andreas Ott, Ebermannstadt). Während der Sommermonate mit Niedrigwasser steigen die Werte gefährlich an. Bereits bei einer Verschmutzung von 0,5 mg/l wird ein vermehrter Algen- und Wasserpflanzenwuchs angeregt. Durch die absterbenden Wasserpflanzen und Algen fällt mehr Biomasse an, welche beim bakteriellen Abbau enorm viel Sauerstoff verbraucht (der Abbau erfolgt über mehrere Stufen: Ammonium - Nitrit - Nitrat, wobei jedesmal ein Oxydationsprozeß stattfindet).

In den Bächen und Flüssen der Fränkischen Schweiz sind vor allem die Forellen heimisch, die Äsche kann nur noch in wenigen Bereichen, die Barbe nur in einem einzigen Fall (Wiesent bei Forchheim)

nachgewiesen werden. Vor allem die empfindliche Bachforelle ist
während der Sommermonate stark gefährdet. So fielen in den letzten
Jahren die Sauerstoffwerte an einigen Tagen auf 6,6 mg/l - bei weniger als 6 mg/l droht dem Edelfisch der Erstickungstod. Zum Vergleich: der gemessene "Bestwert" lag bei 17 mg/l.

Saurer Regen: Wie überall werden auch die Gewässer der Fränkischen Schweiz
bedroht. Wie jüngste Messungen der Wiesent, Trubach oder Püttlach allerdings
ergaben, haben diese Gewässer einen durchschnittlichen ph-Wert von 8,0. Das
liegt wohl über dem Neutralwert, doch nach Auskunft von Fischereiexperten noch
nicht im extrem fischschädlichen Bereich.

Naturschutzgebiet Fränkische Schweiz?

Obwohl es längst den Naturpark "Fränkische Schweiz - Veldensteiner
Forst" gibt, hat dieser Zusammenschluß bisher in der Naturschutz-
Praxis keine wirksamen Ergebnisse erbracht. Wohl sind seit der Entstehung in den Jahren 1973 bis 1982 1,8 Millionen Mark ausgegeben
worden, aber die Maßnahmen beschränkten sich auf die Aufstellung
von Brotzeitbänken, Instandsetzungsarbeiten und Pflegetrupps, die
die Natur wieder "in Ordnung bringen". Lediglich in der Planung ist
der Naturpark als Landschaftsschutzgebiet ausgewiesen. Rechts-
wirksame Naturschutzgebiete gibt es in der Fränkischen Schweiz bis
auf wenige Hektar so gut wie keine. Das größte im Regierungsbezirk
Oberfranken wurden 1987 ausgewiesen: das Walberla. Das Naturschutzgebiet Ehrenbürg - so der offizielle Name - umfaßt 155 Hektar,
also rund ein Zehntel aller oberfränkische Naturschutzgebiete. Die
damit verbundene Verordnung schränkt nicht nur zahlreiche Frei-
zeitaktivitäten erheblich ein, sondern umfaßt auch ein Verbot von
Pflanzenschutzmittel für die Landwirtschaft.

Müllhalde unter Tage

Ein Sorgenkind des Naturschutzes sind die für die Fränkische
Schweiz so typischen Dolinen. So wurden beispielsweise bei der Säu-
berung von 27 Dolinen zwischen Ebermannstadt und Hiltpolstein
nicht weniger als 394 Tonnen Haus-, Sperr- und Sondermüll auf die
Deponie gebracht. Gerade die Felsspalten sind gegenüber dem Müll
besonders sensibel. Bekanntlich haben Dolinen kaum Filterwirkung
für das Wasser, weil lösliche Schadstoffe vom Wasser aufgenommen
werden und rasch in die unterirdischen Hohlräume des verkarsteten
Kalksteins entschwinden - und weitgehend ungefiltert wieder austre-
ten. Wie wissenschaftliche Ergebnisse zeigen, ist das Grundwasser
durch ganze Giftarsenale gefährdet. Die Naturschutzwächter in der
Fränkischen Schweiz werfen deshalb ein besonderes Auge auf diese
Naturdenkmäler.

Die ökologische Situation der Fränkischen Schweiz ist kritisch. Bisher ist zuviel geredet worden. Immer noch schielen die zuständigen
Kommunalpolitiker auf den Tourismus mit geschotterten Waldwe-

gen, 08/15-Unterbringungsmöglichkeiten und breit ausgebauten An-
fahrtswegen. Erst langsam erfolgt ein Umdenken - nämlich, daß gerade die Ursprünglichkeit der Landschaft die Attraktivität der Fränkischen Schweiz ausmacht.

Flurbereinigung

**Durch sie ist heute das Landschaftsbild der Fränkischen Schweiz am
stärksten bedroht. Mit Zirkel und Lineal vermessen bayerische Beamte
die Landschaft, ziehen schnurgerade Felder, roden Hecken, begradigen
Bäche und beschaffen billiges Land für die Straßenbauer.**

Die Flurbereinigung steht in der Fränkischen Schweiz in annähernd
dreißig Gemeinden an. Wie nirgends sonst in Bayern begegneten die
Flurbereiniger in der Mittelgebirgslandschaft dem energischen Protest der Bauern und Naturschützer. Man wollte den Ausverkauf der
Fränkischen Schweiz durch das Bayerische Landwirtschaftsministe-
rium und den Bayerischen Bauernverband verhindern. Abstimmun-
gen in den meisten Dörfern ergaben Mehrheiten gegen die land-
schaftszerstörende Maßnahme, die zudem noch den Broterwerb der
kleinen Höfe in der Fränkischen Schweiz gefährdet. Welche katastro-
phalen Folgen die Flurbereinigung haben würde, zeigt die "Kultur-
steppe" um Moggast deutlich. Die Empörung unter der Bevölkerung
ist groß, Protesttafeln dokumentieren noch immer den Widerstand in
den Dörfern.

Aufgeregtheiten, Protestversammlungen, polemische Angriffe bis hin
zu Handgreiflichkeiten brachten Unruhe in die Bauerndörfer. Die
Bauern organisierten sich 1985 in der *Interessengemeinschaft Bayerischer Bauern* (IBB), einem alternativen Bauernverband. Zusammen
mit dem Bund Naturschutz wurde das sogenannte *Forchheimer Modell* entwickelt, das im Kern eine umweltschädliche, landwirtschaftliche Intensivproduktion ablehnt, durch eine neue Preispolitik kleine
und mittlere Bauern besser berücksichtigt und einen "naturgemäßen
Landbau" fördert.

Damit ist auch der Erhalt der bedrohten Streuobstwiesen gemeint.
Die Ökologen und sensibilisierten Bauern setzten sich mit Nach-
druck für den Erhalt von alten Hoch- und Halbstämmen ein, die so
typisch für die Landschaft der Fränkischen Schweiz sind.

Streuobstwiesen - Ein blühender Lebensraum

An einem Apfelbaum leben bis zu tausend Tierarten. Auf einem
Quadratmeter Boden unter dem Blätterdach wurden 8000 In-
sekten gezählt. Der Obstbaum versorgt Bienen mit Pollen, bietet Käuzen einen Brutplatz, ist Wendehälsen ein Rückzugsrefu-
gium... - eine Streuobstwiese ist ein unverzichtbarer Lebens-
raum in der Fränkischen Schweiz. Seinen Höhepunkt hatte der

Obstbau in Bayern im 19. Jh. Obstgärten umgaben die Dörfer mit einem blühenden Ring. Baugebiete, Straßenbau und Flurbereinigung nach dem Zweiten Weltkrieg verkleinerten die Streuobstwiesen Stück um Stück. Um 40 Prozent ging das Streuobst in den letzten 25 Jahren zurück. Erst jetzt beginnen Naturfreunde, Bauern und Konsumenten allmählich, an einem Strang zum Erhalt dieses Lebensraumes zu ziehen.

Allein im Landkreis Forchheim konzentrieren sich 15 Prozent des gesamten Streuobstbestandes in Bayern. Die Fachberater der Landwirtschaftsämter protegieren unverzagt Intensiv-Niederstamm-Plantagen mit 08/15 Modeobstsorten. Noch bis in die 70er Jahre zahlten die Ämter sogar Prämien für jeden abgeschlagenen Obstbaum. Die Flurbereinigung ist dabei ein Mittel, manch schönem Obstgarten den Garaus zu machen. Wird die fast 1000jährige Tradition des Obstbaus in Franken innerhalb weniger Jahre zugunsten von Niederstamm-Plantagen geändert, wird die Fränkische Schweiz zu einer kläglichen Imitation der Intensivanlagen Südtirols. Naturschützer betonen, daß im Gegensatz zu den traditionellen Streuobstwiesen bei Niederstamm-Anlagen bis zu 25 chemische Spritzungen notwendig sind. Bereits in den 60er Jahren entstanden Niederstamm-Anlagen in Lützelsdorf und Poppendorf, die noch immer ein Fremdkörper im Trubachtal sind. Noch ist der Ausgang des Konfliktes zwischen Ökologie und Ökonomie offen.

Die Entstehung der Fränkischen Schweiz

Die abwechslungsreiche Landschaft der Fränkischen Schweiz mit schroffen Felspartien und grünen Tälern lockt Erholungssuchende und Wanderer gleichermaßen. Ihre Faszination drückt sich in den zahlreichen Sagen und Mythen aus, die sich um bizarre Felsen und geheimnisvolle Höhlen ranken. Doch verdanken diese ihre Entstehung nicht irgendwelchen geheimnisvollen Mächten, vielmehr sind sie das Ergebnis besonderer geologischer Verhältnisse.

Die Begriffe fränkischer Jura oder Juralandschaft sind vielen geläufig. Welche Vorgänge im Verlauf der vergangenen rund 200 Millionen Jahre zur Entstehung des heutigen Landschaftsbildes führten, ist vermutlich weniger bekannt und soll im folgenden erläutert werden.

Machen wir einen Zeitsprung von 190 Millionen Jahren, als das Jurameer langsam in unsere ehemals festländische Region vor-

Der nach dem ägyptischen Gott Ammon benannte Kopffüßler

stieß und für über 50 Millionen Jahre bestimmend blieb. Den Zeit-raum der Überflutung durch das Jurameer nennt der Geologe *Jura-zeitalter*, die während dieser Zeit gebildeten Gesteine demzufolge *Ju-ragesteine*. Man unterteilt sie je nach vorherrschender Farbe in *Schwarz-*, *Braun-* und *Weißjura*, was der Altersfolge der Schichten ent-spricht: jüngere Schichten lagern dabei auf älteren.

Folgende Begriffe werden parallel verwendet:

Schwarzjura	Braunjura	Weißjura
Unterer Jura	Mittlerer Jura	Oberer Jura
Lias	Dogger	Malm

Die *Juragesteine* sind sogenannte *Sediment-* oder *Ablagerungsgesteine*, die dadurch entstanden, daß verwittertes Gesteinsmaterial des Fest-landes von Wasser und Wind fortgetragen wurde. In Flußebenen und am Meeresgrund wurde es als weicher Schlamm oder Sand abgela-gert. Unter dem Belastungsdruck der später aufgelagerten Schichten wurde das Material verdichtet und im Prozeß der Gesteinsentste-hung verfestigt.

Das Jurazeitalter

Zur Zeit des *Unteren* oder *Schwarzjura* rückte die Küstenlinie aus Nor-den und Nordwesten gegen Mitteleuropa vor. In einem kontinuier-lich absinkenden Meeresbecken setzten sich überwiegend tonige Sinkstoffe am Meeresboden ab. Die grauschwarzen *Tone* und Mergel, die heute örtlich in Ziegeleien abgebaut werden, sind die bestimmen-den Gesteine aus dieser Zeit.

Das markanteste Gestein des *Mittleren* oder *Braunjura* ist der *Sand-stein*. Sandige Verwitterungsprodukte des Festlandes wurden von großen Strömen aufgegriffen und in das flache Braunjurameer ver-frachtet. Die am Meeresgrund abgelagerten Sande verfestigten sich später zu *Sandstein*. Durch toneisenhaltiges Bindemittel erhielt der Dogger- oder Eisensandstein seine braune Farbe, die für den Braun-jura namensgebend wurde.

Mit der Wende zum *Oberen* oder *Weißjura* änderten sich die beste-henden Verhältnisse grundlegend. Aufgrund sich verändernder Land-Meer-Verteilungen wurde das kühle Nordmeer aus unserer Region verdrängt, gleichzeitig stieß aus Süden das weltumspannende Tethysmeer weiter vor. Während sich unsere Region zur Zeit des Schwarz- und Braunjura an der Südküste eines Nordmeeres befand, lag es mit der Wende zum Weißjura am Nordrand eines südlichen Meeres - der Tethys.

Gegen Ende des Jurazeitalters zog sich das Tethysmeer weitgehend zurück, und es kam zur Festlandsentstehung. Das heutige Mittel-meer stellt den spärlichen Rest des einstigen Tethysozeans dar.

Die Kalksteinentstehung

Die dominierenden Gesteine aus der Zeit des *Weißjura* sind die hellen *Kalksteine*. Sie bestehen überwiegend aus den Kalkschalen und Skeletten ehemaliger Meerestiere. Die im Vergleich zum kühlen Nordmeer auf 20-25°C angestiegenen Wassertemperaturen boten einer Vielzahl von Muscheln, Schnecken, Korallen, Kalkalgen und Foraminiferen aus der Gruppe der Wurzelfüßler ideale Lebensbedingungen. Die meisten dieser Tiere verarbeiten das im Meerwasser enthaltene Karbonat zu Hartteilen oder scheiden Kalk aus. Sterben diese Organismen ab, dann sinken ihre Schalen und Skelettreste auf den Meeresboden.

Der Müllersfelsen bei Streitberg

Zum Teil werden diese Hartteile aber auch aufgelöst (Kalk ist löslich) und bilden dann den Kalkschlamm am Meeresboden. Mit Hilfe von Bindemitteln werden die festen Überreste ebenso wie der Kalkschlamm im Prozeß der Gesteinsentstehung zu Kalkstein verfestigt.

Betritt man einen der zahlreichen Steinbrüche, in denen der Kalk zur Schottergewinnung abgebaut wird (wie z. B. bei Ebermannstadt), so fällt die gleichmäßige Schichtung der Kalksteine auf: weitgehend parallel zur heutigen Oberfläche lagert eine Schicht der anderen auf, durch horizontale Fugen deutlich voneinander getrennt.

Im Gegensatz dazu stehen **die Schwammriffe**, die keine Schichtung erkennen lassen. Vor allem im mittleren Malm besiedelten Schwämme den Meeresboden und wuchsen zu mächtigen Riffen. Ein solches Schwammriff begegnet uns beispielsweise beim Müllersfelsen bei Streitberg - die ungeschichteten Kalkmassen bestehen größtenteils aus versteinerten Schwämmen.

Der Frankendolomit

Kalkstein wird durch chemische Umwandlung - Zufuhr und Einlagerung von Magnesium - zu **Dolomit**. In der Fränkischen Schweiz wurden hauptsächlich die Schwammriffe zu Dolomit umgewandelt, geschichteter Kalk dagegen wurde von dieser chemischen Veränderung kaum erfaßt. Gegenüber dem hellen Kalkstein ist die graue Farbe des Dolomits auffällig.

Da Dolomit härter ist als "normaler" Kalkstein, witterten die Dolomitriffe aus dem umgebenden Kalkstein aus: das Ergebnis sind die beeindruckenden Felsbastionen, für die die Fränkische Schweiz in der Romantik berühmt wurde.

Bis etwa Streitberg sind im Wiesenttal die Kalke und Dolomite des oberen Jura landschaftsbestimmend. Erst die nordwestlich und südwestlich gelegenen Landschaftsteile werden vom Braunjura eingenommen: z.B. das Wiesenttal bis Kirchehrenbach, das Trubach- und Ehrenbachtal oder die Hänge der Langen Meile. Der Schwarzjura ist im flacheren Vorland verbreitet, wie z. B. um Kunreuth, Forchheim oder Buttenheim.

Auch die Gestalt der Hochfläche ist gesteinsabhängig: Im Bereich der Langen Meile beispielsweise ist die Hochfläche völlig eben, da sie von den geschichteten Kalksteinen des oberen Jura aufgebaut wird. Wo die Schwammriffe die Hochfläche bilden, bietet sich ein anderes Bild: Die Hochflächen werden wellig und unregelmäßig, typisch die Kuppen und Dolomitfelsstotzen, vielfach tritt nacktes Gestein zutage.

Wald und Feld - Hochfläche bei Waischenfeld

Vom Ende der Jurazeit bis zur geologischen Gegenwart

An die Jurazeit schließen sich die geologischen Epochen der Kreidezeit (vor 136 - 65 Mio. Jahren), der Tertiärzeit (vor 65 - 2,5 Mio. Jahren) sowie des Quartärs (Eiszeitalter) an; die zuletzt genannte Epoche reicht mit der Nacheiszeit bis in die Gegenwart.

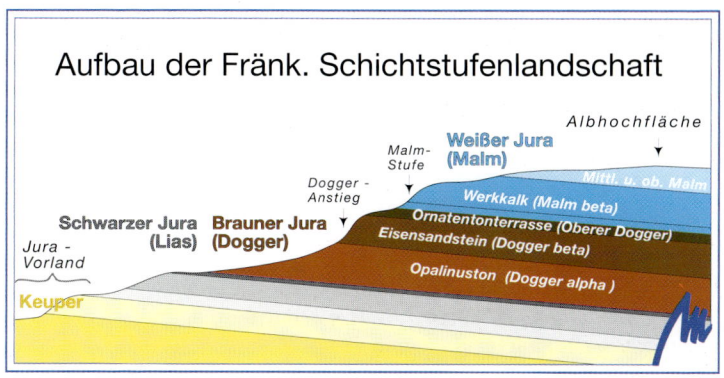

Aufbau der Fränk. Schichtstufenlandschaft

Albhochfläche

Weißer Jura (Malm)

Malm-Stufe

Mittl. u. ob. Malm

Dogger - Anstieg

Werkkalk (Malm beta)

Schwarzer Jura (Lias)   Brauner Jura (Dogger)

Ornatentonterrasse (Oberer Dogger)

Eisensandstein (Dogger beta)

Jura - Vorland

Opalinuston (Dogger alpha)

Keuper

Abgesehen von einem letzten Meeresvorstoß in der zweiten Hälfte der Kreidezeit, endete die Meeresvorherrschaft in Süddeutschland mit dem Ausklingen der Jurazeit (vor ca. 140 Mio. Jahren). Mit der Landwerdung änderte sich auch das geologische Geschehen. Statt Ablagerungen auf dem Meeresgrund wurden nun die festländischen Verwitterungs- und Abtragungsvorgänge bestimmend und führten im Lauf der folgenden Jahrmillionen zum heutigen Landschaftsbild.

Die Schichtstufenlandschaft

Die Landschaften der **Fränkischen** und **Schwäbischen Alb** bezeichnet man als Schichtstufenlandschaften. Diese sind durch Abtragung in Geländestufen gegliedert, wobei sich Flächen und Verebnungen mit Anstiegen abwechseln.

Nach dem Rückzug des Jurameeres reichte ein zusammenhängendes Schichtpaket von den ostbayerischen Gebirgen bis über den Rhein nach Westen. Durch Bewegungen der Erdkruste kam es in den nachfolgenden geologischen Epochen zu Brüchen, zu Hebungen und Senkungen ganzer Landschaftsteile.

Infolge der zerstörerischen Arbeit des fließenden Wassers (Erosion) und der Gesteinsverwitterung sowie wechselnden klimatischen Verhältnissen wurde die einstmals zusammenhängende Juradecke zerschnitten, immer weiter aufgegliedert und abgetragen. Dadurch wurde die ursprünglich höher gelegene Landoberfläche bis auf ihr heutiges Niveau abgetragen.

Bei der Ausgestaltung der Landschaft spielt die Erosionsleistung der Flüsse eine große Rolle. Durch das Zusammenwirken von Abtragung und Erosion wurden Berge von ihrem Rückland isoliert. Ein solches Beispiel ist die sagenumwobene **Ehrenbürg** bei Kirchehrenbach (auch Walberla genannt), die sich wie ein Klotz unvermittelt über dem Wiesentgrund erhebt. Derart isolierte Massive werden als **Zeugenberge** bezeichnet.

Walberla und Lange Meile (NW von Ebermannstadt) hingen einstmals zusammen. An der Abtrennung war die Wiesent mit ihren Nebenflüssen maßgeblich beteiligt. Auch die Lange Meile selbst ist nur noch durch einen schmalen Hals mit der Hochfläche verbunden: sie ist ein sogenannter Auslieger (Sporn), der bei fortschreitender Entwicklung in der geologischen Zukunft ebenfalls abgetrennt sein wird.

Der **Aufbau der Juratafel** läßt sich mit einer Torte vergleichen, bei der sich Tortenböden mit Sahneschichten abwechseln. Übertragen wir das Tortenmodell auf das Schichtpaket des Jura: auf eine Lage weiches Gestein wie z.B. Ton, folgt harter Sandstein, darauf wieder Ton und abschließend harter Kalkstein.

Die weichen Gesteine verwittern rascher und werden deshalb schneller abgetragen, während die harten, gegenüber Verwitterung und Abtragung widerständigen Gesteine als Steilstufen herauspräpariert werden. Die weichen Gesteinsschichten bilden in der Schichtstufenlandschaft die Verebnungen und sanft zur nächsten Steilstufe überleitenden Hänge.

Wichtigste Steilstufe im Bereich der Fränkischen Schweiz ist der Kalkstein des Oberen Jura (Malmkalk), aber auch der Sandstein des Mittleren Jura macht sich im Gelände mit einem Anstieg bemerkbar.

Anmerkung für Biertrinker: Im Sandstein der Frankenalb wurden häufig Felsenkeller zur Bierlagerung angelegt. Die ersten Bierkeller wurden schon Anfang des 18. Jhs. ausgebaut; seit Beginn des 20. Jhs. mußten leider viele kleine Brauereien aufgeben. Erfreulicherweise wird bei einigen Kellern auch heute noch (oder wieder?) am Wochenende Bier ausgeschenkt. Prost!

Kreide- und Tertiärzeit

Unter den tropischen bis subtropischen Klimaverhältnissen der **Kreide- und Tertiärzeit** wurden erste Landschaften entwickelt. Aus der Kreidezeit war ein Relief ohne große Höhenunterschiede hervorgegangen, das in der anschließenden Tertiärzeit zu einem Vorläufer unserer Schichtstufenlandschaft weiterentwickelt wurde.

Da sich unter den Abtragungsbedingungen jener Zeit keine tiefeingeschnittenen Täler entwickeln konnten, durchzogen die Flüsse flache Talmulden, auch die schichtstufenartigen Gebilde waren nicht so markant ausgeprägt wie heute - kurzum, die damalige Landschaft verdiente wohl kaum das Prädikat abwechslungsreich.

Die wichtigsten Ereignisse dieser Epochen waren die Entstehung der Alpen sowie der Einbruch des Oberrheingrabens, der die Voraussetzung zur Entwicklung des Rheines schuf. In diesen "bewegten" Zeiten wurde auch das fränkische Schichtpaket von Hebungsvorgängen erfaßt und leicht nach Osten gekippt.

Das Eiszeitalter (Quartär)

Das Quartär wird in die beiden Abschnitte **Pleistozän** (Eiszeitalter) und **Holozän** (Nacheiszeit) unterteilt, zuletzt genannter Abschnitt begann erst vor rund 10. 000 Jahren.

Die weltweite Temperaturabsenkung hatte zur Folge, daß die Niederschläge überwiegend als Schnee fielen und sich zu gewaltigen Gletschermassen anhäuften. Von Skandinavien und den Alpen ausgehend stießen mächtige Eismassen mehrfach nach Mitteleuropa vor. Diese Gletschervorstöße (6 im süddeutschen Raum) waren von jeweils wärmeren Zwischeneiszeiten unterbrochen, in denen ähnliche Klimabedingungen bestanden wie heute.

Franken lag zwischen diesen Eismassen, war aber selbst niemals vergletschert gewesen. Kalt war es trotzdem: es herrschten arktische bis subarktische Klimabedingungen mit Jahresdurchschnittstemperaturen zwischen 0 und -20°C. Zum Vergleich: die heutigen Jahresdurchschnittstemperaturen bewegen sich um 8°C, im Tertiär um 20°C!

Die besonderen Verhältnisse des Eiszeitalters veränderten das bis dahin bestehende Landschaftsbild grundlegend. Die letzten rund 2,5 Millionen Jahre waren für die Landschaftsentwicklung in unserem Raum weitaus prägender als die zurückliegenden 133 Millionen Jahre.

In das bisher wenig abwechslungsreich ausgeprägte Relief der Albtafel konnten sich die Flüsse mit Hilfe der kaltzeitlichen Formungsprozesse kräftig einschneiden und mächtige Schichtpakete "durchsägen". Die Wiesent und ihre Nebenflüsse legten ihre Talsohle seit dem späten Tertiär um bis zu 150 m tiefer.

Im besonders widerständigen Riffdolomit entstanden die uns heute vertrauten engen, canyonartigen Täler, flankiert von schroffen Felsbastionen und Felsnadeln.

Die Entwicklung des Flußnetzes

Während des Eiszeitalters entstand das reich verzweigte Flußnetz heutiger Prägung: Die größten Flüsse unserer Region, Regnitz und Wiesent, entwässern über den Main zum Rhein. Das war nicht immer so.

Bis zum ausgehenden Tertiär erfolgte die Entwässerung nämlich nach Süden und Südosten, wo sich nach dem Rückzug des Meeres eine West-Ost verlaufende Ur-Donau entwickelt hatte. Entgegengesetzt zum heutigen Verlauf mündeten die Flüsse der Frankenalb ebenso wie diejenigen der Schwäbischen Alb in diese Ur-Donau!

Nach dem Einbruch des Oberrheingrabens entwickelte sich der Rhein. Infolge des wesentlich stärkeren Gefälles war die Erosionsleistung des Rheins und seiner entstehenden Nebenflüsse größer als bei der Donau. Folglich drang der Rhein gegen die Donau vor und entriß ihr einen Teil der Quellflüsse sowie wichtige Nebenflüsse. Der Anschluß der oberfränkischen Flüsse an das rheinische Gewässernetz dürfte etwa an der Wende Tertiär/Quartär stattgefunden haben.

Entstehung der Höhlen und anderer Karstformen

Karst bezeichnet geologische Erscheinungen, die nach einem gleichnamigen Gebirge in Jugoslawien zu einem Fachbegriff wurden. Karstlandschaften können sich nur in Regionen entwickeln, in denen mächtige Schichten wasserdurchlässigen, löslichen Gesteins vorhanden sind. Da festes Gestein auf Bewegungen der Erdkruste nicht elastisch reagieren kann, entstehen Risse und Klüfte. Niederschlagswasser versickert in diesen Gesteinsklüften und verschwindet im Untergrund. Gemeinsame Merkmale verkarsteter Landstriche sind daher weitgehend fehlende Oberflächengewässer. Bei einem Blick auf eine Landkarte wird man feststellen, daß dies auch für die Hochfläche der Frankenalb und Fränkischen Schweiz zutrifft.

Zu lösungs- und verkarstungsfähigen Gesteinen zählen auch die **Jurakalke**, die die Hochfläche der Frankenalb bilden. In den Kalkstein eindringende chemisch aggressive Sickerwässer erweitern und vertiefen die bestehenden Gesteinsklüfte, sodaß allmählich immer größere Wassermengen von der "Gesteinsunterwelt" aufgenommen werden können. Größere Wassermengen können wiederum größere Mengen an Kalk lösen und abführen - schließlich entstehen Höhlenräume mit Höhlenflüssen.

Bereits während der Kreide- und Tertiärzeit waren die Jurakalke und Dolomite Verkarstungsprozessen unterworfen. Doch ähnelte die damalige Fränkische Schweiz eher den Karstlandschaften heutiger Tropengebiete. Die entscheidende Weiterentwicklung der älteren Formen zum heutigen Landschaftsbild fand wiederum im Quartär statt - diesmal in den *Warmzeiten* (zwischen den Eiszeiten).

Während der Kaltzeiten konnten Verkarstungsprozesse keine Rolle spielen, da der Dauerfrostboden die vorhandenen Hohlräume verschloß und unterirdischer Abfluß daher unmöglich wurde. Unter den freundlicheren Klimabedingungen der Warmzeiten taute der gefrorene Boden auf. Die jetzt vorwiegend wieder als Regen fallenden Niederschläge konnten wieder in den Klüften und Rissen der Kalksteine versickern, und die Kalklösungsvorgänge setzten erneut ein.

In den bekannten Höhlen der Fränkischen Schweiz finden wir heute keine Höhlenflüsse mehr. Auffallend ist auch, daß Schauhöhlen wie die Bing- oder Teufelshöhle hoch über dem jetzigen Talgrund liegen. Da die Flüsse in den Kaltzeiten ihre Talsohlen tieferlegten, stellten sich in den jeweils anschließenden Warmzeiten auch die Verkarstungsprozesse auf das tiefere Niveau ein. Folglich erschloß sich das Karstwasser tiefere Gesteinsschichten, die Verkarstung drang weiter in die Tiefe vor. Da sich die meisten Höhlen über dem gegenwärtigen

Niveau des Karstwassers befinden, sind sie trocken gefallen. Während beispielsweise Bing- und Teufelshöhle noch gut erhalten sind, gibt es andererseits Fälle, bei denen Höhlen nach dem Trockenfallen verstürzt und eingefallen sind (z. B. Quackenschloß).

Kalklösung und Kalkabscheidung - Entstehung der Tropfsteine

Mehrfach wurde bisher betont, daß der Kalkstein als "hartes" Gestein von der "normalen", mechanischen Abtragung weniger betroffen ist als "weicheres" Gestein. Anders verhält es sich mit der **chemischen** Abtragung durch Kalklösung.

Kalksubstanz ist in reinem Wasser nur schwer, in leicht saurem Wasser jedoch gut löslich. Regenwasser nimmt aus der Luft und überwiegend aus dem Boden Kohlendioxid auf. In die Bodenschicht eindringendes Sickerwasser reichert sich also mit Kohlendioxid an, wobei das Wasser zu Kohlensäure reagiert. Diese Kohlensäureverbindung vermag den Kalkstein über einen chemischen Zwischenschritt so zu verändern, daß er gelöst werden kann. Dabei werden die Klüfte und Risse im Kalkgestein ständig erweitert, und der gelöste Kalk wird mit dem Sickerwasser fortgeführt.

Gelangen die mit Kohlensäure und Kalk angereicherten Sickerwässer aus den engen Rissen, wo sie unter Druck stehen, in einen Höhlenraum, dann läuft eine Reaktion ab, die jeder vom Öffnen einer Sprudel- (oder Sekt-) flasche kennt: Kohlensäure entweicht. Beim Entweichen der Kohlensäure wird das Gleichgewicht zwischen dem gelösten Kalk und den kalklösenden Substanzen gestört. Die überschüssigen Kalkanteile werden ausgeschieden.

Über die Karsthohlräume gelangt das Sickerwasser zunächst an die Höhlendecke, wo bereits ein Teil des Kalkes ausgeschieden wird. Die Wassertropfen fallen jedoch auch auf den Boden, wo beim Aufprall ebenfalls Kalk ausgeschieden wird. Im Lauf der Zeit entstehen auf diese Weise die von der Decke wachsenden *Stalaktiten* und die vom Höhlenboden nach oben wachsenden *Stalagmiten*.

Die prächtigen Tropfsteine, die von vielen Touristen bewundert werden, sind 10.000 bis über 100.000 Jahre alt. Die Wachstumsgeschwindigkeit ist von verschiedenen Faktoren abhängig, als groben Richtwert kann man weniger als 1 mm bis maximal einige cm pro Jahr angeben. Langsam wachsende Naturwunder sollten unseren Respekt genießen und nicht durch Höhlenvandalismus zerstört werden! Noch immer finden sich Touristen, die abgeschliffene Tropfsteine kaufen, und damit das dubiose Geschäft mit den einmaligen Naturprodukten neu beleben.

Karstformen an der Oberfläche: Dolinen, Kalktuffe, Karstquellen

Dolinen sind wannen- bis trichterförmig in die Hochfläche eingesenkt, oft ähneln sie Bombentrichtern. Ursachen ihrer Entstehung sind neben unterirdischer Abfuhr gelösten Kalkes auch Einbruch oberflächennaher Lösungshohlräume. Bekannte Dolinen finden wir bei Birkenreuth, Neudorf sowie Gößweinstein (Fellnerdoline). Die **Riesenburg** bei Muggendorf-Engelhardsberg ist dagegen eine Einbruchsdoline, die aus dem Einsturz eines ehemaligen Flußhöhlendaches hervorgegangen ist. Durch unterirdische Kalklösungsvorgänge wurden Hohlräume geschaffen, die dem darüber anstehenden Gestein die Tragfähigkeit entzogen, so daß schließlich die Decke einbrach.

Kalk- oder **Bachtuffe** finden wir z. B. an der Mündung der Aufseß in die Wiesent bei Doos, im Schauertal, aber auch am Hetzles bei Neunkirchen. Mit dem Austritt des Karstwassers an die Oberfläche ändern sich einige Bedingungen (z. B. Druck, Temperatur), infolge derer ebenfalls Kohlensäure entweicht. Infolge des gestörten Gleichgewichtszustandes des kalkhaltigen Wassers werden die überschüssigen Anteile ausgeschieden und zu Kalktuff verfestigt.

Das Karstwasser tritt nach seinem Lauf durch die Klüfte des Kalksteines irgendwann an das Tageslicht. An der Oberfläche versickertes Wasser kann nicht in beliebige Tiefen vordringen. Ein weiteres Absinken wird zum Beispiel dann unterbunden, wenn das Karstwasser auf eine wasserstauende Schicht trifft. Es wird dann gezwungen, sich andere Abflußbahnen zu suchen und tritt an der Schichtgrenze als Quelle an das Tageslicht. Wasserstauende Schichten sind beispielsweise die tonigen Horizonte, die teilweise in dünnen Lagen dem Kalk eingelagert sind, oder auch die obersten Tonschichten des Dogger (Ornatenton). Den tonigen Lagen zwischen dem Doggersandstein und den Malmkalken entspringen viele Quellen, daher der Name **Quellhorizont.**

Als Unglücksbringer galten früher die **Tummler** oder **Hungerbrunnen**. Diese Karstquellen schütten nur unregelmäßig in Jahren mit besonders vielen Niederschlägen oder nach der Schneeschmelze. Bei der Heroldsmühle im Leinleitertal findet man einen solchen Tummler. Bei ungewöhnlich großen Niederschlagsmengen wird mehr Wasser angeliefert, als gleichzeitig in den Karstgefäßen versickern kann. Sind die unterirdischen Abflußbahnen bis zu einem bestimmten Niveau vollgelaufen, dann tritt das Wasser seitlich in einer Quelle aus. In solchen Fällen betritt das Karstwasser auf der Suche nach Austrittsmöglichkeiten z. B ältere Abflußbahnen, die über dem normalen Niveau des Karstwassers liegen.

Kalktuff-Wasserfall bei Doos

Vegetation

Nähert man sich der fränkischen Schweiz von Westen, dann fällt die unterschiedliche landwirtschaftliche Nutzung von Tal- und Hangbereichen, sowie die unterschiedliche Verteilung von Laub- und Nadelwäldern auf. Natürliche Gegebenheiten und menschliche Eingriffe sind dafür ursächlich.

Ökologische Grundlagen

In Abhängigkeit vom geologischen Untergrund bilden sich verschiedene Bodenarten. Schematisiert ausgedrückt: Ist das Ausgangsgestein Ton, entwickeln sich infolge von Verwitterungs- und Bodenbildungsvorgängen tonige Böden, die feucht bis naß, dafür aber sehr nährstoffreich sind. Aus Sandstein entstehen lehmige Sandböden mit mehr oder weniger saurer Bodenreaktion. Diese Böden sind trockener und nährstoffärmer als Tonböden. In Abhängigkeit von verschiedenen Bodenverhältnissen entwickeln sich an den jeweiligen Standort angepaßte Pflanzengesellschaften. In der natürlichen Konkurrenz der Pflanzen wachsen die an die vorgefundenen Bodenverhältnisse angepaßten Arten am besten - es sei denn, der Mensch greift in die natürliche Pflanzenordnung (Wissenschaftler nennen diese Ordnung "potentiell-natürliche Vegetation") ein.
Anhand eines Spaziergangs vom Tal bis zur Hochfläche sollen die charakteristischsten Pflanzengesellschaften vorgestellt werden.

Auen und Täler

Die natürliche Vegetation von Talniederungen und staunassen Tonböden ist eigentlich der Auwald mit feuchtigkeitsliebenden Bäumen (z. B. Schwarzerle), Sträuchern, Kräutern und Gräsern. Noch bis zum Mittelalter waren die größeren Talniederungen mit sumpfigen Auwäldern bestanden. Die alten Verbindungsstraßen verliefen daher größtenteils über die Hochfläche, und nur wenn es sich nicht vermeiden ließ, wurde ein Tal mit Hilfe eines Knüppeldammes befahrbar gemacht.
Auwälder im eigentlichen Sinn gibt es bei uns nicht, mehr und selbst auwaldähnliche Bestände sind auf kleine Restflächen zusammengeschrumpft. Wegen der hohen Bodenfruchtbarkeit wurden die Auwälder in ebenen Tallagen gerodet und als Mähwiesen zur Futtergewinnung, als Obstgärten oder auch als Ackerland genutzt (häufig verbunden mit Entwässerungsmaßnahmen).

Der Steilanstieg des Doggersandsteins

Die ansteigenden Hänge des Doggersandsteins bieten der Buche gute Ausgangsbedingungen, da sie Standorte ständiger Durchfeuchtung meidet. Im Bereich des Doggersandsteins findet man heute wieder Buchenwälder (früher gerodet). Die vielfach reinen Buchenbestände mit gleichaltrigen Bäumen sind das Ergebnis forstwirtschaftlicher Maßnahmen, denn ohne menschliche Einflußnahme wären dies Standorte für Buchen-Eichen-Wälder mit beigemischten Edellaubhölzern wie z. B. Ahorn oder Elsbeere. Die Elsbeere ist ein Baum, der sehr eng mit der Vogelbeere oder Eberesche verwandt ist und zu den Rosengewächsen gehört - leicht daran zu erkennen, daß die Früchte der Elsbeere wie auch diejenigen der Mehlbeere (ebenfalls in der Fränkischen Schweiz verbreitet) wie Hagebutten aussehen.

Häufig wurde auch mit Fichten aufgeforstet. Jedoch haben die dunklen Fichtenforste nichts mit naturnahen Beständen gemeinsam und verstärken mit ihren schwer verrottbaren Nadeln außerdem die Bodenversauerung.

Eine Verschnaufpause: die Ornatentonterrasse

Verebnung und unterer Hang bis zur Steilstufe der Weißjurakalke werden wieder von nährstoffreichen, tonigen Böden eingenommen. Hier fühlen sich anspruchsvolle Edellaubhölzer wie Ulme oder Esche wohl. Je nach den vorherrschenden Licht- und Wärmeverhältnissen (Nord-, Ost-, West- oder Südhang) werden Spitzahorn und Sommerlinde mehr in den Vordergrund treten. Auch lichte Buchenmischwälder sind in dieser Lage beheimatet - die Buche kann nämlich sowohl auf bodensauren als auch basenreichen und kalkhaltigen Standorten gedeihen.

Der Steilanstieg der Malmkalke

An den Hängen des Malmanstiegs sind meistens Buchenwälder verbreitet. In ihnen kommt häufig die Frühjahrsplatterbse vor, die auf dem kalkhaltigen Untergrund gut gedeiht. Die Frühjahrsplatterbse blüht, wie der Name schon andeutet, in den Monaten April bis Mai und ist dann an ihren blauvioletten Blüten gut zu erkennen.

Die Hochfläche

Die Albhochfläche wird heute überwiegend von Ackerflächen oder Kiefernwäldern, aber auch Fichtenforsten eingenommen. Ackerflächen sind vor allem dort anzutreffen, wo der Albhochfläche aufgrund besonderer Bedingungen eine lehmige Decke auflagert (Albüberdeckung), die sich zur landwirtschaftlichen Nutzung eignet. Natürlicherweise müßten auch hier Buchenmischwälder stehen. Wo der Hochfläche die Albüberdeckung fehlt, ist die Vegetation extremen Bedingungen ausgesetzt: unter einer dünnen, nährstoffarmen Bodenschicht folgt gleich der Kalkstein. Fallende Niederschläge durchdringen die Bodenschicht und versickern im klüftigen Gestein, wodurch die Böden sehr trocken sind. Diese kargen Böden wurden, verstärkt seit der Jahrhundertwende, überwiegend mit anspruchslosen Kiefern aufgeforstet. Von der ehemals landwirtschaftlichen Nutzung zeugen Absätze bzw. Terrassen in Kiefernbeständen (Ackerterrassen, oftmals mit Lesesteinwällen). Wo diese Flächen immer noch landwirtschaftlich bestellt werden, fallen die mit Kalkscherben übersäten Ackerflächen auf - diese "Kalkscherbenäcker" haben Sie bei Spaziergängen sicherlich schon gesehen.

Zur botanischen Besonderheit sind mittlerweile die sogenannten Kalkmagerrasen geworden. An ihrer Entstehung war der Mensch maßgeblich beteiligt, indem er zur Lichtung und Rodung des einstigen Waldes beitrug. Dadurch wurde die Sonnenstrahlung nicht mehr vom schützenden Kronendach der Bäume abgehalten, sondern trifft direkt auf Bodenoberfläche und Pflanzen. So breiteten sich hier lichtliebende Pflanzen aus, die außer extremer Trockenheit auch hohe Bodentemperaturen vertragen (40 - 50°C an der Bodenoberfläche).

In der nacheiszeitlichen Erwärmung nahmen diese ursprünglichen Steppenpflanzen große Flächen ein. Sie hätten nach der späteren Einwanderung und Ausbreitung der konkurrenzstärkeren Waldbäume wenig Überlebenschancen gehabt, wenn der Mensch nicht durch Waldrodung und Beweidung unabsichtlich die günstigen Bedingungen aufrechterhalten hätte.

Unter dem Einfluß der früher weit verbreiteten Schafweidenutzung waren wiederum jene Pflanzen begünstigt, welche von den Schafen aus verschiedenen Gründen gemieden wurden. Beispiele hierfür sind Wacholder, aber auch gefranster Enzian, Thymian oder die Grasart Fiederzwenke. Es entwickelten sich Wacholderheiden, die früher große Teile der Hochfläche und der Hänge einnahmen. Bedingt durch den drastischen Rückgang der Schafweide begannen sich Büsche und anspruchslose Bäume (z. B. Kiefer) auszubreiten, wobei diese natürliche Wiederbewaldung noch durch Aufforstung verstärkt wurde. Infolge des abnehmenden Lichtangebotes und der wachsenden Konkurrenz gingen die oben genannten Arten zurück. Vereinzelte Wacholderbüsche im lichten Kiefernwald geben also einen Hinweis auf ehemalige Schafweideflächen. Paradoxerweise wurde die einst vom Menschen begünstigte Pflanzengesellschaft so stark bedrängt, daß man heute überlegt, wie zumindest Restflächen erhalten werden können. Unter der Vegetation der Kalkmagerrasen befinden sich mittlerweile schützenswerte Arten, die nicht nur unser Auge erfreuen, sondern auch wichtige Lebensräume für bedrohte Tiere darstellen (z.B. für bestimmte Schmetterlingsarten).

Ausmaß der menschlich bedingten Waldverdrängung

Ohne den Eingriff des Menschen müßten 90 Prozent der Gesamtfläche Deutschlands (Bundesgebiet vor 1990) von Laubmischwäldern eingenommen sein. Tatsächlich sind jedoch nur rund 25 Prozent bewaldet und dies überwiegend mit Nadelforsten.

Die Jungsteinzeit (4500 - 2000 v. Chr.) markiert in der Menschheitsgeschichte den Übergang von den Jäger- und Sammlerkulturen zum Ackerbauern. Unsere prähistorischen Vorfahren schufen sich durch Brandrodungen Platz für ihre ersten Siedlungen und Ackerflächen. In der Nähe frühgeschichtlicher Siedlungen lichtete sich der Wald, da weidende Nutztiere den Jungwuchs verbissen. Jedoch hatten die Eingriffe des Menschen bis zu Beginn der mittelalterlichen Rodungsperiode noch keine so dramatischen Folgen für den Wald: Nach mehr als 5 Jahrtausenden menschlichen Wirkens waren im 9. Jahrhundert noch rund 75 Prozent unseres Landes bewaldet.

Bedingt durch demographische, politische und wirtschaftliche Entwicklungen war der Wald im ausgehenden Mittelalter bis auf ein Fünftel der Landesfläche vernichtet worden. Bevölkerungswachstum erforderte die Erschließung neuer Siedlungsflächen, die sich entwickelnden Städte benötigten Holz als Baustoff, auch der Bergbau, die Glashütten oder die frühen Gewerbetreibenden und Handwerker waren vom Holz als Betriebs- und Werkstoff abhängig. Die noch verbliebenen Wälder waren infolge ökologischen Fehlverhaltens durch großflächige Rodungen, ungeregelte Holzentnahme und Waldweide im 14. Jh. zu Ödland degradiert.

Eine Erholungsphase für den Wald brachte der drastische Bevölkerungsrückgang im Spätmittelalter (Hungersnöte, Pest) sowie am Ende des Dreißigjährigen Krieges. Viele Städte und Dörfer waren zerstört oder verlassen, das Wirtschaftsleben lag ebenfalls brach - kurzum, es herrschte Kummer und Not. Infolge der menschlichen Tragödien jener Zeit sank der Holzverbrauch: der Wald konnte sich erholen und wieder ausdehnen.

Nach dieser Verschnaufpause begann der Kreislauf der Waldzerstörung von neuem; die schon bekannten Ursachen wurden jetzt durch den Faktor Merkantilismus und Industrialisierung erweitert. Im 19. Jh. war der Wald an der Grenze seiner Leistungsfähigkeit angelangt. Bedingt durch den alarmierenden Zustand der Wälder setzten Bemühungen um Aufforstungen sowie den Erhalt des Waldes ein.

Betrachten wir die Fränkische Schweiz: Noch im letzten Jahrhundert war die Hochfläche der Fränkischen Schweiz beinahe unbewaldet (Weideflächen, Ackerland), manche Gemeinden hatten überhaupt keinen Waldbestand mehr innerhalb ihrer Gemarkung.

Wanderer vergangener Jahrhunderte erfreuten sich im Muggendorfer Gebirg an den imposanten Höhlen und Höhlenruinen, genossen den Anblick steiler Felshänge. Alte Stiche zeigen eine weitläufige Landschaft mit ausgedehnten Schafhutungen, die nur von einzelnen Gebüschen oder Bäumen und Wacholder durchsetzt waren. Möglicherweise wären Wanderer des 18./19. Jhs. enttäuscht, wenn sie heute die waldreiche Fränkische Schweiz besuchten und den ehemals freien Blick auf Riesenburg, Quackenschloß u.a. von Bäumen verstellt vorfinden würden.

Im Gebiet der Nördlichen Frankenalb hat sich der Waldbestand seit Mitte des letzten Jahrhunderts verdoppelt - ein für Bayern einmaliges Phänomen! Zwar ist fast die Hälfte der Gesamtfläche bewaldet, doch überwiegend mit Nadelbäumen, während aufgrund der natürlichen Voraussetzungen eigentlich Buchen-Eichen-Mischwald vorherrschen sollte.

Die Not zwang die Bauern, auch karge und abseits gelegene Ackerböden zu bestellen. Die von Landwirtschaft und Schafzucht ausgesparten Flächen mit waldähnlichen Beständen befanden sich infolge des jahrhundertelangen Raubbaues in einem traurigen Zustand.

Um den Waldbestand wieder zu vergrößern, wäre forstliche Pflege allein nicht ausreichend gewesen, zusätzliche Flächen mußten aufgeforstet werden. Voraussetzung hierfür war z. B. die Intensivierung der Landwirtschaft, welche die Aufgabe der unrentablen Böden erst ermöglichte. Infolge von Weideverboten und hauptsächlich durch billige ausländische Konkurrenz wurden die heimischen Schäfer ab der zweiten Hälfte des 19. Jhs. ihrer Existenzgrundlage beraubt. Die ausgedienten Acker- und Weideflächen standen nun für Aufwaldungsbemühungen zur Verfügung.

In mehreren Aufwaldungsphasen wurde das Anlegen von Forsten systematisch betrieben. Hierzu wurden in erster Linie Kiefer und Fichte verwendet, da sich Nadelhölzer zum einen leichter verbreiten als Laubhölzer und zum anderen auf den ausgelaugten Böden Laubhölzer damals kaum gedeihen konnten. Natürlich spielte auch die im Vergleich zu Laubhölzern kürzere Umtriebszeit (Zeitraum vom Pflanzen des Jungbaumes bis zum Schlagen) und die damit verbundene höhere Rentabilität der Nadelhölzer eine Rolle. Ein großer Teil der Nadelholzforste wurde erstmals in dieser Zeit angelegt und bis heute weiterbewirtschaftet.

Die Kiefer als vorherrschende Baumart der Albhochfläche ist also ein relativ junges Phänomen, und wir sehen daraus, wie wirtschaftliche Motive die Artenzusammensetzung des Waldes beeinflussen.

Menschliche Einflußnahme auf die Artenzusammensetzung des Waldes

Durch fortschreitende Rodung hatte der frühgeschichtliche Mensch zur Entstehung von neuen Vegetationsformen wie Wiesen und Weiden beigetragen. Doch im Gegensatz zu heute beeinflußte der

Mensch die vorgefundene Natursysteme damals, ohne den Naturhaushalt nachhaltig zu gefährden.

Im Mittelalter wurde die Artenzusammensetzung des Waldes zugunsten der Eiche verändert. Ihr Holz wurde als Bauholz benötigt, ihre Rinde fand als Gerberlohe Verwendung, und mit den Eicheln wurden die Schweine gemästet.

Als mit der Erfindung der Dampfmaschine der Bedarf an Brennholz gestiegen war, wurde nun die Buche gefördert (schneller wachsend als die Eiche). Mit dem Übergang zur Steinkohlefeuerung sanken die Preise für Buchenholz. Es stieg der Bedarf an Nutzholz, der besser mit Nadelhölzern gedeckt werden konnte - auch dies ein Anlaß für die Nadelholzförderung.

Seit dem späten 19. Jh. und verstärkt seit der Jahrhundertwende wurden raschwüchsige und in Bezug auf Bodenverhältnisse anspruchslose Kiefern und Fichten gepflanzt. Nach den negativen Erfahrungen mit Monokulturen (Schnee- und Windbruch, Schädlingsbefall, Bodenversauerung) ist man mittlerweile wieder bemüht, die Nadelforste in naturnähere Mischwaldbestände zu überführen.

Geschichte

Altsteinzeit

Spuren ersten menschlichen Lebens in der Fränkischen Schweiz (in dem Gebiet also, das durch das Städtedreieck Bamberg, Bayreuth und Nürnberg grob umrissen wird) lassen sich aufgrund von Bodenfunden, Hügelgräbern, Wohn- oder Fliehburgen feststellen.

Diese Region lag in einer eisfreien Zone zwischen dem nordeuropäischen und dem alpinen Vereisungsgebiet. Während der bis ca. 10.000 v. Chr. andauernden letzten Eiszeit war sie bevölkert, weil sie in zweierlei Hinsicht Vorteile für die Bewohner bot: ausreichend Nahrung durch fischreiche Gewässer sowie Wohnmöglichkeiten in Höhlen oder unter Felsdächern.

Die Menschen der Altsteinzeit lebten als Fischer, Jäger und Sammler und stellten ihre Waffen und Werkzeuge vor allem aus Stein her, aber auch aus Knochen und Holz. Über die von ihnen erlegten Tiere sind wir durch Funde von Knochenresten informiert: Höhlenbären, Braunbären, Hyänen, Rentiere, Mammute und Wollnashörner. Mit Speeren, deren Spitzen aus Feuerstein oder Knochen gefertigt waren, erlegten sie diese Tiere.

Einige Fundstellen altsteinzeitlicher Gegenstände: Das große Hasenloch und das Zwergloch bei Pottenstein, das Fuchsenloch bei Siegmannsbrunn, der Rennerfels bei Rabenstein, die Höhle unter dem Fuchsloch bei Draisendorf.

Mittelsteinzeit *(10 000 - 5 000 v. Chr.)*

Mit der letzten Vereisungsperiode endete die Altsteinzeit. In der folgenden Mittelsteinzeit entfaltete sich die heutige Tierwelt, die jedoch inzwischen längst ihre einstige Vielfältigkeit wegen menschlicher Eingriffe verlor.

Die Menschen jener Zeiten waren noch nicht seßhaft; Kunde von ihrem Dasein geben vor allem erhalten gebliebene Steingeräte, die im Unterschied zur vorhergehenden Epoche jedoch kleiner sind und geometrische Formen aufweisen. In einer Höhle bei der Kuchenmühle wurden z.B. mittelsteinzeitliche Steinwerkzeuge entdeckt.

Mittelsteinzeitliche Fundorte: Die Bettelküche bei der Kuchenmühle.

Jungsteinzeit *(bis 2.000 v. Chr.)*

Gegen Ende der Mittelsteinzeit kündigt sich eine erste kulturelle Revolution in der Menschheitsgeschichte an. In der Jungsteinzeit kommt sie voll zum Tragen: das Nomadendasein wird aufgegeben, die Menschen werden seßhaft.

Seßhafte Bauern säen Getreide (Hirse, Weizen, Gerste), züchten Vieh (Schafe, Schweine, Rinder) und zähmen den Hund. Geräumige, feste Häuser entstehen, Gefäße aus Ton werden hergestellt. Stein bleibt noch immer der Hauptwerkstoff, doch werden die Geräte verfeinert, da man den Steinschliff beherrscht.

Fundstellen jungsteinzeitlicher Gegenstände: Die Jungfernhöhle bei Tiefenellern, die Polsterhöhle bei Draisendorf, die Glockenfelsen bei Wüstenstein, das Geisloch bei Oberfellendorf.

Bronzezeit

Wie der Name bereits anzeigt, löst der neue und überlegene Werkstoff die Steinbearbeitung ab. Gemäß der unterschiedlichen Art, ihre Toten zu bestatten, unterscheidet man in dieser zeitlichen Abfolge die Hockergräber-, die Hügelgräber- und die Urnengräberzeit.

In der Hügelgräberzeit wurden die Toten mit all ihren Waffen und ihrem Schmuck begraben. Reichhaltige Grabbeigaben, Geräte und Keramik sind Zeugen dieser Zeit.

Fundstellen von Überresten aus der Bronzezeit: Brunnsteinhöhle bei Neudorf, Neideckgrotten bei Haag.

Die Eisenzeit

Sie reicht bis zum Beginn unserer Zeitrechnung und wird untergliedert in die Hallstatt- und die Latènezeit. Eisen löst Bronze bei der Herstellung von Waffen und Werkzeugen ab.

Kennzeichnend für die Eisenzeit sind die von weitem bereits sichtbaren Grabhügelfelder auf den Hochebenen. Die Toten werden in Tracht und mit ihren Waffen begraben. Reichliche Nahrung wird ihnen auf ihrem Weg ins Jenseits mitgegeben.

Die Gräber der **Hallstattzeit** weisen allesamt ein sorgfältiges Bestattungsritual auf. Die Hügel bestehen aus einer Schicht schwerer Steine, über die sich ein Erdhügel wölbt. Man glaubte an die Möglichkeit, daß die Verstorbenen wieder ins Diesseits zurückkehren könnten, falls die Bauweise des Grabes dies ermögliche.

Die **Latènezeit** ist die Zeit der Kelten, deren adelige Führungsschicht befestigte Siedlungsanlagen errichten ließ.

Frühes Mittelalter

Im 7. Jahrhundert drängten die Franken von Westen an die Rednitz vor und errichteten in der Nähe von Forchheim ein Kastell. Unter Karl Martell wurde in Forchheim ein Königshof angelegt. Der fränkische Einfluß zeigt

sich heute auch in den mannigfachen Kirchen, die dem Hl. Martin geweiht sind, dem Schutzheiligen aller Franken.

Geschichtlich bestimmend für die Fränkische Schweiz wurde die Gründung des **Bistums Bamberg** im Jahr 1007 durch KAISER HEINRICH II. Der Kaiser stattete das Bistum materiell äußerst großzügig aus: Es erhielt u.a. die Königshöfe in Forchheim, Hersbruck und Velden samt den dazugehörigen Ländereien. Der Bischof von Bamberg wurde zum größten Grundherren im fränkischen Radenzgau und somit zum wesentlichen politischen Faktor. Ebermannstadt, Hollfeld, Pottenstein und Waischenfeld wurden Amtssitze bischöflicher Dienstmänner. Mit Gründung des Bistums Bamberg verfolgte KAISER HEINRICH zwei Ziele: Zunächst die Missionierung der verstreut lebenden Slaven, sodann die Verwaltung des Königsguts im Radenzgau. Bis ins 19. Jahrhundert bestimmten die Bischöfe die Rechts- und Lebensordnung der an Wiesent und Püttlach lebenden Menschen.

Der Bamberger Bischof war jedoch nicht der einzige politische Faktor. Seit der 2. Hälfte des 10. Jahrhunderts wurden von edelfreien Herren oder niederen Adligen Ritterburgen in der Fränkischen Schweiz errichtet - sie alle strebten nach einer Erweiterung ihres Machtbereiches. Pfalzgraf Botho von Kärnten ließ die Burg von Pottenstein, Graf Goswin die von Gößweinstein erbauen. Eine Vielzahl von Burgen entstand im engen Raum der Fränkischen Schweiz.

BISCHOF OTTO I. von Bamberg erweiterte sogleich nach Gründung des Bistums die weltliche Macht durch Kauf von Burgen in Burggaillenreuth, Leupoldstein und Betzenstein. Da in jener Zeit die Großen, also die Bischöfe, Markgrafen und edelfreien Herren, über keine geschlossenen Territorien verfügten, ihr Herrschaftsgebiet also einem Flickenteppich glich, war es das Bestreben aller Mächtigen, ein geschlossenes Territorium zu formieren, in dem sich alle Rechte (Münz-, Markt-, Gerichts-, Zollrecht) in ihren Händen befinden sollten. Rodung, Kauf, Tausch, Heirat und Waffengewalt waren dabei die häufigsten Mittel.

Die Edelherren von Schlüsselberg

Im 14. Jahrhundert erwuchs den Bambergern in Konrad von Schlüsselberg ein Gegner. Er konnte mit finanzieller Hilfe seiner jüdischen Hintersassen und wegen seiner guten Beziehungen zum deutschen Kaiser sein ererbtes fränkisches Territorium erheblich vergrößern - mit dem Ziel, ein geschlossenes Herrschaftsgebiet aufzubauen.

Erstmals erwähnt werden die Schlüsselberger im Jahr 981. Im 13. Jahrhundert hatten die Edelfreien von Schlüsselberg bereits so hohes Ansehen erlangt, daß sie mehrfach zu Schiedsrichtern bei Streitigkeiten zwischen Adeligen ernannt wurden. Ihre Macht basierte vor allem auf ihrem großen Landbesitz, den sie durch Rodung gewannen. Gerodetes Land gehörte nämlich demjenigen, der es roden ließ. Der Besitz der Schlüsselberger zentrierte sich in der Fränkischen Schweiz, erstreckte sich aber auch vom Aischgrund bis in die Oberpfalz. Mehr als 45 Schlösser, Burgen und Güter nannten die von Schlüsselberg ihr eigen. Durch ihre zwei Burgen Streitberg und Neideck, beherrschten sie die Wiesent, die Verkehrsader der Fränkischen Schweiz.

Sogar als Geldgeber der Bamberger Bischöfe traten sie auf, die ihnen Dörfer und Burgen im Wert von mehreren tausend Mark Silber verpfändeten. Zudem unterstützten sie die Bischöfe militärisch.

KONRAD VON SCHLÜSSELBERG, der sich in der ersten Hälfte des 14. Jahrhunderts als Alleinerbe des gesamten Besitzes sah, versuchte, seine unzusammenhängenden Besitztümer zu einem Territorium zusammenzuschweißen. Natürlich beobachteten die Bamberger Bischöfe und die Nürnberger Burggrafen diese Politik mit höchstem Argwohn. Obgleich *Konrad* mit KAISER LUDWIG DEM BAIERN im bestem Einvernehmen stand - er erhob 1323 die schlüsselbergschen Dörfer Ebermannstadt und Schlüsselfeld zur Stadt - konnte *Konrad* doch der vereinigten Macht der Bamberger und Würzburger Bischöfe sowie der Nürnberger Grafen nicht widerstehen.

Unmittelbarer Anlaß für die Auseinandersetzungen war die Errichtung einer **Zollstelle** bei Streitberg. Einer Sage nach soll sogar der Plan einer Verbindungsmauer zwischen den beiden Burgen Streitberg und Neideck bestanden haben. Das mußte die Burggrafen von Nürnberg befürchten lassen, Konrad könnte die Verbindungen zu ihren Besitzungen um Kulmbach/Bayreuth kappen. Aber auch die Forchheimer, die ihre Waren durchs Wiesenttal nach Osten brachten, waren über diese Maßnahme des Schlüsselbergers erbost. Sie wandten sich um Hilfe an die Bischöfe von Würzburg und Bamberg sowie an die Burggrafen. Durch den Bau der Mautstelle sah der Bischof von Bamberg seine Rechte ebenfalls verletzt, und er versuchte zunächst vergebens, den Bau der Zollstelle samt Mauer zu unterbinden. Die Aufgebote beider Bischöfe sowie der Nürnberger machten schließlich der ehrgeizigen Territorialpolitik des Schlüsselbergers ein Ende. Konrad von Schlüsselberg wurde bei der Verteidigung seiner Burg Neideck 1347 von einem mit einer Steinwurfmaschine geschleuderten Stein tödlich getroffen. Jener bekannte Raubritter *Eppelein von Gailingen* soll angeblich Konrad von Schlüsselberg gegen die Nürnberger geholfen haben.

In das so entstandene Machtvakuum stießen nun der Bischof von Bamberg und die Burggrafen von Nürnberg. Bis zur Säkularisation 1803 hatte diese Machtverteilung Bestand. Was nicht bambergisch wurde, kam später zum Herrschaftsbereich der Markgrafen von Brandenburg-Kulmbach-Bayreuth, den Nachfolgern der Nürnberger Burggrafen. Die heute noch vorwiegend katholischen Ortschaften der fränkischen Schweiz waren einst *fürstbischöflich bambergisch*, die vorwiegend evangelischen Orte *markgräflich bayreuthisch*.

Die Burgen Neideck und Streitberg fielen an den Bischof, wurden im Markgrafenkrieg zerstört und nie wieder aufgebaut.

Die Nürnberger Burggrafen

Der gescheiterte Versuch Konrads von Schlüsselberg, ein eigenes Territorium aufzubauen, führte dazu, daß nun die Machtinteressen der Nürnberger Burggrafen mit denen des Bischofs von Bamberg in Konflikt gerieten.

Zunächst einiges zur Geschichte der Burggrafen: Um 1190 wurde FRIEDRICH I. VON ZOLLERN mit der Nürnberger Burggrafschaft belehnt. Seine Aufgaben bestanden darin, die königliche Burg militärisch zu schützen und zu verwalten, sowie oberster Richter im Stadtgebiet zu sein. Falls der deutsche König oder Kaiser, der ja keine feste Residenz besaß, sondern von Pfalz zu Pfalz zog, in Nürnberg weilte, mußte der Burggraf ihn auf der Kaiserburg unterbringen und den gesamten Hofstaat aus Mitteln verköstigen und versorgen, die die Königshöfe der Umgegend zur Verfügung zu stellen hatten.

> Daß ein solches Amt natürlich sehr einträglich war, zeigte sich etwa 80 Jahre später bei der Vergabe des Burggrafenamtes an Friedrich III. Er erhielt u.a. von allen anfallenden Gerichtseinnahmen zwei Drittel, pro Jahr standen ihm 10 Pfund Pfennige vom Schultheißenamt zu, und jährlich erhielt er 10 Pfund Pfennige aus Zolleinnahmen. Bestimmte Anwesen mußten ihm einen Schnitter als Erntehelfer stellen. Zum Burggrafenamt gehörten zudem einige Dörfer sowie seit 1251 die Burg in Creußen und eine Vogtei.

Da weiteste Teile der Fränkischen Schweiz dicht bewaldet waren, stellte das *Roden* ein wichtiges Mittel der Machterweiterung dar. Von hoher Bedeutung für die Besiedlung gerodeten Lands erwies sich das *Städte- und Marktgründungsprivileg* der Burggrafen von Nürnberg. Diese Gründungen zahlten sich für sie in barer Münze aus: florierende Märkte stellten durch das Steueraufkommen eine stete Einnahmequelle dar.

Auch **Eheschließungen** standen im Dienst der Politik. Die Burggrafen heirateten bevorzugt in Fürstengeschlechter ohne männliche Nachkommenschaft ein. So beerbten die Zollern 1248 das Haus Andechs-Meranien und erheirateten Bayreuth und 1340 Kulmbach.

1331 faßten sie in Ansbach Fuß - sie kauften es. Unter JOHANN II. konnten die Burggrafen ihre Macht erheblich ausdehnen, so daß er den Beinamen "Erwerber" bekam. 1347 erhielten sie Teile der Schlüsselberger Reichslehen.

1363 wurde FRIEDRICH V. wegen treuer Dienste in den Reichsfürstenstand erhoben. Als wichtigstes Recht wurde ihm die ausschließliche Gerichtsbarkeit in seinem Land übertragen. FRIEDRICH V. gab dem Burggrafentum bzw. den späteren Markgrafentümern Ansbach und Bayreuth die bis zur Übergabe an Bayern erhalten gebliebene Gestalt. Er verfügte zudem, daß die Burggrafschaft nie in mehr als zwei Teile geteilt werden durfte.

Gegen Ende des 14. Jahrhunderts war FRIEDRICH V. VON ZOLLERN alleiniger Regent im Unter- und Oberland des burggräflichen Territoriums. Noch zu Lebzeiten wurde das Gebiet unter seinen beiden Söhnen aufgeteilt. JOHANN III. erhielt das Oberland mit Kulmbach, Bayreuth, dem Egerland und dem Vogtland, FRIEDRICH VI. das Unterland, die spätere Markgrafschaft Ansbach. Seit 1415 war er zugleich Kurfürst von Brandenburg, da ihm die Markgrafschaft von Brandenburg übertragen wurde.

Brandenburger Amtmänner und Vögte regierten daher den Osten des heutigen Landkreises Pegnitz, seit 1507 auch Muggendorf und Streitberg sowie das Hinterland mit seinen Burgen und Dörfern. Somit standen sich mit dem Bischof von Bamberg (Gebiet von Forchheim bis Hollfeld), der Reichsstadt Nürnberg (Gebiet um Gräfenberg, Hiltpoldstein, Betzenstein und Stierberg) und dem Markgrafen die Kontrahenten des Dreißigjährigen Krieges bereits gegenüber: katholisches Bamberg gegen lutherisches Nürnberg, Bayreuth und Ansbach.

Die 1517 mit dem Thesenanschlag LUTHERS beginnende Reformation wurde unter MARKGRAF GEORG DEM FROMMEN, der persönlichen Kontakt mit dem Reformator besaß, in seinen Gebieten durchgesetzt.

Hussitenkriege

1415 wird der Theologe Hus als Ketzer in Konstanz verbrannt. In der Folge kommt es zu Aufständen in Böhmen.

1430 wird ein Kreuzzug gegen die *Hussiten* unternommen. Als Reaktion fallen sie in die an Böhmen angrenzenden Gebiete ein und richten schwere Verwüstungen an. Viele Orte werden ausgeplündert und danach in Schutt und Asche gelegt. Hof, Kulmbach, Bayreuth, Waischenfeld, Ebermannstadt, Creußen ... Lediglich reiche Städte wie

Nürnberg oder Bamberg können sich durch immense Geldsummen freikaufen. So zahlen die Burggrafen 12.000 Gulden, um unbehelligt zu bleiben. Auch Bamberg bringt eine Summe von gleicher Höhe auf. Der Bischof treibt sie dann noch Jahre danach als sogenannte *Hussitensteuer* von der Bevölkerung wieder ein. Nach Ende ihrer Züge durch die Fränkische Schweiz sollen die Hussiten mit 3.000 Wagen voller Raubgut wieder nach Böhmen zurückgekehrt sein.

Erster Markgrafenkrieg

Die beiden Markgrafenkriege, die weite Teile Frankens in Schutt und Asche legten, wurden aus dem ehrgeizigen Bestreben der Markgrafen geführt, ein geschlossenes Territorium, ein fränkisches Herzogtum zu schaffen.

MARKGRAF A. ACHILLES betrachtete das Gebiet zwischen Eger und Uffenheim als sein Land, in dem er nach Gutdünken schalten und walten konnte, ungeachtet der Rechte und Besitzungen, die vor allem die Stadt Nürnberg hier besaß.

A. ACHILLES, der Markgraf *mit dem krummen Maule*, war ein Mann von überaus großer Körpergestalt. Noch 200 Jahre nach seinem Tode wurden seine Gebeine und sein Schädel allein wegen ihrer Größe in der Fürstengruft in Heilsbronn gezeigt. Sein Beiname rührt von einer Verletzung her, die er sich in einer blutigen Auseinandersetzung mit den Nürnbergern holte.

Obgleich er Burggraf von Nürnberg war, gehörte die Stadt selbst nicht zu seiner Herrschaft. So kam es zwischen dem Markgrafen, der das Landgericht innehatte und es als Hebel zur Machterweiterung benutzte, und der Stadt Nürnberg zu endlosen Querelen. ACHILLES forderte die Nürnberger u.a. dazu auf, die Einrichtung eines Bergwerks zu unterlassen. Die ihrerseits verboten die markgräflichen Münzen als Zahlungsmittel in Nürnberg. Da beide Seiten heftig über die gerichtliche Zuständigkeit stritten - der Markgraf beanspruchte sie ausschließlich für sich -, war es keine Seltenheit, daß die Nürnberger die von den Richtern des Markgrafen Verurteilten freiließen.

Ein weiterer Streitpunkt war die Forderung des Markgrafen an die Stadt, ihren Beitrag zu den Kriegskosten zu leisten, die er in den Hussitenkriegen aufzuwenden hatte. 120.000 Gulden forderte er, die ihm die Nürnberger verweigerten. Da alle Vermittlungsversuche scheiterten, sandte der Markgraf 1449 Nürnberg einen Fehdebrief. Nürnberg verbündete sich mit ca. 30 Städten, der Markgraf mit 30 anderen Fürsten. Drei Jahre lang wurde Franken im sogenannten 1. Markgrafenkrieg mit Tod und Verderben überzogen.

Albrecht versuchte, die Nürnberger aus ihrer festen Stellung zu locken, indem er rings um Nürnberg die zur Stadt gehörigen Dörfer, Höfe und Mühlen ansteckte oder plünderte. Über 500 Besitzungen verloren die Nürnberger dadurch bei Kriegsbeginn. Doch auch sie waren nicht untätig: 1449 äscherten sie binnen eines Monats ca. 50 markgräfliche Dörfer ein und raubten 4.000 Stück Vieh. Im Verlauf dieser Auseinandersetzungen gingen u.a. Gräfenberg, Kalchreuth, Hiltpoltstein, Kersbach und Effeltrich in Flammen auf.

Die damalige Kriegsstrategie lief darauf hinaus, den Feind wirtschaftlich zu treffen, und das hieß seine Landwirtschaft. Es fanden keine Entscheidungsschlachten auf offenem Feld statt, in denen die Heere der verfeindeten Parteien aufeinandertrafen, sondern gemäß einer Strategie der Nadelstiche sollte der Feind durch schnelle militärische Schläge gegen Dörfer zermürbt werden. Das Großmachtstreben auszubaden hatten die Bauern des flachen Landes. Da Mauerbau Privileg der Städte war, mußten die Bauern schutzlos und ohnmächtig der Zerstörung von Haus und Hof, dem Raub oder der Abschlachtung von Vieh, der Vernichtung der Ernte und der Verwüstung von Äckern und Weinbergen zusehen.

Ein Nürnberger Feldhauptmann beschreibt beispielsweise 1449 einen überraschenden Angriff der Nürnberger auf Effeltrich, das zwar zum Bistum Bamberg gehörte, jedoch mit Achilles verbündet gewesen war: "Am Montag 2 Uhr früh zogen aus Nürnberg etliche Berittene und Fußvolk nach Effeltrich und fielen dort über das Vieh her. Die Bauern liefen heraus und wollten ihnen das Vieh wieder eilends wegnehmen. Sie wußten nichts von unserer Nachhut. So kamen unsere Berittene dazu. Da schossen die Bauern in sie hinein und wehrten sich gar sehr, so daß sie einen Teil der unsrigen verwundeten und ihnen etliche Pferde erschossen. Doch rannten die unsrigen gegen sie und schossen in die Bauern hinein, daß ihrer mehr als 14 tot lagen und brachten ihrer 11 Gefangene ein und mehr als 250 Stück Vieh". Derselbe berichtet ein Jahr später: "Am selben Dienstag waren etliche unserer Berittenen von hier ausgezogen und steckten Häuser in Brand zu Langensendelbach und Effeltrich und sie brachten an die 50 Kühe und Schweine herein."

Aufgrund dieser fürstlichen Fehden griffen nun die Bauern von Effeltrich zur Selbsthilfe: Sie bauten ihre Kirche zur Wehrkirche aus. Lediglich durch Verstärkung der einzigen Mauern im Dorf - der Friedhofsmauern - konnten sie sich eine Art Gegenstück zur Stadtmauer schaffen. Durch Ausbau der Kirchen zu Wehrkirchen schufen sich auch die Bauern anderer Dörfer Befestigungen. Konnte der Feind die Friedhofsmauer einnehmen, blieb den Dorfbewohnern noch immer die wehrhafte Kirche als allerletzter Zufluchtsort.

Die bekannteste Wehrkirche steht in *Effeltrich*, doch auch in *Hohenpölz* bei *Heiligenstadt* finden wir sie. Allein schon wegen der im Mittelalter herrschenden religiösen Scheu waren jedoch zunächst Angriffe auf Kirchen selten, doch wurde jenem A. Achilles vorgeworfen, daß er das Morden und Sengen in Kirchhöfen angefangen habe.

Weil schließlich die Dörfer der Kontrahenten niedergebrannt, die Bauern erschlagen waren und es an Geld und Lebensmitteln fehlte, endete der Markgrafenkrieg ohne eindeutigen Sieger.

Bauernkrieg

Die wachsende Erbitterung der Bauern (der Mehrheit der Bevölkerung) über die immer drückender werdenden Abgaben und Fronleistungen, über die schreiende soziale Ungerechtigkeit - Adel und Klerus zahlten keine Steuern -, sowie über die voranschreitende Einführung des römischen Rechts entlud sich zuerst im Südwesten des Reichs in Gewalttätigkeiten.
Die revolutionäre Unruhe wanderte kurz darauf nach Norden, und bereits 1524 forderten die Forchheimer die Abschaffung des Zehnten (Abgabe an die Kirche), die Besteuerung von Adel und Klerus und das Recht, in den Gewässern fischen sowie im Wald jagen zu dürfen. Um die Ernsthaftigkeit ihrer Ansprüche und Forderungen zu unterstreichen, fischten sie zunächst einmal den Fischweiher des Propstes aus. Daß jedoch nicht bloße Unbotmäßigkeit aufs Papier geschrieben wurde, ist daraus ersichtlich, daß man durchaus bereit war, den Dreißigsten anstelle des Zehnten zu entrichten.

Weil jedoch alle Bitten der Forchheimer Bauern sich als fruchtlos erwiesen, griff man zu den Waffen. Wer unter den Geistlichen für die sozialen Forderungen Verständnis zeigte, hatte mit harten Folgen seitens der Kirchenmacht zu rechnen, wie folgendes Beispiel zeigt.

> In Bamberg forderte beispielsweise ein Priester den Verkauf sakraler Kleinodien zugunsten der Armen. Desweiteren geißelte er den Heiligenkult, weil die christliche Nächstenliebe an den Lebenden darüber vergessen würde. Seine kirchlichen Vorgesetzten zogen rasch ihre Konsequenzen: Der aufmüpfige Priester wurde aus Bamberg ausgewiesen.

Obgleich der Forchheimer Aufstand durch kurfürstliche Söldner schnell im Keim erstickt war, führte das Gerücht, der Bischof wolle die Anhänger Luthers mit einer Strafaktion überziehen, zu einem neuerlichen Aufstand. Über 8000 Bauern aus der Umgegend errichteten bei Hallstadt vor Bamberg ein Lager. Es kam zur Plünderung des Klosters Michelsberg, und Häuser von Geistlichen und Adeligen wurden ausgeraubt. Unter dem Eindruck dieser Vorkommnisse verzichtete der Bischof nach Verhandlungen auf alle Zehnten. Diese Abmachung hielt nicht lange: Die vor Hallstadt lagernden Bauern beschlossen, alle Schlösser des Hochstiftes anzuzünden oder sonstwie zu zerstören. Mehr als 100 Schlösser, Burgen und Herrensitze in der Fränkischen Schweiz wurden gestürmt, geplündert, ausgebrannt.

> Dieses Zerstörungswerk ging ohne Blutvergießen vonstatten. Die Burgen wurden im eigentlichen Sinne nicht erobert, sondern bäuerliche Abbruchkommandos ließen keinen Stein auf dem anderen. Das Hauptquartier in Hallstadt bestimmte genau, was dem jeweiligen Besitzer an Eigentum überlassen bleiben sollte.
> Staffelsteiner Bauern raubten u.a. die Orgel des Klosters Vierzehnheiligen, was die Mönche ihnen noch lange nachtrugen. War später einmal ein Staffelsteiner an der klösterlichen Tafel zu Gast, so setzte man ihm eine Orgelpfeife als Trinkbecher vor.

Im fränkischen Raum wurden vor allem die beiden Bistümer Würzburg und Bamberg von den rebellierenden Bauern heimgesucht. Amtshäuser, Klöster, Burgen wurden gestürmt, geplündert und gingen in Flammen auf. Archive und Bibliotheken wurden wegen der sich in ihnen tatsächlich befindlichen oder vermuteten Steuerlisten und Zinsbücher verwüstet und angesteckt. Bemerkenswerterweise wurden die Territorien des Markgrafentums Kulmbach sowie der Stadt Nürnberg nicht von den Aufständen erfaßt. Im Falle der Nürnberger Besitzungen geschah das natürlich nicht zufällig. Die Stadt zeigte sich nämlich zu - wenn auch kleinen, so offensichtlich wirksamen - Zugeständnissen bereit. Zehnter und Marktgeld wurden z.B. im nürnbergischen Gräfenberg reduziert.

Militärisch erfahrene Söldnertruppen machten noch 1525 den unorganisierten "Bauernheeren" schnell den Garaus: ". . . und gar ein weidlich Gehetz mit ihnen gehabt, gleich wie ein Schweinehatz". Danach bekommen die Scharfrichter viel zu tun, ihnen werden die Anführer der Bauern überantwortet. Nicht nur, daß alle den Aufständischen eingeräumten Zugeständnisse wieder rückgängig gemacht werden, noch schmachvoller wird es wohl gewesen sein, daß sie vielerorts gezwungen wurden, die zerstörten Symbole ihrer Unterdrückung, die Burgen und Herrensitze in harter Fron wiederaufzubauen. In Gößweinstein hatte eine 70 Mann umfassende Gruppe die Burg instandzusetzen, was sieben Jahre in Anspruch nahm. Da die Bauern für die im Krieg entstandenen Schäden voll zur Verantwortung gezogen wurden, wurden ihnen noch höhere Fron- und Abgabenlasten aufgebürdet, so daß sich ihre Lage nach 1525 im allgemeinen eher verschlechtert als gebessert hatte.

Zweiter Markgrafenkrieg

Da es A. Achilles nicht gelungen war, Nürnberg in die Knie zu zwingen, unternahm Markgraf A. Alcibiades im 2. Markgrafenkrieg (1541 - 1553) erneut einen blutigen Versuch und stürzte Franken wiederum in heillose Zerstörung, ohne daß die Narben, die der Bauernkrieg hinterlassen hatte, verheilt gewesen wären.

Hans Sachs jubelte folglich auch über den Tod des "tollen Markgrafen":

> "Man leut die Glocken
> vor grossen Freuden und Frolocken
> das er nun hin ist auf der Erdt."

Zunächst belagerte der Markgraf das mächtige Nürnberg, für ihn die "Grundsuppe alles Bösen", sodann überfiel er Bamberg, und der Bischof mußte zusehen, wie mehr als die Hälfte seines Territoriums - darunter Gößweinstein, Waischenfeld, Neideck und Forchheim - in die Hände des Markgrafen fiel. Insgesamt 20 Ämter verlor der Bischof. Weil der Kaiser auf die militärische Hilfe des Markgrafen angewiesen war, segnete er dessen widerrechtliche Eroberungen zunächst ab. Später hob er jedoch die erpreßten Verträge auf, so daß der Bischof wieder seine Ämter in Besitz nehmen konnte.

Nicht nur das Bistum Bamberg verlockte A. ALCIBIADES, er streckte seine Hände auch nach Würzburg aus. Ihm galten beide Bischöfe als "*zwayhendig pfäffisch ungeziefer*". Die Soldaten des Markgrafen plünderten, brandschatzten und henkten, wo sie sich gerade befanden. Würzburg verlor das Kloster Ebrach; es hatte zusammen mit dem Bischof von Bamberg 650.000 Gulden zu entrichten. Doch auch Nürnberg blieb nicht ungeschoren und hatte 600.000 Gulden Entschädigung zu zahlen. Nur wegen seiner massiven Stadtbefestigung entging Nürnberg der Einnahme durch den Markgrafen.

1553 belagert Markgraf ALCIBIADES Ebermannstadt, die umliegenden Dörfer sind der Ausplünderung schutzlos preisgegeben. Das Schloß Kunreuth geht in Flammen auf, 40 Bauern samt ihrem Pfarrer werden gehenkt, die Gattin des ortsansässigen Adeligen wird gefangengenommen. Schloß Neideck geht durch Verrat verloren, wird niedergebrannt und geschleift. Bevor 1553 Markgraf ALCIBIADES geächtet wird, setzt die Rückeroberung von Streitberg und Muggendorf ein. Erneut lodern die Flammen. Die auf Nürnberger Gebiet liegenden Burgen Betzenstein, Hiltpoltstein, Stierberg, Wildenfels und Hohenstein trifft das gleiche Los.

> Hätte Alcibiades den territorialen Zugewinn behalten, so hätte die Möglichkeit bestanden, einen großen politischen Block zu schmieden. Doch er dachte nicht politisch, sondern zog plündernd durch weite Teile des Reiches und konnte somit das Eroberte nicht konsolidieren. Endlich erleidet er 1553 eine entscheidende Niederlage. In Acht und Bann geschlagen, flieht er nach Frankreich und stirbt 1557 35jährig als landloser Flüchtling. In Franken hinterläßt er einen Trümmerhaufen: Die weitaus meisten Rathäuser der Fränkischen Schweiz gingen nicht im Bauernkrieg, sondern im 2. Markgrafenkrieg in Flammen auf.

Die Untertanen der Markgrafen hatten selbstverständlich nicht nur deren Fehden wie eine über sie hereinbrechende Naturkatastrophe hinzunehmen. Auch die in Friedenszeiten mit Vorliebe gepflegte Freizeitbeschäftigung der Markgrafen, die **Jagd**, endete für die Mehrzahl der Untertanen, die Bauern, verlustreich. 1480 ließ der Markgraf ausdrücklich die 2000 Wildschweine im mittelfränkischen Raum schonen, "*wiewohl sie den leuten schaden thun und dem wildbret unheimlich sind, so wollen wir sie doch sparen, das wir zu jar auch zu jagen haben*". Der Schaden für die Leute liegt auf der Hand: Bei Strafe war es den markgräflichen Bauern verboten, ihre Felder oder Gärten einzuhegen oder einzuzäunen. Abgesehen davon wurden bei großen Jagden ganze Dörfer zu Jagdfrondiensten verpflichtet, Treiberdienste mußten geleistet werden, Gespanne zur Beförderung erlegter Tiere waren zu stellen, die Frauen hatten Verpflegung für Hunderte von

Teilnehmern an der markgräflichen Jagd zuzubereiten. Die Jagdhunde zu halten, war Aufgabe von Hirten und Schäfern.

Der Dreißigjährige Krieg *(1618-1648)*

"Zu dieser Zeit ging Jammer und Not an in unserem Land, da man bald nichts anderes hörte als Rauben, Morden und Brennen. Die armen Leute wurden niedergehauen, vielen die Augen ausgestochen, Arme und Beine entzweigeschlagen, Ohren und Nasen abgeschnitten, etliche beim Feuer gebraten, im Rauchschlot aufgehängt, in den brennenden Backofen gestoßen, Kien und Schwefel unter die Nägel gesteckt und angezündet, die Daumen geschraubt, den ganzen Leib durch den Mund mit Mistwasser gefüllt (Schwedentrunk), die Fußsohlen aufgeschnitten, hernach Salz hineingestreut und Riemen aus den Leibern geschnitten. Da wurde weder alt noch jung geschont, achtjährige Mägdelein und achtzigjährige Weibspersonen zu Tode gemartert, hernach in den Teich geworfen oder auf der Straße liegen gelassen. Auch in den Wäldern, im Morast oder in Steinklüften war niemand sicher."

Mit diesen Worten schilderte ein oberfränkischer Bürgermeister das Kriegselend der Zivilbevölkerung während des Dreißigjährigen Kriegs, der als Religionskampf zwischen Protestanten und Katholiken begann, schließlich jedoch als gesamteuropäische Auseinandersetzung endete. Tausende von Söldnern aus Europa und den verschiedensten Teilen des Reiches durchzogen in seinem Verlauf die Fränkische Schweiz.

Die Aufforderung der jeweiligen Kriegsherren an ihre Soldateska, sich am Hab und Gut der zumeist bäuerlichen Bevölkerung schadlos zu halten, kam jede umstandslos nach, war dies doch die gängige Form, in der sie ihren Lohn ausgezahlt bekamen. Wie die Folgen für die Bewohner aussahen, das schildert ein Bericht aus Pegnitz:

"Aller Haber und alles Geströh war also dermaßen aufgegangen, und alles an Schmalz, Vieh, alten und jungen Hühnern, Gänsen, Schafen und Lämmern und anderer Küchenspeis aufgebraucht und verzehrt, daß künftig bald gar nichts mehr zu bekommen war und alles um das doppelte Geld und darüber bezahlt werden mußte."

Die befestigten Kirchhöfe wurden in den unsicheren Kriegszeiten erneut benutzt. Das war nicht immer mit den geistlichen Aufgaben zu vereinbaren, wie ein Kornburger Chronist des Jahres 1631 berichtet:

"Da die Kirche von Truhen, Mobilien und Bettgewand so vollgestopft war, daß man nicht zur Kanzel kommen konnte, so konnte am 11. nach Trin. kein Gottesdienst gehalten werden."

Wer die Massaker der Soldateska überstand, wurde zumeist von der im Gefolge der Kriegswirren sich rasch ausbreitenden Pest oder anderen Seuchen hinweggerafft.

Vom »Gebürg« zur »Fränkischen Schweiz«

Die Bezeichnung 'Fränkische Schweiz' ist 155 Jahre alt. Vorher sprach man vom Gebiet um die Wiesent und ihre Zuflüsse nur unter der Bezeichnung "Gebürg". 1829 änderte sich das: J. Hellers Buch "Muggendorf und seine Umgebungen oder die Fränkische Schweiz" erschien, mitten in der Romantik, der Zeit von Naturseligkeit und Gefühlsüberschwang und des Suchens nach der Blauen Blume.

Romantische Landschaft, das ist ursprünglich fränkische Landschaft. Die Entdeckung der Fränkischen Schweiz als *der* romantischen Landschaft schlechthin, ist untrennbar verbunden mit den Namen L. TIECK und H. WACKENRODER, einem studentischen Freundespaar. Eigentlich kamen beide aus Berlin zum Studieren nach Erlangen. Doch bald schon ließen sie das Jurastudium links liegen und erforschten die Umgebung Erlangens zu Pferd und Fuß. Sie unternahmen das, was man als Bildungsreise bezeichnete. Sie fertigten genaue Aufzeichnungen über den Reiseweg an, beschrieben Landschaften und Dörfer, beobachteten unterschiedliche Sitten und Gebräuche, stellten Vergleiche an. Dies alles hielten Tieck und Wackenroder in einem Reisetagebuch fest oder in Reisebriefen, die sie an Eltern und Freunde sandten.

Doch die Fränkische Schweiz widersetzte sich einer Beschreibung. So schrieb Wackenroder seinen Eltern: "Leider *werd ich immer mehr überzeugt, daß es unmöglich ist, durch Worte einem anderen die getreue Darstellung einer Gegend mitzuteilen, wie man sie beim eigenen Anblick und zum Teil noch nachher hat . . . Das Charakteristische, das Kolorit der Gegend errät der andere nie.*"

Auch Tieck machte dieselbe Erfahrung, so daß er häufig Dörfer, Wege, Täler und ganze Landschaften schlichtweg als *unbeschreiblich* oder noch häufiger als *romantisch* bezeichnete. Romantisch bedeutete damals nichts anderes als *unwirklich, romanhaft, wie im Roman.* Die Landschaft der Fränkischen Schweiz kam beiden so irreal vor, als wäre sie ein Phantasiegebilde von Malern oder Romanschriftstellern. Und diese Natur versetzte sie in Ekstase: "*Das Rauschen eines Waldes, ein Bach, der von Felsen fließt, eine Klippe, die im Tal aufspringt - es kann mich in einen Taumel versetzen, der fast an Wahnsinn grenzt*", so Tieck. Er und sein Freund eröffneten die Zeit romantischen Reisens in der Fränkischen Schweiz.

Das Dritte Reich

Bis zum Dritten Reich überwog in der Fränkischen Schweiz die Land- und Forstwirtschaft. An Bedeutung gewann seit Beginn des 20. Jahrhunderts der Fremdenverkehr, der sich zunächst noch um die Orte Muggendorf und Streitberg konzentrierte. Industrie gab es kaum.

Die Auswirkungen der ökonomischen Krise der frühen 30er Jahre äußerten sich für die Bauern in einer Absatzflaute und Preisverfall. Nur indirekt wurde die Landbevölkerung mit der Arbeitslosigkeit konfrontiert: "*Besonders unangenehm wird empfunden, daß viele Erwerbslose aus den Städten Forchheim, Erlangen usw. aufs Land zum Betteln kommen. Auch wird darüber lebhaft geklagt, daß Erwerbslose an Zahltagen sich betrinken und groben Unfug verüben. Bei der Bevölkerung löst dieses Verhalten der Erwerbslosen die größte Erregung aus, nachdem sie es nicht verstehen kann, daß öffentliche Gelder eine solche Verschwendung finden*" (Wiesent-Bote 1930).

Die wirtschaftliche Rückständigkeit des Gebietes begünstigte die Erhaltung traditioneller Anschauungen hinsichtlich Familie, Kirche, Erziehung und Sitten. Politisch entsprachen dieser Grundhaltung überkommene Herrschafts- und Autoritätsvorstellungen. Der "Wiesent-Bote" sprach das 1930 im Zusammenhang mit der Bildung eines der Präsidialkabinette Brünings aus. Diese Regierung sei "*ein Beweis dafür, daß wir uns auf dem Wege einer Abkehr von den Parteien befinden. Der letzte entscheidende Schritt muß aber noch getan werden*".

Die politisch konservative Grundhaltung kam den *Nationalsozialisten* zugute, die in den kleinen, von den anderen Parteien vernachlässigten Provinzorten eine beispiellose Propagandaaktivität entfalteten. Die Nazis erwiesen sich dabei äußerst geschickt in der taktischen Anpassung an die vaterländischen und religiösen Gefühle der Leute in der Fränkischen Schweiz. Die in nahezu allen Orten existierenden Kriegervereine dienten der NSDAP und der SA als Anknüpfungspunkte ihrer Tätigkeit. Da die Nazis auf die in der Bevölkerung tief verwurzelte Religiosität Rücksicht zu nehmen hatten, versuchten sie, sich dem gesellig-religiösen Brauchtum anzupassen. So lud 1932 die NSDAP-Ortsgruppe Streitberg für den Festtag Hl. Drei König zu einer Weihnachtsfeier ein. Immer wieder wurde von seiten der Nationalsozialisten das "*positive Christentum*" betont, wurden SA-Märsche mit Gottesdiensten verbunden, wurde gegen den Atheismus von Kommunisten und Sozialisten gegeifert und die sittliche und religiöse Erneuerung - neben der nationalen - gefordert.

Bei den letzten, noch relativ freien Wahlen vom März 1933 kam im Bezirk Ebermannstadt, dem Kernstück der Fränkischen Schweiz, die NSDAP auf 51 %, die Bayerische Volkspartei auf 44 % der Stimmen.

Dabei erzielten die Nationalsozialisten in evangelischen Gemeinden ihre besten Ergebnisse.

Gewaltmaßnahmen gegen die Opposition im Zuge der nach der Machtergreifung einsetzenden Gleichschaltung richteten sich gegen Kommunisten, Sozialdemokraten und in der Fränkischen Schweiz vor allem gegen den politischen Katholizismus. Als in der Nacht zum Ostersonntag 1933 in Ebermannstadt eine jüngst gepflanzte "Hitler-Linde" umgehauen wurde, verhaftete man umgehend ehemalige Mitglieder der "Bayernwacht", der militärischen Schutzorganisation der Bayerischen Volkspartei, und brachte sie in Schutzhaft.

Den totalen Machtanspruch des nationalsozialistischen Staates kann man am besten daran ablesen, was als staatsfeindliche Aktion bewertet wurde: beleidigende Äußerungen gegen NS-Größen zu vorgerückter Stunde in einem Lokal, mißfällige Bemerkungen gegen die Regierung, Abreißen von NS-Plakaten, Verächtlichmachung des Deutschen Grußes . . . Solche Vergehen zogen Schutzhaft nach sich, was Polizeiverhöre, aber auch KZ-Haft bedeuten konnte, je nach Schwere des jeweiligen Falles.

Forchheim

Hinter der hohen Trasse des Frankenschnellweges versteckt sich das mittelalterliche Forchheim, das westliche Eingangstor zur Fränkischen Schweiz. Von den hoch aufragenden Fabrikschlöten und dem Industriegebiet im Süden sollte man sich nicht abschrecken lassen.

Forchheim (29 000 Einwohner) hat sich viel von seiner jahrhundertealten Bausubstanz erhalten können. Haus um Haus wurde die Altstadt saniert, eine Fußgängerzone um die Stadtpfarrkirche geschaffen und die Hauptstraße mit dem umstrittenen "Bächla" gestaltet. Forchheim ist vor allem eine Flüssestadt: Hier münden die Wiesent und die Trubbach in die Regnitz.

Trotz vieler Veränderungen blieb der ursprüngliche Charakter der Innenstadt erhalten. Markantes Wahrzeichen ist der von hübschen, farbig gestalteten Fachwerkbauten eingerahmte Rathausplatz, gleich nebenan die äußerlich schlichte Stadtpfarrkirche St. Martin, um die sich das mittelalterliche Zentrum gruppiert.

Doch es sind nicht nur historische Monumente wie etwa die grabenumgürtete Kaiserpfalz oder die alte Befestigungsanlage mit ihren Bastionen und dem prächtigen Nürnberger Tor, die den Charme der Kreisstadt ausmachen. Forchheim ist vor allem eine Bierstadt. Nirgendwo anders in der Fränkischen Schweiz kann man in so vielen Brauereigasthöfen einkehren. Ihre *Brauereien Hebendanz, Eichhorn, Neder...* halten die Forchheimer hoch. Höhepunkt der Bierverehrung ist das **Annafest** Ende Juli. Zehn Tage lang lassen sich Zehntausende täglich bei Sommerhitze am Stadtrand im schattigen Eichenwald mit seinen Felsenkellern nieder.

Von frommen Pilgern und ihrem Durst - das Annafest

Zehn Tage lang, stets um den Annatag (26. Juli), findet das traditionsreiche Fest statt. Ein Besuch lohnt vor allem wegen der einmaligen Atmosphäre. Im Eichen- und Buchenwald versteckt sind weit mehr als ein Dutzend (Bier-)Keller, viele davon ganzjährig geöffnet. Tausende drängen sich während der Sommerhitze in den Gassen des Kellerwaldes. Es gibt Blasmusik und Bier vom Faß für ca. 7 DM, seine Brotzeit kann man sich selber mitbringen. Trotz der vielen auswärtigen Gäste konnte sich das Annafest seinen Charme erhalten.

Nicht versäumen sollte man die Eröffnung jeweils am Samstag. Auf dem Rathausplatz in der Innenstadt finden dann folkloristische Darbietungen statt. Anschließend Festzug mit fränkischen Trachten zum Kellerwald.

Das Annafest ist keine landesübliche Kirchweih, sondern verdankt seine Entstehung zwei Faktoren: der Wallfahrt und der Schützengesellschaft.

Am Tag der Hl. Anna wallfahrten die Forchheimer Katholiken seit jeher zur St. Anna-Kirche in Weilersbach. Bei der Heimkehr machten die durstigen Wanderer in dem schattigen Kellerwald Rast. Aus den Felsengewölben wurde eine frische Maß Bier gereicht, und die Angehörigen zogen mit Wurst, Käse und Brot zu dem heutigen Festgelände. Dieser Brauch wurde jedoch erst zum Volksfest, als die königlich privilegierte Hauptschützengesellschaft 1840 ihre Schießstätte in den Kellerwald verlegte und das Hauptschießen auf den Annatag legte. Daraus entwickelte sich das einmalige Volksfest mit einer mittlerweile mehr als 150 Jahre alten Tradition.

Wirtschaftlich spielte Forchheim wegen seiner verkehrsgünstigen Lage (ungefähr in der Mitte zwischen Nürnberg und Bamberg) schon im Mittelalter eine wichtige Rolle. Die größte und reichste Zunft war damals die der Büttner und Brauer. Aufgrund des Wasserreichtums setzte in der zweiten Hälfte des 19. Jahrhunderts auch in Forchheim eine rasche industrielle Entwicklung ein.

Aus einer schon im 17. Jahrhundert bestehenden Papiermühle entwickelte sich eine heute noch bestehende *Papierfabrik*. 1854 entstand am linken Wiesenarm ein Folienhammerwerk, aus dem die Forchheimer *Folienfabrik* hervorging, die zu den größten Arbeitgebern der Stadt gehört. Tradition hat auch die *Textilindustrie*, beispielsweise die Textilfabrik Weber & Ott .

Nach dem 2. Weltkrieg hat sich die Einwohnerzahl von Forchheim verdoppelt. Ein häßliches Wohnviertel im Norden und ein wenig einladender Industriegürtel im Süden mit einem landschaftszerstörenden Straßen- und Brückengewirr sind die Folgen des Aufschwungs.

Geschichte

Bereits in vorgeschichtlicher Zeit war das Regnitztal um Forchheim bewohnt, aus der Bronze- und Eisenzeit hat man Spuren von menschlicher Besiedlung gefunden. Die Funde, wie Beile, Pfeilspitzen oder verkohlte Getreidekörner, sind heute im Pfalzmuseum zu sehen.

In der zweiten Hälfte des ersten Jahrtausends siedelten sich die Franken an. Von dem damals links der Regnitz gegründeten Burgstall ist bis heute lediglich der Name des Stadtteils Burk erhalten geblieben. Einen geschichtlichen Höhepunkt erlebte Forchheim im 9. und 10. Jahrhundert - wegen seiner verkehrsgünstigen Lage entwickelte es sich zum Haupthandelsplatz und fungierte schließlich sogar als Königssitz.

Forchheim

Legende:

1. Rathaus
2. Stadtpfarrkirche St. Martin
3. Marienkapelle
4. Pfalzmuseum (Kaiserpfalz)
5. St. Katharina-Spital
6. Kammermühle
7. Alte Wache
8. Raiffeisenbank

Die Geschichte der Stadt ist seitdem eng mit der *sogenannten Kaiser-pfalz* verbunden. Sie war jahrhundertelang das mächtigste Bauwerk der Stadt, während von der damaligen kleinen Ansiedlung aus Lehm und Holzhäusern, die durch eine Art Palisadenzaun geschützt war, bald nichts mehr übrig war. Vor allem die spätkarolingischen Könige nutzten den Königshof. Sie residierten als mächtige Herrscher des ostfränkischen Reichs im *Königshaus*, das vermutlich in der Nähe der heutigen Kapellenstraße lag.

Gesandtschaften aus ganz Europa wurden hier empfangen, über Besitz- und Rangstreitigkeiten entschieden, Könige gekrönt - als letzter KONRAD I. (911 - 918). 1007 war das entscheidende Jahr für das damalige Forchheim. KAISER HEINRICH II. schenkte den Königshof Forchheim und vierzehn umliegende Dörfer dem neu gegründeten Bistum Bamberg. Damit ging Forchheim aus dem Machtbereich des Reichs an die katholische Kirche über. Fast 800 Jahre sollte das Städtchen unter der politischen Herrschaft des Bamberger Bistums bleiben, bis es 1803 an Bayern fiel.

Ins Blickfeld der europäischen Geschichte rückte Forchheim 1077. KAISER HEINRICH IV., im Machtkampf zwischen weltlicher und geistlicher Herrschaft mit PAPST GREGOR VII. im Clinch, wurde nach seinem legendären Gang nach Canossa von den deutschen Fürsten ausgetrickst. Dreizehn oder vierzehn Bischöfe und Erzbischöfe, päpstliche Legaten aus Rom und Marseille und zahlreiche Adlige wählten im sogenannten Pilatushof in Forchheim Kaiser Heinrich IV. kurzerhand ab und riefen als neuen Herrscher seinen Schwager RUDOLF VON RHEINFELDEN aus. Dies war die erste Gegenkönigswahl in der deutschen Geschichte, deren Bedeutung darin liegt, daß das Wahlrecht über das Erbrecht siegte.

Forchheim als Grenzstadt gegen die Markgrafen von Ansbach und Bayreuth wurde danach ständig ausgebaut. In den folgenden Jahrhunderten entstanden das *Bischofsschloß* (13. Jh.) und die *mittelalterliche Stadtbefestigung*, Mauern, Gräben, Kasematten, wovon aber fast nichts mehr erhalten geblieben ist. Eine heute noch zu sehende, umfassende *Wehranlage* wurde dann Mitte des 15. Jahrhunderts begonnen und 150 Jahre später fertiggestellt. Erst 1838 verlor die Stadt ihre Festungseigenschaft, blieb aber bis 1882 Garnisonsstadt.

Bedeutung erhielt Forchheim erst wieder im 20. Jahrhundert. Bei der Gebietsreform wurden die umliegenden Gemeinden Kersbach, Buckenhofen, Burk, Reuth und Serlbach eingemeindet, und die Zahl der Einwohner (im Jahre 1939 noch 11.000) verdreifachte sich in nur vier Jahrzehnten. Negativer Ausdruck dieses Wachstums ist das nördliche Stadtgebiet (Richtung Bamberg) - dort wurde gedankenlos Häuserklotz neben Häuserklotz gesetzt.

Der Rathauspöpel von Forchheim:
Der Legende nach treibt dieser Kobold, mit Wohnsitz im Rat-
haus, dort des öfteren nachts sein schauerliches Unwesen.
Blökend und polternd mag er so manchem Spätheimkehrer,
vor allem Trunkenbolden, das Gruseln beigebracht haben.
Auch bei einigen Ratsherren/frauen soll man ihn näch-
tens auf deren Schultern sitzend gesehen haben, um
diesen mit wildem Radau den richtigen Nachhauseweg
zu weisen. Ob sich derartige Lektionen allerdings auf die
Vernunft der Rätinnen u. Räte ausgewirkt haben, darüber
schweigt die Legende!

1933 übernahmen wie überall die Nationalsozialisten kurzerhand die
Verwaltung, Sozialdemokraten und Kommunisten wurden verfolgt
und inhaftiert. In der "Reichskristallnacht" zerstörten die Braunhem-
den die Synagoge in der Wiesentstraße und transportierten in der
Folgezeit einen Großteil der Juden in KZ und Arbeitslager ab. Im
Waisenhaus, dem heutigen Jugendzentrum, war der weibliche Ar-
beitsdienst einquartiert, und aus der Hauptstraße wurde die Adolf-
Hitler-Straße. Der FT vermerkte am 16.11.38: "Am 20. April ernannte
die Stadt Forchheim - 20 Tage nach Ebermannstadt - Hitler neben Hinden-
burg zum Ehrenbürger!" Nach unseren Recherchen ist bis heute kein
Beschluß auf Aberkennung gefaßt.

Nach dem Krieg wurde die nationalsozialistische Zeit geflissentlich
unter den Tisch gekehrt und erst nach jahrelangem Streit im Stadt-
rat schließlich ein Gedenkstein gegenüber der niedergebrannten Synagoge in der Wiesentstraße aufgestellt.

Information

Das Fremdenverkehrsamt ist im Erdgeschoß des Rathauses am Rathausplatz untergebracht. Sehr hilfsbereites und sach-
kundiges Personal. Öffnungszeiten: Mo -
Do 9 - 12 Uhr, 14 - 17 Uhr, Fr / Sa 10 - 12

Uhr, Tel. 09191/84338 oder 841 (Vermitt-
lung).
Veranstaltungshinweise im monatlich erscheinenden "Forchheimer Kulturblättl",
gratis beim Verkehrsamt.

Verbindungen

Werktags täglich 12 x Forchheim - Ebermannstadt, teils Zug, teils Bus (Busbahn-
hof am Bahnhofsplatz);werktags täglich 7 x
Forchheim - Pretzfeld - Egloffstein; Fahr-
plan für Bus und Bahn in der Fränkischen
Schweiz bei der Tourismus-Zentrale in

Ebermannstadt.
Auskünfte unter Bahnhof Forchheim, Tel.
09191/1707; Schalteröffnungszeiten: Mo
5.30-19.20 Uhr, Di - Fr 6-19.20 Uhr, Sa
6.40-15.40 Uhr, So 8.10-19.20 Uhr.

Übernachten

Hotel Pilatushof: beste Hoteladresse in
Forchheims historischen Zentrum, gegen-
über der Kaiserpfalz, trotzdem ruhig. Per-
sönliche Atmosphäre, da nur 4 Doppel-
und 4 Einzelzimmer vermietet werden. Kei-
nes der Zimmer trägt Nummern, sondern
Ortsbezeichnungen, wie St. Martin oder
Kellerwald. Alle Zimmer mit Selbstwähltele-
fon, Du/WC und teilweise Farbfernseher.
EZ 55 - 70 DM, DZ 95 DM. Bei längeren
Aufenthalten gibt es bei Fam. Ritschka
Sondertarife. Adresse: Kapellenstraße 13,
Tel. 89970.

Hotel am Kronengarten: Ruhig gelegenes, 1989 eröffnetes Garni-Hotel am Rande der Altstadt, geführt von Dorothea Lan-
genbuch. Geschmackvolle Herberge. Zimmer (Kabel-TV) auf vier Etagen (Lift). Be-
nachbartes Parkhaus. EZ 60 DM, DZ 90
DM. Frühstücksbuffet. Adresse: Bamberger Str. 6a, Tel. 66768.

Hotel Schweizergrom (Stadtteil Burk):
Rundum gemütlich ist der familiäre Gasthof
(2 km zur Altstadt). Kachelofen und Holzdecke schaffen heimelige Atmosphäre. Im
Schweizergrom ißt man nicht nur gut fränkisch, sondern kann sich auch gut betten.
Bei der freundlichen Fam. Eisgrub kostet
das EZ 48-65 DM, DZ 75-90 DM. Zimmer
rustikal eingerichtet. Idyllischer Garten, der
zum Verweilen bei Faßbier einlädt. Probieren Sie die deftigen Brotzeiten (Hausschlachtung). Preisgünstiges Essen.
Adresse: Röthenstr. 5, Tel. 33257 u. 3955.

Gasthof Roter Ochse (Stadtteil Burk): Seit
1689 ist das Traditionswirtshaus (großes
Kreuz an der Fassade) bei der Kirche im
Besitz der Fam. Scheller. Der Rote Ochse
bietet schmackhaftes fränkisches Essen zu

vernünftigen Preisen. Lecker ist der Kalbsbraten. Warme Küche nur bis 21 Uhr.
Freundliche Bedienung. Nebenbei vermietet die Fam. Scheller noch fünf Zimmer. EZ
35 DM, DZ 65 DM; ab einer Woche billiger,
Vorbestellung ratsam. Do Ruhetag. Adresse: Kirchplatz 3, Tel. 4511; 2,5 km vom
Zentrum entfernt.

Hotel Garni Franken: Mit 40 Zimmern
größtes Hotel der Stadt. Modernes Haus in
ruhiger Sackstraße (2 km vom Zentrum,
Richtung Serlbach), Fahrradverleih.
EZ 54-68 DM, DZ 89-94 DM. Adresse: Zie-
geleistr. 17, Tel. 1609.

Gasthof Zur Linde: liegt 2 km von Forchheim im bäuerlichen, von Wald umschlos-
senen Stadtteil Serlbach. Schöne Lage, vor
allem ruhig. Atmosphäre eines Dorfwirts-
hauses. Je Bett 18 - 25 DM. Adresse: Serlbach Nr. 4, Tel. 13607.

Gasthaus Dresel: Dorfwirtshaus im Stadtteil Buckenhofen (2,5 km vom Zentrum).
Gemütliche Gaststube mit Kachelofen,
Dachterrasse. Gutes Essen: Spezialitäten
sind Karpfen und Balkangerichte. Zimmer
rustikal eingerichtet; DZ mit DU/WC 65-70
DM. Außerdem große Ferienwohnung bis
zu 5 Personen für max. 60 DM pro Tag.
Am Haus Garten und Liegewiese. Familienbetrieb. Adresse: Buckenhofener Straße
67, Tel. 4466.

● IN DER UMGEBUNG

Gasthof Eger: Hübscher Gasthof in Pinz-
berg (5 km) mit eigener Metzgerei und
Edelbrannntweinbrennerei.   Komfortable
Zimmer mit Du., EZ 30 DM, DZ 60 DM.
Adresse: Hauptstr. 9, Tel. 13729.

Gasthof Kammerer: In Pautzfeld, 4 km nördlich von Forchheim, liegt die familiäre Pension, deren gutes Essen vor allem sonntags viele Forchheimer hierher lockt.

Camping

Auf einem riesigen Gelände ist der **Jugendzeltplatz Büg** angesiedelt. Geöffnet vom 1. Juni bis 30. Sept. Der Platz liegt im Stadtteil Buckenhofen (ca. 4 km vom Zentrum) auf der Schleuseninsel, zwischen Regnitzarm und RMD-Kanal. Optimale Freizeitmöglichkeiten; Grillanla-

Schattiger Biergarten, leckere hausgemachte Brotzeiten. Behagliche Zimmer in neuerbautem Gästehaus. EZ 30-36 DM, DZ 56-68 DM. Tel. 09545/7468.

gen, Feuerstellen, Tischtennis, Küche, Keller und Duschräume vorhanden. Benutzung nur nach vorheriger Anmeldung bei der Kreisjugendpflege im Forchheimer Landratsamt. Tel. 86271 od. 86274. Platz in der Saison unter Tel. 32362; Adresse: Zur Staustufe 21.

Essen

Kammerer-Mühle: Allein das einmalige Ambiente des schiefen Spätrenaissance-Fachwerkhauses an der Wiesent macht die Kammerer-Mühle zum zweifellos originellsten Lokal. Efeu- und weinberankter Eingang. Das geschmackvoll eingerichtete, urige Weinlokal mit seinen kleinen, kaum mannshohen Zimmern und Galerien bietet eine besondere Atmosphäre. Hier kann man nicht nur stilvoll vorzüglichen Wein (Schwerpunkt Franken, Eiswein Flasche 52 DM) genießen, sondern auch exzellent essen, wie immer mehr Gäste wissen. Vor allem am Wochenende ist Tischreservierung sehr zu empfehlen. Wenig freundliche, bisweilen arrogante Bedienungen. Hinterm Haus kleiner Garten. Täglich zwischen 19 und 24 Uhr (Mo Ruhetag) geöffnet. Adresse: Wiesentstraße 10.

Speisegaststätte Bräustübl: Eins der schönsten Gasthäuser der Stadt. Hinter der Fachwerkfassade schlichter, aber gemütlicher Wirtsraum. Der Forellenbrunnen vorm Haus verpflichtet. Dieser Flußfisch wird im "Braustübl" lecker zubereitet. Spe-

zialität sind frisch geräucherte Forellen. Auch gute Grillgerichte. Sehr preiswerte Menüs. Es wird Forchheimer Brauhaus-Bier ausgeschenkt. Freundlicher Service. Hübscher Biergarten unter schattigen Bäumen an der Straße. Sa Ruhetag. Adresse: Hornschuhallee 32.

Fränkische Bierstube: In dem alten Haus wird seit jeher Essen für gehobene Ansprüche serviert, große Auswahl an Tagesgerichten. Gute fränkische Brotzeiten. Wirtsraum mit Kachelofen, aber etwas kitschig eingerichtet. Vorwiegend älteres Publikum. Ruhiger Biergarten im Innenhof. Sa Ruhetag. Adresse: Hauptstraße 52.

Restaurant Altstadtstub'n / Schnorrnwastl: Erste Adresse für Liebhaber gehobener fränkischer und internationaler Küche. Das Restaurant in einem jahrhundertealten Fachwerkhaus im Herzen der Altstadt bietet auch Ausgefallenes. Unsere Empfehlung: Gegrillte Wallerfilets und als Dessert "Heiße Liebe". Menü bei ca. 50 DM. Warme Küche bis 23 Uhr. Biergarten. Auch mittags geöffnet. Adresse: Kapellenstr. 5.

Cafés

Café Alte Wache: Liegt zentral am Paradeplatz. Das schmucke Café ist in der ehemaligen Kommandatur untergebracht, geschmackvolle Inneneinrichtung. Im Sommer beliebtes Straßencafé. Treffpunkt der Kleinstadt-Schickeria. Gute Salate. Täglich geöffnet 11 - 23 Uhr.

Parkcafé: Vor allem im Sommer lohnendes Ziel zum gemütlichen Kaffeeklatsch. Die Konditorei an der fürstbischöflichen Stadt-

mauer gehört mit ihrer höher gelegenen Terrasse zu den schönsten Orten, um draußen zu sitzen. Täglich 9 - 19 Uhr, Mo geschlossen. Adresse: Bamberger Straße 38.

Café Mirage: Treffpunkt in der Altstadt gegenüber der Kaiserpfalz. Im Sommer Straßencafé. Sieben Sorten Bier, kleine Gerichte wie Crêpes und Salate. 10-24 Uhr, freitags und samstag bis 3 Uhr geöffnet. Adresse: Sattlertorstr. 15-17.

Brauerei-Wirtshäuser

Der früher intensiv betriebene Hopfenanbau in Forchheim war die Basis für eine erfolgreiche Brauwirtschaft. Einst gab es in Forchheim Dutzende von meist winzigen Brauereien. 1852 zählte man noch 33 Bierbrauer. Wegen der Konkurrenz übermächtiger Bierkonzerne sind es heute nurmehr fünf Brauereien, die aber noch immer nach altem Braurezept Gerstensaft produzieren. Die "Gassenwirtschaften", wie die Forchheimer die Brauerei-Wirtshäuser nennen, halten die Biertradition noch aufrecht. Als Spezialität gilt das besonders eingebraute Annafestbier, das einen Monat vor dem Volksfest in den Forchheimer Felsenkellern eingelagert wird.

Greif: Kleine Brauerei in der Sattlertorstraße, einfache Wirtsstube mit Stammpublikum, selbstgebrautes Bier zu 4 DM (!) die Maß, Brotzeiten (Hausschlachtung); So und Mo nur bis zum frühen Nachmittag geöffnet.

Hebendanz: In dem spätmittelalterlichen Fachwerkhaus ist die traditionsreiche Gastwirtschaft und Brauerei zuhause. 0,5 l selbst gebrautes Bier für 1,80 DM. Hebendanz gilt unter Kennern als eine der besten Forchheimer Brauereien. Sehr einfach eingerichtet. Adresse: Sattlertorstraße.

Neder: Direkt nebenan; dieselben Preise. Treffpunkt für alteingesessene Forchheimer. In der Bierkneipe gibt es nur kleine Speisen. Geöffnet 9-19 Uhr. Di Ruhetag. Adresse: Sattlertorstraße.

Eichhorn: Hinter der malerischen Fachwerkfassade verbirgt sich eine gemütliche Brauereigaststätte mit prima Essen. Im Herbst Karpfen als Spezialität. Und das Bier: "Wer kostet, der prostet", lautet der Werbe-Slogan. Man kann schon nach dem ersten Schluck nur beipflichten. Adresse: Bamberger Straße 9.

Die Forchheimer Bierkeller - fränkische Gemütlichkeit pur

In Forchheim geht man *auf die Keller*. Die *Keller* ist ein alter Eichen- und Buchenwald am östlichen Stadtrand. Vor unserer "Kühlschrankzeit" hielten dort die Forchheimer Traditionsbrauereien in riesigen Gewölben aus Natursandstein ihren Gerstensaft kühl. Die konstante Temperatur von 6-10 Grad erwies sich als äußerst vorteilhaft für das Hopfengetränk, das dort im Sommer wie im Winter heranreifte. Infolge moderner Kühltechnik verloren die weitverzweigten Lagerstätten im "Kellerwald" ihre Bedeutung. Geblieben sind jedoch die Keller-Wirtschaften - 22 an der Zahl: ein Wald als riesiger Biergarten. Noch immer ziehen an warmen Sommertagen die Forchheimer mit Wurst, Käse und Rettich im Korb *auf die Keller*. Fränkische Gemütlichkeit unter schattigen Bäumen, kühles Bier und deftige Brotzeiten. Viele der Kellerwirtschaften sind mittlerweile ganzjährig geöffnet. Eine Auswahl:

▸ *Obere Keller*

Schützen-Keller: Hier ist die Königlich-Privilegierte Hauptschützengesellschaft zu Hause. Der Gastraum und der kleine Saal sind mit unzähligen, originell gemalten Schützenscheiben ausgeschmückt. An den Keller angebaut sind die Schießanlagen. Gute Hausmannskost zu günstigen Preisen. Empfehlenswert:

Schweinebraten. Es wird Brauhaus-Bier ausgeschenkt. Der Biergarten bietet 150 Sitzplätze; Mi Ruhetag.

Neder-Keller: Der Keller der 450 Jahre alten Brauerei ist besonders beliebt bei älteren Forchheimern. Hausgemach-te Fleischsülze und Schnitzel in allen Variationen. Leckere Bratwürste (eigene Schlach-terei). Warme Küche bis 23 Uhr. Der Neder-Keller hat an 365 Tagen im Jahr geöff-net! Unfiltriertes, hefetrübes Keller-Bier. Im Biergarten mit Bühne gibt es 150 Plät-ze.

Hoffmanns-Keller: Hier wird das Buttenheimer St. Geor-gen-Bräu mit über 450 Jahre alter Brautradition ausge-schenkt. Fränkische Brotzei-

ten, der Gast kann aber auch die eigene auspacken; Do Ruhetag.

Weißtauben-Keller: Musik-Kneipe, die auf ihrer Bühne auch die Kleinkunst zu Wort kommen läßt, kalte und warme Speisen bis Mitternacht. Zirndorfer Bier.

Eichhorn-Keller/Glocken-Keller: Die beiden Keller haben vor al-lem im Sommer Hochbetrieb. Hier gibt es nämlich gutes Bier! Brotzeiten können mitgebracht werden. Auf dem Glocken-Kel-ler (Brauhaus-Bier) mit einem hübschen Häuslein kann man auch kleine Speisen bekommen, hier kommt das Bier frisch aus dem Kellergewölbe; Di Ruhetag.
Hebendanz hat auch einen nur im Sommer betriebenen Keller auf dem Weg von den Oberen zu den Unteren Kellern.

▶ Untere Keller

Gottla-Keller: Junges Publikum, Kneipen-Atmosphäre; kleine Gerichte; ab und zu finden Konzerte statt - während des Anna-festes einzige Musikalternative zur Blasmusik: auf der "Keller-waldbühne " gibt es dann täglich Jazz- und Rockbands. Biergar-ten unter Kastanienbäumen. Tucher-Bier; Mo Ruhetag.

Schaufel-Keller: winziger, urgemütlicher Keller. In dem kleinen Gastraum im winzigen Sandstein-Haus drängt sich das Stammpublikum; auf einer höher gelegenen Terrasse über der Straße ein beliebter Biergarten; kleine Gerichte; der Wirt Georg Schaufel ist eine "Institution" auf den Kellern. Mo Ruhetag.

Rappenkeller: Malerisches Häuschen gegenüber dem Schaufel-Keller. Hier wird ungespundetes Buttenheimer Löwenbräu-Bier ausgeschenkt. Gutes, preiswertes Essen (leckere Kellerwald-Schinkenplatte).

Sehenswertes

Der Rathausplatz: Der große Platz wird ganz vom Westflügel des imposanten *Rathauses* beherrscht. Der typisch fränkische Fachwerkbau entstand im 14. und 15. Jahrhundert, die Westseite wurde 1535 erstellt. Die Riegelfachwerkfassade und der schlanke Glockenturm sind bis heute erhalten geblieben.

Die Fassade wurde umfassend restauriert und bekam wieder ihren ursprünglichen Anstrich. Dabei wurden die Holzschnitzereien im Balkenwerk des Frontgebäudes freigelegt, die sich beim näheren Betrachten als hintergründige Allegorien erweisen, ironisch, voll Humor und voller Anspielungen .

Der Forchheimer Zimmermann HANS RUHALM, gestorben 1549, verewigte sich mit Beil, Schnitzmesser und Meißeln in den witzig-derb gestalteten Säulen und Kapitellen. Beispielsweise findet sich über dem Fremdenverkehrsamt eine Schnitzerei, die ein kniendes Männlein zeigt. Der Spiegel in der Hand soll Verborgenes und Geheimnisvolles zeigen. Senkrecht über dieser Holzschnitzerei eine derbe Darstellung im Säulenkapitell - eine gebückte Figur, die unter Zuhilfenahme beider Hände dem Betrachter zwischen dem Blattwerk den nackten Hintern entgegenstreckt. Derartige Darstellungen waren Schutzmaßnahmen gegen böse Geister, die das von Menschen errichtete Gebäude bedrohten.

An der Rückseite des Rathauses: das Relief des Stadtwappens mit zwei Forellen. Im Inneren eine schöne Wendeltreppe; die Spindel besteht aus einem einzigen Eichenstamm.

Im Rathaus gibt es außerdem einen geräumigen Saal im spätgotischen Stil mit schön geschnitzten Decken und Stützbalken. Besichtigung leider nur in geschlossenen Gruppen (ebenso der kleine Rathaussaal) möglich. Heute finden hier fast an jedem Wochenende Konzerte oder Veranstaltungen statt.

Hufeisenartig schließen sich an den ursprünglichen Rathauskomplex die spätmittelalterlichen *Fachwerkhäuser* Sattlertorstraße 1 (Buchhandlung Streit), das sogenannte Frechshaus, und die heute vom Ordnungsamt genutzten Gebäude Nr. 2 und 5 an.

Schon die Stadtherren des mittelalterlichen Forchheims waren im Rathaus zu Hause. Sie setzten sich aus dem Inneren (reiche Bürger) und dem Äußeren Rat (Handwerker) zusammen. Aus dem Inneren Rat wurden vier Bürgermeister gewählt, den Vorsitz hatte meist ein bischöflicher Schultheiß oder ein Vertreter des Landesherrn.

Übrigens - früher besaß Forchheim sogar eigene Gewichtsmaße! Die Stadtwaage stand im Kellergewölbe des Rathauses. Im Erdgeschoß wurden Fleisch und Brot verkauft. Heute dienen die Rathaushallen als Ausstellungsräume.

Das Rathaus - Fachwerk vom Feinsten

Stadtpfarrkirche St. Martin: Sie steht unmittelbar hinter dem Rathaus, im ältesten Stadtviertel von Forchheim. St. Martin ist eine fränkische Gründung und war für nahezu 1000 Jahre die einzige Pfarrkirche der Stadt (bis 1956). Trotz der enormen Größe und eines 57 m hohen Turmes wirkt die von 1977 - 82 für 2,25 Millionen Mark restaurierte Kirche überraschend schlicht.

St. Martin vereinigt nicht zuletzt wegen ihres hohen Alters nahezu alle bedeutenden Baustile. Während beispielsweise das Querschiff und das Langhaus romanisch sind, wurde zur Zeit der Gotik im 15. Jh. die Kirche völlig umgestaltet. Die Innenausstattung wie der Hochaltar erfolgte vornehmlich im Barock.

Schön sind die *Eichenholz-Beichtstühle* aus dem 18. Jh. und die wertvollen gotischen *Tafelbilder* an den Langhauspfeilern, die auf der Vorderseite die Passion Christi und auf der Rückseite die Legende des Heiligen Martin erzählen. Daneben findet sich noch ein aus elf Lindenstämmen bestehendes *Relief* (1515/18), das den Abschied Jesu von seiner Mutter Maria darstellt. Der barocke *Hochaltar* mit dem Kirchenpatron im Mittelbild stammt aus dem Jahr 1698 und verlor durch Veränderungen Mitte des 19. Jahrhunderts an Ästhetik.

Die Martinskirche war bis 1500 von einem Friedhof umgeben. Der bereits 890 erwähnte romanische Vorläufer lag rund einen Meter tiefer als das heutige Kirchenschiff. Deshalb liegen die Portale an den Langseiten der Kirche unter dem jetzigen Straßenniveau. Heute ist der gepflasterte Kirchenplatz Fußgängerzone.

Spaziert man um die Kirche, trifft man am Chor auf kapellenartige Nischen. Die erste wird "Unseres Herrgotts Läng" genannt; denn der dargestellte Schmerzensmann - um 1380 entstanden - ist außergewöhnliche 2,5 Meter lang. Für Interessierte: im Fremdenverkehrsamt kann man einen ausführlichen Führer für 3 DM erwerben.

Das Bischofsschloß ("Kaiserpfalz"): Direkt vom Hauptportal der Martinskirche führt die schmale Kapellenstraße mit schönen Fachwerkbauten direkt zum Bischofsschloß. Der dreistöckige quadratische Gebäudekomplex ist von einem Graben umgeben und beherbergt heute eine Außenstelle der Bamberger Universität und das *Pfalzmuseum*.

Die Bezeichnung "Kaiserpfalz" ist eigentlich falsch. Vielmehr handelt es sich um ein Bischofsschloß, dessen Bau Fürstbischof Lambert von Brunn (14. Jh.) betrieben hatte. Wie jüngste Forschungen Bamberger Archäologen nachgewiesen haben, steht das Bischofsschloß nicht wie bisher angenommen auf den Überresten einer karolingischen Pfalz. Über eine Brücke betritt man die Anlage: Die Südseite besteht aus einem schmucken Renaissance-Fachwerk-Vorbau. Der Innenhof wird durch Fachwerkbauten von drei Seiten begrenzt, an der Ostseite schließt sich ein beachtlicher gotischer Schloßbau an (siehe Pfalzmuseum).

Marienkapelle: Das Kirchlein steht an der Ecke Kapellenstraße/ Eingang Kaiserpfalz. Wahrscheinlich ließ es Bischof Otto der Heilige (1102 - 1139) als Ersatz für die karolingische Pfalzkapelle erbauen. Sie war ursprünglich mit dem Bischofsschloß durch einen Gang verbunden. Bei der letzten Restaurierung, die mehr als eine halbe Million Mark kostete, wurde versucht, den ursprünglichen Charakter der Kapelle wiederherzustellen.

Im Inneren vor allem Barock. Neben dem Altar fällt die reich gestuckte Decke auf. Besondere Beachtung sollte man der Ölberggruppe aus Terrakotta auf der rechten Seite beim Chor schenken (um 1470). Die großen Gemälde an der Süd- und Nordwand entstanden um 1700. Die Kirche ist durch ein schmiedeeisernes Tor abgeschlossen.

Befestigungsanlagen: Von der mittelalterlichen Stadtbefestigung ist nicht mehr viel übriggeblieben. Lediglich der *Saltorturm* mit einem kleinen Stück Stadtmauer steht noch direkt neben dem Bischofsschloß Richtung Fußgängersteg, kann jedoch nicht mehr besichtigt werden.

Sehr gut erhalten ist dagegen die fürstbischöfliche *Festung* aus dem 16. Jahrhundert. Halbkreisförmig umschließt sie die Altstadt. Das schönste Stück - von der Bamberger Straße bis zur St. Martins-Schule - ist heute als großzügiger Park angelegt. 50 m vom Saltorturm beginnt die Anlage, die durch die Sattlertorstraße getrennt wird.

Der Grund zum Bau der umfangreichen Befestigungsanlagen waren die Glaubenskriege im 16. Jahrhundert. Der damalige Schultheiss Claus von Egloffstein wollte eine Verteidigungsmauer. Eineinhalb Jahrhunderte wurde an der für damalige Verhältnisse modernen Bastionsfestung gebaut. Sie bewährte sich im sogenannten Schwedenkrieg von 1632 - 34.

Im 19. Jahrhundert wurde rücksichtsloser Raubbau an der Festung verübt. Erst 1919 konnte der weitere Abbruch gestoppt werden. Übriggeblieben sind zwei *altitalienische Bastionen* (an der Karolingerstraße). Einen guten Eindruck von der Dimension der Anlage gewinnt man bei einem Spaziergang auf den Stadtmauern - Aufgang direkt neben der Turnhalle der Martins-Schule.

Daneben noch die *Dernbachstation*; auf ihr sind der *Rondengang* und zwei *Schilderhäuschen* erhalten, in der Dreikirchenstraße ein kleiner Mauerrest bei der Firma Lang. Gut erhalten ist das *barocke Nürnberger Tor* (1698) am Streckerplatz.

In der Bamberger Straße ist das nördliche *Wasserschloß* gegenüber der Egloffsteiner Straße noch sichtbar, sowie einige *Kasematten* (schußsichere Räume für Mannschaft und Kriegsgeräte). Die Mauern waren 14 m dick, der Wassergraben 30 m breit. Davon übriggeblieben ist wenig.

Besonders hoch war die Sterberate der Kleinstadt unter der Soldatenherrschaft des Dreißigjährigen Krieges. Im Jahre 1629 starben gerade 55 Einwohner, im Kriegsjahr 1632 waren es schon 584! Gewalttaten, Seuchen und Hunger herrschten in der Stadt, die Bauern und die kleinen Bürger trugen die Hauptlast des Krieges.

Krottental: Das Scheunen- und Wohnviertel im Dreieck Sattlertorstraße - Rathausplatz - Bamberger Straße wurde in den letzten Jahren saniert. Die paar Gassen vermitteln noch etwas vom ursprünglichen Forchheim - kleine Fachwerkhäuser mit niedrigen Ecken und winzigen Fenstern, außerdem steht hier das ehemalige *Salzmagazin* (nicht zu besichtigen).

Klein-Venedig: So bezeichnen die Forchheimer den rechten Wiesentarm vom städtischen Krankenhaus bis zur Brücke in der Vogelstraße. Auf dieser ungefähr 800 m langen Strecke finden sich schöne Häuser aus dem 16. Jahrhundert, die direkt an den Fluß angrenzen. Oft sind die Balkone auf Pfählen über das Wasser gebaut.

An der zum Flußarm parallel verlaufenden Wiesentstraße findet man die **Kammermühle**, ein Gebäude aus der Spätrenaissance (heute Weinlokal). Das Fachwerk ist noch gut erhalten, auffallend ist vor allem die extrem schiefe Lage. Ein paar Meter weiter erinnert eine Steinplastik an die Zerstörung der Forchheimer Synagoge in der "Reichskristallnacht" 1938. Früher wohnten in Klein-Venedig die

Forchheimer Juden. Unweit des Denkmals entdeckt man alte, hölzerne Fischkä-
sten am Ufer der Wiesent. Noch heute werden darin Karpfen aufbewahrt.

Paradeplatz: Repräsentativer Platz im Zentrum, unter dem Betonbo-
den verbirgt sich eine Tiefgarage. Mit 11 Millionen Mark wurden hier
Stellplätze für 200 Pkw und ein Atombunker geschaffen - ursprünglich sollte das Geld zur Altstadtsanierung verwendet werden. Auch
die früheren Linden sind dem Beton geopfert worden. Einzig sehenswert ist die ehemalige *Kommandatur* und späteres fürstbischöfliches
Forstamt (heute ein Café).

Katharinenspital: Ein mächtiges, kreuzförmig angelegtes Gebäude. Sozusagen mitten durch das Kirchenschiff wurde ein dreistöckiges
Fachwerkhaus gebaut - eines der schönsten der Stadt!

> Das Katharinenspital - dreihundert Meter vom Rathausplatz - gab im Mittelalter ar-
> men und gebrechlichen Leuten Hilfe. Finanziert wurde diese alte Sozialeinrichtung
> durch wohlhabende Bürger, die sich von den Spenden Seelenheil erhofften. Die
> Ursprünge der Stiftung gehen ins 12. Jahrhundert zurück.

In der schmucken kleinen Kirche findet sich auch die älteste *Holzpla-
stik* der Region, die des Hl. Antonius. Unmittelbar hinter dem Katharinenspital entstand das gleichnamige *Altenheim*. Beachtenswert ist
der Versuch, fränkisches Fachwerk in neuzeitliche Architektur ein-
fließen zu lassen.

Das Alte Bezirksamt: Weiß und gelb glänzt die Fassade des neu renovierten Amtshauses in der Nürnberger Straße. Das Barockgebäude
entstand 1686 auf Betreiben des Bamberger FÜRSTBISCHOFS VON
STAUFFENBERG. Seine oberste Etage bekam das schmucke Haus erst
1709, denn der Stadtschultheiß brauchte schließlich eine Wohnung.
Seit nunmehr 300 Jahren dient es der Verwaltung. Im Innern ein
schönes Treppenhaus aus dem 18. Jahrhundert. Alle drei Geschosse
weisen reichlich verzierte Stuckdecken auf.

Raiffeisenbank Forchheim-Gräfenberg: Erst 1985 ist das architektonisch exzentrische Bankgebäude in der Nürnberger Straße 5 seiner
Bestimmung übergeben worden. Hinter der Fassade eines
schmucken Fachwerkhauses und einer dazugehörigen Scheune entstand eine einmalige Kombination aus traditioneller und ultramoder-
ner Architektur. Der Schalterraum gleicht einer Grotte. Als Bauma-
terialien wurden Jurafels, viel Holz, aber auch sichtbares Metall ver-
arbeitet. Die riesigen Fensterflächen, die offene Raumaufteilung und
das viele Grün schaffen ein besonderes Raumerlebnis.

Das Projekt der beiden Karlsruher Architekten *Bieler* und *Wlodarsch*
möchte sich bewußt als Gegenstück zu den langweiligen Betonkästen
der Moderne verstanden wissen. "Wir wollten fränkische Baukultur
bewahren und Ökonomie mit Ökologie verbinden", erklärt der Bank-

direktor *Alfons Trautner*. Dies ist gelungen. Die Sehenswürdigkeit besonderer Art ist während der üblichen Öffnungszeiten zu besichtigen.

Pfalzmuseum: "Museum für die Fränkische Schweiz" nennt sich das Pfalzmuseum, was angesichts des Inventars wohl ein wenig übertrieben ist. Dennoch sollte man sich das Museum in der Kaiserpfalz nicht entgehen lassen. Vom Heimatforscher und späteren Ehrenbürger *Dr. Hans Räbel* gegründet, ist es vor allem wegen seiner vor- und frühgeschichtlichen Sammlung bekannt.

• *Erdgeschoss*

1. Raum: Frühgeschichtliche Sammlung, beispielsweise Mammutzahn (10000 v. Chr.), Beile und Lanzenspitzen aus der frühen Bronzezeit. "Forchheimer Zeichensteine" - beschriftete Steine mit kultischer Bedeutung, die in Hügelgräbern um Forchheim gefunden wurden; außerdem Bilder mit Fränkische-Schweiz-Motiven des Neunkirchner Malers Felix Müller und das Jugendstilbild "Quakenschloß" von Mayer-Franken.

2. Raum: Vor allem Exponate aus mittelalterlicher Zeit, beispielsweise Hufe, Eisenschwerter, Pferdetrensen; außerdem Holzplastiken, die bei den Prozessionen an Mariä Himmelfahrt und Fronleichnam durch die Forchheimer Innenstadt getragen wurden. Reste der Wandbemalung zeigen David als Richter.

• *1. Stock*

3. Raum: Die insgesamt 17 m hohe Wendeltreppe führt hinauf zum 1. Stock. Hier werden Fundstücke aus Mittelalter und Neuzeit gezeigt: jahrhundertealtes Mobiliar, Haushaltsgeräte, "Feierabendziegel", Spinnrad, Geräte zur Flachsbearbeitung; außerdem Modelle der Kirchenburgen Effeltrich und Hetzles. Beachtenswert die Sammlung alter Schützenscheiben, die bisweilen Aufschluß über die politische Stimmung der Zeit geben. Beispielsweise findet man eine Scheibe von 1851, deren Aufschrift ganz im Zeichen der 48er Revolution steht: "Ich sterbe gern für die Freiheit und für Licht, getreu der Fahne, der ich zugeschworen." Modell der fränkischen Wasserräder, die bei Hausen im Original zu sehen sind.

4. Raum: Hauskapelle der Kaiserpfalz mit Fresken aus dem 15. Jahrhundert; spätgotisches Chorgestühl, handgeschriebene Gebetsbücher aus dem 19. Jahrhundert, Elfenbeinkreuz und 12 Rosenkranzmedaillons (Ende 16. Jh.).

5. Raum: Sammelsurium von Fundstücken: von der Schlaifhausener und Eggolsheimer Tracht über glitzernde Brautkronen, über Rokokoschränke und Ölbilder bis zu einem Sinfonium, das noch immer funktioniert.

• *2. Stock*

6./7. Raum: Teilweise sind hier noch Fresken von Jakob Ziegler aus dem 16. Jahrhundert zu erkennen; in den beiden Räumen vor allem Gemälde des Forchheimer Akademieprofessors Georg Mayer-Franken (1870 - 1926) - viele seiner Motive stehen ganz im Zeichen des Jugendstils; außerdem alte Stadtansichten von Michael Kotz, die gute Einblicke in das einstige Aussehen Forchheims geben.

Das Pfalzmuseum ist von 1. Mai bis 30. Oktober Di - So von 10 - 12.30 Uhr und von 14 - 16 Uhr geöffnet, Mo geschlossen; Eintritt 2 DM, Schüler 1 DM.

Markt: Auf keinen Fall entgehen lassen - jeweils am *Mittwoch* und *Samstag* werden auf dem Paradeplatz (oder Marktplatz) Obst und Gemüse angeboten. Vor allem im Sommer werden heimische Erzeugnisse wie Zwetschgen, Äpfel, Kirschen (die Fränkische Schweiz ist eines der größten Kirschanbaugebiete Mitteleuropas) zu günstigen Preisen verkauft.

Der Viktualienmarkt lohnt sich jedoch nicht nur wegen der Produkte, sondern schon allein der Händler wegen. Obwohl die Zahl weiter zurückgeht, findet man immer noch Frauen in Tracht, die "Öpfel", "Pfiffer" und "Ringlo" auf gut fränkisch anbieten.

Ein besonderes Ereignis im Monatsgeschehen der Stadt ist der Markt an jedem **1. Sonntag im Monat**. Auf dem Parade- und Rathausplatz sowie in der Hauptstraße stehen dicht gedrängt die Buden. Zahlreiche Besucher, gleichermaßen Forchheimer und Kauflustige aus dem Hinterland, drängen sich durch die Straßen. Vom Strumpfband über die Jeans für 20 DM bis hin zu leckeren Süßigkeiten - das Angebot ist kaum zu überblicken. Zu Preisverhandlungen ist allerorts Gelegenheit.

Der wohl originellste Mark ist der **Taubenmarkt**. Er findet nur sonntags von Januar bis Ostern statt. Taubenzüchter und -händler aus dem weiteren Umland treffen sich hier. So herrscht am Sonntagmorgen auf dem Marktplatz reges Treiben.

Wandern

Es gibt eine Vielzahl von Möglichkeiten. Beispielsweise findet sich am Ende der Bammersdorfer Straße (Richtung Jägersburg) eine Wandertafel, die über die Möglichkeiten in Richtung Serlbach/Weilersbach Auskunft gibt.

Wandervorschlag durch den Staatsforst westlich von Forchheim: Der knapp 12 km lange Weg beginnt an der Sportinsel und führt über die fast 250 Jahre alte Regnitzbrücke durch den Stadtteil Burk in den weitläufigen Staatsforst. Der leicht begehbare Wanderweg durch Misch- und Nadelwälder ist mit einem blauen Kreis markiert. Das Besondere an der über zweistündigen Rundwanderung sind die knapp ein Dutzend Marter (Steindenkmäler), vor allem aus dem Barock. Beim Fremdenverkehrsamt ist hierzu eine Wanderkarte erhältlich.

Sport/Freizeit

Angeln: Inhaber einer Lizenz erhalten im Waffen- und Angelgeschäft Hans Höhnlein, Hornschuhallee, Tel. 2587, eine Angelkarte für Regnitz- und Truppachsee. Dort können Karpfen, Weißfisch, Forelle und Hecht geangelt werden.

Bootsverleih: Im Regnitz-Altwasser auf der Sportinsel (zwischen Altstadt und Burk) können von April bis September Boote gemietet werden.

Fahrradverleih: Das Verkehrsamt am Rathausplatz vermietet Räder für 10 DM pro Tag. Verleih auch bei der Bundesbahn am Bahnhof (Tel. 1707) für 12 DM, mit Fahrkarte 8 DM (billigste Fahrkarte 2 DM).

Schiffsfahrten: Schon seit mittlerweile 10 Jahren gibt es auf dem Rhein-Main-Donau-Kanal Schiffsausflüge. Eine regelmäßige Schiffsverbindung gibt es von Ostern bis September. Täglich um 14.30 Uhr nach Nürnberg (Fahrdauer 4 Std. 10 Min.) und nach Bamberg um 13.30 Uhr (Fahrdauer 3 Std. 45 Min.). Die Fahrt auf dem schnurgeraden Kanal ist ein gemütliches, auch nicht unbedingt aufregendes Erlebnis. Der Hafen in Forchheim ist ca. 10 Min. von der Altstadt entfernt. Die Sattlertorstraße führt zu einem Fußgängersteg über die Autobahn und den RMD-Kanal zum Hafen, der am Rand der Sportinsel liegt. **Auskünfte und Prospekt**: Fränkische Personenschiffahrt, Kranenkai 1, 8700 Würzburg, Tel. 0931/51 722.

Stadtbesichtigung: Das Forchheimer Fremdenverkehrsamt bietet eine lohnenswerte Stadtführung an. Treffpunkt ist der Rathausplatz (vor dem Fremdenverkehrsamt), Unkostenbeitrag 3,50 DM, Schüler/Studenten 2,50. Die Führung dauert ca. 1,5 Stunden. Führungen ab April jeden Mittwoch und Samstag um 15 Uhr. Es sind auch spezielle Gruppenführungen in englisch und französisch möglich. Nov. bis Feb. keine Führungen.

Umgebung

Weingartssteig: Wer gern Aussichten mag, ist mit einem Ausflug zum Weingartssteig gut beraten. Dort, im Stadtteil Burk/Buckenhofen, wurde einst Wein angebaut, wie der Name schon verrät. Heute ist der Hang teures Baugebiet.

Wegen der guten Aussicht über Stadt, Regnitz- und unteres Wiesenttal zählt die Gaststätte *Wilhelmshöh* (Am Weingartssteig 26 d) zu den beliebtesten Ausflugszielen. Die nette Familie Langer bietet deftige und preiswerte Brotzeiten und Biere des Forchheimer Brauhauses und St. Georgenbräu Buttenheim zu Billigstpreisen an. Am Wochenende ist auch die Küche in Betrieb. Daneben gibt es Spielmöglichkeiten für Kinder und einen Minizoo mit Volieren und Gänseteich. Die Wände der Gaststätte schmücken präparierte Vögel - manch einer dieser Spezies ist in der Fränkischen Schweiz längst ausgestorben. Teilweise überdachte Terrasse. Übrigens - die Gäste können ganz nach fränkischem Brauch auch Brotzeiten selbst mitbringen.

Die Ausflugsgaststätte ist von der Innenstadt aus bequem in einer halben Stunde zu erreichen. Der Weg führt über den Fußgängersteg und die Regnitzbrücke (die einzige Brücke über die Regnitz zwischen Bamberg und Erlangen bis zur Jahrhundertwende) nach Burk/Buckenhofen. Von dort geht es die steile Weingartssteigstraße hinauf.

Jägersburg-Serlbach: Schon von weitem ist die Jägersburg zu sehen. Das umfangreiche Barockschloß liegt unmittelbar an der Straße nach Bammersdorf/Rettern, von Forchheim 5 km entfernt. Ursprünglich wurde es vom baulustigen LOTHAR FRANZ VON SCHÖNBORN als fürstbischöfliches Barockschloß errichtet. Heute verwendet es die Kirche als Altenheim. Obwohl das Schloß nicht zu besichtigen ist, lohnt sich ein Abstecher - von der Jägersburg bietet sich ein toller Ausblick über das ganze Regnitztal bis nach Bamberg.

Das Barockschloß ist symmetrisch angelegt. Der Eingang ist in einem imposanten Torturm untergebracht. Zentrum der Jägersburg ist ein schöner Innenhof. Auf der Rückseite des Hauptgebäudes mit den drei Geschossen schließt sich ein Park mit altem Baumbestand sowie ein großer, von einer Mauer umgebener Garten an. Wie es sich für ein fürstbischöfliches Barockschloß gehört, besitzt die Jägersburg eine schmucke Kapelle und hat selbst heute noch einen Hausgeistlichen! Wer sich für die Innenarchitektur des Schlosses interessiert, sollte bei den freundlichen Schwestern im Hauptgebäude einmal nachfragen.

Von der Straße zur Jägersburg führt eine Verbindungsstraße nach **Serlbach**. Das kleine Dorf, ringsum von Wald umgeben, ist wohl der beschaulichste Stadtteil Forchheims. Es sind nicht historische Gebäude, sondern der fränkische Charakter des kleinen Ortes, der einen Besuch lohnend macht. Hühner und Gänse auf der Straße, Obst- und Gemüsegärten, verwinkelte Häuser und Scheunen bestimmen das Ortsbild. Zur Einkehr bietet sich die Dorfgastwirtschaft "Zur Linde" mit einem schönen Biergarten an.

Serlbach ist durch den Kellerwald in dreißig Minuten auch bequem zu Fuß zu erreichen. Die Wanderwege sind jedoch sonntags restlos überlaufen.

Tunnel gegen den Verkehrstod

Ein Eldorado für Amphibien sind die Karnbaumweiher, ein Teichgebiet auf halber Strecke zwischen Forchheim und Bamberg. Um die seltene Artgenossen vor dem Verkehrstod zu retten, wurde in den 70er Jahren eine *Krötenstraße* als Modellanlage gebaut. In Tunnels unter der Fahrbahn gelangen Molche und Frösche zu ihrem Ziel. Vor allem in lauen Frühjahrs- und Sommernächten sind an der Krötenstraße Hunderte von Amphibien zu beobachten, darunter auch der seltene Springfrosch. Auf einem Wanderparkplatz unmittelbar bei der "Krötenstraße" informiert eine Hinweistafel über Aussehen und Vorkommen der einzelnen Arten.

Forchheim Umgebung

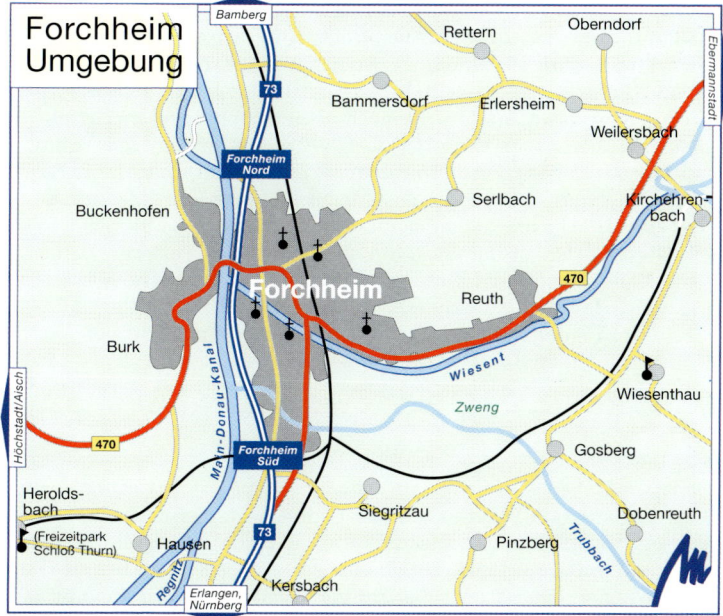

Forchheim
Umgebung

Bamberg
Rettern
Oberndorf
73
Bammersdorf
Erlersheim
Weilersbach
Forchheim
Nord
Buckenhofen
Serlbach
Kirchehren-
bach
470
Forchheim
Reuth
Burk
Main-Donau-Kanal
Wiesent
Zweng
Wiesenthau
470
Forchheim
Süd
Gosberg
Herolds-
bach
Siegritzau
Dobenreuth
(Freizeitpark
Schloß Thurn)
Hausen
73
Pinzberg
Trubbach
Regnitz
Erlangen,
Nürnberg
Kersbach
Höchstadt/Aisch
Ebermannstadt

Hausen

**Auf dem Weg von Forchheim zu dem vier Kilometer entfernten Hausen am
Rand des Regnitztales steht kurz vor der RMD-Kanal-Schleuse ein fränkisches Wasserrad. Es ist eines der letzten Relikte dieser archaischen Be-
wässerungsform im Regnitztal.**

Das Hausener Wasserrad ist originalgetreu aufgebaut, dient aber heute nur noch touristischen Zwecken. Längst werden die Felder und Wiesen mit modernen Regnern bewässert. Das Aus für die Wasserräder
waren die elektrischen Pumpanlagen, die an der Regnitz in den Zwan-
ziger Jahren in Mode kamen. Die typischen hölzernen Räder bestehen
aus etwa 470 Einzelteilen. Bei einer Umdrehung werden 480 Liter
Wasser gefördert und in die jeweiligen Verteilungsgräben geleitet.

*Forchemii natus
Pontius ille Pilatus
Teutonicae gentis
Crucifixor omnipo-
tentis.*

Pilatus aus Franken

"Zu Forchheim ist geboren jener Pontius Pilatus aus deutschem Geschlecht, der Kreuziger des Allmächti-
gen" - heißt es ehrfurchtsvoll in einem

bekannten heimischen Vers. Viele Reisende des Mittelalters, darunter auch Papst PIUS II. (1405 - 1464) erwähnen verwundert diese alte Überlieferung.

Hausen erhebt schon von jeher den Anspruch, der Geburtsort Pilatus' gewesen zu sein. Auch heißt ein Flurteil zwischen dem Dorf und dem Forchheimer Stadtteil Burk *Pilodes* (Pilatus/ Wald/Feld/Wiese). Hier habe, so die Überlieferung, Pontius Pilatus eine Stadt erbaut, die nach seinem ungerechten Urteilsspruch über Jesus Christus in die Erde versunken sei. Wenn sich eines Tages Hausen so vergrößert habe, daß ein Hahn in die Pilodes komme, werde er die Turmspitze ausscharren, und die Stadt werde sich erheben, heißt es in der Sage.

Inwieweit sich in der Sage ein Wahrheitskern verbirgt, damit beschäftigt sich der Münchner Professor für slawische Philologie, Dr. Heinrich Kunstmann. Der Hausener Heimatpfleger Engelbert Wagner weiß jedoch jetzt schon zu prognostizieren: "Das Resultat seiner Arbeiten wird unser Hausen gewissermaßen in die Weltgeschichte eingehen lassen!"

Sehenswertes

Heimatkundliche Sammlung: Im wenig schönen Verwaltungs- und Sportzentrum (am Dorfrand, an der Straße nach Heroldsbach) ist das 1969 gegründete Heimatmuseum untergebracht. Es besteht lediglich aus einem einzigen Raum. Durch eine schmiedeeiserne Tür mit Hausener Wappen betritt man das Zimmer, das vor allem Exponate aus der Hausener Geschichte zeigt.

Das Museum ist ein wahres Sammelsurium: Bauernschränke (19. Jh.), Haushaltsgeräte, Krippenfigur aus dem Rokoko, Hausener Nachtwächterhorn, bemalte Bett-Seitenteile, Alltagsdokumente wie Heiratskonzessionen und Schulzeugnisse. Beachten Sie die schönen Sandsteinfiguren ("Wimmelbacher Männla") aus der Werkstatt des Barockbildhauers Ferdinand Tietz (18 Jh.), die wohl einst im Garten des Thurner Schlosses standen sowie die aufwendigen Fronleichnamskränze für Frau und Mann (19 Jh.).

Gebetbuch in Handarbeit

Unter dem Glas zweier Vitrinen schlummert der kleine Schatz des Museums: handgeschriebene- und gemalte Gebetbücher. Sie stammen nicht etwa aus klösterlichen Schreibstuben, sondern wurden von den einfachen Bauern und Handwerkern im Bamberger und Forchheimer Umland an vielen Sonntagen und vor allem im Winter angefertigt. Rund hundert Jahre, ab der Mitte des 18. Jahrhunderts, dauerte diese kreative Gebetbuchmalerei, Ausdruck tiefempfundener Frömmigkeit. Nur an hohen Feiertagen oder zu besonderen Anlässen durften sie benutzt werden. Rund ein Dutzend dieser kleinen und liebenswerten Kunstwerke trug Heimatpfleger Engelbert Wagner für die Sammlung zusammen. Schwarz, grün und rot leuchten ihre Schriften, die Großbuchstaben sind aufwendig verziert, dazu immer wieder heiter-bunte Illustrationen und Buchdeckel aus Leder, Samt oder Satin - viel Phantasie und Geduld erforderten diese Arbeiten. Kein Wunder, wenn es am Schluß eines Gebetsbuches von 1831 erleichtert heißt: "Ende - froh sind meine Hände".

Eine weitere Vitrine informiert über Leben und Werk des *Dr. Konrad Kupfer* (1883-1965), eines bekannten Heimatforschers, der über den Ebermannstadter Bildhauer Friedrich Theiler promovierte. Im Gang des Verwaltungszentrums ist das Modell eines fränkischen Wasserrads ausgestellt.

Das Museum ist bei freiem Eintritt geöffnet: Mo, Di, Mi, Fr 8 - 12 Uhr, Do 15 - 19 Uhr.

Heroldsbach

Das 4000 Einwohnerdorf gehört eigentlich nicht mehr zur Fränkischen Schweiz. Jedoch nur sieben Kilometer von Forchheim entfernt, bietet es sich als Ausflugsziel an. Vor allem der weitläufige Erlebnispark Schloß Thurn lockt alljährlich viele tausend Besucher an. Bekannt geworden ist Heroldsbach jedoch durch Marien-Erscheinungen in den Nachkriegsjahren. Bis heute ist der Zustrom tiefreligiöser Pilger zu dem "Heiligen Berg" nicht abgerissen.

• *Essen*: **Lindenhof**, in Nachbarschaft des von den Herren Löffelholz von Colberg erbauten Schlößchens (Privatbes.) im Ortsteil Oberheroldsbach liegt der rustikal-gemütliche Gasthof. Freundlicher Service. Herzhafte fränkische Küche. Empfehlenswert: Schweinelende und in der Saison Karpfen. Preiswert. Adresse: Löffelholzweg 6.

Sehenswertes

Erlebnispark Schloß Thurn: Der Erlebnispark des Grafen von Bentzel-Sturmfeder-Horneck ist Hauptattraktion Heroldsbachs. Auf einem riesigen Gelände wird hier ein "tolles Familienerlebnis" versprochen. Für einen relativ hohen Eintrittspreis hat der Besucher vielfältige Spielmöglichkeiten zur Auswahl. So gibt es eine auf Stahlträgern befestigte Schwebebahn, eine Carrera-Bahn, eine Dampfeisenbahn und Pony-Reiten. Auch wurde eine komplette Westernstadt samt Saloon aufgebaut. An den Wochenenden sorgen Cowboys mit Viehherden für das nötige Ambiente. Für romantische Gäste werden mittelalterliche Ritterspiele veranstaltet (außer Montag), und im Märchenland werden Grimms Märchen wahr. Der Erlebnispark ist zugleich auch ein

Zoo mit Leoparden, Pumas, Bären, Damwild, Rothirschen, Affen, Yaks und Dromedaren.

Der Erlebnispark Schloß Thurn ist von Ostern bis 30. Oktober täglich von 9 - 16.30 Uhr geöffnet. Die Fahrgeschäfte sind von 10 - 17 Uhr in Betrieb. Eintrittspreise: Erwachsene 13 DM, Kinder 3 - 15 Jahre 9,50 DM, bei Gruppen ab 20 Personen zahlen Erwachsene 11,50 DM, Schüler/Studenten 9,50 DM, Rentner 11,50 DM, Rollstuhlfahrer haben freien Eintritt.

Wasserschloß Thurn

Eines der schönsten Beispiele barocker fränkischer Schloßarchitektur ist das malerische Wasserschloß in Thurn. Die intime Anlage sollte den geistlichen Herren Entspannung und Rückzug bieten. Man wollte unter sich sein, Konzerten lauschen und Theatervorführungen veranstalten. Ein wenig läßt sich dieses barocke Lebensgefühl auf dem Land bei einem Spaziergang nachempfinden.

Das Schloß soll auf einen Wehrbau - einem Turm ähnlich - vor rund 800 Jahren zurückgehen. 1323/24 wird es erstmals urkundlich erwähnt. Grundlegende Veränderungen der Anlage erfolgten erst im 18. Jahrhundert. Gemäß barocker Ideen wurde ein Gebäudeensemble geschaffen, das sich durch Symmetrie und Harmonie auszeichnet. Zentrum des Schlosses ist das Hauptgebäude mit einer repräsentativen Hauptfront. Umgeben ist der Gebäudekomplex von einem breiten Wassergraben. Genau gegenüber steht das von Michael Küchel entworfene Gärtnerhaus (1758) mit einem geschwungenen Giebelbogen samt Uhr und Glocke. Schmuckstück der Anlage ist der ebenfalls von dem Bamberger Architekten gestaltete Gartenpavillon

(1766) als westlicher Abschluß des Platzes. Dahinter schloß sich der prächtige Garten an, dessen Größe sich heute nur noch erahnen läßt. Weite Teile gingen durch den Bau des Erlebnisparks für immer verloren. Da alle Gebäude der Schloßanlage noch heute bewohnt sind, ist **keine Innen-Besichtigung** möglich. Lediglich eine Eintrittskarte für den Freizeitpark ermöglicht eine gute Ansicht des Wasserschlosses und des barocken Gartens. Regelmäßig findet im Juli die sogenannte Schloßhofserenade statt.

Lohnenswert ist ein Besuch im Weinkeller des Wasserschlosses. Dort werden eigene Weine aus dem gräflichen Weingut ausgeschenkt. Geöffnet an Sonn- und Feiertagen ab 16 Uhr.

Heiliger Berg

Ein bis heute von der katholischen Kirche nicht anerkanntes Marienwunder, das sich zu Beginn der Fünfziger Jahre im Birkenwäldchen am Dorfrand ereignet haben soll, lockt bis heute Scharen von Pilgern nach Heroldsbach. 1949 geriet das "oberfränkische Fatima" in die Schlagzeilen. Drei Jahre lang soll es religiöse Erscheinungen und Visionen gegeben haben. Noch heute besuchen den "Heiligen Berg" (eigentlich ein Hügel) bis zu 30.000 Gläubige im Jahr. Die tiefreligiösen Besucher beten auf dem Hügel um die kleinen Gedenkstätten am Birkenwald und tragen schwere Holzkreuze mit sich. Sichtbarer Aus-

Marienverehrung auf dem "heiligen Berg"

druck ungebrochener Marienverehrung ist die gegen den Willen des Bamberger Erzbischofs erbaute Wallfahrtskirche.

Am Anfang stand das Laub

Der Pilgerbesuch geht auf eine Begebenheit am 9. Oktober 1949 zurück. Damals sammelten sieben elfjährige Schulkinder aus Heroldsbach im Auftrag einer Zeichenlehrerin Laubblätter für den Schulunterricht, als sie plötzlich gegen 17 Uhr zuerst die drei Zeichen Gottes (J-S-H) in grüner Schrift und anschließend im Lichterglanz die *Heilige Maria* über dem Heroldsbacher Birkenwald (beim Reitverein Schloß Thurn) gesehen haben wollen. Danach ging es mit den Wundern Schlag auf Schlag. Drei Jahre lang erschienen Jesus, die Mutter Gottes (meistens in blauem Mantel und mit goldener Krone) und die Heilige Familie sowie Engel und Heilige. Es gab Visionen mit ganzen Bibelszenen. Unter anderem auch die *Russenvision* im Mai 1950, die auf die Gefahren eines geteilten Deutschlands hinwies. Größte Attraktion war das *Sonnenwunder* (wie in Fatima/Portugal), das im Dezember 1949 15.000 Zeugen mehrere Tage lang beobachtet haben sollen. Nur zwei Monate später hätte sich ein weiteres Lichtwunder ereignet, das die Erscheinungsstätte in eine mystische Sonne verwandelt hätte. Ihr goldener Lichterglanz bedeckte einen Meter hoch den Boden, vom südlichen Birkenwald bis zum Heiligen Berg, so die offizielle Darstellung. Nach 1952 sind keine übernatürlichen Ereignisse mehr bekannt. Eine Kommission der katholischen Kirche untersuchte intensiv die "Wunder von Heroldsbach" und stellte nüchtern als Ergebnis fest: "Die Erscheinungen sind nicht als übernatürlich zu bewerten." Möglicherweise hätten die Mädchen ein parapsychologisches Erlebnis gehabt. Der Vatikan reagierte eindeutig. Er verbot den Heroldsbacher Marienkult und verfügte: "Wer sich trotzdem dafür engagiert, hat sich als exkommuniziert zu betrachten." Doch die Pilger gaben nicht auf. Vor dem Münchner Verwaltungsgericht erstritten sie sich 1962 den Bau einer kleinen Holzkapelle als Wetterschutzraum, kaum 200 Meter vom Birkenwäldchen. Krönung aller Bemühungen war der Bau des Pilgerheimes und vor allem der Basilika, die der Bamberger Domberg trotz massiven Widerstands nicht verhindern konnte.

Auf dem Heiligen Berg kann man eine kleine Kapelle, Gebetsstätten, Holzkreuze und am Rand des legendären Birkenwäldchens die Erscheinungsstätten ansehen. In dem von Spenden bezahlten Pilgerheim gibt es einen Kerzen- und Rosenkranzverkauf. In der Nähe, am Eingang des "Heiligen Berges", steht die 1989 fertiggestellte, innen kitschige Wallfahrtskirche. Im Altarraum steht eine große bronzene Marienstatue, die nach Angaben der sogenannten Seherkinder gestaltet wurde. Die Glasmalereien der Fenster zeigen Erscheinungen und Visionen. Vor der Basilika ein mystischer Kreuzweg. Religiöser Höhepunkt im Jahr ist der *15. August* (Mariä Himmelfahrt) mit Festandacht, Lichterprozession und Marienweihe sowie der Jahrestag *9. Oktober* als Jahrestag der ersten Erscheinung.

Nähere Auskünfte: Verein der Pilger-Interessengemeinschaft, Pilgerheim, Am Herrengarten, Tel. 09190/1878.

Heimatkundliche Sammlung

"In der Vergangenheit ist viel zu viel weggeworfen worden", bekennt der Heroldsbacher Bürgermeister Edwin Dippacher ein bißchen wehmütig. Relikte aus der Vergangenheit des Dorfes sind rar geworden. Das Wenige fachgerecht zu archivieren und der Öffentlichkeit zugänglich zu machen, ist Ziel der kleinen Sammlung, die 1990 im Dachgeschoß des Feuerwehrgebäudes hinter dem Rathaus eröffnet wurde. Das Gros der Exponate stammt aus der Landwirtschaft. Bis heute bieten Heroldsbacher Marktfrauen in den Großstädten neben Blumen und Tee vor allem das Hauptexportprodukt des Dorfes feil: den Meerrettich. Die Sammlung dokumentiert diese Tradition mit einem krumm gewachsenen, zugespitzten Ast, der als sogenannter Meerrettich-Stecher für die Setzlinge auf dem Feld verwandt wurde.

Zu besichtigen während der Amtsstunden des Rathauses. Eintritt frei. Information bei der Gemeindeverwaltung, Tel. 09190/571. Adresse: Hauptstr. 9.

Rund ums Walberla *(eig. Ehrenbürg)*

Walberla

"es walbälä is unsä fudschijama/jedä mou in seim lehm ämall nauf/ obbä dä schnäi fehld im summä, dä schnäi", verrät der Nürnberger Mundart-Autor Fitzgerald Kusz in der Strophenform des Haiku. Recht hat er, denn kein anderer Berg der Fränkischen Schweiz zieht so viele Besucher an wie das Walberla.

Das Walberla ist unser Fudschijama / jeder muß in seinem Leben einmal hinauf, aber der Schnee fehlt im Sommer, der Schnee.

Der Zeugenberg mit seinem kahlen Hochplateau ist schon von weitem sichtbar. Mit seinen beiden Anhöhen, dem *Walberla* (514 m) und dem *Rodenstein* (532 m), überragt er weithin die Landschaft. Besonders eindrucksvoll ist der Berg zur Zeit der Kirschblüte Ende April bis Anfang Juni. Dann sehen die Hänge des Walberla wie in Watte verpackt aus. In diese Zeit fällt auch das populäre Walberlafest auf dem Hochplateau. Das Walberla ist heute Oberfrankens größtes Naturschutzgebiet.

Der Berg - ein stark beanspruchtes Ausflugsziel - hat eine reiche geschichtliche Vergangenheit. Das eineinhalb Kilometer lange und dreihundert Meter breite Bergmassiv bot mit seinen Mulden idealen natürlichen Schutz. Bereits in der Bronzezeit (1000 v. Chr) lockte die günstige Lage Siedler an. Etwa 200 Jahre später wurden zum ersten Mal Befestigungen angelegt. Um 500 v. Chr. wurden diese weiter ausgebaut, um sich gegen die aus dem Osten kommenden Feinde besser verteidigen zu können. Damals war der Berg durch den Schutz der Wehrmauern Mittelpunkt der Region.

Später entwickelte sich der ehemalige heidnische Kultplatz zum Wallfahrtszentrum. Ungefähr im 13. Jahrhundert soll die *Walpurgiskapelle* gebaut worden sein. Das schmucklose Kirchlein steht noch heute, nach zahlreichen baulichen Veränderungen, auf dem baumlosen Plateau.

Als Kirchweih findet alljährlich das **Walberlafest** am ersten Mai-Wochenende statt. Bereits im Jahre 1360 wird ein auf dem Berg abgehaltener Jahrmarkt nachgewiesen. Doch während die Bevölkerung aus den umliegenden Dörfern im 19. Jh. noch am Walpurgistag den Berg für einen kleinen Einkauf bestieg, wurde diese Kirchweih im 20. Jh. auf das erste Mai-Wochenende verlegt. Jährlich folgen Zehntausende dem "Ruf des Berges". Eine wahre Blechlawine bricht über die umliegenden Dörfer heran, eine Zeltstadt entsteht auf der mit einer dünnen Humusschicht überzogenen Bergkuppe, die Vegetation wird durch Trampelpfade und wildes Parken arg in Mitleidenschaft gezogen. Nachdem der Berg 1987 als Naturschutzgebiet ausgewiesen wurde, mehrt sich die Kritik an einer Bierzelt-Stadt auf dem Hochplateau. Die Ökologen sprechen von einem "Naturschutzgebiet ohne Schutz". Sie fordern gar keinen Verzicht, sondern ein naturschonendes Volksfest. Dazu gehörten ein Parkverbot auf dem Plateau, Verzicht auf Zelte, Verbesserung der sanitären Anlagen. Seit 1990 gibt es ein Park-and-Ride-Angebot mit Bus- und Bahn, um ein Parkchaos zu vermeiden.

Der Schriftsteller AUGUST GRAF VON PLATEN notierte am 3. Mai 1820 als 23jähriger in sein Tagebuch: *"Am 1. Mai findet jährlich ein großes Volksfest dieser Gegend auf dem Walpurgisberg statt, zwei kleine Meilen von hier... Wir nahmen einen sehr gefälligen und lieblichen Weg über Atzelsberg und Effeltrich. Auch Wiesenthau liegt recht angenehm. Das Wirtshaus war allbereits vollgepfropft und wir mußten uns behelfen. Auf dem Berge wurde es bald lebhaft und auch die Sonne kam. Die herrliche Aussicht zu beiden Seiten und das bunte Gewühl von Menschen, die sich teils des Jahrmarkts, teils der Wallfahrtskapelle wegen, teils wegen bloßer Schaulust zusammengefunden hatten, gewährten viel Genuß. Man machte Musik und hatte ein Karussell errichtet. Unaufhörlich kamen neue Züge den Berg herauf. Es wurde gegessen und getrunken, die Zeit verging schnell, man sah viele Bekannte. Nach Mittag zerstreute sich das Volk. In einer anderen Gesellschaft von Studenten, als ich gekommen war, kehrte ich heim."*

Seine Attraktivität verdankt das Walberla (vom geographischen Begriff Ehrenbürg spricht keiner) seiner einmaligen Lage. Man hat einen herrlichen Ausblick über das gesamte untere Wiesenttal und das Regnitztal bei Forchheim. Entsprechende Menschenmassen sind an Sommer-Wochenenden am Walberla zu finden. Die Drachenflieger benutzen das Hochplateau als Startplatz, und die Bergsteiger finden jeden Schwierigkeitsgrad. Der Parkplatz (-Kirchehrenbach) reicht bis unterhalb des Gipfels.

Das Walberla ist für Naturfreunde ein Eldorado. Seltene Pflanzen, die sonst kaum mehr zu fin-

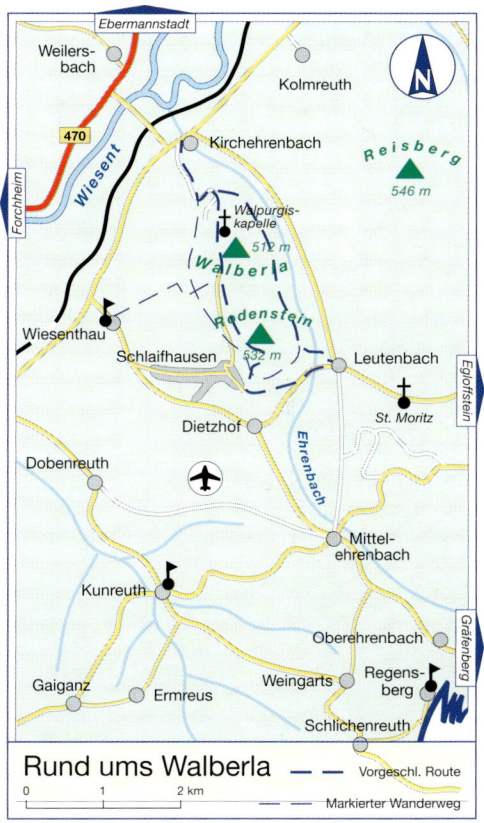

den waren, machen den Berg zu einer Naturoase. Hier ist beispielsweise das fränkische *Habichtskraut* zu finden. Bis vor ein paar Jahren nistete noch der *Wanderfalke*. Der seltene *Uhu* ist am Walberla noch heimisch, brütet jedoch wegen der vielen Bergsteiger meist erfolglos.

Kirchehrenbach

Der Hauptort am Fuße des Walberlas. Fränkischer Dorfcharakter nur mehr um die sehenswerte Pfarrkirche, viele einfallslose Neubauten am Ortsrand.

Einen Besuch ist die *Pfarrkirche St. Bartholomäus* wert. Die von außen sehr schlicht wirkende Kirche mit dem originellen Kirchturm besitzt eine schöne Inneneinrichtung. Sie wurde unter der Regie des fürstbischöflichen Architekten MICHAEL KÜCHEL in der zweiten Hälfte 18. Jh. umgebaut. Der einst romanische Turm (um 1200) erhielt jedoch später seinen gotischen Spitzhelm mit den Ecktürmchen.

Die Altarausstattung im Stil des Barock und Rokoko besorgten Martin Mutschele und der berühmte Ebermannstädter Bildhauer Friedrich Theiler. Bei den Holzplastiken wurde viel mit Blattgold gearbeitet. Eine schöne Wendeltreppe führt hinauf zur großen Orgel. An den Wänden im Kirchenschiff hängen zwölf dramatische Ölbilder, die das Leiden Christi zeigen. Bei der Eingangstür findet sich eine Gedenktafel, die an die Kriegstoten des Deutsch-Französischen Kriegs 1870/71 erinnert.

Bereits 1007 wurde Kirchehrenbach in der Stiftungsurkunde Kaiser Heinrich II. für das Bamberger Bistum aufgeführt. Es wird angenommen, daß es schon im 11. Jh. eine größere Kapelle oder Kirche gab. Im 12. Jh. ist zum ersten Mal die Seelsorge nachgewiesen.

• *Information*: Gemeinde Kirchehrenbach, Rathaus, 8551 Kirchehrenbach, Tel. 09191/9046.

Essen/Übernachten

Gasthaus Zur Sonne: Bereits seit 1650 gibt es das urige Gasthaus gegenüber der Pfarrkirche. Das Wirtshaus, von den Einheimischen nach dem Wirt kurz "Hubert" genannt, bietet alles, was sich ein Gast wünscht: gutes Bier aus einer Kleinbrauerei (Neder), deftige Brotzeiten, zahlreiche fränkische Spezialitäten wie Schäufele mit hausgemachten Klößen, ein traditionsreiches Ambiente und eine sehr freundliche Bedienung. Im Hinterhof ruhiger Biergarten. DZ mit Du 60 DM pro Tag, Mansardenzimmer mit Holzbalken. Mittwoch Ruhetag. Adresse: Hauptstraße 25, Tel. 09191/9265.

Gasthaus-Café Zum Walberla: relativ neues (seit 1978) überlaufenes Ausflugslokal, modern-rustikale Inneneinrichtung mit Kachelofen, durchgehend warme Küche bis 23 Uhr. Josef Trautner bietet altfränkische Spezialitäten ("O'batzter") zu nicht ganz billigen Preisen, Hauptgerichte 12 - 22 DM. Hauseigene Metzgerei. Gute Frankenweine. Empfehlenswert: Hirschbraten. Große Aussichtsterrasse. Freundlicher Wirt. Kinderspielplatz. Do Ruhetag. Das Gasthaus liegt an der Straße zum Walberla (Dorfrand).

Gasthaus Sponsel: In dem alten Dorfwirtshaus fühlt sich der Nürnberger Schriftsteller Fitzgerald Kusz genauso wohl wie die Einheimischen. Das gelbe Haus an der Hauptstraße hat sich als kulinarisches Ausflugsziel herumgesprochen. Der Gast bekommt preiswerte, fränkische Hausmannskost auf den Teller. Empfehlenswert: Kalbsnierenbraten. Adresse: Hauptstr. 45, Tel. 94448.

Lindenkeller: Das Gasthaus Sponsel hat mit dem Lindenkeller einen idyllischen Biergarten zwischen Kirchehrenbach und Wiesenthau, am Fuß des Walberlas.

Eine **Krötenstraße** findet man an der Straße zwischen Kirchehrenbach und Leutenbach. Die wanderfreudigen Amphibien überqueren im Frühjahr die Straße zu ihren Laichplätzen - in lauen Nächten ziehen Hunderte von Erdkröten und Grasfröschen vorbei. Wanderzeit für Grasfrösche ist Mitte März, für Erdkröten Ende März. Die Amphibien werden mittels eines Fangzaunes am Überqueren der Straße gehindert und so von den einheimischen Naturschützern vor dem Verkehrstod bewahrt.

▶ **Wandern: Rund ums Walberla:** Von Kirchehrenbach führt ein schöner Wanderweg rund um die Ehrenbürg. Von der Ortsmitte (Kirche) führt ein nur zu Beginn asphaltierter Weg (Markierung: waagrechter roter Balken) zuerst gerade, später in Serpentinen (Panoramablick über das Wiesenttal) hoch auf das Walberla zur Walpurgiskapelle. Danach geht es über den Bergsattel zum **Rodenstein**, mit 532 m die höchste Erhebung der Ehrenbürg. Schließlich geht es bergab nach Schlaifhausen. Am Ortsrand biegen Sie links nach Leutenbach (Privatbrauerei) ab, durchqueren das Dorf und gehen bei der Kirche links ab. Jetzt ist der Weg mit einer rot-weißen Diagonale markiert. Am bewaldeten Osthang der Ehrenbürg entlang (teilweise auch mit stilisiertem Walberla gekennzeichnet), bis Sie auf den mit einem senkrechten blauen Strich gekennzeichneten Weg treffen. Jetzt rechts ab bis zu einem Feldweg, der zurück nach Kirchehrenbach führt. Gehzeit ca. 2 Stunden.

Leutenbach

Beliebter Ausflugsort an der Ostseite des Walberlas inmitten vieler Obstgärten.

Das Dorf ist bekannt für seine gute Gastronomie und ein schöner Ausgangspunkt für Wanderungen. Besonders malerisch ist die Landschaft um Leutenbach im Frühjahr zur Kirschblüte. Auf einer Anhöhe am Dorfrand steht die neugotische Pfarrkirche (19. Jh.). Einst stand hier eine gotische Wehrkirche, die jedoch 1844 einem Neubau weichen mußte.

• *Essen*: **Gasthaus Drummer**, unauffälliges Wirtshaus an der Hauptstraße und heimliche Attraktion des Dorfes. Denn beim "Otto", so nennen die Einheimischen vertrauensselig den Wirt des gemütlichen Gasthauses, kommen Bierkenner auf ihre Kosten. Hier wird noch selbst gebraut! In der gemütlichen kleinen Gaststube fühlen sich nicht nur Stammgäste, sondern auch Auswärtige wohl. Es gibt nicht nur gute, preiswerte Brotzeiten aus der eigenen Schlachterei, sondern auch schmackhaftes warmes Essen, jedoch wenig Auswahl. Empfehlenswert: Knöchla mit Kraut. Warme Küche bis 21.30 Uhr. Am Tresen werden auch Wanderkarten für das Walberla verkauft. Mo Ruhetag.

Gasthof Rumpler: Liegt gegenüber vom Gasthaus Drummer. Eine modern-rustikale Gaststube mit Kachelofen und die akzeptablen Preise ließen das Lokal schnell zum beliebten Einkehrziel für Ausflügler avancieren. Große Auswahl an Gerichten. Gute Forellen. Brotzeiten aus eigener Schlachtung, das Hausgebäck wird nach überlieferten Familienrezepten hergestellt. Sehr freundlicher Service. Verschiedene Biersorten, unter anderem auch aus der Hohenschwärzer Brauerei Hofmann. Di Ruhetag. DZ mit Du 60 DM. Außerdem große Ferienwohnung mit zwei Schlafzimmern ab 2 Personen 45 DM, jede weitere Person 5 DM. Endreinigung 30 DM. Adresse: 8551 Leutenbach 53-56, Tel. 09199/279.

▶ **Wandern**: Lohnend und nicht allzu anstrengend ist der gut ausgebaute Wanderweg zum Walberla. Der Weg, 5 km lang, führt von der Ortsmitte direkt auf das Hochplateau, ist jedoch an Sommerwochenenden ziemlich überlaufen.

St. Moritz

Die kleine, auf einer Bergkuppe gelegene Kapelle mit dem klangvollen Namen liegt romantisch am Waldrand mit schönem Blick aufs Walberla. Um-

geben von einer kleinen Mauer war St. Moritz über viele Jahrhunderte Wallfahrtsort und Friedhof zugleich.

Die Grabsteine aus den umliegenden Dörfern umringen die kleine Kirche. Bis heute dient der Ort für die Weiler Hundsboden, Seidmar und Ortspitz als Friedhof. Die Kirche ist nur während der seltenen Gottesdienste geöffnet. Jeden Freitag um 19 Uhr versammelt sich die kleine Kirchengemeinde. Ansonsten bleibt das Kirchlein aus Angst vor Einbrüchen verschlossen.

An der Außenwand der kleinen Kirche ist eine Gedenktafel für *Dr. Kanzler* angebracht. Der ehemalige Leutenbacher Pfarrer und Heimatdichter hat St. Moritz literarisch verewigt.

Das unscheinbare Kirchlein hat eine reiche Vergangenheit, denn bereits vor über 900 Jahren stand hier auf dem 503 m hohen Burgstein der sogenannte Ansitz der Edelfreien von Leutenbach. Über die Burganlage ist weiter nichts bekannt. Die Kapelle selbst wird zum ersten Mal Mitte des 15. Jahrhunderts erwähnt.

Beim Autoparkplatz steht eine schlichte Feldkapelle, die die Moritzquelle einfaßt. Im Inneren steht die Holzstatue des Legionärs und Märtyrers Mauritius. Die Quelle soll früher wunderheilende Kräfte gehabt haben. Ob Aussatz oder Augenkrankheiten - die Krankheiten ließen sich mit dem Wunder-Wasser heilen, indem die Augen mit dem Moritz-Wasser benetzt wurden! Das Mauritiuslied von Dr. Kanzler an einer Seitenwand erinnert in Versform an den Kirchenheiligen.

Dietzhof

Bierkenner sollten sich den an sich wenig attraktiven Ort zwischen Leutenbach und Schlaifhausen merken.

Dort steht nämlich hinter schmucker Fachwerk-Fassade der *Brauereigasthof Alt*. Seit 1868 braut die Familie ihr eigenes Bier, der heutige Besitzer ist Raimund Alt. Am Ortsrand liegt der Fruchthof Rumpler, einer der größten Obstgroßhändler der Fränkischen Schweiz.

• *Essen*: Das traditionsreiche, rundum gemütliche **Dorfwirtshaus Alt** ist bekannt für sein untergäriges, helles Bier. In der kleinen, heimeligen Wirtsstube mit Kachelofen gibt es eine gute Auswahl an Brotzeiten. Uns schmeckte besonders die knusprige Kalbshaxe aus dem Holzofen. Die Schnäpse sind hausgebrannt, und zum Kaffee bekommt man Gebäck nach eigenen Rezepten. Für kleinere Gruppen gibt es ein kleines Nebenzimmer mit angenehmer Atmosphäre. Der Gasthof an der zweiten Abbiegung (von Schlaifhausen kommend rechts), ist vor allem an Sommerwochenenden überlaufen. Im Hinterhof ist die Terrasse und ein ausgedienter Backofen. Das

über 250 Jahre alte Haus steht auf historischem Grund. Es wurde auf den Resten eines alten Adelssitzes der Herren von Wiesenthau gebaut. Beim Alt ist außer montags täglich 17 - 23 Uhr offen, samstags bereits ab 16 Uhr.

Übrigens kann auch Bier in Flaschen und im Faß mitgenommen werden.

Die Brauerei Alt zählt zu den ganz wenigen Betrieben, die noch Flaschen mit dem alten Bügelverschluß benutzen! Außerdem wird beim Brauen kein Hopfenkonzentrat verwendet.

Schlaifhausen

Idealer Ausgangspunkt für Walberla-Wanderungen. Das Straßendorf ist wenig einladend - eine Aneinanderreihung moderner Häuser.

An Sommerwochenenden ist hier viel los. Eine asphaltierte Straße führt an schönen Kirschgärten vorbei zum Parkplatz, der zwischen Rodenstein und Walberla liegt.

• *Essen/Übernachten*: **Gasthaus Kroder**, das schöne Fachwerkhaus an der Hauptstraße ist ein beliebter Treffpunkt der Kletterer vom Walberla. Bereits 1825 wurde in dem Haus eine Bierwirtschaft eingerichtet. Als Prinzregent Luitpold von Bayern 1922 dem Walberla seinen Besuch abstattete, ließ er sich in dem Wirtshaus die fränkische Küche schmecken. Mittlerweile wird das Gasthaus bereits in der sechsten Generation von der Familie Kroder geführt. Nach dem Gasthaus ist eine Kletterroute am Rodenstein benannt. Beim "Kroder" gibt es preiswerte und leckere Brotzeiten. Empfehlenswert, falls auf der Speisekarte, Rinderbrust in Meerrettichsauce. Vor dem Fachwerkhaus gibt es im Sommer auch einen Biergarten. Zum Ausschank kommt auch "Schlenkerla-Rauchbier". In der benachbarten Scheune ist ein Schießstand der örtlichen Schützen. Mo Ruhetag.

Gasthof Zur Ehrenbürg: Oberhalb der Dorfkirche liegt das große Gasthaus von Hans Nagengast. Bei Forchheimer Brauhaus-Bier kann man von der Terrasse mit wunderschönem Blick auf die Obstbaumlandschaft rund ums Walberla idyllische Biergarten-Stunden verbringen. Schmackhaftes Essen zu Preisen, die Appetit machen (Hausschlachtung). Tip: Sauerbraten und Forellen. Selbstgebrannte Obstschnäpse. Sparsam eingerichtete Zimmer. DZ mit Du 60 DM. Di Ruhetag; Tel. 09199/419.

Gasthof Schüpferling: am Ortseingang, Haus Nr. 69, Gastwirtschaft mit schattigem Biergarten unter einem Kastanienbaum. Es wird Vasold-Schmitt-Bier aus Neunkirchen ausgeschenkt. Gutes und preiswertes Essen. Für verwöhnte Gaumen: Rehbraten. Eigene Schlachterei - der Sohn ist Metzger. Leckere Schinkenplatte. Warme Küche bis 22 Uhr! Zimmer mit grünen Möbeln eingerichtet; DZ 55 DM, DZ mit Du 60 DM. Tel. 09199/421. In der Regel ist Ende September wegen Betriebsurlaubs geschlossen.

Wiesenthau

Auf den ersten Blick macht der kleine Ort am Fuß des Walberlas wenig neugierig. Vom ursprünglichen Ortsbild ist nicht viel erhalten geblieben, und im Frühjahr und Sommer gibt es jede Menge Durchgangsverkehr.

Dennoch lohnt sich ein Besuch vor allem wegen des Schlosses Wiesenthau, das sich an der Hauptstraße hinter hohen Mauern verbirgt. Von außen macht der Adelssitz einen kolossalen Eindruck. Die dreiflügelige Anlage ist von fünf Rundtürmen und einer wehrhaften Mauer umgeben. Vom Schloßhof - im Sommer ein Biergarten - bietet sich ein prächtiger Blick auf das Wiesenttal und Forchheim.

Vor der malerischen Kulisse des Walberla bildet das Schloß einen der "schönsten Landschaftseindrücke der Fränkischen Schweiz", sagt der Kunsthistoriker *Graf Egloffstein* zu Recht. Der unscheinbare Eindruck von der Straße täuscht, das Wiesenthauer Schloß gehörte zu den wichtigsten Renaissanceschlössern des Bamberger Hochstifts. Sein derzeitiges Aussehen bekam es wahrscheinlich im Spätmittelalter. Ursprünglich war die Ortschaft Sitz der Herren von Wiesenthau, die seit

Schloß Wiesenthau

dem 12. Jahrhundert hier eine Burg hatten. Unter anderem wurde sie in den Hussitenkriegen zerstört. Von den Wirren des Bauernkriegs blieb der Herrensitz auch nicht verschont. Das Schloß, im Privatbesitz eines Altdorfer Unternehmers, wurde in den letzten Jahren umfassend restauriert. Am Eingang wurde eine Weinstube eingerichtet. Im Innenhof des Renaissanceschlosses wird im Sommer ein Biergarten - idyllisch, sonnig und trotz Selbstbedienung nicht gerade billig - eingerichtet. Im Winter gibt's an Wochenenden einen Weihnachtsmarkt.

Schloß-Weinstube: In einem stimmungsvollen Gewölbe mit runden Holztischen und flackernden Kerzen kann man schoppenweise Frankenwein schlürfen. Das Viertel für 5-8 DM. Exzellente kleine Speisen, die den Gaumen verwöhnen. Sehr freundliche Bedienung. Im Sommer gibt es eine Terrasse, die mit Weinreben überdacht ist. Am Eingang des Schlosses gelegen und absolut ruhig. Außer Montag täglich von 18.30 - 24 Uhr geöffnet. Tel. 96499.

Gastwirtschaft Erlwein: In dem hübschen Fachwerkhaus an der Hauptstraße fühlen sich die Einheimischen zuhause. Einfache Wirtsstube mit guter Atmosphäre. Besitzer Hans Erlwein schenkt Forchheimer Brauhausbier aus - die Halbe für 2 Mark. Preisgünstiges Essen. Im Nebengebäude ist ein Saal untergebracht, in dem die Vereine zu besonderen Anlässen feiern. Do Ruhetag. Adresse: Hauptstr. 38.

Regensberg

Am Westrand der Juraebene, hoch über dem Weingarts-Tal gelegen, bietet sich von hier ein phantastischer Ausblick über den ganzen westlichen Teil der Fränkischen Schweiz bis zum Aischgrund.

Sie besuchen das malerische Dorf besser nicht an Sonntagen im Sommer, wenn sich zahllose Autos durch die engen Straßen quälen und nur schwer ein freier Stuhl auf einer der Terrassen zu erhaschen ist. Lassen Sie Ihr Auto weit vor dem Dorf auf einem der Parkplätze stehen. Bei einem Spaziergang durch Regensberg läßt sich so manche Idylle entdecken, etwa jahrhundertealte Gewölbe der ehemaligen Burg. Auffälligstes Relikt der Wehranlage ist freilich die in den steilen Hang eingegrabene Kirche St. Margaretha mit ihrem baumartigen Nothelfer-Altar.

Geschichte

Der winzige Ort mit gerade einem Dutzend Häusern hat eine beachtliche Vergangenheit. Grund dafür ist die erstmals Mitte des 13. Jahrhunderts erwähnte *Burg Regensberg*. Die Burg, über deren einstiges Aussehen nur wenig bekannt ist, ist oft zerstört worden (Dreißigjähriger Krieg, Hussitenkrieg). Auch während des Bauernkrieges kam Regensberg nicht ungeschoren davon. Obwohl Burgherr ERHARD VON STIEBAR den revolutionären Bauern anbot, das Schloß selbst abzubrechen und sich ein gemeines Bauernhaus zu bauen, um als einfacher Mann die "Mitleiden" zu ertragen, wurde dies abgelehnt. Der Bauernhauptmann in Pretzfeld, HEINZ SCHMIDT, war "für das Verbrennen des Stiebars wie der anderen von Adel".

Nachdem das Schloß durch Brände und Plünderungen ziemlich heruntergekommen war, wurde es 1867 abgebrochen und die Steine als Baumaterial benutzt. Übriggeblieben ist heute das rechteckige Burgplateau mit einer gut erhaltenen Außenmauer. Auf dem Grundstück des Gasthauses "Burgruine" ist das tonnenartige Gewölbe des ersten Stockes sowie ein Türportal zu sehen. Das Innere des Schlosses soll unzerstört geblieben sein.

Den Abriß überlebt hat die *ehemalige Burgkapelle und jetzige Filialkirche St. Margaretha*. Das schöne Inventar stammt vorwiegend aus dem 17. Jahrhundert. Beachtenswert ist der rechte Nebenaltar: ein Baum, auf dessen Ästen die vierzehn Nothelfer stehen. In der Mitte das Jesuskind, über dem Gottvater thront. Auf dem obersten Ast: Kirchpatronin Margaretha mit dem Drachen. Leider ist das Kirchlein oft verschlossen.

● *Essen/Übernachten*: **Berg-Gasthof Hötzelein**: nicht ganz unschuldig an der großen Popularität Regensbergs ist der **Berggasthof Hötzelein** - vom Tal als wenig passender Klotz am Berghang sichtbar. Das Hotel steht auf einem 500 m hohen Bergvorsprung und gehört wegen seiner Aussichtsterrasse zu den beliebtesten Café-Treffs der Fränkischen Schweiz. So ist am Wochenende bei schönem Wetter kaum ein Platz zu finden. Innen geschmackvoll und großzügig eingerichtet. Hötzelein pflegt fränkische Küche mit Raffinesse. Stets frische Fische. Für ein Hauptgericht sollte man mit rund 20 DM rechnen. Uns schmeckte insbesondere der Rehbraten. Gute Frankenweine, aber auch Bamberger Schlenkerla-Rauchbier. Das Restaurant hat am Dienstag Ruhetag. Wer die Abgeschiedenheit des kleinen Ortes nicht scheut, für den ist der moderne **Berggasthof** eine ideale Übernachtungsmöglichkeit. Die Zimmer, meist mit tollem Ausblick, sind bäuerlich-rustikal eingerichtet. DZ mit Du (teilweise auch Balkon) 86-99 DM, aber ab vier Tage billiger. Halbpension ebenfalls ab vier Tage pro Person 15 DM, Vollpension 20 DM. Saunabenutzung 8 DM. Betriebsurlaub hat der Familienbetrieb meist von Mitte November bis Weihnachten. Adresse: 8551 Kunreuth, Regensberg 10, Tel. 09199/531 oder 532.

Gasthaus Burgruine: Hat seinen Namen zu Recht - gleich neben der Aussichtsterrasse steht die Burgruine. Preiswert, mit schlichtem Gastraum. Im Sommer herrscht hier weniger Betrieb als beim Nachbargasthof. Empfehlenswerte Küche mit erschwinglichen Preisen, z.B. Brotzeiten 4-8 DM. Gute Schäufela mit Kloß. Freundlicher Service. Hübsche ruhige Terrasse oberhalb der Margaretha-Kirche. Leider Patrizier Bier. Die Fam. Bauernschmidt vermietet auch einfache Zimmer, pro Person 18 DM. Tel. 09199/219.

Zwetschgenstübla: In einem alten Fachwerkhaus treffen sich die Liebhaber des fränkischen Schnaps. Zwetschgen, Birne, Kräuter, Delicious, Korn, Kirsch ... kaum ein Wunsch bleibt da offen. Glas zu 1,20-1,50 DM. Es wird Kulmbacher-Bier ausgeschenkt; die Halbe zu 1,80 DM. Die urige Kneipe auf einem Bauernhof (Hausnr. 5) liegt in einer Seitengasse. Im Sommer auch zum draußen sitzen.

▶ **Wandern**: Am besten man läßt das Auto bereits am Wanderparkplatz stehen, wo das Verkehrsschild nach Regensberg zeigt. Von hier sind es auf der asphaltierten Straße zehn Minuten zu Fuß. Auf dem Wanderparkplatz werden an Sonntagen im Sommer frische Kirschen und selbstgebackenes Bauernbrot und verkauft. Außerdem gibt es einen schönen, recht steilen Weg aus Weingarts - vom Ortskern Richtung Sportplatz an der Kirche vorbei (gekennzeichnet; 20 Minuten zu laufen).

Romantische Mühle im oberen Trubachtal

Pretzfeld

Zu den landschaftlich reizvollsten Tälern der Fränkischen Schweiz zählt das Trubachtal. Auf einer Länge von rund 25 km finden sich hier über zehn Schlösser und Burgruinen sowie zahlreiche Mühlen. Vor allem in den vom Fremdenverkehr kaum berührten Seitentälern findet man ideale Wandermöglichkeiten.

Gleichsam das *Tor zum Trubachtal* ist die Marktgemeinde Pretzfeld. Hier mündet die schmale Trubach in die Wiesent. Das am Rande der Talaue gelegene Dorf ist mit seinem hohen BayWa-Gebäude schon von weitem sichtbar.

Trotz des wenig reizvollen Anblicks von der Bundesstraße 470 zwischen Forchheim und Ebermannstadt sollte man den Ort nicht auslassen. Im Gegensatz zu vielen anderen Dörfern ist Pretzfeld nicht kaputt-renoviert. Mitten durchs Dorf schlängelt sich die Trubach, auf der Anhöhe steht das *Pretzfelder Schloß* mit einer Gemäldesammlung des Sezessionisten Curt Herrmann. Prächtige Barockelemente gibt es in der St. Kilian-Kirche zu bestaunen. Oberhalb des Dorfes, versteckt im Wald, liegt der Friedhof der von den Nationalsozialisten liquidierten jüdischen Gemeinde des Dorfes.

Kirschenfest

Die Gemeinde ist heute das Zentrum des Fränkischen Kirschanbaus (schon seit dem Dreißigjährigen Krieg). Aus diesem Grund findet seit 1967 jedes Jahr Mitte Juli (eine Woche vor dem Annafest) das *Fränkische Kirschfest* statt. Fünf Tage lang wird unterhalb des Judenbergs im schattigen Kellerwald in gemütlicher Atmosphäre gefeiert. Trotz der ständig wachsenden Gästezahl ist das Kirschenfest eines der schönsten Sommerfeste in der Fränkischen Schweiz. Höhepunkt des Erntedankfestes an den Pretzfelder Kellern ist der bunte Trachten-Festzug jeweils am Sonntagnachmittag - nicht auslassen!

Die Kirschen werden heute von zwei Genossenschaften in Pretzfeld vermarktet. Doch die Bauern haben angesichts der extrem niedrigen Preise längst keinen Grund mehr zum Feiern. Großhändler diktieren den Preis, und Selbstvermarktung ist bisher noch Zukunftsmusik. Der Kirschenanbau steckt wie der sonstige Obstanbau in der Fränkischen Schweiz in einer schweren Krise. Die Bauern suchen auf Drängen ihres Verbandes derweil ihr Heil in den profitträchtigeren Niederstamm-Plantagen. Die alten fränkischen Obstgärten gehören deshalb bald der Vergangenheit an.

• *Information*: Gemeinde Pretzfeld, Rathaus, 8551 Pretzfeld, Tel. 09194/8146.

• *Essen* **Gasthof Herbst**: Bei den Einheimischen heißt er nur : "Beim Eddy". Das rotbraune Haus gegenüber des Bahnhofs ist bekannt für ländliche Küche zu günstigen Preisen (eigene Schlachtung), aber wenig Auswahl. Es wird Forchheimer Brauhaus-Bier ausgeschenkt. Im Sommer kann man unter einem Kastanienbaum Brotzeit machen. Der Gasthof ist ruhig gelegen. Übernachtung pro Person 30 DM (Etagendu.). Adresse: Bahnhofstr. 5, Tel. 365.

Taverne Tasos: Wer Lust hat, griechisch zu essen, findet in einer Seitengasse an der Straße in Richtung Egloffstein ein einfaches Gasthaus, das für seine gute Küche bekannt ist. Empfehlenswert sind die Grillplatten. Viel junges Publikum. Ruhig gelegene Terrasse unter Obstbäumen. Adresse: Schmiedsgasse 3.

Das Schloß: Eine schlichte Mauer zieht sich direkt an der Dorfstraße entlang und umgibt das Schloßgebäude und teilweise den großen Park mit altem Baumbestand. Das Pretzfelder Schloß (die erste Urkunde stammt aus dem Jahr 1145) wechselte im Laufe der Geschichte ständig den Besitzer und damit die Konfessionen. Dem wurde ein Ende gemacht durch *Joseph Franz Maria Graf von Seinsheim* im Dezember 1764. Durch den damals ausgestellten Lehensbrief wurde das Schloß und somit Pretzfeld wieder katholisch. Graf von Seinsheim veranlaßte auch

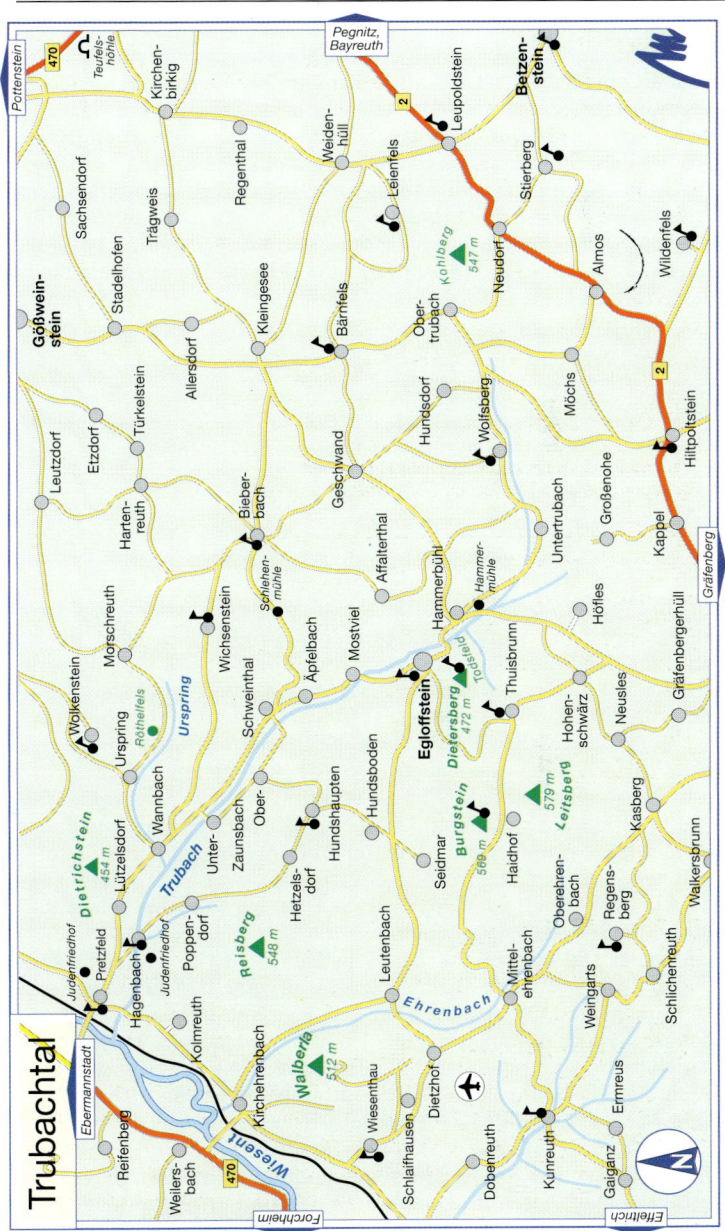

den gründlichen Umbau und die noble Inneneinrichtung. Doch davon blieb nichts mehr übrig. 1851 erwarb Nürnbergs reichster Bankier Herz die Anlage. Der Glauben der Familie, sie waren Juden, lieferte den Anlaß, daß während der "Reichskristallnacht" die Nazis so schrecklich wüteten, Möbel und Bilder zertrümmerten. Seit vier Jahrzehnten ist das Schloß Pretzfeld vom Siemens-Konzern gepachtet. Nachdem während des Zweiten Weltkriegs die Forschungslaboratorien im zerbombten Berlin nicht mehr aufrecht erhalten werden konnten, siedelte die Forschungsgruppe unter Führung des Physikers WALTER SCHOTTKY ins stille Schloß Pretzfeld über.

Pionier der Rundfunktechnik

Schottky, der sich 1943 im Pretzfelder Schloß niedergelassen hat, war der Auslöser für die Gründung eines Siemens-Labors 1946. Heute werden auf dem Gelände des Pretzfelder Schlosses Großleistungsbauelemente - Thyristoren und Dioden - hergestellt.
Der Name des berühmten Physikers *Walter Schottky* - ein Pionier der Rundfunktechnik - ist untrennbar mit Pretzfeld verbunden. Hier verbrachte er einen Großteil seines Lebens. Schottky, 1886 in Zürich als Sohn eines Mathematikers geboren, wuchs in Berlin auf und gehörte zu den wenigen Doktoranden von Max Planck. Nach der Promotion beschäftigte sich der Physiker mit der *Thermodynamik*. In dem 1929 erschienenen gleichnamigen Buch schreibt der Wissenschaftler warnend: "Die Zeit des unbedenklichen Wirtschaftens mit den Energiequellen und Stofflagern, die uns die Natur zur Verfügung gestellt hat, wird wahrscheinlich schon für unsere Kinder nur noch die Bedeutung einer vergangenen Wirtschaftsepoche haben". Schottkys Arbeiten haben nicht nur die wissenschaftliche Physik beeinflußt, sondern fanden auch viel praktische Anwendung. Er ist Erfinder der Schutzgitterröhre und verfaßte grundlegende Arbeiten über Anlaufstrom und Raumladungsgesetze in Elektroröhren. Zwei Jahre vor Werner Heisenberg hat der Pretzfelder Physiker die Deutung von gewissen Halbleitereffekten vorweggenommen. Seine Ergebnisse als Hochschullehrer der Uni Rostock und als Industrieforscher im Schloß Pretzfeld hatten weltweite Bedeutung. So arbeitet das Empfangsteil von Radios und Fernsehern nach dem von Walter Schottky erfundenen "Superheterodynprinzip". Heute sind spezielle Halbleiterbauelemente fest mit seinem Namen verbunden. Die Schottky-Dioden sind die schnellsten Gleichrichterelemente, die man kennt. Der weltbekannte Physiker wohnte bis zu seinem Tod 1976 in Pretzfeld. Anerkennend schreibt die Süddeutsche Zeitung in ihrem Nachruf: "Trotz seines weltweiten Bekanntheitsgrades war Walter Schottky als Mensch überaus bescheiden und uneigennützig" (SZ Nr. 58/1976).

Gemäldegalerie Curt Herrmann: Ein ganz besonderes Schmankerl wartet im Pretzfelder Schloß auf Kunstfreunde. Dort werden ständig sechzig Bilder des Neoimpressionisten *Curt Herrmann* (1854 - 1929) gezeigt. Der Autodidakt, mit Lenbach, Liebermann und Bonnard befreundet, war seit 1896, anfangs nur für drei Monate im Jahr, hier und lebte bis zu seinem Tod in Pretzfeld. Sophie Herz, die Herrmann 1897 heiratete, stammte aus reichem jüdischen Elternhaus und entledigte ihren Gatten von materiellen Sorgen. Bereits ihr Großvater hatte 1851 das Pretzfelder Schloß aus der Konkursmasse des Grafen Seinsheim erworben.

Bekannt wurde Herrmann durch seine Stilleben, Porträts und Landschaftsgemälde, die impressionistisch beeinflußt sind. Zeitweilig war der Maler auch Präsident der Berliner "Freien Secession". Herrmann malte in häufig wechselnden Stilen zwischen Naturalismus und Expressionismus. Seine künstlerisch fruchtbarste Periode erlebte der Bewunderer von Seurat und Signac zwischen 1900 und 1914. In den 20er Jahren beschäftigte sich Herrmann ausschließlich mit der Pretzfelder Umgebung und Darstellungen aus der Natur.

Herrmann - ein "entarteter" Künstler

Curt Herrmann, 1929 in Erlangen verstorben, hinterließ nur einen Sohn, der bereits 1937 die Zeichen der Zeit erkannte und nach England emigrierte. Das Schloß blieb im Besitz der Familie. In der "Reichskristallnacht" wüteten dort die Nazis, zerschlugen Bilder und Möbel, die nicht nach Großbritannien geschafft werden konnten. Curt Herrmanns Bilder wurden öffentlich auf dem Forchheimer Marktplatz als "entartete" Kunst verbrannt.

Die Ausstellung im Schloß zeigt auch Möbelstücke des führenden Jugendstil-Künstlers Henry van de Velde, die er für die Berliner Wohnung seines Freundes entwarf. Die Exponate in Pretzfeld sind heute im Besitz der beiden Herrmann-Enkel Frank und Luke.

Die im Schloß ausgestellten Bilder können nur nach einer Vereinbarung mit Josef Seitz (Tel. 09194/640) besichtigt werden, der die Hinterlassenschaft betreut.

Pfarrkirche St. Kilian: Gleich in unmittelbarer Nähe des Schlosses steht die schöne Pfarrkirche St. Kilian - sie bietet schon von außen einen prächtigen Anblick. Die Rokoko-Fassade besteht vor allem aus einem repräsentativen Hauptportal, das den Schutzpatron und das Wappen der Grafen von Schönborn zeigt.

Die Ursprünge der Kirche gehen weit zurück. Sie gehörte allerdings vermutlich doch nicht zu den vierzehn Slavenkirchen, die Kaiser KARL DER GROSSE zur Einführung des Christentums in Franken errichten ließ. Bis zur Errichtung des Bamberger Bistums im Jahr 1007 gehörte die Pretzfelder Kirche zum Hochstift Würzburg. Ihr heutiges Aussehen erhielt die Kirche 1742 - 1762.

> Auf einer Fahrt nach Gößweinstein machte der berühmte Hofbaumeister **Balthasar Neumann** 1729 in Pretzfeld Halt und gab den Ratschlag zu einer Baumaßnahme. Der Bamberger Hofarchitekt, Leutnant **M. Küchel**, plante daraufhin die Erhöhung des Turmes um 7 Meter. Doch das sollte nicht gut gehen. In der Nacht zum 22. September 1739 kam es zur Katastrophe - der Turm stürzte ein. Die Kirche und umliegende Gebäude wurden zerstört. Küchels Rivale Balthasar Neumann fertigte im Auftrag des Bamberger Bischofs ein Gutachten über den Unfall an und schwärzte vor allem Küchel an. Dieser mußte sich mit den Juristen herumschlagen. Doch bekanntlich mahlen die Mühlen der Justiz langsam. Der Prozeß endete 1762 vor dem Reichskammergericht mit einem Vergleich. So konnte er in der Zwischenzeit dennoch den Neubau planen, der eine Bauzeit von 20 Jahren in Anspruch nahm.

Die Weihe fand 1761 statt. An der Inneneinrichtung der Kirche wurde nicht gespart. Der Pretzfelder Schloßherr GRAF VON SEINSHEIM stiftete zwei wertvolle Seitenaltäre, deren Entwurf und plastische Arbeiten vom bekannten Ebermannstädter Bildhauer FRIEDRICH THEILER stammen. Im Zentrum steht der frühklassizistische Hochaltar (1783) mit einer von vier stehenden Engeln getragenen Mensa davor. An der Außenwand des Gotteshauses gibt es einen barocken Ölberg. Ein Hinweis, daß sich einst um die Kirche der Dorffriedhof gruppierte.

Wer Lust hat, St. Kilian während eines Gottesdienstes zu erleben, hat dazu jeden Sonntag um 9.30 Uhr Gelegenheit. Neben einer Besichtigung der Kirche lohnt sich auch ein kleiner Spaziergang durch den alten Ortskern. Die kleinen Fachwerkhäuser mit Scheunen zeigen den noch unverfälschten Charakter eines fränkischen Dorfes.

Der Judenfriedhof: Ungefähr einen Kilometer außerhalb des Orts, liegt an der Verbindungsstraße nach Ebermannstadt ein Wanderparkplatz mit Wandertafel. Von hier kann man bequem zum 456 m hohen Judenberg hinauflaufen (ca. 30 Min.). Der Weg ist gekennzeichnet. Oben auf dem Plateau, umgeben von einer Mauer, liegen die über 100 Gräber der jüdischen Gemeinde. Von der ursprünglichen Atmosphäre des Friedhofs ist aber nicht mehr viel übriggeblieben - alle Grabsteine sind gebrochen. Sie wurden in den Nachkriegsjahren als Bausteine für eine Lagerhalle am Bahnhof benutzt. Erst in den 70er Jahren ließen die Gemeinde und die Jüdische Kulturgemeinde den Friedhof neu herrichten. Er ist ständig geöffnet.

▶**Wandern**: Hoch über dem Trubachtal ist der **Dietrichstein** zu finden. Von der gleichnamigen Ruine ist nicht viel erhalten - ein Graben, ein paar Mauerreste - nicht mehr. In den 70er Jahren wurde mit der Restauration begonnen. Eine Hinweistafel verweist auf die Geschichte der im Bauernkrieg zerstörten Burganlage.
Die Ruine und der 454 m hohe Berg namens Dietrichstein sind bequem per pedes zu erreichen. Parken Sie auf dem Wanderparkplatz wenige hundert Meter in Richtung Ebermannstadt. Dort führt der Weg

(*senkrechter blauer Balken*) durch die Pretzfelder Keller. Bald geht es rechts ab (Markierung *blauer Punkt* folgen). Der oberhalb des Trubach-Tales verlaufende Waldweg führt zur Burgruine Dietrichstein. Wenige hundert Meter weiter treffen Sie auf die befestigte Straße (Betonpiste) nach Lützelsdorf. Hier links ab, und am Waldrand wieder links. Der Weg führt später vorbei am Judenfriedhof zurück zum Parkplatz. Gehzeit ca. 2 Stunden.

Hagenbach

In der weiten Talaue des Trubachtales liegt das Dörflein Hagenbach, nur zwei Kilometer von Pretzfeld entfernt. Zentrum des Ortes ist das Schloß, von einer gut erhaltenen Mauer umgeben. Einst gab es in Hagenbach eine jüdische Gemeinde. Letztes Relikt ist der am westlichen Ortsrand gelegene Friedhof.

Alter Grabstein im jüdischen Friedhof

• *Essen*: **Gasthof Richter**, die eigene Metzgerei garantiert in dem Dorfwirtshaus gute und preiswerte Brotzeiten. Dazu wird Faßbier aus der Hetzelsdorfer Privatbrauerei ausgeschenkt. Eine Spezialität sind Fischgerichte. Innen ungemütlich, ruhige Terrasse. Gegenüber dem Schloß gelegen.

Schloß: Das Wort Schloß verspricht mehr als es hält. In Hagenbach ist das ein schlichtes zweistöckiges Haus, in dem heute die Johanniter-Unfall-Hilfe ein Zuhause gefunden hat. Der Ursprung der Anlage, die auch noch einige Nebengebäude (Teppichhof) besitzt, geht bis ins Jahr 1400 auf die Familie Schütz von Hagenbach zurück.

Buschklopfer und Straßenräuber

Wenig Glück hatte *Joachim Schütz* von Hagenbach. Die Bauern waren überall im 16. Jh. mit der Not und der täglichen Schufterei unzufrieden. So erging es auch den Ebermannstädtern im Jahre 1525. Sie machten mit den Hagenbacher Adeligen kurzen Prozeß. Obwohl das Schloß von hohen, starken Mauern geschützt war, nützte das den Aristokraten wenig. Binnen kurzem stand das Palais in Flammen. Daß die Bauern mit ihrer Revolte gegen den Adel nicht ganz unrecht hatten, bezeugt die Tatsache, daß der Schloßherr es sich nicht nehmen ließ, mit seinem Pferd durch die schönsten Getreidefelder zu galoppieren. Wie es in der Chronik heißt, war er "ein Verschwender und lüderlicher Haushalter, und ein Buschklopfer und Straßenräuber". Das Ende des unmäßigen Hagenbacher Schloßherrn war um 1540 gekommen. In Hirschaid wurde er geköpft und aufs Rad gebunden.

Judenfriedhof: Keinen Wegweiser oder Hinweis gibt es im Dorf für den ungefähr einen Kilometer außerhalb von Hagenbach gelegenen Judenfriedhof. Inmitten eines Kirschgartens, von einer dichten, undurchdringlichen Hecke umgeben, stehen die 200 Grabsteine in Reih und Glied. Hebräische und deutsche Inschriften künden von den Mitgliedern der einstigen jüdischen Gemeinde. Die Größe der Steine zeigen den Wohlstand und die soziale Stellung des Verstorbenen.

Anfahrt: In der Ortsmitte (aus Pretzfeld kommend) bei der Schloßmauer rechts, beim Feuerwehrhaus nochmals rechts. Ein Feldweg führt dann direkt zum Friedhof.

Hetzelsdorf

Der kleine Ort liegt an der Verbindungsstraße zwischen Pretzfeld und Hundshaupten. Trotz der abgeschiedenen Lage kommen Jahr für Jahr mehr Neugierige. Grund dafür ist die kleine, aber vielbesuchte Privatbrauerei Pfenning-Zeißler. Seit wann gebraut wird, kann man nicht mehr genau feststellen, sicher jedoch ab 1820.

Der Brauerei-Gasthof (Hausnr. 19) steht natürlich gegenüber der Kirche. Die Einrichtung ist einfach. Vor der Haustüre liegt ein kleiner Biergarten. Wer gern Bier trinkt, kommt hier, was Geschmack und Preis angeht, auf seine Kosten. Das Bier kann man auch im Faß oder in Flaschen mitnehmen. Wer ein Faß Bier kaufen möchte, sollte dieses unter Tel. 09194/252 vorbestellen. In dem Brauerei-Gasthof werden auch Fremdenzimmer vermietet.

Hetzelsdorf selbst hat eine reiche Vergangenheit. 1007 zum erstenmal unter dem Namen *Hezilesdorf* erwähnt, gehörte es im 11. Jahrhundert zum Königshof Forchheim. Im Mittelalter war das Dorf Sitz eines ritterlichen Dienstmannengeschlechts.

Die überdimensionierte *Kirche* am abschüssigen Gelände wurde erst 1901 im neugotischen Stil errichtet. 1979 drohte sie einzustürzen. Für 2,4 Millionen Mark wurden 1985 achtunddreißig mächtige, stählerne Zuganker in den Untergrund gerammt.

Wannbach

Idealer Ausgangspunkt zum Wandern. Der kleine Ort liegt inmitten von Obstgärten im Trubachtal. Hier endet das idyllische Urspringtal.

Bereits 1505 war der Ort Besitz des Bamberger Bistums. Im 16. Jahrhundert gab es ein Wasserschloß, von dem allerdings nichts mehr übrig blieb. Lange Zeit war das Rittergut Wannbach im Besitz derer *von Stiebar*, ab 1764 kam es an den Pretzfelder Grafen von Seinsheim. Noch heute gehört es politisch zur Gemeinde Pretzfeld.

• *Essen/Übernachten*: Sicherlich traditionsreichstes Gasthaus des Trubachtales ist das **Gasthaus Mühlhäuser** im Ortszentrum. Bereits 1590 wurde die Mühlhäusersche Bierbrauerei gegründet. Doch gebraut wird längst nicht mehr. Gemütlicher Wirtsraum mit alter Holzdecke. Hier wird Forchheimer Brauhaus-Bier ausgeschenkt. Gutes Essen, vor allem Wild (leckerer Wildschweinbraten) ist die Spezialität des

Hauses. Empfehlenswert auch O'batzter und Preßsack (eigene Hausschlachtung). Außerdem Schnaps aus eigener Brennerei (Flasche 18-33 DM). Im Sommer ist die Wannbacher Gastwirtschaft Einkehrort für Wallfahrer nach Gößweinstein. An der Straße kleiner Garten. EZ mit Du 35 DM, DZ mit Du 55 DM, Vollpension ab vier Tage. Mo Ruhetag.

▶ **Wandern**: Von Wannbach läßt sich das *Urspringtal* sehr gut erwandern - zahlreiche markierte Wanderwege. Recht reizvoll ist der mit einem *roten Karo* gekennzeichnete Fußweg nach *Wichsenstein*. Er beginnt am Ortsende (bei der Abbiegung der Verbindungsstraße nach Wichsenstein) und führt oberhalb des Urspringtales zur Burgruine. Gehzeit ca. 2 Stunden.

Urspringtal

Eins der landschaftlich reizvollsten Nebentäler der Trubach! Mit zahlreichen Kopfweiden am Bachrand und steil abfallenden Berghängen ideal zum Wandern. Bei dem aus wenigen Häusern bestehenden Ort Ursprung verzweigt sich das Tal in das Alten- und das Thostal.

Das **Altental** ist vom 575 m hohen *Röthelfels* überragt. Die gleichnamige Felswand - ein Eldorado für Kletterer - bietet Schwierigkeitsgrade bis 6 +. Einkehrmöglichkeit gibt es nur eine einzige: das in einem alten Fachwerk-Bauernhaus beheimatete *Gasthaus zum Rödelfels* bei der Mühle Eberhardstein. Das gemütlich-rustikale Gasthaus ist im Sommer Treffpunkt der Kletterer und gleichzeitig Bergwachtstation. Unmittelbar nach der Mühle biegt die Kreisstraße nach Morschreuth ab. So gehört das hintere Altental zu den wenigen Tälern der Fränkischen, das nicht über eine Asphaltstraße zu erreichen ist. Links und rechts ziehen sich die Wälder den Berg hinauf, der kleine Bach schlängelt sich durch das schmale Tal. In der Nähe der Quelle steht nur ein einzelner Bauernhof. Ideal zum Ausruhen und wenig bekannt.

Ebenso reizvoll ist das **Thostal**. Der Mühlenbetrieb der *Thosmühle* ist heute längst eingestellt. Man widmet sich ausschließlich der Forellenzucht. In kleinen Weihern mit kristallklarem Wasser kann man Forellen jeder Größe beobachten.

Wolkenstein

Über dem Thostal liegt der kleine Ort Wolkenstein. Gemäß seinem Namen ist das Dorf auf einen hohen Felsvorsprung gebaut. Es führt nur eine schmale Asphaltstraße hinauf. Der heute wenig bekannte Ort war jedoch vor 600 Jahren Standort einer Burg, die damals im Besitz der Adeligen VON AUFSEß war. Bereits 1552 wurde sie von den markgräflichen Truppen zerstört. Die heutige Ruine besteht nur noch aus wenigen Mauerresten - 1990 restauriert - samt Felsklotz am unteren Ende der Dorfstraße (beim Haus Nr. 30). Geht man den Weg zwischen dem Felsklotz und der Scheune entlang, trifft man auf eine kleine, unbeleuchtete Höhle.

Auf keinen Fall auslassen sollte man den jährlich am Mittwochabend nach Heilig Dreikönig stattfindenden **Taubenmarkt**. Bei dem Tauschhandel geht es nicht nur um Tauben, sondern auch um Stallhasen und anderes Kleingeflügel.

Gasthaus Burgruine: Das Wirtshaus der Familie Eckert ist bei Einheimischen und Besuchern beliebt. In dem kleinen Gasthaus mit seiner weniger gemütlichen Wirtsstube - Stammtisch von zwei Gewehren flankiert - sollte man zu einer Tasse Kaffee unbedingt die "Küchla" (nicht immer vorhanden) probieren. Kleiner Biergarten unter Kastanienbaum und Birke vor dem Haus. Spezialität: Schäufele für 10 DM. Bauernbrotzeiten aus eigener Schlachtung. Moderne Fremdenzimmer. DZ 40 DM. Tel. 09194/266, Mi Ruhetag.

▶ **Wandern**: Wer gerne wandert, kommt nach Wolkenstein am besten auf dem mit *grünem Karo* gekennzeichneten Weg. Von der Mühle *Eberhardstein* führt er über **Pfaffenloh** ziemlich steil zu dem Bergdorf hinauf. Mit gleichem Zeichen ist der wesentlich kürzere Weg von der Thosmühle nach Wolkenstein markiert. Der Weg ist anstrengend.

Morschreuth

Bekannt hauptsächlich durch seine Bauernmalereischule. In dem ehemaligen Schulgebäude werden Wochen-Kurse in Bauernmalerei und Hinterglasmalerei abgehalten (30 Std. für ca. 120 DM, Unterkunftsmöglichkeit im Ort). Fortgeschrittene können sich selber einen Schrank bemalen. Die massiven Fichtenholzschränke werden von einem Schreiner aus einer Nachbargemeinde gefertigt (ca. 1000 DM). Anmeldung bei Frau Christl Nunn, 8500 Nürnberg 10, Eintrachtstr. 50, Tel 0911/351976.

● *Essen*: **Zur guten Einkehr**, freundliche moderne Gaststube mit Bildern aus der Malschule. Gutbürgerliche, preiswerte Küche. Empfehlenswert "gegangene Klöße" (Hefeknödel), findet man in der Fränkischen nur noch selten auf einer Speisekarte. Schweinebraten ca. 8,40 DM. Kein Ruhetag.

Unterzaunsbach

Eine der bekanntesten Adressen der Fränkischen Schweiz für Bierkenner ist die *Privatbrauerei Gasthof Meister*. Nicht zuletzt die verkehrsgünstige Lage an der Hauptstraße (mit großem Parkplatz und Wandertafel) ließen den einfach eingerichteten Gasthof zum vielbesuchten Ausflugsziel werden. Hier gibt es jeden Tag Mittagessen und Brotzeit. Vom selbstgebrauten Bier kosten 0,5 l gerade 1,80 DM. Ein kleines Bier sogar nur 1 DM. Empfehlenswert sind die Forellen zu Billigstpreisen. Die Fische kommen frisch aus dem Bach. Achtung: Warmes Essen nur bis 20.30 Uhr. Georg Meister brennt auch selber Schnaps (*Birne, Zwetschgen, Kirsch*). Am Bachufer ein wunderschöner, kleiner Biergarten.

Gemütliche Stunden im Biergarten

Hundshaupten

Sowohl per pedes als auch mit dem Auto (von Hetzelsdorf ca. 2 km und von Unterzaunsbach ca. 3,5 km) leicht zu erreichen ist der kleine Ort Hundshaupten. Er liegt auf rund 450 m Höhe in einem kleinen Seitental der Trubach.

Die Geschichte des kleinen Juradorfs ist eng mit dem *Schloß Hundshaupten* verbunden. Dieses liegt sehr romantisch auf einem Felsvorsprung am Ende des Dorfes. Da die Burg ringsum bis auf die Zufahrtsstraße von dichtem Wald umgeben ist, kann man sie kaum entdecken. Entlang der wenig befahrenen Straße liegt auch der Wanderweg von Oberzaunsbach nach Hundshaupten. Er ist mit *roten Punkten* gekennzeichnet und führt am Wildpark vorbei direkt zum Schloß. Er ist in einer dreiviertel Stunde bequem zu bewältigen.

Die Anfänge des Schlosses reichen bis ins 13. Jahrhundert zurück; danach recht wechselvolle Geschichte. Im Hickhack mit der Reichsstadt Nürnberg wurde sie zweimal zerstört. Der damalige Burgherr Clemens von Wiesenthau erhielt 400 Gulden Zuschuß zum Wiederaufbau. Die weitere Geschichte der Burg ist eng mit dem Adelsgeschlecht von Pölnitz verbunden. Seit dem Kauf vom 14. September 1661 gehört sie der Familie. Noch heute lebt die ehemalige CSU-Landtagsabgeordnete Gundila Freifrau von Pölnitz dort. Im Schloß, ehemals eine Fluchtburg für die umliegend wohnenden Menschen, verbrachte Kaiserenkel Otto von Habsburg, CSU-Europaparlamentarier, hinter den vier Meter dicken Mauern einst seine Flitterwochen. Die Burg ist nicht zu besichtigen, lediglich bis zur Burgmauer kann man vordringen. Von der inneren und äußeren Pracht des neurenovierten Schlosses ist daher wenig zu sehen.

● *Essen/Übernachtung*: **Brauerei-Gasthaus Pöhlmann**, das unscheinbare Lokal in dem winzigen Dorf schenkt selbstgebrautes Bier aus. Hier kann man noch essen und trinken zu erstaunlich niedrigen Preisen. Gerade im Sommer ist die kleine Privatbrauerei mit dem ruhig gelegenen Biergarten unter dem schattenspendenden Lindenbaum ein empfehlenswertes Ausflugsziel. Gute und deftige Brotzeiten gibt es auch. Zur Burg sind es nur wenige Meter. Innen ist die Gastwirtschaft nüchtern und einfach eingerichtet. Wochentags ab 17 Uhr geöffnet, Sonntag ganztags; kein Ruhetag.

▶ **Wildgehege Hundshaupten**: Unterhalb des Dorfes liegt der Wild- und Naturpark (im Besitz der Freifrau von Pölnitz) - die Hauptattraktion Hundshauptens. 1971 gegründet, zeigt er auf einer Fläche von 45 Hektar vornehmlich Tiere Mitteleuropas. So hat man die Möglichkeit zur Beobachtung von *Rothirschen, Damhirschen, Steinbock und Muffelwild*. Auch das "Urrind der Fränkischen Schweiz", das *Wisent*, ist in einem weitläufigen Gehege zu beobachten. Auf den drei Weihern geben sich allerlei Wasservögel ein Stelldichein. In kleineren Gehegen sind Hängebauchschweine, Füchse, Nutria, Steinböcke und Marder, in Volieren Uhus und Käuze untergebracht. Außerdem vermittelt ein gut beschilderter Naturlehrpfad (alter Baumbestand) interessante Einblicke in die heimische Natur.

Öffnungszeiten: im Sommer (1. April bis 31. Oktober) täglich 9 - 18 Uhr (letzter Einlaß um 17 Uhr), im Winter (1. November bis 31 März) und an Samstag, Sonntag und Feiertagen 11 - 15 Uhr. *Eintritt*: Erwachsene 4 DM, Gruppen ab 15 Personen 3 DM, Jugendliche/Studenten/Rentner 2,50 DM, Kinder von 5 bis 15 Jahren 2 DM. Kinder bis 5 Jahren frei. Am Eingang gibt es für 1 DM Mais zum Füttern der Tiere zu kaufen. Trinken und Essen in der Waldschänke im Eingangsbereich. Auskünfte unter Tel. 09197/241.

Wichsenstein

Das an sich unscheinbare Dorf auf der Jurahöhe gehört seit vielen Jahrzehnten zu den beliebtesten Ausflugszielen der Fränkischen Schweiz. Grund dafür ist der 587 m hohe Wichsenstein - einer der höchsten Aussichtspunkte der Region! Von oben hat man bei gutem Wetter einen wunderbaren Ausblick, bis zu 30 km weit.

Die schmalen Felsen lassen sich über einen gut ausgebauten Treppenweg leicht besteigen. Der Burgfelsen ist in vielen Karten noch als Ruine eingetragen. Doch von der wehrhaften Vergangenheit ist bis auf eine unscheinbare Mauer nichts mehr zu sehen .

Von der Burggeschichte ist nicht viel bekannt. Verbürgt ist die Erwähnung im Jahr 1122 unter der Bezeichnung *Wickeristein* (altes Adelsgeschlecht). Die Burgherren hatten jedoch wenig Glück. Im 15. Jh. wurde die Burg nach einem vom Bamberger Bischof gewonnenen Streit geschleift, anschließend wiederaufgebaut und ebenso wie die Hundshauptener Burg 1525 von aufständischen Bauern zerstört.

● *Essen*: **Gastwirtschaft Greller**, im Ortszentrum (gegenüber der Kirche) liegt das Wirtshaus, das für deftiges fränkisches Essen bekannt ist. Empfehlenswert Sauerbraten (10 DM) mit einem Seidla aus der Weißenoher Klosterbrauerei. Im Inneren nüchtern-rustikal eingerichtet. Terrassenbetrieb im Sommer.

Süßes aus dem Wald: Die Wichsensteiner Imkerei Gerhard Hurler ist für Honig-Liebhaber in Franken ein Begriff. Auf dem Nürnberger Hauptmarkt und in seinem Wohnhaus vertreibt er seine erlesenen Produkte. Es sind naturbelassene Bienenhonige, die der Kunde gerne probieren kann. Lassen Sie ihre Zunge entscheiden! Das Angebot reicht vom klassischen Blütenhonig über Linden- zu Raps- und Waldhonig. Das Pfund kostet ca. 7 DM. Spezialitäten sind der aus bestem Honig vergorene Wein und mit echtem Honig gefüllte Bonbons. Adresse: Hausnr. 40 (an der Hauptstraße, Richtung Gößweinstein), Tel. 09197/744.

▶ **Wandern**: Von und nach Wichsenstein bieten sich ideale Wandermöglichkeiten - alle gut ausgeschildert. Über die einzelnen Möglichkeiten gibt eine große Wandertafel unweit vom Gasthaus Greller in der Ortsmitte Auskunft.

Nach **Schweinsthal** an der Trubach gibt es einen gut ausgebauten und beliebten Wanderweg, der mit einem *roten Dreieck* (IFS-Weg) markiert ist. Er beginnt in der Ortsmitte und führt durch ein kleines Tal bergab nach Schweinsthal. Wanderzeit ca. 1 Stunde.

Landschaftlich weniger reizvoll, jedoch als Kurzwanderung gut geeignet, ist der Weg nach **Bieberbach**. Er ist leicht in einer halben Stunde zu bewältigen und führt ein kurzes Stück entlang der Verbindungsstraße zwischen den beiden Orten (markiert mit *einer grünen Raute*.)

Bieberbach

Nur zwei Kilometer von Wichsenstein liegt auf der Jurahöhe das stille Bieberbach. Hauptanziehungspunkt des Bauerndorfes ist die in manchen Karten fälschlicherweise eingezeichnete Burgruine.

Es handelt sich nämlich um einen *Schloßfelsen*, der noch dazu nur schwer zugänglich ist. Nicht einmal mehr Mauerreste sind zu finden. Vom an sich schönen Ortsbild ist wenig übriggeblieben. Ein riesiges Baywa-Lagerhaus überragt die Häuser.

Ursprünglich stand auf dem Schloßfelsen eine Burg, die den Beinamen "Deutsches Schloß" hatte. Sie war im 17. Jh. sogar Sitz eines markgräflichen Lehensträgers. 1625 kam das Schloß in den Besitz des Adelsgeschlechtes von Egloffstein. Bereits sieben Jahre später soll das Bieberbacher Schloß von Kroaten niedergebrannt worden sein. Von der Ruine blieb auch deshalb nichts erhalten, da man die Steine nach einem Ortsbrand im Jahre 1812 als Baumaterial brauchte.

• *Übernachten*: Ideal für einen Aufenthalt mit Kindern ist der **Ferienbauernhof Distler**, direkt am Schloßfelsen. Die Jahreszahl 1758 über der Tür weist auf das Alter des Hofs hin. Heute stehen bei einem Preis von 15-19 DM pro Übernachtung ein Einzelzimmer, vier Doppelzimmer mit Du/WC, zwei Mehrbettzimmer mit Du/WC zur Verfügung. Übernachtung 15-20 DM. An Tieren gibt es auf dem Bauernhof ein Pony, Ziegen, Kaninchen und Schweine. Eigene Tiere können mitgebracht werden. Hausschlachtung, Tischtennisraum und Gartenhaus. Adresse: Haus-Nr. 56, Tel. 09197/456.

Blick auf das obere Trubachtal vom Egloffsteiner Burgberg

Egloffstein

Schon von weitem ist die Burg Egloffstein zu sehen. Sie überragt das 950 Einwohner große Dorf. Der Ortskern mit vielen schönen Fachwerkhäusern und engen, steilen Gassen fügt sich terrassenförmig an die Burg an. Der staatlich anerkannte Luftkurort ist heute Zentrum des Fremdenverkehrs im Trubachtal.

Dem Ehrgeiz, den Tourismus weiter zu fördern, fällt der Charakter des fränkischen Dorfes immer mehr zum Opfer. Manche Bausünden wurden da begangen.   Die einfallslosen Neubauten sind im Begriff, der Landschaft im Tal um Egloffstein ihren Reiz zu nehmen.

Das pittoreske Dorf empfiehlt sich wegen seiner zentralen Lage, Freizeiteinrichtungen wie Freibad und Minigolf, aber auch mit rund 120 Kilometer Wanderwegen auch für längere Aufenthalte.

Poesiealbum im Safe
Auch Goethe-Freunde kommen in Egloffstein auf ihre Kosten. Denn die 1792 in Erlangen geborene GRÄFIN JULIE VON UND ZU EGLOFFSTEIN wuchs in der Egloffsteiner Burg auf. Die talentierte Malerin und Kunstfreundin wohnte 1817 bis 1829 bei ihrer aus Schloß Heckenhof stammenden Tante in Weimar. Die anmutige junge Frau lernte dort sehr schnell Goethe, den Frauenheld,

kennen, mit dem sie zeitlebens eine Freundschaft verband. Hie und da widmete er der attraktiven Gräfin ein Gedicht. Goethe lobte ihre Malkunst:" . . . das glückliche Talent der Gräfin Julie von Egloffstein hat unser aller Wunsch, ein genügendes Bildnis unserer Fürstin zu besitzen, zum schönsten erfüllt" (1827). Doch die Freundschaft trug auch für die Germanistik ihre Früchte. Im Februar 1953 fand man im Safe der Nationalbank im amerikanischen Gettysburg verschiedene Goethe-Gedichte. Niedergeschrieben waren sie ausgerechnet im Poesiealbum, das ihr Goethe einst geschenkt hatte.

• *Information*:   Tourist-Info-Büro, Marktplatz 85, 8551 Egloffstein, Tel. 09197/586 und 202. Geöffnet Mo-Fr 14.30-18.30 Uhr, Sa. 9.30-12 Uhr. Bei allen Fragen und Wünschen hilft Ihnen die freundliche Lilo Meier weiter.

• *Verbindungen*:werktags 5 x Egloffstein - Forchheim, Fahrzeit 40 Min.; werktags 3 x Egloffstein - Obertrubach, Fahrz. 20 Min., werktags 4 x Egloffstein - Gräfenberg, Fahrzeit 20 Min.

Essen/Übernachten

Gasthof Post: Bestes Haus am Ort. Die traditionsreiche Unterkunft, seit Jahrhunderten im Besitz der Familie Heid, ist das zweitgrößte Hotel in Egloffstein. Derzeit führt es die freundliche Erika Heid, die vor mehr als einem Jahrzehnt in die "Post" einheiratete. Die gemütlichen Zimmer kosten 25-39 DM mit Frühstück; morgens gibt es ein Frühstücksbuffet. Der renommierte Gasthof - im Gästebuch sind auch die Namen von Showmaster Dietmar Schönherr oder der Rockgruppe Slade zu finden, selbst der Bamberger Erzbischof fühlte sich hier wohl - bietet außer Liegewiese, Solarium und Sauna auch die Möglichkeit, im Haus zu kegeln. Empfehlenswert ist die bodenständige, aber einfallsreiche Küche des Hauses. Im rustikal-stilvollen Speisegastzimmer (nicht auf Nostalgie getrimmt) kann man zwischen vierzig (!) Vor-, Haupt- und Nachspeisen wählen. Für ein viergängiges Menü legt man ca. 60 DM hin. Empfehlenswert sind Wild und Fisch (fangfrische Forellen). Es gibt auch eine Terrasse. Montag Ruhetag. Adresse: Talstraße 8, Tel. 09197/555 und 556.

Gasthof Schäfer: Fränkische Küche mit selbstgebrannten Schnäpsen offeriert Heinz Schäfer in seinem neuen Gasthof oberhalb des engen Arlesbrunnentales. Hier gibt es das Seidla Bier noch für zwei Mark. Terrasse leider an der Straße. Schönes Gästehaus. DZ 44 DM, mit Du 60 DM.

Di. Ruhetag. Adresse: Markgrafenstr. 48 (Straße Richtung Leutenbach), Tel. 295.

Gasthof Linde: Unterhalb der Burg liegt der verwinkelte Gasthof. Von der Terrasse im Obergeschoß hat man einen phantastischen Blick über das Trubachtal. Im neuen Gästehaus kosten DZ mit Du 60 DM, für Romantiker im alten Gasthof (Etagendu.) das DZ 42 DM. In der Linde bei Helmut Windisch ißt man preiswert, beispielsweise Hirschbraten für 12 DM. Gastraum schlicht eingerichtet. Adresse: Rabensteinstr. 25, Tel. 238.

Hotel Häfner: Ein Lokal für konservatives Publikum mit großem Geldbeutel. Das Hotel, dem auch der Minigolfanlage gehört, hat sich als Restaurant einen Namen gemacht. Es bietet zahlreiche bayrisch-fränkische Spezialitäten. Empfehlenswert sind die frischen Forellen, die auf alle möglichen Arten zubereitet werden. Durchgehend warme Küche! DZ mit Du 90 DM, Vollpension 130 DM. Adresse: Badstraße 131, Tel. 09197/535 oder 536.

Café Fritz Heid: Das schönstgelegene Café von Egloffstein. Von der idyllischen Terrasse unter schattigen Bäumen hat man einen guten Blick auf die Burg und den alten Ortskern. Das Café an der Badstraße (bei der Volksschule) besitzt gemütlich-rustikale Gasträume. Ein größerer Saal ist im Stil der frühen 60er Jahre eingerichtet. Gutes Vanille-Eis mit heißen Himbeeren. Mein Lieblingscafé im Trubachtal.

Pension Mühle: Das 1811 erbaute, gelb-weiß angestrichene Haus (eine ehemalige Mühle) im Ortszentrum an der Trubach, besitzt stilvoll eingerichtete Fremdenzimmer und Ferienwohnungen. Die kleinste für 2 Personen kostet pro Tag 42 DM, zuzüglich 20-25 DM für Endreinigung. Außerdem Einzelzimmer für 31 DM, Doppelzimmer 48 DM. In der zentral gelegenen Pension gibt es Sauna und Solarium. Freundlicher Service bei Fam. Wirth. Adresse: Talstraße 10, Tel. 09197/1544.

Café Wirth: Im Sommer hat diese Bäckerei (bei Pension Mühle) Cafébetrieb. Auf der sonnigen Terrasse kann man die stets frischen Kuchen genießen. Allerdings Selbstbedienung. Neben der Terrasse plätschert die Trubach. Preiswert.

● *Privatzimmer/Ferienwohnungen*
Das Verkehrsamt hat eine Liste von über 20 Privatvermietern aufgestellt. Die Übernachtungspreise in den Privatquartieren liegen zwischen 14-25 DM pro Person. Detaillierte Informationen kann man beim Verkehrsamt erhalten.

● *Urlaub auf dem Bauernhof*
Forellenhof Illing: In einem idyllischen kleinen Seitental der Trubach namens Arlesbrunnen, 1,5 km von Egloffstein, liegt der Bauernhof und die Forellenzucht der Fam. Illing. Es werden zwei 40 qm große Ferienwohnungen für 40 DM (Endreinigung 25 DM) vermietet. An Tieren gibt es Hühner, Esel und Damwild. Der Hof liegt abseits vom Verkehr. Fahren Sie die Straße nach Leutenbach und biegen Sie dann links nach Thuisbrunn ab. Nach wenigen hundert Metern erreichen Sie links eine Abzweigung (Schild), die zum Tal hinab führt. Der Bauernhof, bei dem man täglich Forellen und Saiblinge kaufen kann, ist umgeben von kleinen Teichen. Adresse: Arlesbrunnen, 8551 Egloffstein, Tel. 09197/344.

Sehenswertes

Burg Egloffstein: Die Egloffsteiner Burg, rund hundert Meter über dem Trubach-Tal gelegen, gehört zu den reizvollsten Burgen der Fränkischen Schweiz. Sie ist die Stammburg des fränkischen Uradelsgeschlechts von Egloffstein. Noch heute ist die Wehranlage im Besitz der Freifrau Gertraud von Egloffstein. Während des Sommers wird die Burg als "Haus der Besinnung" für Einkehrzeiten einer christlichen Gemeinschaft, der die Familie von Egloffstein nahesteht, genutzt. Die Anlage ist für Besucher nicht zugänglich.

Die Ursprünge der Burg gehen wahrscheinlich bis ins 8. Jh. zurück. Ein Vorfahre der Egloffsteiner, ein gewisser Egigolf, soll dort um das Jahr 795 eine Familie gegründet haben. Was jedoch historisch sicher ist, geschah im Zusammenhang mit der kleinen Burgkapelle. Im Jahre 1358 wurde sie zum ersten Mal erwähnt. Bereits 16 Jahre später wurde sie erstmals belagert und im 1. Markgrafenkrieg (1449/50), im April 1450, völlig niedergebrannt. Ende des 15. Jahrhunderts wieder auf- und umgebaut, wurde Egloffstein 1504 in einen Erbfolgekrieg verwickelt. Das Ergebnis war eine teilweise Einäscherung. Auch in den kommenden Jahrhunderten stand die Burg Egloffstein immer wieder im Brennpunkt europäischer Kriege und sozialer Konflikte. Wie an vielen anderen Orten im Trubachtal entlud sich 1525 die Wut der Bauern auch gegen die adeligen Großgrundbesitzer von Egloffstein. Im Dreißigjährigen Krieg wurde die Burganlage 1632 und 1647 gleich zweimal von den gegnerischen Schweden heimgesucht und schwer beschädigt. Noch einmal ins Kriegsgeschehen geriet sie 1703: im Spanischen Erbfolgekrieg wurde das Felsenschloß besetzt.

"Dem heutigen Besucher bietet sich eine in ihren Resten immer noch imposante Burganlage, deren landschaftliche Lage als einzigartig in

Burg Egloffstein

dieser Gegend bezeichnet werden darf", lobt der Kunsthistoriker *Albert Graf von und zu Egloffstein* zu Recht *(aus: "Schlösser und Burgen in Oberfranken").*

Anfahrt: Mit dem Auto erreicht man die Burg von Egloffsteinerhüll, einem kleinen Dorf auf der Jurahöhe. Empfehlenswerter ist jedoch ein kleiner Spaziergang zum Burgberg hinauf. Ein romantischer Weg führt vom Tal vorbei an der Kirche bis in den äußeren Burghof mit der originellen Bartholomäus-Kirche.

Burgkirche St. Bartholomäus: Im schönsten "Bauernbarock" (1750-52) entstand vor der Burg das liebenswerte Kirchlein. Die heute evangelische Kirche - Egloffstein ist seit 1562 protestantisch - überrascht den Besucher mit ihrem Formen- und Farbenreichtum und wegen ihrer Empore. Beachten Sie nicht nur das schöne Deckengemälde mit den vier Evangelisten in den Ecken, sondern vor allem den ungewöhnlichen Kanzelaltar. In der linken Hälfte deutet der barfüssige Moses - geschaffen aus einem Lindenstamm - auf das achte Gebot. Die Mahnung an die Gemeinde: Legt kein falsches Zeugnis ab! Rechts schwenkt Aaron das Weihrauchfaß. Symbolhaft wird angedeutet: So wie der Weihrauch emporsteigt, so steigen die Gebete zu Gott auf.

Ein Pelikan auf dem Altar.
Auf der obersten Spitze des Altars sitzt mit ausgebreiteten Flügeln ein Pelikan. Seinen Schnabel drückt er gegen die Brust, um die gefangenen Fische leichter zu würgen. Dabei wird das Gefieder rot. Betrachten Sie die Darstellung genau, und sie werden

vier Jungtiere entdecken. Die Darstellung wirkt, als würde der Vogel seine eigene Brust für die Brut aufreißen. Das ist auch der Grund für die Darstellung des Pelikans auf dem Altar. Denn der Wasservogel galt seit der Antike als Symbol für aufopfernde Fürsorge.

Dietersberger Kirchenruine: Heute sieht man lediglich noch die Fundamente und eine vermauerte Gruft der adligen Herren von Egloffstein. Das kleine Grundstück wurde 1973 parkähnlich angelegt (siehe "Wandern"). Hier stand bis zu Beginn des 19. Jhs. die von einem Friedhof umgebene Pfarrkirche von Egloffstein.

Der 472 m hohe Dietersberg südlich von Egloffstein war bereits in frühester Zeit besiedelt. Funde von 600 v. Chr. aus der Dietersberger Höhle beweisen dies. Aber auch die erste Kirche Egloffsteins stand auf der Hochebene, 2 km vom heutigen Dorf. Bereits im 11. Jh. gab es auf dem Dietersberg einen Herrenhof, der zum Domstift Bamberg gehörte. Die einstige Pfarrkirche war vom 12. Jh. bis nach der Reformation Wallfahrtskirche (Dreikönigsverehrung). Doch als an der Egloffsteiner Burg die heutige Burgkirche entstand, war es mit der Bedeutung des Dietersberger Gotteshauses vorbei. 1803 wurden auf dem Berg zum letzten Mal Beerdigungen durchgeführt. Seit Mitte des 19. Jhs. ist die alte Kirche nur noch Ruine.

▶**Wandern:** Dichtes Netz von Wanderwegen in der Umgebung - gerade wegen der reizvollen Landschaft viele lohnende Möglichkeiten für Kurzwanderungen. Am Ortsende (Richtung Obertrubach) bietet ein Parkplatz mit Wandertafel die beste Ausgangsposition.

Zum Dietersberg: Die Wanderung beginnt in der Talstraße. Dann biegt man auf die ausgebaute Angerstraße ab, die sich am Waldrand entlangschlängelt. Nach 800 m rechts bergauf in den Laubwald, dort geht es hinauf zum Augustsfelsen. Auf der Ebene angekommen, führt der Weg zur Kirchenruine auf dem Dietersberg. Bei den paar Häusern biegt man links ab, nach wenigen hundert Metern (beim DAV-Haus) rechts und kurz danach wieder rechts. Gegenüber eines modernen Hauses liegt die Ruine. Auf einem schönen Waldweg geht es bergab zum Paradiesweg und anschließend zum Ausgangspunkt. Wegstrecke 4 km, ca. 1 Stunde.

Nach Mostviel-Schlehenmühler-Wichsenstein: Vom Schwimmbad führt ein geschotterter Weg, vorbei an einem Waldspielplatz, nach Mostviel (dort wird das aus Supermärkten bekannte Egloffsteiner Brot gebacken). Ziel der meisten Wanderer ist das Gasthaus *Schloßblick* mit Terrasse. Gute Brotzeiten (eigene Metzgerei), aber ungemütliche Inneneinrichtung, dafür Garten unter Lindenbäumen. Dem Namen wird das Gasthaus nicht gerecht. Der Blick reicht bis zur gegenüberliegenden Brotfabrik, und die Straße führt direkt an der etwas höher liegenden Terrasse vorbei.

Es ist ratsamer, ab Mostviel den weiterführenden Weg zu benutzen. Er verläuft rechts der Straße bis zu einem alleinstehenden Haus. Oberhalb von Äpfelbach gelangt man ins ruhige **Äpfelbachtal** zu dem Weiler **Schlehenmühle**, ein sehr romantisch inmitten eines vom Autoverkehr weitgehend verschonten Tals gelegenes Dörfchen. Im *Gasthof Friedrich Fett* - Mitte des 18. Jhs. erbaut - gibt es stets gute Brotzeiten und in der Hochsaison mittags und abends warmes Essen (Tucherbier). Auch Ferienwohnung für 45 DM zu mieten, Tel. 09197/291. Innen konservativ eingerichtet, vorwiegend älteres Publikum. Im *Bauernhof von Ludwig Endres*, Schlehenmühle 3 (Tel. 09197/1503) Übernachtungsmöglichkeit (Übernachtung mit Frühstück pro Person 15 - 19 DM). Vor allem die ausgesprochen ruhige Lage und die waldreiche Umgebung machen die Schlehenmühle zum idealen Aufenthaltsort.

Wer nach dieser fast zweistündigen Wanderung noch weiter möchte, für den ist das zwei Kilometer entfernt liegende **Wichsenstein** ein schönes Ziel. Der Weg (blaues Kreuz auf weißem Grund) biegt im oberen Ortsteil links ab und steigt rechts steil zum 569 m hohen *Degenberg* an. Vom Waldrand sind es nur wenige hundert Meter zum Wichsensteiner Burgfels.

Nach Thuisbrunn: Eine der interessantesten Wanderungen ist der mit einem blauen Kreuz gekennzeichnete Weg nach Thuisbrunn (2,5 km). Das erste Stück führt er durchs Trubachtal und wendet sich bald nach rechts. Nach wenigen hundert Metern teilt sich das Tal, halten Sie sich rechts (jetzt Markierung grüner Punkt), und Sie gelangen durch das Thuisbrunner Tal mit schönen Felsmassiven und einem Erlen-Bruchwald zum Ziel.

Nach Affaltertal: An der Wandertafel beginnt eine Rundwanderung (mit gelben Kreis auf weißem Grund markiert) zu den benachbarten Bauerndörfchen. Sie führt am Osthang des Trubachtales entlang (schöner Blick auf Egloffstein), vorbei am Pfarrfelsen, biegt dann ins Brunnleitental ab. Danach folgt man dem mit einem roten Punkt markierten Weg nach Affaltertal. Der Rückweg (roter senkrechter Strich) von der Hochebene zurück nach Egloffstein. Gehzeit rund zwei Stunden.

Sport / Freizeit

Hier hat Egloffstein viel zu bieten. Neben einem bescheidenen **Kurpark** gibt es z.B. ein **modernes Freibad** (beheizt). Es ist leicht zu finden. Am Ortsende (Richtung Obertrubach) letzte Straße links. Die Badstraße führt direkt zum Schwimmbad. Geöffnet von Mitte Mai bis Mitte September (10-18 Uhr). Öffnungszeiten vom Wetter abhängig!

Ebenfalls am Ortsende (beim Hotel Häfner) ist die **Minigolfanlage** zu finden. Für Kneippianer hat die ehrgeizige Gemeinde eine **Kneippanlage** gebaut. Sie ist an der Trubach beim Schwimmbad zu finden.

Fahrradverleih: Wem Wandern zu mühsam ist, kann beim Info-Büro zu den genannten Öffnungszeiten für 5 DM ein Fahrrad mieten.

Kunstgalerie im Alten Rathaus: Im Keller des denkmalgeschützten Pfarrhauses werden Bilder von Malern ausgestellt und verkauft. In vier Kellerräumen werden die unterschiedlichsten Stilrichtungen präsentiert. Besichtigen und erwerben kann man die Bilder jeden Sonntagnachmittag oder nach telefonischer Vereinbarung; Tel. 09197/1266.

Thuisbrunn

In einer Mulde eines Trubach-Seitentales liegt das kleine, stille Bauerndorf. Hoch über dem Ort steht die Burgruine (da Privatbesitz, leider nicht öffentlich zugänglich) - schöner Blick vom Burgfelsen! Unweit davon die evangelische Kirche St. Jakobus. Sie ging einst aus der Schloßkapelle hervor. Der heutige Bau entstand jedoch erst in der zweiten Hälfte des 19. Jahrhunderts.

"Daher sollen alle unsere Gläubigen in der Gegenwart wie in späteren Zeiten wissen, daß wir einen unserem Recht unterstehenden bei Forchheim gelegenen Ort mit Namen 'Thuisbrunn' an den genannten Bischofssitz Bamberg freizügig und sicher geschenkt haben", heißt es in der Urkunde von Kaiser Heinrich II. aus dem Jahr 1007

Thuisbrunner Stilleben: "Graffel" mit Kirche

(!). Der Ort freilich ist sehr viel älter als die Urkunde. Funde im Flurbereich Brennbühl weisen auf eine Besiedlung bereits Mitte bis Ende der jüngeren Steinzeit hin.

Heute sieht man nur noch einen ungefähr 20 m hohen Bergfried sowie einige Mauern - schon im 14. Jh. ist die **Thuisbrunner Burg** bei Auseinandersetzungen zwischen der Stadt Nürnberg und dem Burggrafen Friedrich V. ("Der Erwerber") erobert und zerstört worden. Auch der erneute Aufbau der Wehranlage ist nicht von langer Dauer gewesen. Schon 1420 hat ein Laufer Amtmann im Dienste der Wittelsbacher erneut die Burganlage vernichtet.

Im Bauernkrieg wurde die Burg 1525 abermals zerstört. Ihre endgültige Zerstörung erfuhr sie 1553 im Zweiten Markgräflichen Krieg im Zuge eines Vergeltungsschlags. Seitdem wurde sie nicht mehr aufgebaut. Von 1791 bis 1803 war Thuisbrunn in preußischem Besitz. Vor allem der frühere Pfarrer Buck hat die reiche Vergangenheit von Thuisbrunn aufgespürt und bewahrt. Heute gehört Thuisbrunn politisch zur Stadt Gräfenberg.

Essen/Übernachten

Gasthaus Seitz: Schönes fränkisches Haus im Ortskern. Die seit 1885 bestehende Dorfgastwirtschaft fällt schon von weitem durch die rot-weiß gestrichenen Fensterläden auf. In der gemütlichen Gaststube herrscht noch familiäre Atmosphäre. Es wird Weißenoher Klosterbräu ausgeschenkt, das Seidla für 2,10 DM. Ansonsten bietet das Traditions-Wirtshaus vor allem fränkische Küche. Eine Kalbshaxe gibt es bereits für 13 DM. Zu empfehlen: Fränkische "Baggers" - rohe Kartoffeln gerieben und im Fett gebacken.

• *Urlaub auf dem Bauernhof*: Dazu gibt es in Thuisbrunn gleich mehrere Möglichkeiten: Zu empfehlen ist der unterhalb der Burg gelegene Hof von **Johann Bauer** (Nr. 28, Tel. 09197/ 390). Dort werden mehrere Zimmer zum Preis von 18 DM pro Person und Tag vermietet. Auch gibt es eine abgeschlossene 100 Quadratmeter große Ferienwohnung (55-75 DM). Johann Bauern besitzt auch viele Haustiere, darunter Haflingerpferde. Der Gast kann auch auf dem Hof mitarbeiten. Eigene Hausschlachtung. Gästeabholung möglich.

▶ **Wandern:** Nicht nur für Kletterer, auch für Wanderer ist das **Todsfeld** zwischen Thuisbrunn und Trubachtal ein lohnenswertes Ziel. Vom Ortsausgang (Richtung Hohenschwärz) führt ein mit einem grünen Punkt gekennzeichneter Wanderweg durch die unverbaute Tallandschaft nach Egloffstein. Wanderzeit ca. 50 Minuten. Eine detaillierte Wandertafel am großen Parkplatz bei der Kirche gibt über die Wandermöglichkeiten Auskunft.

Wolfsberg

Wie an einer Perlenkette aufgereiht sind die Häuser entlang der Straße nach Obertrubach. Der kleine Ort wird von der im 12. Jahrhundert erbauten Burg überragt. Die originellste Sehenswürdigkeit Wolfsbergs ist freilich eine Scheune (an der Straße nach Geschwand), die mit Hunderten von Nummernschildern zugenagelt ist. Die Sammlung von Siegfried Maderer umfaßt über 500 Autokennzeichen - um auch die letzten freien Flächen der Scheune zu verzieren, hofft Siegfried weiterhin auf Zuwachs.

Seit Mitte des 14. Jh. war das Bamberger Bistum der Burgbesitzer. Im Städtekrieg von 1388 und im Bauernkrieg von 1525 wurde die Wolfsburger Burg wie viele andere in der Fränkischen Schweiz zerstört und wieder aufgebaut. 1893 gelangte die Burg in Privatbesitz, verfiel aber zusehends.

Die Burg bestand ursprünglich aus dem Unteren und dem Oberen Schloß. Auf der Fläche der Unteren Burg sind heute der Parkplatz und das Schulgebäude zu finden. Vom oberen Schloß mit seinem ehemaligen Zeughaus und Turm sind nur Mauerreste erhalten, die bei

Wolfsberg: Felsen mit Burgruine

der letzten Renovierung 1986 wiederhergestellt wurden. Nördlich der Ruine, an der Straße, die um den Berg zum Dorf führt, kann man ein altes Gewölbe (den einstigen Burgkeller) und den gegenüber liegenden Burgbrunnen entdecken. Die Burg ist weithin sichtbar und leicht zu finden. Entweder läuft man vom Tal den Fußweg hinauf (Gehzeit 5 Min.) oder man fährt mit dem Auto (am Ortsende an der Straße nach Obertrubach Richtung Geschwand, abbiegen, wenige hundert Meter danach ist der Parkplatz). Eine steile Treppe führt zum Felsplateau. Schöne Aussicht aufs Trubachtal!

• *Essen/Übernachten*: **Gasthof Richard-Wagner-Felsen**: Das Wolfsburger Dorfwirtshaus - im Stil der 70er Jahre - liegt an der Hauptstraße, am Fuß des Burgbergs. Kleiner Biergarten am Hang. Es wird Jura-Bräu-Bier ausgeschenkt; Seidla 2,10 DM. Nur sonntags Mittagstisch, ansonsten kleine Brotzeiten. Claudia Gitter vermietet auch Zimmer. DZ mit Du 42 DM (Halb- und Vollpension möglich). Adresse: Haus-Nr. 14, Tel. 09245/431.

▶ **Wandern**: Von Wolfsberg bietet sich eine schöne Kurzwanderung nach **Sorg** zum *Signalfelsen*. In einer Stunde bewältigt man leicht den mit einem roten Punkt gekennzeichneten Wanderweg zu dem Dorf, das nur aus wenigen Bauernhöfen besteht. Der Weg beginnt gleich hinter dem Schulhaus. Kurz nach dem von Obstgärten umgebenen Sorg (Richtung Geschwand) führt ein breiter Weg zum Signalfelsen. Der 582 m hohe Aussichtspunkt zählt zu den schönsten der Fränkischen Schweiz - tolle Ausblicke! Das bizarre Felsmassiv läßt sich mittlerweile über eine sehr steile Metalltreppe leicht erreichen (nur für Schwindelfreie). Das Felsenmassiv ist an Wochenenden auch beliebter Treffpunkt für Kletterer. Ruhebänke bieten die Möglichkeit zum Brotzeitmachen.

Obertrubach

Das 650 Einwohner große Dorf liegt am Ende des mittlerweile schon recht eng gewordenen Trubachtals. Ringsum von vielen Wäldern umgeben, ist es ein viel besuchter Fremdenverkehrsort und mittlerweile eines der Dörfer mit den höchsten Übernachtungszahlen in der Fränkischen Schweiz. Nicht zuletzt wegen eines 33 Häuser umfassenden Ferienparks der Erzdiözese Bamberg, die versteckt am Talhang im Nadelwald liegen. Im Sommer gibt es in Obertrubach wegen der zentralen Lage viel Straßenverkehr.

An Geschichte hat Obertrubach nur wenig zu bieten. Es zählt allerdings zu den ältesten Orten der Fränkischen Schweiz. Bereits 1007 (!) wurde es in einer Schenkungsurkunde erwähnt. In der Ortsmitte steht die schlichte Kirche St. Laurentius. Am Eingang erinnert eine Plastik des auf einem Rost zu Tode gekommenen Märtyrers an den Kirchenpatron. Durch verschiedene Umbaumaßnahmen bedingt finden sich in St. Laurentius sowohl gotische als auch barocke Stilelemente. Am Rand des nordöstlich von der Kirche gelegenen Friedhofs liegt eine kleine Grotte, ein beliebter Gebetsort für die Einheimischen. Vor einer barfüßigen, betenden Muttergottes knien die Gläubigen nieder und spenden eine Kerze (1 DM). Auf der Bank wird festgehalten: "Herr, diese Kerze, die ich hier anzünde, soll ein Licht sein, durch das Du mich erleuchtest..."

Ewige Anbetung: Am 3. Januar ist es wieder soweit. Am Tag der Ewigen Anbetung erstrahlen die Talhänge um Obertrubach in einem Lichtermeer, wenn die Abschlußprozession durch das Dorf zieht.

Geologisch interessant in Obertrubach ist der **Kohlberg** (545 m). Besonderer Anziehungspunkt sind die grauen Dolomitfelsen an einem Steilhang am **Marienheim** (den Weg weist eine Hinweistafel), an der Westseite des Kohlberges. In der Höhe der modernen Bungalows des KAB-Diözesansiedlungswerks verflacht der Hang. Auf der wenig ansteigenden Hochfläche stehen weitere, dünnere Dolomitbänke. Am Osthang des Alten Kohlbergs (1,5 km vom Ortskern) sind ebenfalls Dolomitbänke zu sehen. Es handelt sich um den "tafelbankigen Dolomit des Oberen Malm".

• *Information*: Verkehrsamt Obertrubach, Gemeinde Obertrubach, 8571 Obertrubach, Tel. 09245/220. Geöffnet: Mo - Fr 8-12 Uhr, Do 14-18 Uhr.

Fahrradverleih: Es gibt zwei Fahrradverleiher in Obertrubach. Für 5 DM pro Tag kann man im Hotel Ottilie, Neudorfer Weg 23, Tel. 09245/1277, ein Fahrrad mieten;

für 7 DM im Café-Pension Leistner, Trubachtalstraße 27, Tel. 09245/473.

TIP: Beim Fremdenverkehrsamt gibt es kostenlos zwei Informationsblätter mit Karte zur "Pitztal"-Wanderung und zum Trubach-

talwanderweg. Außerdem wird für 1,50 DM eine Broschüre "Wandern und Radeln in Obertrubach" verkauft, die gute Vorschläge zum Wandern und Radeln im oberen Trubachtal beinhaltet.

Essen/Übernachten

Gasthof Fränkische Schweiz: "Wer hier verkehrt, verkehrt nicht verkehrt", heißt der Hausspruch. Tatsächlich zählt der Gasthof der Familie Maier gegenüber der Kirche zu einem der besten der Gemeinde. Der große Bau mit Fachwerkgiebel liegt im Ortszentrum. Hier wird Fränkische Küche gepflegt. Spezialität: Grillhaxen und Forellen. Weizen gibt es vom Faß. Es wird Wolfshöher Bier zu 2,40 DM ausgeschenkt. DZ mit Du 50-60 DM (Halb- und Vollpension möglich). Die Zimmer mit Balkon gehen zur Straße. Eigener Parkplatz und ruhig gelegene Terrasse. Adresse: Bergstraße 1, Tel. 218.

Gasthof Alte Post: gleich neben dem Gasthof Fränkische Schweiz. Überdachte Terrasse an der Straße, eine weitere im Hintergebäude. Innen nobel-rustikal. Behindertengerechte Pension. Bei Elisabeth Ritter gibt es ein reiches Angebot an Brotzeiten (eigene Schlachterei). Große Auswahl an Essen. Empfehlenswert das "Postgeheimnis" für zwei Personen - Lassen Sie sich überraschen! Es wird Friedmann-Bier aus Gräfenberg ausgeschenkt. DZ mit Du 50 DM. Mi Ruhetag (nur im Winter). Adresse: Trubachtalstraße 1, Tel. 322.

Hotel Ottilie: liegt am Ortsrand (Straße nach Neudorf); neues, rechtwinkeliges Gebäude. Das sehr ruhig gelegene Hotel ist das nobelste von Obertrubach. Eigenes Schwimmbad und Sauna. Die Gäste werden gerne mit dem Kleinbus vom Flughafen in Nürnberg oder Bahnhof Forchheim abgeholt. Kaffeeterrasse. Bier 2,40 DM. Zimmer nur in Verbindung mit Halb- oder Vollpension. DZ mit Du und Halbpension 88-94 DM Adresse: Neudorfer Weg 3, Tel. 1277.

Pension Grüner: modernes, ruhiges Haus am Berghang mit Balkon. Auch Cafébetrieb, mittlere Preise. Kaiser-Bier 2,40 DM. Diätkost möglich. DZ mit Du 54-60 DM,

auch Halb- und Vollpension. Adresse: Neudorfer Weg 3, Tel. 230.

● *Außerhalb*

Gasthof Zum Signalstein: In dem rustikalen Gasthof in Hundsdorf (3 km) (Hausnr. 6, Tel. 09245/247) gibt es fränkische Hausmannskost (Hausschlachtung). Lecker ist die Rinderroulade für knapp 10 DM. Es wird Bier aus der Pottensteiner Brauerei Mayer ausgeschenkt. Terrasse mit Mariengrotte. Hier kann man auch Urlaub auf dem Bauernhof (Liegewiese, Ponys) machen. DZ mit Du 36-50 DM. Familiäre Atmosphäre.

Hotel Friedrichs-Hof: Ebenfalls in dem Weiler Hundsdorf liegt der Friedrichshof, ein 5000 Quadratmeter großer Ferienpark. Die nobelste Pension der Gemeinde Obertrubach. Die 1985 erbaute Anlage bietet erstklassigen Komfort. Gäste brauchen weder auf Swimmingpool noch auf Sauna oder Solarium verzichten. Für Kinder gibt es einen Spielplatz und Ponyreiten. Eigener Fahrradverleih. Der in fränkischer Bauweise errichtete Friedrichs-Hof besitzt zwölf Appartements mit handbemalten Bauernmöbeln. Waschmaschine vorhanden. 47-85 DM pro Wohnung/Tag. In einem eigenen Gebäude ist das "Frankenstüberl" untergebracht. Das geschmackvoll eingerichtete Restaurant mit Wintergarten bietet zahlreiche fränkische Schmankerln. Ein Gaumenschmaus ist die "Wildererplatte". Adresse: Hundsdorf 15, Tel. 418.

● *Privatzimmer*: Es gibt rund ein Dutzend Anbieter von Privatzimmern. Allerdings sind die wenigsten Zimmer mit Du/WC. Die Übernachtung liegt bei etwa 15-20 DM pro Person. Nähere Auskünfte und Liste beim Verkehrsamt erhältlich.

Wandern

Obertrubach bietet ringsum ausgezeichnete Wandermöglichkeiten. Der staatlich anerkannte Erholungsort, der sich gern "Perle der

Fränkischen Schweiz" nennt, richtete erstmals einen Therapeuti-
schen Wanderweg "**Pitztal**" ein. Der vom Erlanger Prof. Dr. Erich
Lang gestaltete Wanderweg soll älteren und Herz-Kreislaufkranken
Menschen mit geringstem Gesundheitsrisiko ein Wandererlebnis vermitteln. Der Weg beginnt 300 m außerhalb des Dorfs (Richtung Bärnfels) und führt knapp 6 km durch die Wiesengründe des Pitz- und
Teichtals auf einem Rundkurs über den "Leienfelser Wald" wieder
zurück zum Ausgangspunkt. Es gibt über 30 Ruhebänke und eine
Schutzhütte am höchsten Punkt in der Waldabteilung "Rothe Hüll".
Der heutige Wanderweg war im Mittelalter bereits viel begangen
und diente den Bewohnern des kleinen Burgdorfs Leienfels als Kirch-
weg. Vom Pitztal läßt es sich leicht in 45 Minuten nach **Bärnfels** laufen. Zurück durch das landschaftlich sehr reizvolle *Gründlein-Tal* nach
Obertrubach. Der Weg ist markiert.

Lohnend ist der Wanderweg nach **Leienfels**. Er beginnt unweit der
Kirche und ist mit einem gelben Kreuz gekennzeichnet. Die ungefähr
4 km lange Strecke führt über den Kohlberg (schöne Aussicht über
Obertrubach) durchs Pitztal hinauf zum Leienfelser Wald. Der gut
ausgebaute Weg führt fast ausschließlich durch Waldgebiete.

▶ **Trubachtal-Wanderweg**: für ausgesprochene Wanderfans. Er ist 19 (!)
km lang und führt vorbei an 19 Mühlen von Obertrubach nach *Pretzfeld* (Kennzeichnung: waagrechter blauer Strich). Der Wanderweg ist
sehr gut ausgebaut und über weite Teile geschottert. Doch während
der warmen Jahreszeit bleibt von der Romantik des Trubachtales
nicht viel übrig - da der Weg fast parallel zur Straße verläuft, hat
man über weite Strecken den Straßenverkehr in den Ohren. Das Besondere an dem Trubachtal-Wanderweg ist weniger die lange Wegstrecke, sondern vielmehr die vielen Möglichkeiten zum Einkehren
und Entdecken, wenn man sich nicht ausschließlich an die gekennzeichnete Route hält.

▶ Zur **Reichelsmühle**: Eine beliebte Kurzwanderung (ca. 30 Min.) führt
von Obertrubach zu dieser schön gelegenen Mühle, die heute noch
als Sägewerk in Betrieb ist. Der Weg geht außerdem vorbei an der
Schlötter-, Ziegel- und Hackermühle sowie am Waldspielplatz. Die
Mühle wurde bereits 1504 als "Hergotsmül" erwähnt und kam 1547 in
den Besitz von Heino Reichl (deshalb Reichelsmühle). Gegenüber der
Mühle liegt das kubisch-moderne **Restaurant-Pension Treiber** (Tel.
09245/489). In dem Touristenlokal gibt es täglich frische Forellen.
Empfehlenswert das Rinderfiletsteak für 19 DM. Terrassencafé. Zum
Kaffee gibt es Hausgebäck. DZ mit Du. 52 DM. Freitag Ruhetag.

Für Leute, die eher ländliche Atmosphäre bevorzugen, lohnt sich der
1,5 km lange Weg (bergauf) zu dem Dörflein **Hundsdorf**. Das kleine
Dorf liegt abseits vom Verkehr. Einkehrmöglichkeit im einfachen
Gasthof "Zum Signalstein" oder im noblen Friedhofs-Hof.

Bärnfels

Nur 2 km von Obertrubach, an der Straße nach Gößweinstein, liegt Bärnfels. Das kleine, romantische Dorf war noch bis vor Jahren ein Geheimtip in der Fränkischen Schweiz.

Doch durch den Bau eines *Skilifts* hat der Fremdenverkehr Einzug gehalten. Charakteristisch für die schöne Lage von Bärnfels ist, daß die Bauernhöfe und Häuser im Tal stehen, während die schöne Kirche mit Zwiebelturm sowie die Burgruine auf die Hügel gebaut sind (schöne Aussicht!).

Burgruine: Mittlerweile ist die Ruine wieder zugänglich gemacht und z. T. originalgetreu restauriert worden. Ein schmaler Weg hinter dem Gasthof "Drei Linden" führt hinauf. Die Ruine hat zwei Ebenen. Durch einen romantischen Durchgang im Dolomitfelsen kommt man mittels einer Holztreppe auf die höhergelegene.

Die Ursprünge der Burg gehen ins frühe 14. Jh. zurück. Erbauer war Ritter Siboto I. von Egloffstein. Jahrhundertelang war das Egloffsteiner Adelsgeschlecht Besitzer der Burg. Daß die Bärnfelser Burg schließlich zur Ruine wurde, ist der Wut der revoltierenden Bauern von 1525 zuzuschreiben. Als sie durchs Trubachtal zogen, kamen sie auch nach Bärnfels und schossen die Burg kurzerhand in Brand. Der Burgherr Gregor von Egloffstein bekam wohl später vom Bischof 335 Gulden zum Wiederaufbau, doch wurde daraus nichts mehr.1934 sollte die Befestigung wegen Gefährdung der nahen Wohnhäuser endgültig abgerissen werden, doch daraus wurde nichts. So konnte die Burg 1969 endlich restauriert werden. Heute ist die Ruine im Besitz der Fam. von Egloffstein.

Essen/Übernachten

Gasthof Drei Linden: Die traditionelle Bärnfelser Gastwirtschaft gehört dem stellvertretenden Landrat Gregor Schmitt (CSU), einem freundlichen Zeitgenossen. Die saalähnliche Gaststube ist modern-rustikal eingerichtet. Ausgezeichnete Brotzeiten (eigene Metzgerei). Im Sommer Terrassenbetrieb. Bekanntes Ausflugslokal. Prima Rinderfilets. Gegenüber moderner Neubau als Gästehaus. Insgesamt 55 Betten. DZ mit Du 52-56 DM. Adresse: Bärnfels 12, Tel. 09245/325.

Gasthof zur Einkehr: Bei der Familie Maier gibt es Hausmannskost ohne Schnörksel. Der Gasthof nahe der Durchgangsstraße bietet Schnitzel in allen Variationen (Hausschlachtung). Achtung: Küche abends leider nur bis 19 Uhr in Betrieb. Große Terrasse. Es werden auch Haflinger-Kutschfahrten angeboten. DZ mit Du und Balkon 48 DM. Adresse: Bärnfels 12, Tel. 302.

Gästehaus Brütting: In einer Sackgasse (absolut ruhig) liegt idyllisch am Rand eines kleinen Tals das neue Gästehaus. Nachmittags auch Café (Do Ruhetag). Terrasse mit unverbautem Blick DZ mit Du. 40 DM. Adresse: Bärnfels 29a, Tel. 09245/555.

▶**Wandern**: Zur **Burgruine Leienfels**; am östlichen Dorfende beginnt ein Wanderweg, der mit einem roten Punkt gekennzeichnet ist, und durch kleine Wälder und Felder am 536 m hohen Reitersberg vorbei den bewaldeten Hang hinab ins Teichtal führt. Im Tal geht man wenige hundert Meter links. Bei einer Brücke beginnt der mit einem gelben Kreuz gekennzeichnete Weg, der ziemlich steil zur Burgruine Leienfels hinaufführt. Von dem 590 m hohen Schloßberg hat man eine einmalige Aussicht, die bei gutem Wetter bis ins Fichtelgebirge reicht. Wegstrecke ca. 9 km; Gehzeit ca. 2 Stunden.

▶ **Skifahren**: Der Bärnfelser Skilift ist einer der drei Skilifte der Fränkischen Schweiz. Der Skihang am 580 m hohen Wolfstein liegt etwas außerhalb des Ortes (ausgeschildert, mit Parkmöglichkeit). Die Abfahrt ist maximal 500 m lang, oben am Berg noch relativ steil, ansonsten recht flach. Gut geeignet, um das Skifahren zu lernen. Der Lift ist bei ausreichend Schnee von 10-22 Uhr geöffnet. Die Tageskarte für den Tellerlift kostet ca. 13 DM.

Da die Fränkische Schweiz ein recht unsicheres Skigebiet ist, ruft man am besten bei der Fam. Schmitt (Tel. 09245/325) an. Der Skilift ist auch mit Flutlicht ausgerüstet.

Leupoldstein

Leupoldstein ist ein stark vom Durchgangsverkehr geprägtes, wenig reizvolles Straßendorf. Heute finden sich noch einige Überreste einer *Burganlage* (Felsengruppe auf der rechten Seite Richtung Gräfenberg), deren Ursprünge bis ins 12. Jh. zurückreichen. Das Adelsgeschlecht von Wiesenthau war Herr über die Befestigung in Leupoldstein. Ritter Dietrich von Wiesenthau nahm es Ende des 14. Jhs. mit dem Gesetz nicht so genau. Er überfiel regelmäßig die Nürnberger Kaufleute. Schließlich riß dem damaligen König Wenzel der Geduldsfaden, und er ließ die Burg 1397 zerstören.

• *Essen/Übernachten*: **Gasthof Alte Post:** Das einzige Gasthaus von Leupoldstein, eine ehemalige Poststation, wurde neu renoviert und rustikal eingerichtet. Das rechte Gastzimmer ist gemütlicher. Gute Küche (Hausschlachtung). Forellen je nach Größe ab 11 DM. Es wird Kaiser-Pils ausgeschenkt. Im Sommer stehen Tische vor dem Gasthaus, aber ungemütlich wegen der vielbefahrenen Bundesstraße. DZ mit DU 56 DM. Di Ruhetag, Tel. 09244/242.

Leienfels

Ein Dorf abseits der bekannten Wege, umschlossen von Wald: Ende der Asphaltstraße. Nicht nur wegen der Burgruine lohnt sich ein Ausflug. Eine kleine Kapelle und ein handvoll Bauernhöfe - das ist alles. Der kleine Bergort ist bis heute noch ziemlich ursprünglich geblieben und ideal als Ausgangsort für Wanderungen.

Die schöne Ruine liegt auf einem hohen Felsvorsprung oberhalb des Teichtales am Ende des Dorfes. Es sind noch einzelne Mauern und Turmansätze zu sehen. Durch die Reste eines Tores betritt man die kleine Anlage. Neben dem Wichsensteiner Burgfelsen gehört die Leienfelser Ruine zu den schönsten Aussichtspunkten der Fränkischen

Schweiz. Vom 590 m hohen Schloßberg reicht der Blick bei optimalem Wetter mehr als 30 km weit. Leienfels ist als Wanderziel recht reizvoll (siehe Obertrubach).

Doch die heutige Beschaulichkeit täuscht. Früher war die Burg Leienfels, erstmals 1222 beurkundet, ein Falschmünzernest. Götz von Egloffstein war nämlich in Geldnöten und prägte die Münzen einfachheitshalber selbst. Der Nürnberger Burggraf Friedrich sorgte jedoch bald für Ruhe und Ordnung. Auch in den nachfolgenden Jahren gab es immer wieder politische Scherereien. So wurde die Burg Leienfels 1397 unter Eberhard I. von Egloffstein vom Städtebund belagert, erobert und zerstört. Nach 150 Jahren wieder aufgebaut, war 1525 das Stichjahr für die nächste Zerstörung (Bauernkrieg). Von den geknechteten Bauern der Pottensteiner Gegend neu errichtet, fand bereits im Mai 1553 die nächste kriegerische Auseinandersetzung statt. Markgraf Albrecht Alkibiades brandschatzte die Burg. Im Jahre 1643 besichtigte eine Forchheimer Kommission das Schloß. Doch aus der geplanten Wiederinstandsetzung wurde wegen Geldnot nichts.

• _Essen_: **Gasthof Burgruine:** Im Vorgärtchen zockelt die Modelleisenbahn zwischen Dolomitstein und Zierpflanzen. Das moderne, große Haus im ländlichen Stil der Familie Zitzmann ist beliebt vor allem bei älteren Ausflüglern. Ruhig gelegen. Biergarten unter einem Kastanienbaum. Fränkisches Essen, besonders empfehlenswert Schäufele mit Klößen. Im Winter Rodelbahn direkt vorm Haus. Mo Ruhetag. Übernachtung pro Person 25-28 DM, Vollpension 41-45 DM. Adresse: Leienfels 2, Tel. 09244/366.

Betzenstein

Gerade 800 Einwohner hat Betzenstein und dennoch Stadtrecht. Es ist eine der kleinsten Städte Bayerns. Auch ansonsten hat Betzenstein allerhand Bemerkenswertes zu bieten.

Umgeben von ausgedehnten Wäldern und Felspartien, bietet sich dem Blick des Betrachters ein hübsches, mittelalterliches Ortsbild mit vielen Fachwerkgiebeln. Auf einem hohen Dolomitfels über der Stadt ragt die aus zwei Flügeln bestehende Burg (nicht zugänglich) empor. Unten im Tal: das *Pflegamtsschloß* aus dem 16. Jh., der berühmte *Tiefe Brunnen* (92 m tief) und zwei schöne, mittelalterliche *Stadttore* sowie Teile der Stadtmauer. In einem der Tore ist ein sehenswertes Heimatmuseum mit einer großen Mineraliensammlung untergebracht. Das Städtchen auf dem Hochplateau ist trotz mancher baulicher Veränderungen ein idyllischer Flecken geblieben. Vom *Aussichtsturm Schmidtberg* am Dorfrand kann man sich davon überzeugen.

Geschichte: Die Geschichte der Stadt - 1187 erstmals erwähnt - ist sehr eng mit dem Schicksal seiner Burg verbunden. Bereits im 12.

Betzenstein Umgebung

und 13. Jahrhundert war die Betzensteiner Feste die Stammburg des Geschlechtes "Petzenstayn". Die Besitznachfolge hatte, wie so häufig, das Bamberger Bistum, später die Herren von Schlüsselberg und die Landgrafen von Leuchtenberg. Betzenstein stand auch einmal unter böhmischer Oberhoheit. Wichtig für den Ort wurde der 25. September 1359. Damals erhob ihn Kaiser KARL IV. zum Markt. Es wurde erlaubt, auf der Feste "Stock und Galgen" zu errichten. Das Stadtrecht bekam Betzenstein 1611. Die Burg wurde 1449 im markgräflichen Krieg niedergebrannt. Dasselbe Schicksal erlitt die Felsenburg 1504 im Landshuter Erbfolgekrieg. Nach der Eroberung wurde den Nürnbergern ab 1504 die Stadt Betzenstein "für immer" zugesprochen. Bis 1806, als die Reichsstadt dem Königreich Bayern einverleibt wurde, blieb sie nürnbergisch.

1972 wurde die Stadt Betzenstein durch die Gebietsreform auf 23 Ortsteile erweitert. Trotz der vielen Dörfer leben hier nur etwa 2.300 Einwohner. Seit 1978 bilden die Stadt Betzenstein und der Markt Plech eine Verwaltungsgemeinschaft.

Der falsche Dürer

Daß die Leute der Fränkischen Schweiz gewitzt und raffiniert waren, zeigt der Betzensteiner Maler ABRAHAM WOLFGANG KÜFNER (1760 - 1817). Nach dem Studium an der Nürnberger Universität in Altdorf wurde er Zeichenlehrer. Daß damit nur wenige Groschen zu verdienen waren, wurde ihm bald klar. Also prägte er Münzen, wurde gefaßt und mußte ein paar Jahre ins Gefängnis. Jetzt hatte der Betzensteiner Künstler dazugelernt. Er lieh sich von der Stadt Nürnberg das weltberühmte Selbstbildnis Albrecht Dürers von 1500, um eine Kopie anzufertigen. Die künstlerischen Qualitäten Küfners waren so gut, daß er kurzerhand die Kopie den Stadtvätern zurückgab und das Original behielt. Bemerkt wurde der Schwindel nicht! Vielmehr kam die Kopie alsbald ins Germanische Nationalmuseum. Das Original wurde 1805 nach München verkauft und hängt in der Alten Pinakothek.

• *Information*: Verkehrsamt Betzenstein, Bayreuther Straße 1 (Altes Rathaus bei der Post), 8571 Betzenstein, Tel. 09244/264. Christa Kraus, die das Verkehrsamt leitet, hilft den Gästen bei Fragen und Problemen. Für Reisegruppen gibt es Stadtführungen. Geöffnet: Mo-Fr 10-12 Uhr und 14-16 Uhr, Fr 10-12.30 Uhr.

• *Langlauf*: Rund um Betzenstein gibt es exzellente Möglichkeiten zum Langlaufen.

Sobald genügend Schnee liegt, kommt das Loipenspurgerät der Stadt Betzenstein zum Einsatz. Das Streckennetz umfaßt insgesamt rund 40 km. Alle Loipen sind markiert. Es werden Rundkurse mit 3 und 12 km Länge angeboten. Am besten besorgen Sie sich beim Fremdenverkehrsamt für 0,50 DM die verläßliche Loipenkarte.

Essen/Übernachten

Gasthof Burghardt: Guter, schlicht eingerichteter Gasthof mit eigener Metzgerei am Unteren Tor. Große Auswahl zu günstigen Preisen. Hauptmahlzeiten (auch Diätkost) 10-17 DM. Schnitzel und Steaks sind die Stärke der Küche. Wolfshöher Bier wird ausgeschenkt. Mi. Nachmittag geschlos-

sen. DZ 37 DM, mit Du 40 DM, Tel. 206.

Gasthof Tiefer Brunnen: Die traditionsreiche Gastwirtschaft mit einem riesigen, auf Tapete aufgetretenen Kupferstich von Betzenstein bietet preisgünstige Brotzeiten (eigene Schlachtung) und typisch fränkisches Essen. Es wird auch selbstgebrannter

Blick vom Aussichtsturm Schmidtberg auf Betzenstein

Schnaps verkauft. Im Sommer einige Tische zum draußen sitzen. Die Besitzer vermieten auch Zimmer; DZ mit Du 60 DM. Der Fam. Windisch/Vizethum gehört auch ein ruhig gelegenes Gästehaus mit Sauna und freier Benutzung des Hallenschwimmbads; Tel. 270.

Gasthof Wagner: Obwohl ein Schild noch stolz Brauerei-Gasthof verkündet, wird längst Kaiser-Pils aus Neuhaus ausgeschenkt. Bei Konrad Beck gibt es prima Preßsack mit "Musik". In dem über 200 Jahre alten Haus werden auch 14 Zimmer vermietet. DZ mit Du 56 DM. Di Ruhetag. Hauptstr. 33, Tel. 1460.

Kneipenbühne **Zeiserla**: Treffpunkt der jungen Leute aus Betzenstein und Umgebung. Gemütliche Kneipe, die auch Konzerte veranstaltet. Kleine Terrasse. Gute Käse- und Nudelspezialitäten. Wer des fränkischen Biers überdrüssig ist, bekommt auch ein Guinness serviert. Adresse: Hauptstr. 32.

• *Privatquartiere*: Es gibt ein Dutzend Privatvermieter in der Stadt Betzenstein. Die Preise liegen zwischen 16 und 28 DM. Auch zahlreiche Übernachtungsmöglichkeiten zu ähnlichen Preisen im Umland, etwa in Hetzendorf, Klausberg, Mergners oder Stierberg. Außerdem gibt es mehrere Ferienwohnungen. 30-40 DM pro Tag für zwei Personen. Liste beim Verkehrsamt.

• *Camping*: Ganzjährig ist der modern-komfortable Campingplatz mit einem verwinkelten Hauptgebäude geöffnet, der 1987 einen Kilometer vom Ortszentrum (Straße nach Leupoldstein gegenüber der Abbiegung nach Kröttenhof) gebaut wurde. Dampfbad, Sauna, Solarium, Kinderspielplatz, Fernsehanschluß, Restaurant - den Gästen fehlt es an nichts. Relativ ruhig. Dienstag Ruhetag. Preise: Erw. 6 DM, Kinder 4,50 DM, Caravan 10 DM, Zelt 8 DM, Auto 2 DM, Motorrad 1 DM. Ab der zweiten Woche gibt es Rabatt. Adresse: Hauptstr. 69, Tel. 7305.

AUSSERHALB

Gasthof Schermshöhe/Hotel Berghof: 1 km von der Autobahnausfahrt Hormers- dorf (A 9) liegt das weitläufige Hotel, das sich seit 1870 im Besitz der Familien

Ippisch/Scherm befindet. Die weitläufige Anlage am Waldrand besitzt Hallenbad, Sauna, Solarium und Kegelbahn. 8 km von Betzenstein. DZ 48 DM, mit Du 56 DM, DZ mit Bad 78 DM.

Waldgasthof Reuthof: 4 km südlich von Betzenstein liegt in einem abgelegenen Tal, umgeben von Wald, die nur 15 Zimmer umfassende Pension von Helmut Stief. Der Waldgasthof mit schönem Fachwerk-Giebel ist nicht nur ein beliebtes Ausflugsziel, sondern auch ein idealer Standort für Ruhebedürftige. Familiäre Atmosphäre. Hübsche Terrasse und Kinderspielplatz. DZ mit Du 44 DM. Adresse: Reuthof (beim Dörfchen Klausberg), Tel. 310.

Fränkische Fachwerkgiebel

Sehenswertes

Tiefer Brunnen: Das restaurierte, kleine Fachwerkhaus am Unteren Tor (Unterer Markt) fällt schon von weitem wegen seiner Schönheit auf. Hier ist der bekannte "Tiefe Brunnen" zu finden. Er ist 92 m tief und wurde von der Stadt Nürnberg erbaut. Die Wasserversorgung war für die wasserarmen Juradörfer stets ein Problem. Mit diesem Ziehbrunnen war jedoch das Problem dreieinhalb Jahrhunderte gelöst. Der von 1543-49 erbaute Brunnen war bis 1902 die einzige Wasserversorgung Betzensteins. Danach wurde das Städtchen an die Jurawasserversorgung (ein Brunnen-Obelisk am oberen Marktplatz erinnert daran) angeschlossen.

Bei der Besichtigung kann man sich von der enormen Tiefe des Brunnens plastisch überzeugen. ANTON BUCHNER, Pensionär und Heimatforscher, schüttet dazu Wasser hinunter, das für die Strecke einige Sekunden braucht. In dem hübschen Fachwerkhaus sind einige Exponate

(Ketten, Wassereimer etc.) zu sehen. Keine festen Öffnungszeiten. Für Besichtigungen ist Anton Buchner, Unterer Markt 32 (wenige Meter vom Tiefen Brunnen) zuständig.

Heimatmuseum: In einer Seitengasse des Unteren Marktes, im sogenannten *Hinteren Tor* (Relikt der Stadtbefestigung), ist das Heimatmuseum untergebracht. Bekannt ist es vor allem wegen seiner Mineralien- und Fossiliensammlung. In den 14 Vitrinen des Stadttores aus dem 16. Jh. ist vom Meteoriten über ein gebändertes Steinbeil bis zum Amoniten eine einmalige Ausstellung zu sehen. Sie ist das Lebenswerk des hochbetagten Anton Buchner, der das Museum mit viel Liebe betreut. 70 Jahre sammelte er Fossilien und Mineralien rund um Betzenstein und in ganz Franken. Versteinerte Hölzer aus der Kreidezeit (110 Mio. Jahre alt), Mammutzahn aus Weidensees, fluorizierendes Gestein ... wahrhaftig eine Sammlung geologischer Kuriositäten. Das kleine Museum, das drei Etagen des Hinteren Tores umfaßt, beherbergt auch alte Bücher und Kupferstiche sowie eine seltene, große Hakenbüchse von 1530. Wer das Museum, das mittlerweile aus allen Nähten platzt, besuchen möchte, wende sich an Anton Buchner, Unterer Markt 32.

Stadtpfarrkirche: Die jetzige evangelische Kirche wurde 1732-48 errichtet und weist viele barocke Stilelemente auf. Die Ausstattung des Gotteshauses wirkt dennoch zurückhaltend. Beachtenswert: die Deckengemälde und eine teilweise reich gearbeitete Empore.

Pflegamtsschloß: Im Ortszentrum (in einer Seitengasse hinter dem Unteren Markt) liegt das leuchtend orange getünchte ehemalige Pflegamtsschloß der Freien Reichsstadt Nürnberg. Der stattliche Bau im Spätrenaissancestil entstand 1669/70 und ist nicht zugänglich. Das Pflegamt war eine kommunale Einrichtung, die sowohl juristische als auch geistliche Kompetenzen hatte. 1806, beim Anschluß Betzensteins an Bayern, wurde das Pflegamt aufgehoben und als Schule benutzt. Mitte der 70er Jahre wurde es zu einem sehr günstigen Preis an einen Privatmann verkauft.

Klauskirche: Nordwestlich von Betzenstein, in einem idyllischen Buchenwald, liegen die Überreste der 600.000 Jahre alten Meeresstrandhöhle. Die riesige Höhle durchschneidet einen Berg von Westen nach Osten. Mit einer Länge von 30 m, einer Breite von 3 m und einer Höhe von 4 m hat die Klauskirche beachtliche Dimensionen. Entstanden ist die Höhle, als die Wogen des damaligen Meeres sich an den harten Dolomitfelsen eingruben und Spalten und Durchbrüche schafften. Ein Besuch ist vor allem im Winter ein besonderes Erlebnis. Im Januar/Februar bilden sich oft große Eiszapfen, die an Stalaktiten erinnern.
Der Weg zur Klauskirche ist mit einem roten Ring markiert. Der Wanderweg führt vom Ortszentrum rund um Betzenstein. Die Gehzeit für den gesamten Weg beträgt eine Stunde.

▶ **Wandern**: Die Stadt und der Fränkische Schweiz-Verein haben sich in den letzten Jahren sehr bemüht, das Wanderwegnetz noch weiter auszubauen. So besitzt Betzenstein heute 250 km markierte Wege! Wer jedoch erst einmal den Ort kennenlernen möchte, sollte sich eine halbe Stunde Zeit nehmen, um zu dem auf 540 m Höhe gelegenen hölzernen Aussichtsturm **Schmidtberg** (gegenüber vom Burgfelsen) zu gehen. Nach einem kleinen Spaziergang durch die schmalen Gassen führt ein bequemer Weg hinauf zum Aussichtsturm. Von hier hat man einen wunderbaren Ausblick über den gesamten Ort.

Einige Wandertips: Eines der beliebtesten Wanderziele ist der **Große Wasserstein** (Markierung: Roter Punkt). Dort ist nämlich die Fundstelle des *kleinsten Säugetieres Mitteleuropas*. Man läuft vom Vorderen Tor die Straße nach Höchstadt entlang. Die Fundstelle, ca. 1 km nördlich von Betzenstein, ist in der Waldabteilung "Großer Wasserstein" (Fundstelle 15 m von der Straße).

1951 führte dort der fränkische Höhlenforscher und Paläontologe Dr. Georg Brunner Grabungen durch und fand den Unterkiefer des kleinsten Säugetieres Mitteleuropas (Sorex minatissimus). Neben einem gleichartigen Fund in Frankreich ist die Betzensteiner Entdeckung einzigartig geblieben. Man nimmt an, daß die bisherigen Fundstellen nicht die Wohnorte dieser winzigen Tiere gewesen sind, sondern daß sie durch Wanderungen dorthin gelangten.

Relativ kurz und dennoch landschaftlich recht reizvoll ist der mit einem roten Punkt gekennzeichnete Weg zum **Großen Wasserstein** (4,5 km). Zu dieser vorgeschichtlichen Jägerstation und dem wuchtigen Dolomitfelsmassiv gelangt man vom Heimatmuseum (Hinteres Tor) über die *Windmühle*.

Dieser Flurbegriff verweist auf eine noch im Beginn des 20. Jahrhunderts vorhandene Windmühle. Diese für die Fränkische Schweiz ungewöhnliche Mühlenart verdankt wahrscheinlich ihre Entstehung der Wasserknappheit der Stadt. 1804 kaufte die Windmühle übrigens der Betzensteiner Maler Abraham Wolfgang Küfner. Doch er durfte sie nicht lange behalten, denn so meisterlich er sein Handwerk verstand, sowenig konnte er mit Geld umgehen. Im April 1917 wurde sie kurzerhand vom damaligen Besitzer wegen Baufälligkeit abgerissen. Damit wurde der Schlußpunkt unter die 400jährige Betzensteiner Windmühlen-Geschichte gesetzt. Die Pension namens "Windmühle" an derselben Stelle (DZ 32 DM, Tel. 397) erinnert bis heute daran.

Der Weg zum Großen Wasserstein führt übers romantische Hexentor (Felsengebilde) und Hexenboden sowie dem Dörflein Kröttenhof, vorbei an der sogenannten Buchnershöhle, zurück nach Betzenstein. Gehzeit eine Stunde.

Damhirsche beim Äsen im Wildgehege

Wildgehege Veldensteiner Forst (Markierung: Grünes Kreuz): Vom Unteren Tor führt eine kleine asphaltierte Straße in das Bauerndörfchen Mergners. Einen halben Kilometer außerhalb des Orts biegt der Weg bei einem markanten Baum links ab. Eine schnurgerade Forststraße führt durch den östliche Veldensteiner Forst (man unterquert die A 9) zum Wildgehege. Einkehrmöglichkeit in der Waldschänke. Gehzeit eineinhalb Stunden.

Stierberg

Stierberg mit seinen knapp hundert Einwohnern wurde erst in den letzten Jahren von Ausflüglern entdeckt. Man sieht noch Brotöfen, alte Scheunen und ein hübsch restauriertes Haus mit der Dorfglocke.

Ziemlich versteckt liegt die Ruine Stierberg. Aus den schönen Buchenwäldern des Schloßberges ragen die wenigen Mauern hervor. Der Weg zur Ruine ist umständlich, da ein Privatgrundstück den kürzesten Zugang versperrt. Aufstieg vom Ortszentrum zur Burg ca. 10 Minuten.

Die Geschichte der Burg reicht bis ins späte 12. Jh. zurück, als die Herren von Stör das Bergschloß erbauen ließen. Wie andere Burgen in der Nachbarschaft, fiel Stierberg durch einen Erlaß von Karl IV. an Böhmen (1355). Nach einem kurzfristigen Besitz durch den Landgrafen von Leuchtenberg gehörte es dem Nürnberger Patrizier Haller und dann endgültig Herzog Ludwig von Bayern. Viel ist von der ehemaligen Burg nicht übriggeblieben. Nur noch ein Turmrest, ein offener Torbogen und Reste der Umfassungsmauer. Dafür wird der Besuch mit schönen Ausblicken, soweit es der dichte Wald zuläßt, belohnt.

Drehorgel im Unterstand

Ein Unterstand an der Dorfstraße zum Schloßberg beherbergt ein Museum ohne Öffnungszeiten, ohne Eintrittsgebühr, ja sogar ohne Türe. Die letzte Ecke des einer Garage ähnelnden Schuppens ist gefüllt mit Kuriositäten, manches mit handgeschriebenen Schildchen versehen: Eine 130 Jahre alte, metallene Handdreschmaschine (Drehorgel genannt), ein zwei Jahrzehnte alter BMW, ein Schaukelpferd, Ofenkacheln von 1620, alte Bibeln, Ochsengeschirr, Inflationsgeld der Weimarer Republik ... Der seltsame Unterstand mit seinen Absurditäten und Antiquitäten ist das Open-Air-Museum des Bauern Gerhard Göldner (Jahrgang 1929), der den benachbarten Hof (Haus Nr. 3) mit seiner Frau bewirtschaftet. Für den passionierten Hobby-Sammler sind die ungewöhnlichen und unverkäuflichen Exponate kein Kleinkram, sondern ein Stück persönlicher Erinnerung: "Für mich sind die Gegenstände Hilfe, um mit der Vergangenheit zu kommunizieren", sagt der betagte Landwirt. Seit 1987 - durch seine Beteiligung an der 800-Jahr-Feier von Betzenstein - kam dem in den Nachkriegsjahren auf einem Flüchtlingswagen nach Stierberg gekommenen Bauern die Idee zu seiner Sammlung. Wenn er Zeit hat, erzählt der freundliche Senior die interessanten, witzigen, aber auch tragischen Geschichten manch seiner Exponate.

Landgasthof Fischer: Der nette, sehr ruhig gelegene Neubau mit schönem Blick auf den Schloßberg ist Stierbergs einziges Gasthaus. Innen großzügig, rustikal eingerichtet (Holzdecke). Im Foyer hängt die Fahne der örtlichen Feuerwehr. Hübsch gelegene Terrasse. Fränkisches Essen (Hausschlachtung). Uns schmeckte besonders der Zwiebelrostbraten für 16 DM. Eine Spezialität ist die in Dosen verpackte Wurst, die bei den Stammgästen besonders geschätzt wird. Mo Ruhetag. DZ mit Du 68 DM. Adresse: Stierberg 25, Tel. 09244/384.

▶**Wandern: Langer Berg** (Markierung: Grüner Punkt und Roter Fuchs): Als eine der schönsten Kurzwanderungen gilt der Rundweg um den Langer Berg, einer abwechslungsreichen Felskulisse mit dem "Juraelefant" (Felsgebilde) westlich von Stierberg. Vom Ortszentrum (Wegkennzeichnung Grüner Punkt) läuft man auf der wenig befahrenen Straße in Richtung B 2 und biegt dann bereits im Wald nach links in einen Wanderweg ab. Am Fuß des Langer Bergs an einer Weggabelung kann man den romantischen Rundweg (Wegkennzeichnung Roter Fuchs) beginnen. Gehzeit eineinhalb Stunden.

Wildenfels

Zu den schönsten Ruinen der südöstlichen Fränkischen Schweiz zählt Wildenfels (4 km von Hilpoltstein). Bereits 1553 wurde die Burg durch Markgraf Albrecht Alkibiades zerstört, der damals gegen die Freie Reichsstadt Nürnberg vorging.

Heute sind durch umfangreiche Restaurationsarbeiten beachtliche Reste des Wohnhauses und des Bergfrieds instandgesetzt worden. Von dem steilen Berg, zu dem ein bequemer Wanderweg hinaufführt, hat man einen schönen Ausblick.

An der Ruine informiert eine Hinweistafel über die Geschichte. 1310 wurde die Burg urkundlich erwähnt und war für eine Zeitlang ein Lehen der böhmischen Krone. Nach den Landshuter Erbfolgekriegen gehörte die Wehranlage zur Freien Reichsstadt Nürnberg.

Gleich im Nachbardorf **Strahlenfels** stand einst auch eine Burg. Das Bergschloß auf dem 587 m hohen Schloßberg hat nur eine bescheidene Rolle in der Lokalgeschichte gespielt. Die Burg Strahlenfels erlitt dasselbe Schicksal wie Wildenfels. Sie wurde 1553 von ALKIBIADES zerstört. Bis auf ein paar kümmerliche Reste ist am Schloßberg von einer Ruine nichts mehr zu sehen.

Spies

Ist zum Begriff für Wintersport in der Fränkischen Schweiz geworden - hier befindet sich der größte Skilift der Region (1,5 km vor dem Dorf). Am Wochenende bei schönem Wetter herrscht dichtes Gedränge. Die Abfahrt ist nicht schwierig.

Werktags bei entsprechenden Schneeverhältnissen ab 13 Uhr, Samstag/Sonntag ab 9 Uhr in Betrieb. Es gibt auch eine kleine Getränkestube und eine Bergwacht-Station. Auskünfte über die Schneeverhältnisse unter Tel. 09244/394 (Bergwacht und Skilift) oder beim Fremdenverkehrsamt in Betzenstein.

Eine der höchsten Erhebungen der Fränkischen Schweiz ist der *Spieser Felsen* mit seinen 616 Metern. Hier hatten die RITTER VON SPIES bereits seit dem 12. Jahrhundert ihre Burg. Da sie die Gesetze nicht so ernst nahmen und als Raubritter die Gegend unsicher machten, ließ der böhmische KÖNIG WENZEL die Burg am 23. September 1397 zerstören. Nach zweimaligem Aufbau wurde sie 1553 endgültig zerstört. Zu sehen ist heute so gut wie nichts mehr.

▶ **Wandern**: Eine Wanderkarte im Dorf informiert gut über die Möglichkeiten.

Spies-Betzenstein (Markierung: Blauer, waagrechter Strich): Zu den schönsten Wanderungen zählt der knapp 7 km lange Weg nach Betzenstein. Er führt durch die dicht bewaldete, hügelige Landschaft an der Ostgrenze der Fränkischen Schweiz. Der Weg beginnt in Spies und ist mit einem blauen, waagrechten Strich markiert. Die Strecke führt kurz an der Asphaltstraße nach Strahlenfels entlang, biegt

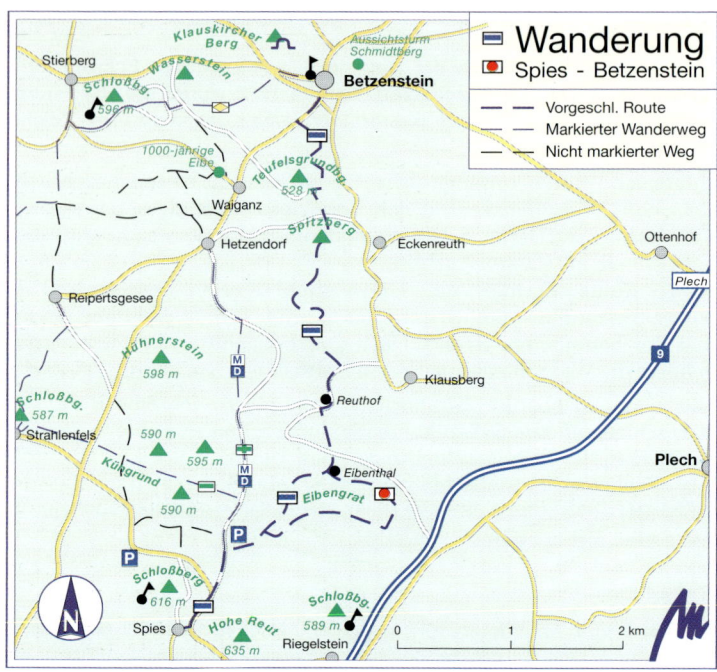

dann rechts ab und nach wenigen hundert Metern (bei einem Parkplatz) wieder rechts bergauf. Sollten Sie über festes Schuhwerk ver-
fügen und schwindelfrei sein, können Sie am Berg dem mit einem roten Punkt gekennzeichneten Weg über den Eibengrat, einem Klet-
tersteig, folgen. Sowohl dieser nicht unaufwendige Umweg, aber
auch der mit einem blauen, waagrechten Strich gekennzeichnete
Wanderweg führen zu dem Einödhof Eibenthal und nach einem weiteren Kilometer nach Reuthof (Gasthof, siehe Essen/Übernachten
Betzenstein). Von dort führt über den Spitzberg und Teufelsgrund-
berg die Route zum südlichen Stadtrand von Betzenstein. Gehzeit etwa zwei Stunden.

Veldensteiner Forst: Der östlich an Betzenstein angrenzende Veldensteiner Forst ist mit seinen 7000 Hektar Kiefernwald eines der größten zusammenhängenden Waldgebiete Frankens. Zahlreiche Dolinen, Dolomitfelsen und Trockentäler machen es zu einem interessanten Wandergebiet. Sehr bekannt ist das von der Bayerischen Staats-
forstverwaltung betriebene *Wildgehege*, das einem riesigen Park
gleicht. In großzügigen Gehegen - allein das Rotwildareal umfaßt 40
Hektar - sind Rehe, Damhirsche, Wildschweine und anderes heimi-

sches Wild zu sehen. Die Tiere sind verblüffend zutraulich und dürfen gefüttert werden.

Geöffnet 9-18 Uhr, kein Eintritt. Mais zum Füttern (nicht aus der Hand) 1 DM. Hunde können beim Besuch des Wildgeheges in einem Zwinger zurückgelassen werden.

Essen/Übernachten

Gasthaus Waldschänke: In der Nachbarschaft des Tiergeheges steht das schöne Holzhaus, die einzige Einkehrmöglichkeit. Die Spezialität des gemütlichen Lokals sind nicht ganz billige Wildgerichte. Wenn es draußen kalt wird, schürt der Wirt den offenen Kamin an. Vor dem Haus Holzbänke. Von Oktober bis Februar nur an Wochenenden und Feiertagen geöffnet.

Hotel Veldensteiner Forst: Am südlichen Ende des Veldensteiner Forsts liegt das stille Dörfchen Bernheck (170 Einwohner). Am Ortsende bietet das eigentlich aus zwei Häusern bestehende Hotel guten und freundlichen Service. Innen kitschig-rustikal eingerichtet. Im Foyer ein präpariertes Wildschwein. Das Hotel verfügt über Hallenbad, Solarium und Fahrräder. Zum Hotel gehört noch ein Bauernhof. Hirsch- und Wildschweinbraten sind die Spezialität des Restaurants. Uns schmeckte der Försterbraten besonders gut. Mo Ruhetag. Preise in der Hauptsaison: DZ mit Bad/Balkon 94 DM. Adresse: 8571 Bernheck 38, Tel. 09244/414.

▶ **Wandern**: Es gibt 16 mit Tiersymbolen markierte Wanderwege sowie einen Waldlehrpfad. Die meisten Wege sind breite, bequem begehbare Forststraßen ohne nennenswerte Steigungen.

Im Veldensteiner Forst kann man viele *Karsterscheinungen* sehen. Lohnend ist der Besuch des *Lochsteins*, eine 3 km nördlich vom Wildgehege von einem Wasserlauf ausgewaschene Durchgangshöhle im Dolomit. Der Wanderweg ist beim Wildgehege mit einem roten Kreis gekennzeichnet.

Plech

Der Name des Ortes am Rande der Fränkischen Schweiz hat seine Wurzeln in der einstigen Herstellung von Eisenblech. Heute ist das Dorf nahe der Autobahn Nürnberg-Berlin durch sein "Fränkisches Wunderland" bekannt, einem Freizeitpark, der mit seinem "Kansas City" dem Wilden Westen zu neuem Leben verhilft: Westernshow, Goldwaschanlage, Schießhalle, Sommerrodelbahn, feuerspeiende Drachen, Indianer-Sonnentanz ...

Geöffnet: Tägl. Ostern bis Mitte Okt. 9-18 Uhr. Eintrittskarte für alle Attraktionen Erw. 11,50 DM, Kinder bis 13 Jahren 8 DM, Rentner 10 DM; Tel. 09244/451.

Beachtenswert ist am Südrand des Dorfes das Dolomitfelsenriff *Großer Berg*, der unter Naturschutz steht. Die Pflanzenwelt um Plech birgt noch manche Rarität. Hier findet man noch Seidelbast, Frauenschuh, den seltenen Türkenbund oder den kleinen Enzian.

Wirtshaus mit Tiefgang

Gasthaus zur Traube: In der Gaststube führt eine Treppe zu einer Bar hinab. Das Zentrum des Raumes nimmt die aus rotem Klinker gemauerte Fassung des 1539/40 entstandenen Brunnens ein. Gerne zeigt die nette Besitzerfamilie neugierigen Besuchern ihren Kellerbrunnen, der 45 Meter tief ist und noch immer Wasser liefert. Bei Beleuchtung kann man ihm auf den Grund gucken. In dem 1990 umgebauten, rustikal gestalteten Gasthaus lohnt es sich durchaus, länger zu verweilen. Deftige, fränkische Küche zu Niedrigstpreisen (eigene Schlachtung). Adresse: Hauptstr. 9; Tel. 329.

▶ **Wandern: Veldensteiner Forst** (Roter Punkt): Von der Hauptstraße biegt in Richtung Autobahn nach rechts (nordöstlich) eine Straße nach Bernheck (2 km) ab. Der Wanderweg führt durch das Dörflein Richtung Norden, und nach wenigen hundert Metern gelangt man in den eigentlichen Veldensteiner Forst. Vorbei an dem Orientierungspunkt *Ponte Rosa* und der Reitersteighöhle (wenige Minuten vom gekennzeichneten Wanderweg) trifft man nach einer dreiviertel Stunde auf die Kreisstraße Plech - Pegnitz. Nach wenigen hundert Metern auf dem Asphalt liegt linker Hand das Wildgehege und die "Waldschänke". Gehzeit 2 Stunden.

Neuhaus an der Pegnitz

Im malerischen Tal der Pegnitz liegt der Markt Neuhaus. Der verwinkelte Ort wird überragt von der mächtigen Burg Veldenstein, die einst Hermann Göring gehörte und bis Kriegsende mit viel Geld renoviert wurde. Heute hat die in Neuhaus beheimatete Kaiser-Bräu, größter Gerstensaft-Produzent im Nürnberger Land, die Burg gepachtet. Der Bierfabrikant hat in Neuhaus seine Spuren hinterlassen, das Fabrikgebäude verunstaltet die malerische Kulisse. Für eine Exkursion lohnt sich die drei Kilometer östlich gelegene *Maximiliansgrotte* (bei Krottensee) mit ihren mächtigen Tropfsteinen.

• *Information*: Verkehrsamt im Rathaus (freundlicher Service), 8574 Neuhaus an der Pegnitz, Tel. 09156/226. Geöffnet: Mo 8-16 Uhr, Di/Mi 8-12 Uhr, Do 8-18 Uhr, Fr 8-12 Uhr.

Burg Veldenstein

Zweifellos wegen ihrer Größe und exponierten Lage eine der schönsten Burganlagen am Rand der Fränkischen Schweiz. Lange, begehbare Wehrmauern, ein ebenfalls begehbarer mächtiger Bergfried, erhaltene Mauertürme und Burggebäude machen einen Besuch zu einem Erlebnis. Berühmt wurde die Burg - heute im Besitz des Freistaat Bayerns - als Domizil des NS-Politikers Hermann Göring, dem die Anlage ab 1939 gehörte. Nach Kriegsende löste die Nazi-Burg einen wahren "Goldrausch" aus. Ungeheure Schätze soll der Reichsmarschall von Karinhall ins Fränkische geschafft haben. Die abenteuerlustigen Amerikaner gruben mit Pickeln und Preßlufthämmern das Burggelände um. Sie entdeckten letzten Endes einen Schatz. Siebzig Zentimeter unter einer Betondecke fanden sie Kognak, Wein

Der Bergfried von Burg Veldenstein

und Sekt. Doch die 36 Tischleuchter waren nicht aus Gold, sondern nur aus Kupfer. Relikt der Nazizeit ist der erhalten gebliebene, weitverzweigte Luftschutzbunker unterhalb des Hauptgebäudes (Hinweisschild), dessen Zugang außerhalb der Burgmauer lag und heute noch begehbar ist.

Die Ursprünge der Anlage liegen im Dunkeln. Sicher ist, daß sie im 14. und 15. als bischöfliche Verwaltungs- und später als Residenzburg diente. Während sie noch dem Städtekrieg im 14. Jh. und dem Hussitenkrieg (15. Jh.) widerstand, wurde sie 1632 von den Schweden erobert. Ruine wurde Burg Veldenstein 1708 durch eine gewaltige Explosion im Pulverturm.

Geöffnet: Mo-Fr 9-18 Uhr, Sa-So 9-19 Uhr, Eintritt 1,50 DM, Schüler/Rentner 1 DM.

"In einer schönen Landschaft sticht sie empor, die Burg hoch auf dem Felsen, ein steinerner Klotz über den Wellen der Erde. Adolf Hitler vermachte sie damals seinem Reichsminister Hermann Göring, davon zeugen noch immer Gedenktafeln. Zwischen Kinderspielplatz und Wirtshausgarten stehen Gehege, Käfige mit Waschbären zum Beispiel . . ." schreibt Ludwig Fels ("Alles geht weiter", Luchterhand 1977) über die Burg Veldenstein.

Essen/Übernachten

Hotel Burg Veldenstein: Für Romantiker - Schlafen und Dinieren im Burggemäuer. Hoch über der Regnitz sich komfortabel zu betten, gehobene fränkische Küche mit Wild, Fleisch und Huhn von Bauern aus der Umgebung auf feinem Porzellan und mit edlem Besteck zu genießen, ist in der Burg Veldenstein kein Problem. Das alles hat seinen Preis. DZ mit Du 82 DM, Appartements mit großzügiger Aufteilung 105 DM (ab der zweiten Übernachtung wird Rabatt gewährt). Professionell geführtes Haus, aber dennoch familiär. Das weitverzweigte Restaurant, geschmückt mit vielen präparierten Vögeln, hat vor allem am Wochenende Betrieb. Für ein Menü sollte man mit 30 DM rechnen. Adresse: Burgstr. 88, Tel. 633.

Bayerischer Hof: Traditionshaus im Herzen von Neuhaus. In dem gemütlichschlichten Restaurant von Baptist Rauh wird Vorzügliches serviert. Spezialitäten sind Wild- und Fischgerichte. Uns schmeckte besonders der Wildschweinbraten mit Kroketten für 18 DM. Sehr gutes Preis-Leistungs-Verhältnis. Hausschlachtung. Auf Wunsch Diabetikerküche. Im gleichen Haus ist auch eine Bäckerei und Konditorei untergebracht, was frisches Gebäck garantiert. Einfache, saubere Zimmer, DZ mit Du 60 DM. Ganzjährig geöffnet. Mo Ruhetag. Adresse: Unterer Markt 9, Tel. 671.

Gasthof Waldschänke: An einer Straßengabelung in einem ruhigen Wohnviertel am Ortsrand (Richtung Sportplatz) liegt der Gasthof. Wenn auch innen recht ungemütlich, der Biergarten unter Lindenbäumen vorm Haus ist umso schöner. Wenig Auswahl auf der Speisekarte, leckerer Kalbsbraten. DZ 50 DM. Adresse Waldstr. 11, Tel. 315.

▶ **Wanderung: Geißloch-Höhle** (verschiedene Markierungen): Vom Ortszentrum führt der mit einem blauen Punkt gekennzeichnete Weg durch eine waldreiche Hügellandschaft zu dem westlich von Neuhaus gelegenen Weiler *Pfaffenhofen*. Im Ort biegt man nach rechts ab (jetzt dem roten Kreis folgen). Nach 2 km erreicht man das Dörflein *Viehhofen* (Einkehrmöglichkeit), von dort sind es noch 1,5 km. Zum schluchtartigen Höhleneingang muß man den steilen Hang hinauf. Besichtigung nur mit Taschenlampe möglich! Gehzeit ca. 2 Stunden.

Gräfenberg

Das schmucke mittelalterliche Städtchen liegt auf 450 Metern Höhe inmitten bewaldeter Hügellandschaft und ist vom Tourismus noch recht unberührt. Auch an sonnigen Frühlingswochenenden hält sich der Zulauf von Besuchern in Grenzen.

Von der Stadtbefestigung, die ab 1520 ganz Gräfenberg mit wehrhaften Mauern und Türmen umgab, stehen zwar heute nur noch einzelne Abschnitte, aber dafür gibt es noch drei gut erhaltene Stadttore.

Mittelalterlichen Flair verbreitet auch der *Marktplatz* mit seinen stattlichen Bürgerhäusern, dem wappenverzierten Rathaus mit dem "Nürnberger Erker" und dem Wolfsberger Schloß samt dem davor plätschernden Ritter-Wirnt-Brunnen an der Südseite.

Die Innenstadt wurde in den 80er Jahren umgestaltet und verkehrsberuhigt. Vor dem Rathaus hat man sogar die ehemalige Viehtränke wieder aufgestellt, die hier bis vor rund 20 Jahren noch stand.

Zum 1924 errichteten Kriegerdenkmal am Michaelsberg führen 239 breite Stufen; für den Aufstieg wird man mit einem prächtigen Blick auf den Ort und das Kalkach-Tal entlohnt. Ein Denkmal anderer Art befindet sich hinter dem Hiltpoltsteiner Tor: das Naturdenkmal der

Hier lagerte das gute Gräfenberger Bier bevor es Kühlaggregate gab

Kunigundenlinde - der Überlieferung zufolge soll der ehrwürdige Baum von der Kaiserin persönlich gepflanzt worden sein, womit er knapp 1000 Jahre alt sein müßte.

Geschichte

Sie reicht weit ins Mittelalter zurück und ist geprägt von vielen Zerstörungen und Leiden. Seit der ersten urkundlichen Erwähnung 1172 war Gräfenberg bis zum 14 Jh. im Besitz der RITTER VON GRAVENBERG, die sich auch noch die Hinterlassenschaft der Freien von Wolfsberg aneigneten und sich deshalb auch WOLFSBERGER nannten. Unter KONRAD V. GRÄFENBERG erlangte der Ort 1333 das Marktrecht, unter dessen Schwiegersohn BERTOLD HALLER 1371 das Stadtrecht. 1437, 1462 und 1474 wütete die Pest. 1567 brannte die Stadt infolge der Unvorsichtigkeit eines Knechtes völlig nieder. Nach dem Dreißigjährigen Krieg wurde die Stadt 1631 von den Kroaten geplündert, 1632 vom Wallensteinischen General GALLAS niedergebrannt und 1634 von den Schweden noch der Kirchenglocken beraubt. Die Jahre 1796, 1800/01 und 1804/05 ließen das Städtchen während der Koalitionskriege nochmals erschauern.

1806 wurde Gräfenberg, das seit Mitte des 16. Jhs. zum Hoheitsgebiet der Freien Reichsstadt Nürnberg gehörte, zusammen mit Nürnberg dem Königreich Bayern eingegliedert. Im österreichisch-preußischen Krieg von 1866 standen zwar die Bayern auf Seiten Österreichs, wurden jedoch bei Bayreuth von den Preußen geschlagen. Auf seinem Vormarsch nach Nürnberg stieg der preußische Großherzog von Mecklenburg in Gräfenberg ab und führte dort Vorverhandlungen zur Waffenruhe zwischen Bayern und Preußen.

Ersten wirtschaftlichen Aufschwung bekam die Stadt durch die Bahnlinie Erlangen - Gräfenberg (1886), die sogenannte *SEKU* (Sekundärbahn). Seit 1908 Zugverbindung über Eschenau nach Nürnberg.

• *Information*: Stadtverwaltung Gräfenberg, Kirchplatz 8, Montag bis Freitag 8-12 Uhr, Donnerstag 14-17 Uhr. Tel. 09192 / 70929.

Essen/Übernachten

Alte Post: Der älteste Gasthof im Ort, direkt am Marktplatz. Obwohl derzeit von Übersiedlern belegt, geht der Gaststättenbetrieb dennoch weiter. Tel. 257; Montag Ruhetag.

1866 war der Gasthof Quartier des preußischen Großherzogs von Mecklenburg und Schauplatz der Vorverhandlungen über die Waffenruhe. Aus Furcht vor den heranrückenden preußischen Truppen brachten die Gräfenberger Geld, Silber, Kleider und Pferde in Sicherheit. Mit der Freude über die Waffenruhe überwanden die Gräfenberger ihre Furcht vor den Preußen und ließen die Stadtkapelle dem Großherzog ein Ständchen spielen - die bemalte Hausfassade erinnert an diese Situation.

Friedmann's Bräustübl: die gemütlichste Wirtsstube im Ort, niedrige, alte Spunddecke, an den Wänden Hirschgeweihe. Gute Auswahl an warmen Gerichten und gutes Bier aus eigener Brauerei. Tel. 8709, Dienstag Ruhetag.

In der Gaststätte gleich hinter dem Hiltpoltsteiner Tor sind zur Zeit ebenfalls Übersiedler untergebracht, sodaß bis auf weiteres keine Zimmer vermietet werden können.

Gräfenberg Umgebung

La Grotta: Vis à vis Friedmann's schließt der gut besuchte und beliebte Italiener eine gastronomische Marktlücke. Bei schönem Wetter kann man auf der kleinen Terrasse direkt an der Straße seinen Eisbecher löffeln. Bayreuther Str. 7, Tel. 8747, kein Ruhetag.

Zur Taube: In der wiedereröffneten Wirtschaft kann man gut und preiswert essen. In der kleinen Gaststube mit Kachelofen trifft man hauptsächlich Einheimische. Bayreuther Str. 3, Tel. 1577, Dienstag Ruhetag.

Zum Stiefel: Der originale Wirt ist ein wandelndes Klamauk-Lexikon in Sachen Gräfenberger Geschichten. In der Gaststube ohne rustikale Schnörkel gibt es eine kleine und preiswerte Auswahl guter fränkischer Gerichte und üppiger Brotzeitteller, dazu exzellentes Pils der Privatbrauerei Friedmann.
Am Gesteiger 4, Tel. 450, Montag Ruhetag.

Stadtcafé (Pilsstube): Anlaufpunkt des jüngeren Publikums, direkt am Marktplatz, ab

19 Uhr geöffnet.
Die 200jährige Stube mit ihrem alten Gebälk ziert ein moderner Kachelofen im Renaissance-Stil. Die Eingangstüre erinnert an einstige Schreckenszeiten. Noch heute sieht man die Einschußstelle eines Franzosen des Koalitionskriegs, der damit den damaligen Inhaber, Bäckermeister Kunzmann, tödlich traf.

Brauereigasthof Lindenbräu (Brehmer): neu renovierte Gaststube mit großem Kachelofen; im Sommer werden auch im Hof Biertische und Bänke aufgestellt. Eigene Hausbrauerei, Bier aus dem Faß oder in alten Schnappverschlußflaschen. An Wochenenden warme Küche, sonst Brotzeitteller etc. Von den selbstgebrannten Schnäpsen unbedingt den Bierschnaps probieren.
Bahnhofstraße, Tel. 348, Freitag Ruhetag.
Grüner Baum: Dezent rustikale Gaststube schräg gegenüber vom Lindenbräu. In dem neueröffneten Speiselokal wird gutbürgerliche Küche auf wechselnden Tageskarten serviert, z.B. Lendchen in Gorgonzolarahm oder Roastbeef mit Avocadoscheiben - eine leckere Abwechslung zu den deftigen fränkischen Gerichten, allerdings etwas teurer (Hauptgerichte um die 15 DM), aber empfehlenswert.
Pension Auerhahn: neuerbaute Pension mit geräumigen Zimmern, am Rand eines Obstgartens auf der Anhöhe gelegen (Abendsonne). Übernachtung mit Frühstück je nach Aufenthaltsdauer ca. 20 bis 25 DM pro Person. Bergstr. 6, Tel 1000.

Ausserhalb

• *Höfles* (Richtung Egloffstein, nach dem Buchwald rechts ab): **Gasthof/Pension Kraft**, exzellenter und preiswerter Mittagstisch. Doppelzimmer je nach Ausstattung 40 bis 50 DM.
Höfles 3, Tel. 333, Montag Ruhetag.
Familie Hofmann, "Urlaub auf dem Bauernhof". Direkt am Waldrand, mit Liegewiese und Terrasse. 2 Ferienwohnungen von ca. 35 bis 50 DM, die aber auch als Doppelzimmer für ca. 32 bis 36 DM vermietet werden. Höfles 6, Tel. 7786.

• *Lilling*: Familie **Friedrich**, Haus am Ortsrand zum Lillachtal, inmitten eines Kirschgartens - mit Liegewiese und Kinderspielplatz. Fahrräder, Schlitten und Skier können gemietet werden. Außerdem Sauna im Haus. Gemütliche Ferienwohnung im 1. Stock für 2-6 Personen, der Grundpreis für 2 Personen beträgt 38 DM, Endreinigung 30 DM. Lilling 44, Tel. 8571.
Im gleichen Preisniveau bewegt sich die Ferienwohnung **Pingold** mit eigener Brennerei. Lilling 4,, Tel. 7494.

Sehenswertes

Von den einstmals vier **Stadttoren** sind noch erhalten das Hiltpoltsteiner Tor (bei der Pfarrkirche), das Egloffsteiner Tor (neben Rathaus) und das Nürnberger Tor. Das vierte Tor fiel 1834 trotz heftiger Bürgerproteste Straßenverbesserungsmaßnahmen zum Opfer: Auf der ganzen Strecke der alten Straßenverbindung Nürnberg - Bayreuth waren die Gräfenberger Tore die engsten, die die Fuhrwerke passieren mußten. Da die Fuhrwerke häufig stecken blieben, verlangte die Bauinspektion eine Beseitigung der Engstelle.
Scheunenviertel vor dem Egloffsteiner und Hiltpoltsteiner Tor. Außerhalb der Stadtmauern befand sich die Vorstadt mit den Scheunen, in deren unterirdischen Kellern das gute Gräfenberger Bier gekühlt und gelagert wurde. Vor jeder Scheune wurde eine Linde gepflanzt - viele dieser altehrwürdigen, schattenspendenden Bäume mußten dem Straßenbau weichen.

Evangelische Pfarrkirche: Der schlichte Bau stammt aus dem 13. Jh. Ältester Teil (Turm Untergeschoß) wohl aus dem 12. Jh., gotischer Chor (1462) mit Wappenfenster Nürnberger Patriziergeschlechter und Epitaphien (Grabsteine) der Nürnberger Pfleger (=Verwalter), die in Gräfenberg residierten. Erweiterungsbauten im Barock - Altar, Emporen, Orgel, Kanzel und Taufstein. Im Turm Wohnung der Türmerfamilie bis ins 20. Jh.

Neben der Kirche das ehemalige **Schloß** (14. Jh.), das im Mittelalter zusammen mit der Kirche Teil einer Feste oder Burganlage war. Ab 1539 Sitz der jeweiligen Nürnberger Verwalter; heute befindet sich darin die Stadtverwaltung.

Rathaus: Das alte Rathaus (1539 erbaut) stand einst in der Mitte des Marktplatzes und wurde 1870/71 aus städteplanerischen Überlegungen abgerissen. Als Ersatz kauften die Stadtväter 1870 das Erkerhaus.

An der Südseite des Marktplatzes das sogenannte **Wolfsberger Schloß**, eines der ältesten Häuser der Stadt. Die Fassadenbemalung gedenkt des berühmtesten Sohns der Stadt und zeigt eine Szene aus dem Heldenepos *"Wigalois, der Ritter mit dem Rade"*. Die mittelhochdeutsche Dichtung in 11.708 Versen verfaßte Ritter Wirnt von Gräfenberg zu Beginn des 13. Jhs. Das Wigalois-Epos aus dem Kreis der Artussagen wurde im 13./14. Jh. an den Fürstenhöfen und Ritterburgen sehr geschätzt:

Wigalois benennt sich aus Heimatverbundenheit nach dem goldenen Glücksrad seiner Burg, bevor er auf die Suche nach seinem verschollenen Vater in die große und gefährliche Welt hinauszieht. Bald schon landet er am Hof von König Artus und wird nach einer Bewährungsprobe zum Ritter geschlagen. Im Namen der Gerechtigkeit bekämpft unser junger Held Riesen und Zentauren, böse Ritter und feuerspuckende Drachen. Höhepunkt seiner Heldentaten ist die Befreiung eines Königreiches von einem Tyrannen, der sich auf den Throne schwang, nachdem er den rechtmäßigen König verzauberte und dessen Gemahlin samt Tochter in die Flucht schlug. Bei den Trauungs- und Krönungsfeierlichkeiten von Wigalois und der bildhübschen Königstochter sind natürlich auch der wiedergefundene Vater und König Artus mit seinen Rittern anwesend.

▶ **Wandern:** Zum **Teufelstisch**: markiert mit *Blauem Balken*, Wegzeit ca. 2 ½ Std.

Man folgt ein Stück der Guttenburger Straße bergauf und biegt dann nach links in den Teufelstischweg ein. Danach geht es durch eine schöne Schlucht (vielfältige Vegetation) zur Anhöhe. Man folgt der Markierung auf dem Flurweg nach links, vorbei an Kirschgärten, Getreidefeldern (schöner Fernblick) hinein in den Wald. Das letzte Stückchen wird ein wenig steiler, vorbei an Felsbrocken, bis man zu dem pilzähnlichen Gebilde oder Riesentisch gelangt, von dem eine Sage handelt. . .

ten, gleichviel wo, nur nicht in seiner eigenen Behausung. Geraume Zeit danach - Ritter Kuno hatte den Scherz längst vergessen - erschien bei ihm ein Bote und überbrachte dem nun doch Erschrockenen die Einladung des Satans zu einem Schmaus um Mitternacht auf dem nahen Eberhardsberg. Wohl oder übel mußte der Schloßherr, wollte er nicht als Feigling gelten, dem Rufe folgen. An Ort und Stelle angekommen, sah er den Höllenfürsten gerade den Tisch aus herumliegenden Felstrümmern zurechtmachen. Kaum fertig, war die Platte mit Speisen und Getränken aller Art beladen, und mit einer Handbewegung lud der Gastgeber den Ritter zum Mahle, das stehend und stillschweigend eingenommen wurde. Am Schluße desselben schlug Kuno, einer plötzlichen Eingebung folgend, das Kreuz zum Dankgebet. Damit hatte er sich das Leben gerettet, denn Luzifer stieß einen fürchterlichen Fluch aus und verschwand, Schwefeldämpfe hinterlassend, in den Lüften.

(Aus Sagen der Fränkischen Schweiz/Gößweinstein 1921).

▶ Ritter Kuno, Schloßherr zu Gräfenberg, hatte sich bei einem wüsten Gelage unter dem Gejohle seiner Zechkumpanen, beim Teufel zu Tisch angebo-

Man folgt dem Waldweg und der Markierung weiter, bis man auf einen breiten Flurweg stößt. Kurz rechts und wieder links hinaus auf die Felder. Hält man sich links am Abhang der Anhöhe (keine Markierung mehr), hat man einen wunderschönen Blick auf den Hetzles mit den darunterliegenden Orten Rödlas und Ermreuth. Zurück über Guttenburg (immer rechts halten) nach Gräfenberg.

Gräfenberg - Kasberg - Guttenburg: Markierung *Blaues Kreuz*, Wegzeit 3 Std. Man folgt dem blauen Kreuz die Kasberger Straße hinauf, biegt nach den letzten Häusern rechts in die Kirschgärten ein und hält sich dann am Waldrand (schlechte Markierung). Der Flurweg geht durch Getreidefelder über die Hochebene Richtung Kasberg. Um nicht an der Hauptstraße entlang laufen zu müssen, hält man sich rechts, sobald Kasberg in Sicht kommt. Der Ort ist eigentlich nur wegen seiner 1000jährigen Linde bekannt, die am Ortseingang (Hauptstraße) steht. Der Stamm ist nur noch Gerippe; leicht übersieht man sie wegen der nun auch schon stattlichen Schwester nebenan.

Schon 1360 war die Linde Treffpunkt der Landrichter von Auerbach/Oberpfalz und Sulzbach zur Abhaltung eines Gerichtstages. Den Hohlraum in der Linde benutzten die Soldaten im Franzosenkrieg (1796-1806) als Biwak und machten darin auch Feuer. Später Treff der Jugend zum Tanz. Eine Tafel mit geschichtlichen Angaben ist angebracht.

Zurück folgt man einem breiten Flurweg (Beginn auf der anderen Straßenseite) am Rande der Hochebene (sehr schöne Aussicht auf den Hetzles), der rechts vor der Guttenburg in die Teerstraße mündet. Hält man sich links, gelangt man über die Kirschgärten wieder zurück nach Gräfenberg.

Zum **Lillingbrunnen**: Markierung *Blauer Punkt*, Wegzeit ca. 3 Std. Der Weg biegt von der B 2 links auf die Anhöhe ab (Ortseingang vor der Tankstelle). Er führt zuerst am Hang entlang (schöner Ausblick auf Weißenohe und das Tal Richtung Nürnberg), danach auf die Anhöhe. Man gelangt in die Ortschaft Dorfhaus, geht auf der Hauptstraße ein paar Meter bergab, um dann sofort wieder links in den Flurweg auf die Anhöhe einzubiegen. Der Weg verläuft dann durch Laubwälder und ein kleines verwildertes Tal, bis man zum Lillingbrunnen gelangt, einer bereits in Bachbreite aus dem Kalkfelsen hervorspringenden Karstquelle.

Zurück kann man die Markierung *Roter Balken* nehmen. Man folgt dem Bach (sehr schöne Kalksinterstufen) mit seinen vielen Fischen Richtung Weißenohe. Im Ort ein ehemaliges Benediktinerkloster mit sehenswerter Barockkirche. Das gute Bier der Klosterbrauerei sollten Sie im Gasthof Hänfling probieren.

Von Weißenohe oberhalb der B 2 zurück nach Gräfenberg.

Freizeit/Sport

Freibad: Idyllische Anlage aus den 30er Jahren in der Egloffsteiner Straße. Von Mitte Mai bis Mitte September jeweils von 9-21 Uhr geöffnet, jedoch nur bei gutem Wetter. Unbeheizt. *Hallenbad*: Bei der Realschule in der Kasberger Straße. Komplizierte Öffnungszeiten: Mo, Di, Do 18-21 Uhr, Freitag 16-21 Uhr, Samstag 14-17 Uhr; an Sonn- und Feiertagen und während der Schulferien geschlossen. *Sauna*: Für Damen am Montag und Mittwoch ab 18 Uhr, für Männer am Donnerstag ab 18 Uhr; gemischte Sauna noch nicht geplant. *Tennis*: Am Sportheim. *Skilanglauf*: im Winter gespurte Loipen ab Sportheim und um den Buchwald (Hochfläche).

Rund um Gräfenberg

Hiltpoltstein

Auf steilem Fels überragt das renovierungsbedürftige Schloß die Wohnhäuser und Scheunen rings um das Massiv. Am fingerartigen Dolomit angebaut die evangelische Matthäuskirche mit der schön geschwungenen Kirchturmkuppel.

Umgeben von sanfter Hügellandschaft hat sich Hiltpoltstein viel von seiner bäuerlichen Atmosphäre erhalten können. Die Marktgemeinde, heute in Verwaltungsgemeinschaft mit Gräfenberg, ist ein noch immer wenig besuchtes Ausflugsziel.

Aus dem mittelalterlichen Ortsbild stammt noch das restaurierte Stadttor mit Fachwerk-Fassade, durch das heute noch einspurig der Verkehr der Bundesstraße führt. Für Motorsportfreunde lohnt sich ein Abstecher nach Möchs (4 km). Dort sind in einem privaten Oldtimer-Museum - das einzige der Fränkischen Schweiz - Motorräder aus längst vergessenen Zeiten ausgestellt.

Geschichte: Hiltpoltstein ist fast 900 Jahre alt. Bereits 1109 erscheint es unter dem Namen "Hildepoldesdorf" in einer Urkunde. Eine wechselreiche Geschichte erlebte auch das Schloß, das einst den Herren von Wildenstein gehörte. Während einer Fehde zwischen der Stadt Nürnberg und dem Markgrafen Friedrich von Brandenburg brannte das Schloß 1449 nieder. Wieder aufgebaut, wurde es im Dreißigjährigen Krieg wiederholt geplündert. Zum Schutz wurden von den Nürnbergern zwei Tore gebaut. Das obere Tor steht noch, ist aber in schlechtem Zustand. 1806 kam Hiltpoltstein an Bayern und wurde gleich gedemütigt - aus der Stadt Hiltpoltstein wurde ein Markt.

• *Information*: Hiltpoltstein besitzt kein eigenes Fremdenverkehrsamt. Information durch das Fremdenverkehrsamt Gräfenberg, 8554 Gräfenberg, Tel. 09192/70929. Öffnungszeiten: Mo - Fr 8-12, Do 8-17.30.

Essen/Übernachten

Gasthof Aures: Bei der Hiltpoltsteiner Schule (Richtung Schossaritz); modernes, sehr ruhig gelegenes Haus am Dorfrand. Von der großen Terrasse hat man einen schönen Blick auf Schloß und Matthäuskirche. Preiswerte Brotzeiten, besonders empfehlenswert die Hasenkeule mit Kloß für 11 DM, das Seidla Kronenbräu-Bier zu 2 DM; innen wenig gemütlicher, saalartiger Gastraum; freundliche Bedienung. DZ 40 DM, Vollpension 35 DM pro Person. Ganzjährig geöffnet. Adresse: Schulstraße 11, Tel. 09192/7176.

Gasthof Goldenes Roß: Die wenig gemütliche Traditionsgaststätte in dem über 150 Jahre alten Haus an der Hauptstraße wird heute vor allem von Freunden griechischer Küche geschätzt. Im Sommer kleine Terrasse vorm Haus, aber durch die Bundesstraße sehr laut.

Sehenswertes

Schloß: Für das kleine Dorf wirkt das Schloß auf dem wuchtigen Felsklotz geradezu überdimensional. Die mehr als 800 Jahre alte Burg, die im Markgrafenkrieg im 16. Jh. restlos zerstört und später vielfach umgebaut wurde, gehört heute einem Architekten. Die verwinkelten Gebäude sind nicht öffentlich zugänglich.

Die riesigen Summen, die der Erhalt der Burg kostet, sind nicht nur heute ein Problem. Ein ehemaliger Besitzer im frühen 19. Jahrhundert räumte deshalb alles aus, was zu verkaufen war. Ein einfacher Schuster wohnte anschließend in der Burg, hatte jedoch nie das Geld, es waren 100 Gulden, um das heruntergekommene Gebäude zu kaufen. Als es dann 1841 auf Abriß verschleudert werden sollte, erhob sich die Stimme eines Journalisten in "Teutschlands Correspondenten", der gegen den Plan wetterte. Die "public relation" brachte den erhofften Erfolg. König Ludwig I. von Bayern veranlaßte den Bayerischen Staat, die Burg zu kaufen und zu restaurieren.

Matthäuskirche: Schon wegen ihrer pittoresken Lage fällt die evangelische Barockkirche auf. Sie wurde direkt an das Dolomitfelsmassiv gebaut, auf dem das Schloß steht. Die Pfarrkirche entwickelte sich aus einer mittelalterlichen Kapelle. Das Kircheninnere birgt wenig Außergewöhnliches. Beachtenswert ist der *Altar* aus dem 15. Jh. mit drei Bildern, die die Geißelung, die Dornenkrönung und die Kreuzigung zeigen. Kurios: Auf allen drei Darstellungen ist Pilatus zu sehen. Ursprünglich stand der Altar in der Nürnberger Dominikanerkirche. Doch als 1624 das Dorf an die Reichsstadt fiel, wurde das Kunstwerk in die Matthäuskirche gebracht.

Oldtimer-Museum: In dem gerade 80 Einwohner großen Ortsteil Möchs haben Manfred und Peter Brunner ihre große Sammlerleidenschaft der Öffentlichkeit zugänglich gemacht. Vater und Sohn haben einen geräumigen Dachboden zum Museum umfunktioniert. Bis auf den letzten Quadratmeter füllen Zweiräder, vor allem aus den letzten vier Jahrzehnten, die Etagen. Ältestes Modell ist eine NSU 501 TS mit beachtlichen 500 ccm und elf Pferdestärken aus dem Jahre 1928. Zu den Schmuckstücken der Sammlung zählt eine betagte BMW mit Beiwagen aus den fünfziger Jahren. An der Decke hängen viele Tanks, Sitze und Lampen.

Das Museum am Dorfrand (Haus Nr. 27) hat keine festen Öffnungszeiten. Wenn jemand da ist, werktags meistens erst nach 17 Uhr, wird geöffnet. Die freundlichen Zweirad-Fans bieten ihren Gästen Tisch und Stuhl zum Verweilen. Da kann man in aller Ruhe seine mitgebrachte Brotzeit auspacken und über vergangene Motorradzeiten sinnieren.

▶**Wandern: Rundwanderung um Hiltpoltstein** (Roter Ring): Die landschaftlich reizvolle Wanderung rund um die Marktgemeinde beginnt am östlichen Ortsrand (Richtung Bayreuth), wo der markierte Weg die Bundesstraße 2 kreuzt. Man biegt rechts ab und läuft in weitem Bogen um das Dorf (schöner Blick auf das Schloß). Man kreuzt zwischen Hiltpoltstein und Kappel ein weiteres Mal die B 2. Über Felder führt der Weg zur asphaltierten Verbindungsstraße nach Schossaritz. Kurz danach geht es in den Wald zum 586 m hohen Badersberg (teilweise schöner Ausblick) und über das Naturdenkmal Stumpfelestein zurück zum Dorf.

Großenohe

Zwischen Hiltpoltstein und Gräfenberg weist ein unscheinbarer Wegweiser zu dem kleinen Ort Großenohe. Eine schmale Asphaltstraße schlängelt sich durch das romantische Krummestal nach Großenohe und endet hier.

Der Weiler selbst ist eine Überraschung. Ein wahres Kleinod der Fränkischen Schweiz! Ein kleiner Bach fließt durch das Dorf. Die Häuser, darunter einige schöne Fachwerk-Gebäude, liegen verstreut im engen Tal. An den Hängen wuchert Wacholder. Gänse streunen durch die Hauptstraße. Aus zwei Taubenhäusern gluckst das Gefieder. Nur ab und zu wird die Stille des rund 25 Häuser großen Dorfes durch das Kreischen der Sägemühle unterbrochen.

Café-Restaurant **Zur Sägemühle**: "Mit Hunger und Durst tritt ein, laß es dir schmecken und gemütlich sein, Du sollst stets zufrieden sein", so sagt der Hausspruch. Die Wirtsleute Deinhardt erfüllen dieses Versprechen. Die Gaststätte, ein modernes Haus mit Fachwerkgiebel im Ortszentrum, bietet leckeres Essen. Uns schmeckte besonders das Hirschgoulasch. Dazu ein Seidla Friedmann-Bier. Eine Spezialität sind die hausgeräucherten Forellen. Innen modern-rustikales Ambiente. Im Sommer Biergarten am plätschernden Bach.

Restaurant **Drei Zinnen**: Am Ortsbeginn (erstes Haus auf der rechten Seite) liegt das einstöckige Haus der Fam. Hopfengärtner. Von der sonnigen Terrasse blickt man auf eine Wiese. Preiswerter Schweinebraten. Beliebtes Ziel zu Mittag und an Wochenenden.

▶ **Wandern: Nach Wolfsberg** (Grüner Balken/Blauer Balken): Ein schöner Hohlweg als Verlängerung der Dorfstraße führt vorbei an der romantischen Spießmühle zum Trubachtal (Grüner Balken). Nach 1 km steht auf der linken Seite ein Gehöft am Hang (Haselstauden), hier halten Sie sich rechts und folgen ab jetzt dem blauen Balken. Nach einem weiteren Kilometer erreicht man Untertrubach mit seiner gotischen Kirche. Der Weg führt am Talhang weiter nach Wolfsberg (Einkehrmöglichkeit). Gehzeit 1 Stunde.

Hohenschwärz

Auf Landkarten mit größeren Maßstäben ist das Dorf nicht einmal eingezeichnet. Dabei ist der kleine, unverfälschte Ort heute längst ein Begriff - und der steht für Bier der Brauerei Hofmann.

Seit 1898 im Besitz der Familie. An dem dunklen, untergärigen Bier kann man sich nicht nur in Hohenschwärz erfreuen, sondern es wird in Flaschen oder im Faß (ab 10 l) verkauft. Die in den 60er Jahren erbaute Gastwirtschaft (sehr ruhige Terrasse) ist weniger gemütlich. Was unter Kennern jedoch allein zählt, ist die Qualität des Gerstensafts, und die stimmt bei Hofmann. Ob im Sommer oder Winter, die Brauereigaststätte erfreut sich großer Beliebtheit. Auf der Speisekarte stehen fränkische Gerichte. Wenig Auswahl, aber dafür sehr preiswert. Dienstag Ruhetag.

Haidhof

Das Dorf zwischen Thuisbrunn und Mittelehrenbach besteht nur aus wenigen Häusern. In Sachen Gastronomie ist es ein lohnendes Ziel.

Seit Sommer 1983 gibt es den *Schloßberg-Gasthof*. Die Inneneinrichtung ist gemütlich-rustikal mit Kachelofen. Ausgezeichnete Küche zu vernünftigen Preisen, die auch verwöhnten Gaumen noch etwas bieten kann. Vielerlei Arten von heimischem Fisch (eigene Karpfenzucht), aber auch traditionelle Gerichte, z.B. Kalbsgeschnetzeltes für 15 DM. Es werden auch komplette Menüs serviert. Eigene Schlachte-

rei. Es wird Bier der Hohenschwärzer Brauerei Hofmann ausgeschenkt. Kitschige Terrasse. Montag Ruhetag.

Der Hotelgast ist beim Eintritt erstmal überrascht. Die Rezeption erweist sich als eine Art
Tante-Emma-Laden. Von der Zahnpaste bis zum Diafilm reicht das Sortiment, denn in
Haidhof gibt es keinen Laden. Die Übernachtung mit Frühstücksbuffet kostet pro Person
42 DM und verringert sich bei längerem Aufenthalt auf 37 DM. Vollpension kostet 64 DM,
bei längerem Aufenthalt 59 DM. Einzelzimmeraufschlag 7 DM. Sauna oder Solarium 9,50
DM. Alle Zimmer sind mit Du/WC, Telefon und Fernseher ausgestattet, Möbel in altbayeri-
schem Stil. Außerdem Pilsstube Strohhalm und hauseigener Grillplatz hinterm Gästehaus.
Adresse: 8554 Haidhof 5, Tel. 09197/567 od. 568.

Sehenswertes

Eineinhalb Kilometer nordwestlich vom Dorf liegt der bewaldete,
569 m hohe **Schloßberg** mit dem über die Baumkronen hinausragen-
den Dolomitfelsen *Burgstein*. Einst war er Standort eines mittelalterlichen Burgstalls. Doch davon ist heute kaum noch etwas zu sehen.
Folgen Sie dem mit einem grünen Kreis gekennzeichneten Weg, der
von Haidhof zum Schloßberg hinaufführt. Auf dem Bergrücken weist
ein Schild (rechts ab) zur Anlage. Ein schmaler, verschlungener Pfad
führt zur schroffen Bergnase. Nach wenigen Metern trifft man auf
die *Alte Kirche*, einen Opferstein. Der Weg endet, nachdem man eine
kleine Holzbrücke überquert hat, an der steil abfallenden Felsspitze,
die mit einer metallenen Fahne versehen wurde. Wunderschöner
Blick auf Haidhof. Ideal als Rastplatz. Gehzeit eine halbe Stunde.

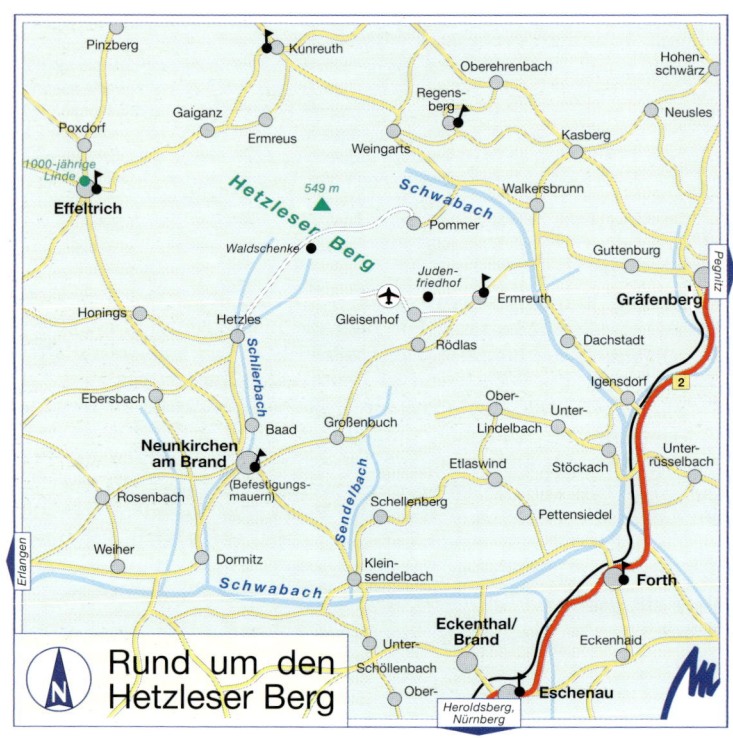

Rund um den
Hetzleser Berg

Kunreuth

Ein hübsches Dorf am südlichen Rand der Fränkischen Schweiz, ungefähr in der Mitte der Straße zwischen Forchheim und Gräfenberg. Der ursprüngliche Charakter Kunreuths, mit zum Teil sehr schönen Fachwerkhäusern und dem eindrucksvollen Wasserschloß, hat sich bis in unsere Tage erhalten.

● *Essen*: Wer Lust zum Einkehren hat, ist gleich neben der Kunreuther Wasserburg im **Gasthaus zum Schloß** an der richtigen Adresse. In dem hübschen Fachwerkhaus ist eine urgemütliche Gaststube eingerichtet. Dreykorn-Bier, die Halbe für 2,20 DM. Bei Hans Derfuß, einem alten Kunreuther,

ißt man prima. Empfehlenswert: Gänsebrust mit Kloß für 14 DM. Am Sonntag herrscht Hochbetrieb. Biergarten an der Straße mit Blick auf das Schloß. Besonders gut sind die Brotzeiten (eigene Schlachterei).

Das Kunreuther Wasserschloß

Sehenswertes

Schloß Kunreuth: Fachwerkgiebel, mächtige Torbauten, dicke Wehrmauern mit Zinnen und Ecktürmchen, ein breiter Wassergraben - ein
echtes Schmuckstück unter den Adelssitzen der Fränkischen
Schweiz. Obwohl das Schloß (an der Straße nach Effeltrich) öffentlich
nicht zugänglich ist, sogar Verbotsschilder darauf hinweisen, kann
man zumindest in den Vorhof gehen, um sich von der umfangreichen
Anlage ein Bild zu machen. Dort steht auch das Denkmal *des Al-
brecht-Dietrich Gottfried*, dem ersten Grafen von und zu Egloffstein,
der einst das Amt des königlich-preußischen Gouverneurs von Ost-
Preußen inne hatte. Die Gesamtanlage überblickt man auch von einem Fußweg, der zwischen den Obstgärten des Schlosses und dem
Dorfbach verläuft.

Zum ersten Mal wurde die Burg zu Beginn des 15. Jahrhunderts erwähnt. Ihre heutige Form erhielt die in ihrer Art einmalige fränkische Wasserburg in der ersten Hälfte des 17. Jahrhunderts. Oftmals
in Fehden verstrickt, ist die Burganlage wahrscheinlich vier Mal zerstört worden (zuletzt im Dreißigjährigen Krieg). Selbst in den letzten Tagen des 2. Weltkriegs erhielt sie noch ein Dutzend Treffer
durch Geschosse der US-Army. Von der Inneneinrichtung ist vieles in
den Nachkriegsjahren verloren gegangen. Da war das Kunreuther
Schloß zeitweise das Einwohnermeldeamt der Stadt Nürnberg und
später Altersheim. Darunter litt das kostbare Inventar sehr. Heute
lebt hier der bekannte Kunsthistoriker Albrecht Graf von und zu Eg-

loffstein, Autor des empfehlenswerten Buches "Burgen und Schlösser in Oberfranken". Die Familienmitglieder engagieren sich seit vielen Jahren, das Schloß zu erhalten.

Für Goethe-Freunde hat Kunreuth einen berühmten Sohn zu bieten. Es handelt sich um FRIEDRICH VON MÜLLER, im April 1779 als Sohn eines Kastners in Kunreuth geboren. Die Grafen von Egloffstein hatten etwas übrig für den begabten jungen Mann. So konnte er Jura und Romanistik im von Hugenotten beeinflußten Erlangen und in Göttingen studieren. Bereits mit 24 Jahren kam er nach Weimar und machte dort schnell Karriere. Zuletzt war er herzoglich-sächsischer Staatskanzler, der den Weimarer Klassikern nahestand. Seit seinem 25. Lebensjahr war er freundschaftlich mit *Goethe*, seinem späteren Ministerkollegen, verbunden. Friedrich von Müller war auch der spätere Testamentsvollstrecker des "Dichterfürsten". Der gebürtige Kunreuther war es auch, der 1806 mit Napoleon in Potsdam als Diplomat des Weimarer Hofes konferierte.

Lukaskirche: Einen Besuch ist die *evangelische* Lukaskirche am Ende des Ortes (Richtung Weingarts) allemal wert. Die Raumaufteilung des erhöht gelegenen Gotteshauses ist in der Fränkischen Schweiz einmalig. Zwei bemalte hölzerne Galerien auf der linken Seite und der schmale, intime Kirchenraum geben dem Gotteshaus sein ungewöhnliches Aussehen. Vor allem der Barock hat das heiter wirkende Kirchlein geprägt. 1791 bis 1795 wurde das Gotteshaus entscheidend umgebaut. Kirchen sind aber auch immer wieder Zeugen des sozialen Lebens vergangener Jahrhunderte. Am westlichen Ende der Südwand weist über der Tür eine Gedenktafel auf die hohe Kindersterblichkeit im 16. Jh. hin. Das bebilderte Epitaph zeigt zwei kniende Kinder, die 1596 bzw. 1598 starben. Die Inschrift verkündet: "Laßet die Kindlein zu mir/ in ihren jungen Tagen/ das Himmelreich ist ihr ..."
Unmittelbar neben der Pfarrkirche steht ein hübsches Fachwerkhaus für die christliche Jugend sowie ein alter Ziehbrunnen. Die Kirche ist am Wochenende meistens offen.

Effeltrich

Der ständig wachsende Ort, derzeit rund 2000 Einwohner, ist weniger durch seine landschaftlichen Reize bekannt geworden, als vielmehr durch die zahlreich lebendig gebliebenen fränkischen Bräuche. Der berühmteste ist das Effeltricher "Fosalecken", ein uralter Brauch der Winter- und Todvertreibung. Bis heute ist Effeltrich vor allem als Trachtendorf bekannt. Am Sonntag zur Messe tragen noch immer viele Kirchgänger die bunte Traditionskleidung.

Die Popularität Effeltrichs beruht auch auf der einzigartigen *Wehrkirche* und der *1000jährigen Linde* im Ortszentrum. Das Dorf am Rande der Fränkischen Schweiz ist heute ein beliebtes Ausflugsziel. Gar manche Besucher Effeltrichs haben ein besonderes Anliegen. Um den eigenen Garten mit den richtigen Pflanzen zu bestücken, suchen sie eine der vielen Baumschulen am Ortsrand des Trachtendorfs auf. Mittlerweile bemüht sich die Gemeinde, eine heimatkundliche Sammlung einzurichten. Ein erster Schritt ist das *Dr.-Rühl-Zimmer* im Dachgeschoß des Rathauses. Dort sind Archivmaterial, die bekannten Effeltricher Brautkronen und andere kleine Kostbarkeiten zu entdecken.

• *Essen*: **Zur Linde**: Beliebter Treffpunkt neben der Dorflinde ist das gleichnamige Gasthaus. Nicht zuletzt das gute, preiswerte Essen, aber auch die große, zum Teil überdachte Terrasse mit Blick auf die Wehrkirche und die Linde machen das **Gasthaus Zur Linde** attraktiv. Empfehlenswert sind Karpfen und Brotzeiten aus der eigenen Metzgerei. Auswahl von der Leberknödelsuppe bis zur Schweinshaxe mit Kloß. Uns schmeckten in der Linde besonders die Braten. Gemütlicher Gastraum mit massiven Holzbalken. Das Gasthaus ist bei Fremden und Einheimischen gleichermaßen beliebt - die Einheimischen sitzen sonntags oft in Tracht am Stammtisch neben dem Ausschank. Aufgang zur Terrasse für Rollstuhlfahrer. DZ (Etagendusche) ab drei Tage 45 DM pro Übernachtung.

Waldeslust: Unter Liebhabern einer deftigen fränkischen Küche hat sich die Adresse des Gasthauses Waldeslust (am Ortsende Richtung Kunreuth) herumgesprochen. Spezialitäten wie Hasenkeule mit Kloß zu Preisen, die dem Geldbeutel nicht wehtun. Ein warme Nudelsuppe als Vorspeise kostet ganze 1,50 DM. Vor der Wirtschaft ein schöner Biergarten. Eine uralte Linde wird mit einer Metallkonstruktion abgestützt. Dachterrasse. Mo Ruhetag. Adresse: Bergstr. 2.

Sehenswertes

Wehrkirche: Auf einer sanften Erhebung mitten im Dorf steht die imposante Wehrkirche. Sie ist von einer mächtigen Mauer und fünf Türmen umgeben, von denen die drei Rundtürme und der Torturm gut erhalten sind. Die heutige Anlage wurde vornehmlich zwischen 1470-90 errichtet. Auslöser für das Bauprojekt war die zweimalige Plünderung Effeltrichs, das zu Bamberg gehörte, durch die Nürnberger während des 1. Markgrafenkrieges. (Siehe auch Einleitung/Geschichte). Später, als sie in der zweiten Hälfte des 18. Jhs. barockisiert wurde, stellte man in den drei Nischen des Außentors, über das man heute die Kirchenburg betritt, die drei *Heiligen Laurentius, Georg* und *Sebastian* auf. Rechts daneben die Reiterfigur des Kirchenpatrons *St. Georg* (siehe auch Bräuche) aus dem frühen 16. Jh. Noch heute erfüllt der um die Kirche angelegte jahrhundertealte Friedhof seine Bestimmung.

Auf dem Weg zum Kircheneingang fällt auf der linken Seite der überdachte Ölberg auf. Die überlebensgroßen Figuren stellen den Gebetskampf Jesu im Garten Gethsemane dar. Dieses Kunstwerk soll - bis heute - den Angehörigen Trost spenden, wenn sie ihre Toten auf dem

Friedhof besuchen. Den Effeltricher Ölberg schuf wahrscheinlich derselbe Meister wie den an der Martinskirche in Forchheim.

Die Kirche wurde im gotischen Stil errichtet. Im Inneren dominieren verschiedenste Baustile. Auffällig ist in dem gotischen Chor der aufragende Barock-Hochaltar (1720/30). Achten Sie auf die Rokokokanzel aus marmoriertem Holz und vergoldetem Muschelkalk, an deren Korb die vier Evangelisten ruhen. Zu Füßen des Paulus Kreuzes, Anker und Herz als Symbole für Glaube, Hoffnung und Liebe.

Die Kirchenburg Effeltrichs ist zweifellos die schönste der wehrhaften Gotteshäuser in der Fränkischen Schweiz.

Dorflinde: Noch bis 1950 war die weitausladende Linde einer der originellsten Biergärten der Fränkischen Schweiz. Er wurde von dem gleichnamigen Wirtshaus gegenüber bewirtschaftet. Mit einem Laubkronenumfang von 60 m und einer Stammstärke von 1,7 m ist die Effeltricher Linde einzigartig in der Region. Der über 800 Jahre alte Baum war einst Rats-, Gerichts- und Tanzplatz und steht im Zentrum des Dorfes. Mittlerweile leidet die Linde jedoch an Altersschwäche, so daß sie 1978 für 23.000 DM von einem Baumchirurgen renoviert werden mußte. Schon 1905 fertigte ein Poxdorfer Zimmermann ein Eichengerüst an, um die Äste abzustützen. 1913 wurden die hohlen Äste mit Ziegelsteinchen ausgefüllt und mit Zement zugemauert. Dennoch blühen jedes Frühjahr noch 90 Prozent aller Äste! Wie Jahrhunderte zuvor, kann man sich auf den Bänken unter der schattigen Baumkrone an heißen Nachmittagsstunden eine Ruhepause gönnen.

Bräuche

Fosaleggen: Am Faschingssonntag dröhnt das Peitschenknallen durch Effeltrichs Straßen, dazwischen tönt kräftig die Blasmusik, weiß gekleidete Männer mit buntem Kopfschmuck aus Immergrün schlendern an den vielen Zuschauern vorüber, Mädchen in farbenfrohen Trachten tanzen .... die *Fosaleggen* sind los! In keinem Dorf der Fränkischen Schweiz sind so viele Bräuche lebendig geblieben wie in Effeltrich. Hauptattraktion ist zweifellos das farbenfrohe Fosaleggen am Faschingssonntag. Sinn des Brauchs ist die Austreibung des Winters. Der Lärm - so sagt die Überlieferung - soll die Wachstumsgötter auf den Feldern wecken. Außerdem treiben die Dorfburschen den Winter, den *Struhbään* - verkörpert durch in Stroh gehüllte Männer - vor sich her. Anschließend geht es zum Nachbarort Baiersdorf. Dort gibt es Volkstänze und zu guter Letzt werden die Strohbären verbrannt. Einst war das Ende noch martialischer: Man ertränkte den Winter Jahr für Jahr in der Regnitz.

Georgi-Ritt: Jeden Ostermontag lockt der christliche Brauch des Georgi-Ritts zu Ehren des Kirchenpatrons der Wehrkirche Tausende in das Trachtendorf. Früher nahmen an dem vom Dorfpfarrer hoch zu Roß angeführten Zug ausschließlich Bauern mit ihren Ackergäulen teil. Doch mittlerweile sind die Reitvereine mit mehr als hundert Pferden vertreten. Die Pferdewallfahrt, die 1936 von dem damaligen Effeltricher Pfarrer Georg Jung wiederbelebt wurde, geht auf eine Legende zurück. Im 12. Jh. soll der Heilige Georg, einer der 14 Nothelfer, ein gefährliches Lindwurm-Monster getötet haben. Noch heute zählt Georg zu den beliebtesten Vornamen des Dorfes.

Hochzeitereien

"Om Montoch hot der Hannsamichl und die Saams-Alwina Hochzeit, dös müssa mä uns oschaua, do gibt's wos zu segn", sagen die Effeltricher auf gut Fränkisch. Früher stand in aller Herrgottsfrühe die Musikkapelle mit farbenfrohen Tüchern vor den Häusern des Bräutigams und der Braut. Der Morgensegen wurde gespielt. Anschließend wurden die Hochzeitsgäste zusammengespielt, dann die beiden Ehrenväter und der Dorfpfarrer. Im Kirchenzug ging's durch die Straßen von Effeltrich zur Wehrkirche, wo das Brautpaar getraut wurde. Nach der Trauung standen die Musikanten Spalier, und für die Dorfkinder wurden Fünf-Pfennig-Stücke ausgeworfen. Zum deftigen Hochzeitsbrauch gehörte auch das Schießen. Hierfür wurden leere Blechdosen übers offene Feuer gehalten, die schwere Schläge hervorzauberten. Abends zog dann das Hochzeitspaar zum *Stutzentanz*, wobei der Bräutigam höllisch aufpassen mußte, daß ihm die Angetraute nicht abhanden kam. Was passieren kann, berichtete der *"Fränkische Tag"* in seiner Ausgabe vom 17. Februar 1949: "Schlimm ging es einem Bräutigam im nahen Poxdorf. Auch dort hatte man die Braut gestohlen und fuhr mit ihr nach Effeltrich, wo die Entführer einige Touren mit der Braut tanzten. Diese Gelegenheit benutzten andere Männer, versteckten das Auto im Hofe eines Bauern, so daß die Braut mit den Entführern, die den langen Schleier zu tragen hatten, zu Fuß nach Poxdorf gehen mußte." Um Gottes Willen!

Einkaufen

An allen Zufahrtsstraßen nach Effeltrich herrscht im Sommer Hochbetrieb. An kleinen Ständen am Straßenrand verkaufen die Bauern je nach Saison kiloweise Erdbeeren, Kirschen und anderes Obst. Auf manchen Feldern kann man auch selbst Erdbeeren pflücken. Effeltrich ist auch bekannt für seine zahlreichen Baumschulen, die am

Taubenhaus

Dorfrand wie Pilze aus dem Boden schossen. Hier kann man sich von Gärtnern beraten lassen und manche Mark beim Kauf vom Erzeuger sparen. Das Gewerbe hat eine lange Tradition. In einer Urkunde von 1121 wird bereits von *Affeltere*, dem Ort der vielen Apfelbäume gesprochen. Die Obstbaumzucht ist seit dem 17. Jh. belegt.

Hetzles

Am Fuß des gleichnamigen Bergs, einem Ausläufer der Fränkischen Schweiz, liegt das knapp 1100 Einwohner große Fachwerk-Dorf. Umgeben von Obstgärten blieb Hetzles bis heute ein Ort, dessen Bild vorwiegend von alten historischen Fachwerkhäusern geprägt wird. Sie stammen vornehmlich aus dem 18. Jahrhundert und haben die Zeit trotz einiger schmerzlicher Veränderungen weitgehend unversehrt überstanden.

Vielfach wurden die teilweise über 200 Jahre alten Bauernhäuser hübsch renoviert. So konnte Hetzles trotz mancher Neubauten seinen Charakter als fränkisches Bauerndorf weitgehend erhalten. Zum Leidwesen von Kunstfreunden wurde die *Kirchenburg* (ähnlich wie in Effeltrich) 1886 abgebrochen. Ein Modell der Anlage steht noch im Forchheimer Pfalzmuseum. Die weiträumige Anlage auf dem Hügel am Dorfrand läßt noch die Topographie der Kirchenburg erahnen. Der wuchtige viergeschossige Kirchturm war die letzte Zuflucht für die Gemeinde. Die heutige neugotische Kirche lohnt einen Besuch wegen der von Friedrich Theiler geschaffenen Figuren an der Nordwand (1800-1806) und der schönen Holzdecke.

Bemalt und geschnitzt, Türmchen und Häuschen - ein kleines Kunstwerk aus Holz. Das Taubenhaus von Hetzles (in der Hauptstraße) ist eines der schönsten noch erhaltenen in der Fränkischen Schweiz.

• *Essen* **Gasthaus Schwarzer Adler**: Die traditionsreiche Bauernwirtschaft hat noch viel Atmosphäre. In dem aus dem 18. Jh. stammenden Fachwerkhaus im Ortszentrum gibt es preisgünstiges, deftiges Essen. Gemütlicher Gastraum mit Holzdecke.

Ein schöner Biergarten unter einem Lindenbaum lädt im Sommer zum Verweilen ein. Am dritten Wochenende im August geht es dort hoch her, wenn nach alter Tradition Kerwa gefeiert wird. Adresse: Hauptstr. 12.

Milchwirt: Ebenfalls deftige fränkische Küche beim Milchwirt. Besonders Schäufele und Rehbraten sind zu empfehlen. Kein Garten. Es wird Polster-Bier ausgeschenkt. Adresse: Hintere Dorfstr. 14.

Waldschänke Zum Streitbaum: Am Rand der Hochebene des Hetzleser Bergs, inmitten eines Waldstücks, liegt die idyllische Waldschänke. Die Gastwirtschaft von Hans Weber ist ein beliebtes Ausflugsziel, jedoch selten überlaufen. Im Sommer kann man im schönen, muldenförmigen Biergarten sitzen. Auf einer erhöhten Kuppel am Rande des Gartens steht die alte Kiefer, der Streitbaum, nach dem das Lokal benannt ist. Für Regentage gibt es eine überdachte Terrasse. Es wird Vasold-Schmitt-Bier ausgeschenkt. Im Winter öffnet Hans Weber seine Waldschänke nur sonntags. Sie liegt 2 km außerhalb von Hetzles, eine asphaltierte Straße (schöne Aussicht) führt durch Obstgärten auf den Hetzleser Berg. Großer Parkplatz.

• *Einkaufstip*: Exzellentes fränkisches Holzofen-Brot verkauft die Bäckerei Mehl, Hinter Dorfstr. 16. Seit 1772 versorgt der Familienbetrieb das Dorf mit dem täglichen Brot.

▶ **Wandern**: Der Hetzleser Berg bietet vielfältige Möglichkeiten dazu. Die Hänge sind meist mit Obstbäumen und Mischwäldern bestanden. **Wandervorschlag**: Vom Ortsende (Straße zum Streitbaum) führt ein breiter Schotterweg den Berghang hinauf zum Streitbaum. In einer Mulde liegt die gleichnamige Waldschänke. Der Weg ist mit einem *blauen Kreuz* gekennzeichnet. Auf dem Hochplateau rechts abbiegen (roter Balken). Der Weg führt am Waldrand entlang zum Segelflugplatz, dort rechts bergab. Auf einem gut befestigten Weg geht es durch schöne Obstbaumlandschaft hinunter zum Dorf. Gehzeit ca. 1 Stunde.

Neunkirchen am Brand

Neunkirchen, heute ganz im Einzugsbereich von Erlangen, liegt am südlichen Rand der Fränkischen Schweiz. Trotz mancher baulicher Veränderungen besitzt es einen mittelalterlichen Ortskern. Ansehnliche Fachwerkhäuser, drei gut erhaltene Torhäuser und Teile der Stadtmauer lassen noch etwas vom Glanz vergangener Jahrhunderte spüren. Schließlich blickt die zentral gelegene Pfarrkirche mit gotischem Kapitellbau (ehemalige Klosteranlage der Augustiner-Chorherren) auf eine 900jährige Vergangenheit zurück. Gleich nebenan das im Barockstil gehaltene Rathaus mit dem Marktwappen.

Doch keine Epoche hat Neunkirchen so verändert wie die letzten 20 Jahre. Ein breites Band von Einfamilienhäusern umringt mittlerweile den historischen Ortskern. Neunkirchen hat wie kaum ein anderes Dorf Neubaugebiete ausgewiesen. Innerhalb von 15 Jahren konnte die Bevölkerung um 60 % gesteigert werden. Mit 6700 Einwohnern, davon 4900 in Neunkirchen selbst, ist die Gemeinde die zweitgrößte Kommune im Landkreis Forchheim.

Krippenweg

Alljährlich zur Weihnachtszeit wird die alte Tradition gepflegt.
Mehr als ein Dutzend Krippen bilden die Stationen des Neunkirchener Krippenweges. Die meisten befinden sich in Privat-
wohnungen und geben Zeugnis von der Geburt Christi. Die
Krippen in fränkischer und orientalischer Ausführung können
in Neunkirchen, Baad, Großenbuch und Hetzles besichtigt werden. Die schönste ist die 30 Figuren umfassende Barockkrippe
in der *Pfarrkirche St. Michael*. Bei der Gemeindeverwaltung wird
dazu ein Faltblatt mit Adressen herausgegeben.

Geschichte

Die Gründung Neunkirchens erfolgte im 11. Jh. durch das Bamberger Erzbistum. Ihre führende Rolle für die umliegenden Ortschaften,
die die Marktgemeinde noch heute innehat, gründet letzten Endes
auf der Errichtung eines Augustiner-Chorherrnstiftes im Jahr 1314.
Dies bedeutete politischen, kirchlichen und natürlich auch wirtschaftlichen Einfluß. Knapp hundert Jahre später wurde dem Dorf
am Rand des Hetzleser Bergs das Marktrecht verliehen.

Im frühen 16. Jh. begann man, Neunkirchen zu befestigen. Mit dem
Bau der Wehrmauern, Tore und Basteien sollte potentiellen Feinden
eine Eroberung schwer gemacht werden. Doch die Befestigung lohn-
te sich für die Neunkirchener wenig. Wie anderswo auch, forderten
die revolutionären Bauern 1525 von den hohen Herren der Kirche
und des Adels demokratische Rechte. Auch im Dreißigjährigen Krieg
blieb die Marktgemeinde nicht verschont: Höfe brannten nieder, Felder wurden verwüstet, die Bewohner flohen.

1804 konnte Neunkirchen seine Bedeutung für das Umland nochmals
steigern. Ein Landgericht und ein Rentamt wurden eingerichtet.
1886 schließlich bekam die Stadt einen Eisenbahnanschluß. Die Sekundärbahn, liebevoll *Seku* genannt, verband die aufstrebende Gemeinde über Eschenau mit Erlangen. In den Nachkriegsjahren entstanden erstmals Siedlungen außerhalb der Wehrmauern. Erst in
den letzten beiden Jahrzehnten gingen Kommunalpolitiker daran, ri-
goros Neubaugebiete auszuweisen. Neunkirchen ist auf dem besten
Weg, zu einem "Schlafstädtchen" Erlangens zu werden.

● *Information*: Marktgemeindeverwaltung, 8524 Neunkirchen am Brand, Tel. 09134/626.

● *Essen* **Restaurant Klosterhof**: Hier
kommt der Gourmet auf seine Kosten. In
dem traditionsreichen Haus am Inneren
Markt wird die feine Kochkunst mit fränkischen Einschlag gepflegt. Dementsprechend sind auch die Preise. Erstklassiger
Service und stilvolles Interieur machen das
Restaurant zu einem Treffpunkt für Freunde der gehobenen deutschen Küche. Für
ein dreigängiges Menü sollte man etwa 60
DM einkalkulieren. Die Küche schließt leider bereits um 21.30 Uhr. Terrassenbetrieb
im idyllischen Innenhof. Tischreservierung

empfehlenswert. Mo Ruhetag. Adresse: Innerer Markt 7, Tel. 1585.

Gastwirtschaft Zur Seku: Das Gasthaus am Erlanger Tor erinnert an die alten Eisenbahnzeiten Neunkirchens. Hier kann man preisgünstig essen. Eigene Metzgerei, prima Brotzeiten, ein freundlicher Wirt. Schlicht und neu-rustikal eingerichtet. Es wird Vasold-Schmitt-Bier ausgeschenkt.

Nur bis 20 Uhr geöffnet. Biergarten unter Apfelbäumen (leider recht laut).So und Mo Ruhetag. Adresse: Bahnhofstraße.

Biergarten Rocco: Am Forchheimer Tor liegt der Biergarten unter alten Lindenbäumen - eine fränkisch-italienische Unternehmung. Pizza etc. Nebenan primitive Bretterbude als Imbiß. Bis 22 Uhr geöffnet.

Sehenswertes

Wehrbefestigung: Um die Jahrhundertwende begann man, die Steine der mittelalterlichen Wehrmauern für den Hausbau zu verwenden. Heute sind von der einstigen Befestigung nur noch Bruchstücke zu sehen. Der Wehrgraben ist längst zugeschüttet. Dennoch, wer ins Zentrum gelangen will, passiert noch immer, wie anno dazumal, die eindrucksvollen Tore.

Erlanger Tor: das höchste Tor am Ortsausgang Richtung Erlangen. Mit seiner Höhe von 18 m wirkt es wesentlich schlanker als die anderen. Ursprünglich wurde es bereits in der 2. Hälfte des 19. Jahrhunderts im Zug des Klostermauerbaus errichtet. Sein barockes Mansardendach erhielt es bei einer Renovierung Mitte des 18. Jahrhunderts. Das Turmstübchen des Erlanger Tors bewohnte einst der Kuhhirte des Klosters, später war es Gefängniszelle und bis in die 30er Jahre Sozialwohnung. Neben dem Tor der kleine Laden von Jutta Hertel mit Kunsthandwerk aus Franken.

Erleinhofer Tor: Das Torhaus stammt aus dem Jahr 1502 und war früher von einer 1,4 m breiten Mauer flankiert. Bis Mitte des 19. Jahrhunderts hielten zwei hölzerne Tore auf der Vorder- und Rückseite ungebetene Besucher ab. Ortsausgang Richtung Rosenbach.

Forchheimer Tor: Seit 1810 ist das massive Tor in Privatbesitz. Im 1. Obergeschoß wohnte einst der Gemeindeschmied und Torwächter. Das Tor mit seinen ovalen Fenstern, seinem überdachten Aufgang und den beiden Wappen an der Sandsteinfassade stammt wahrscheinlich vom Ende des 16. Jahrhunderts. Nach seiner Renovierung 1990 erstrahlt es in neuem Glanz. Ortsausgang Richtung Forchheim.

Das **Gräfenberger Tor**, das vierte Tor der Befestigung, gibt es heute nicht mehr. Das Gebäude, das dem Erleinhofer Tor glich, wurde am 22. April 1945 von den Amerikanern mit einem Panzer zur Seite geschoben, da sein Durchlaß zu eng war.

Pfarrkirche St. Michael   *(ehemaliges Augustiner-Chorherrnstift)*

Die vielfach umgebaute Pfarrkirche - zwischen Rathaus und (ehemaliger) Katharinenkapelle - war einst ein Augustiner-Chorherrnstift, das im frühen 14. Jh. entstand. Es gab sogar einen südlich an das

Efeuumrankte Brunnenfigur im Zentrum Neunkirchens

heutige Kirchenschiff angegliederten Kreuzgang, der jedoch 1822 abgerissen wurde. Bereits 1552 wurde das Stift wieder aufgehoben. Die Zeiten der Umbauten waren damit nicht vorbei. Ende des 17. Jhs. wurde das Kirchenschiff erhöht und ein sechstes Turmgeschoß dadurch notwendig. Wenn man heute die Kirche durch das Seitenportal betritt, fällt ein großer Christophorus (um 1520) an der Südwand auf. Der Hochaltar (1741) zeigt den Kirchenpatron und den Sturz Luzifers.

Am Kirchenplatz steht neben der Katharinenkapelle mit einer schönen Eingangstür von Felix Müller auch die ehemalige Propstei und Amtshaus (Mühlweg 1). Der erste Bau diente dem Propst des Augustiner-Chorherrnstiftes als Wohnung und seinen Mitbrüdern als Schlafstatt. Im 18. Jh. entstand der heutige Bau, bis 1804 Sitz des bischöflichen Amtsverwalters. Seit 1977 ist es ein Altenpflegeheim.

Felix Müller

Als sich 1948 der Maler und Bildhauer Felix Müller in Neunkirchen am Brand niederließ, hätte niemand gedacht, daß er das Aussehen der Marktgemeinde so entscheidend mitprägen würde. Felix Müller, Jahrgang 1904, ist kein elitärer Künstler. Sein Wirken ist aus dem Ort nicht mehr wegzudenken. Der eigenwillige Künstler schuf aus Holz, Stein, Bronze, Eisen, Glas und Ton eine im Ortsbild von Neunkirchen ständig präsente Ausstellung von Reklame- und Hinweisschildern, Wappen und Firmentafeln, Glastüren, Eingangstüren sowie Monumenten. Seine Werke reichen vom Andachtsstuhl bis zur Vereinsfahne.

Daneben entstanden unzählige Aquarelle, Ölbilder und Holz-
schnitte. Das kaum zu überblickende Werk Felix Müllers kon-
zentriert sich vornehmlich auf Neunkirchen. Bei einem Spaziergang wird man schnell die Müller'schen Exponate entdecken.
Neunkirchen als Gesamtkunstwerk? Seit 1984 ist Felix Müller
Ehrenbürger der Marktgemeinde.

• *Sport/Freizeit* **Skifahren**: Im Ortsteil Rödlas, 4 km von Neunkirchen, am Osthang des
Hetzleser Berges, gibt es eine ca. 350 m lange Abfahrt. Der Lift hat eine Schlepplänge
von 240 Meter. Betrieb im Winter täglich von 10-17 Uhr; Flutlichtanlage vorhanden, ausreichend Parkplätze. Außerdem Hütte der Erlanger Bergwacht. Information über die Schneeverhältnisse: Tel. 09192/1234.

Ermreuth

Das Dorf an der Ostseite des Hetzleser Bergs am Saarbach besitzt eine unliebsame Popularität. Jahrelang führte der Neofaschist Karl-
Heinz Hoffmann im Ermreuther Schloß seine Wehrsportgruppe. Die
paramilitärische Truppe wurde schließlich aufgelöst, und Hoffmann
saß für einige Jahre hinter Gittern. Im Sommer 1989 öffneten sich die
Tore zur Freiheit für den "deutschen Patrioten", wie sich Hoffmann
gern nannte, wieder. Seitdem lebt er erneut - mittlerweile verheiratet
mit seiner langjährigen Lebensgefährtin Franziska Birkmann - im
Schloß Ermreuth.

Wehrsportgruppe Hoffmann

Im Juli 1989 entließ die Bayreuther Strafvollzugsanstalt den
einstigen Wehrsportchef und gelernten Graphiker Karl-Heinz
Hoffmann in die Freiheit. Die Reststrafe von drei Jahren setzte
das Oberlandesgericht Bamberg auf Bewährung aus. Einst galt
Hoffmann als eine der schillerndsten Figuren der neonazisti-
schen Szene in der Bundesrepublik. Das Schloß Ermreuth wurde dabei als "Hauptquartier" für seine 1974 gegründete und Anfang 1980 verbotene "Wehrsportgruppe Hoffmann" ausgewählt.
Die veranstalteten "Wehrübungen" dienten, so das Bundesin-
nenministerium, dem Ziel, einen "totalen Staat" gewaltsam zu
verwirklichen. Verhaftungen, Gerichtsstrafen und Verbote ziehen sich wie ein roter Faden durch die Biographie des einstigen
"Führers", der sich zeitweilig sogar einen Puma hielt. Interna-
tionales Aufsehen erregte Hoffman bei dem Nürnberger
Schwurgerichtsprozeß im Sommer 1986, der sich zwei Jahre
hinzog. Damals wurde er von der Anklage eines Doppelmordes
in Erlangen an dem jüdischen Verleger Shlomo Lewin und dessen Lebensgefährtin Frida Poeschke freigesprochen. Trotz er-
heblichen Tatverdachts sei "ein Rest an Zweifel geblieben", hieß

es damals in dem Urteil. Das Verbrechen hatte nach Auffassung der Staatsanwaltschaft Wehrsportgruppen-Mitglied Uwe Behrendt begangen, der bereits 1981 im Libanon Selbstmord verübte. In dem Prozeß wurde der ehemalige Wehrsportchef jedoch wegen Vergehen wie gefährliche Körperverletzung, Nötigung, Freiheitsberaubung, Geldfälschung zu neuneinhalb Jahren Freiheitsstrafe verurteilt. Nach seiner Haftentlassung hat sich Hoffmann von seinen rechtsradikalen Aktivitäten losgesagt.

Ein Ausflug nach Ermreuth lohnt sich vor allem wegen dessen reicher jüdischer Vergangenheit. Die alte jüdische Gemeinde des Dorfes wurde im Nationalsozialismus ausgerottet. Doch von der Vergangenheit zeugen heute noch eine Synagoge im Ortszentrum, sowie ein jüdischer Friedhof - trauriges Relikt der einst blühenden jüdischen Gemeinde.

Die jüdische Gemeinde

Als 1499 in Nürnberg große Judenverfolgungen stattfanden, flüchteten die Juden in das kleine Dorf. Dort wurden sie von Gutsherren aufgenommen. Bereits 1738 wurde die erste Synagoge errichtet, die 1819 neu aufgebaut wurde. Der Judenfriedhof am Fußweg nach Pommer ist seit 1711 nachgewiesen. Das einschneidendste Ereignis war das sogenannte *Toleranzedikt* von 1822, das "nützliche" von "nichtnützlichen" Juden unterschied und die Normzahl in Ermreuth auf genau 37 Familien festlegte. Bis 1914 bestand sogar eine jüdische Schule (heute das Anwesen Ermreuther Hauptstraße 30), und bis 1933 gab es sogar jüdische Gemeinderäte. Doch mit der Machtübernahme der Nationalsozialisten setzten die Qualen für die Ermreuther jüdischen Glaubens ein. In der "Reichskristallnacht" am 9./10. November 1938 wurde die Inneneinrichtung der Synagoge zerstört, Wohnungen jüdischer Bürger geplündert, Juden mißhandelt, Grabsteine auf dem Friedhof geschändet. Die jüdische Gemeinde in Ermreuth wurde ausgerottet. 1939 schafften die Nazis die letzten 15 Juden in die Konzentrationslager, wo sie ermordet wurden. Lediglich vier Bürger konnten durch eine rechtzeitige Emigration ihr Leben retten.

• *Essen* Gasthaus **Zum Weißen Lamm**: An der Hauptstraße liegt das einfache Wirtshaus. An Sonntagen wird groß aufgekocht. Einheimische schwören auf Pfeffersteak und Hirschbraten. Es wird Wolfshöher Bier ausgeschenkt.

Sehenswertes

Synagoge: Kein Schild erinnert an die Verbrechen der Nationalsozialisten. Nach dem 2. Weltkrieg war die Synagoge lange Zeit ein Lagerhaus. Heute ist sie im Besitz der Marktgemeinde Neunkirchen. Das schlichte Sandsteinquaderhaus aus dem frühen 19. Jahrhundert ist nicht zu besichtigen. Die Inneneinrichtung wurde bereits während der "Reichskristallnacht" vernichtet. Die Synagoge liegt versteckt hinter dem Gasthaus Zum Weißen Lamm in der Ermreuther Hauptstraße. Eine schmale Gasse zwischen dem Wirtshaus und der Metzgerei Trummer führt zu dem Gotteshaus. Jetzt soll die Synagoge restauriert werden, um dort eine Ausstellung über die ehemaligen jüdischen Landgemeinden der Region aufzunehmen.

Jüdischer Friedhof: Oberhalb von Ermreuth (ca. 2 km nordwestlich), an einem Steilhang des zum *Haidholz* gehörenden Hügelkammes liegt der einsame, längst vergessene Friedhof der einstigen jüdischen Gemeinde von Ermreuth. Der mehr als ein Viertel Jahrtausend alte Friedhof besitzt noch knapp 200 Grabsteine. Manche Grabinschriften, teilweise in hebräischer Schrift, haben die Verwitterung überstanden. Bereits 1711 erwarb die Gemeinde das Grundstück am Hang des Hetzleser Berges und erweiterte den Friedhof 1797. Aus dieser Zeit stammen auch die ältesten Grabsteine. Der an einem Nordhang, oberhalb von Kirschgärten, am Waldrand gelegene Friedhof, ist umzäunt, steht aber Besuchern offen. Es scheint, als wäre über die Geschichte der Ermreuther Juden das Gras des Vergessens gewachsen.
Wegbeschreibung: Von der Hauptstraße biegt man in die Herrnbergstraße ab (Richtung Sportplatz). In der Sommerleite, so der Straßenname, beim Haus Nr. 46, geht es rechts (Sackgassenschild) in einen Feldweg ab. In einem weiten Bogen nähert sich die Straße vorbei an Obstgärten und durch ein kurzes Waldstück direkt dem Friedhof, der auf den meisten Wanderkarten nicht verzeichnet ist.

Schloß Ermreuth: Einen jämmerlichen Eindruck macht das um 1600 entstandene Schloß. Der Bau ist renovierungsbedürftig. Überall fällt der Putz ab, manche Teile sind einsturzgefährdet. Der ehemalige Wassergraben des Schlosses ist heute teilweise mit Schutt aufgefüllt worden. Der dreigeschossige Bau mit Walmdach und einem vorspringenden Treppenturm war jahrelang das "Hauptquartier" und Waffenlager der *"Wehrsportgruppe Hoffmann"*. Achtung: Das Betreten des Schloßgrundstückes ist verboten!

Peter- und Paulskirche: In der Dorfmitte, in der Nachbarschaft des Schlosses, liegt die schlichte evangelische Sandstein-Kirche. Das Äußere steht im Gegensatz zum Inneren: In dem fröhlichen Stil des Barock entstanden Altar und Kanzel. Zentrales Element des Altars ist ein Bild des Abendmahles. Es wird flankiert von den Figuren der beiden Kirchenpatrone, die sich dem Altaraufbau unbarmherzig anpassen mußten. Nicht nur wurden die beiden Apostel um einen Arm kürzer gemacht, auch Paulus mußte auf sein Insignium, das Schwert, verzichten. Lohnenswert ist auch ein genauerer Blick auf die Kanzel, die von Moses getragen wird, der sich auf die Gebotstafeln stützt. Sozusagen als Aufpasser für die richtige Verbreitung der Botschaft umschließt die Apostelschar den auf der Kanzel predigenden Priester. Ältestes Stück der Innenausstattung ist der gotische Taufstein (vermutlich um 1400).

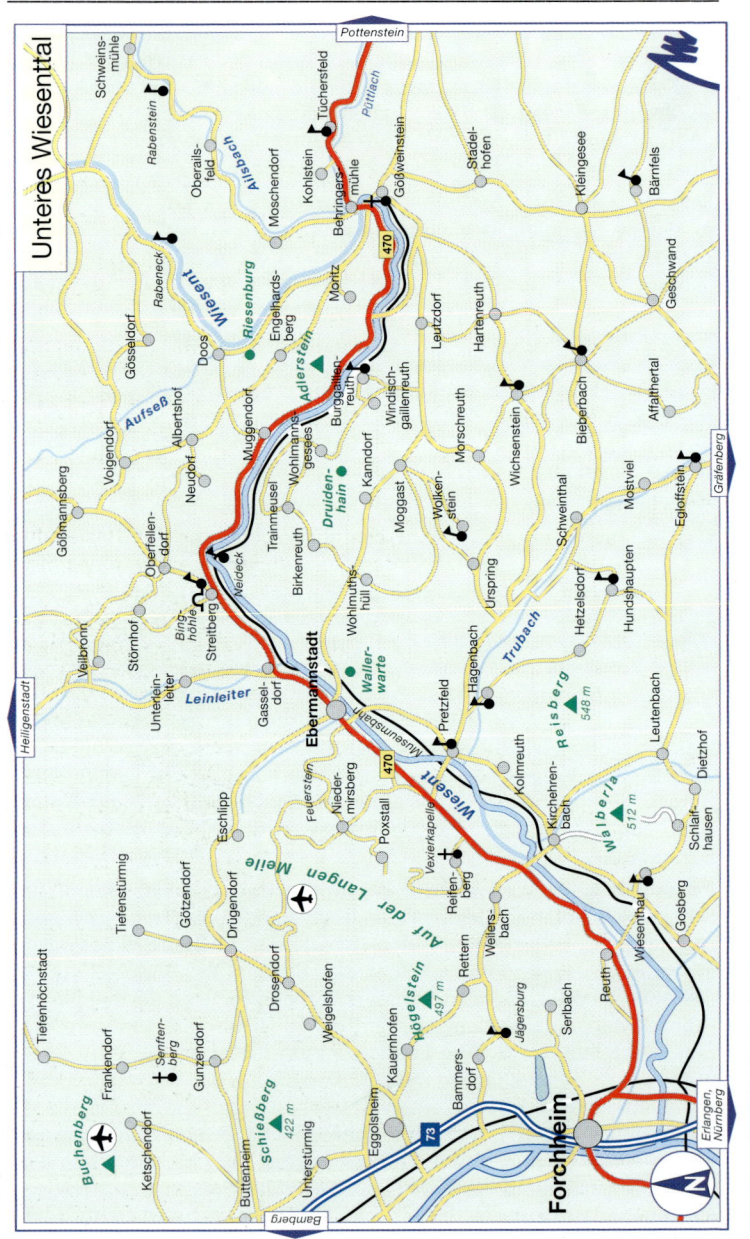

Ebermannstadt

Kleines Provinzzentrum (ca. 3500 Einwohner). Hübsche Lage im breiten Wiesenttal. Kräftiges Wachstum während der letzten 20 Jahre - viele Einfamilienhäuser entstanden an den Talhängen.

Zwischen den beiden Flußarmen der Wiesent liegt die Altstadt. Die meisten Fachwerkbauten entstanden Ende des 18. Jahrhunderts, da eine Feuersbrunst die halbe Stadt zerstört hatte.

Ursprünglich (bis 1939) gab es hier zwei benachbarte Gemeinden: *Ebermannstadt* und dem Ortsteil *Breitenbach* an der westlichen Talseite. Letzterer verlor fast vollständig sein früheres Gesicht. Der schmale "Breitenbach" mit den kleinen Bauernhöfen zu beiden Seiten wurde zum größten Teil mit einer geschlossenen Betondecke versehen.

Geschichte

Der Ortsname entstand wahrscheinlich schon vor der Besiedelung durch die Franken (531). Hier lag die *Stätte des Ebermar*, eines Stammeshäuptlings. Später kam der Ort in den Besitz eines kirchlichen Stifts aus Aschaffenburg. Aus dem Jahr 981 stammt die erste urkundliche Erwähnung - KAISER OTTO II. entließ die Ansiedlung aus der kaiserlichen Gerichtsbarkeit. Strafen wurden von nun an vom Hauptstift verhängt.

Unter der Herrschaft der Schlüsselberger wurde der Ort 1323 vom Kaiser zur Stadt erhoben. Eine Stadtbefestigung durfte gebaut, Markttage veranstaltet und der Bürgermeister gewählt werden. Nach dem Tod des letzten Schlüsselbergers (siehe auch unter Neideck) wurde Ebermannstadt 1349 in das Bistum Bamberg eingegliedert.

In den Wirren des Hussitenkrieges und Bauernaufstandes hat der Ort stark gelitten. Während des 2. Markgrafenkrieges wurden die Bürger von der feindlichen Partei zwangsrekrutiert.

Das verbriefte Stadtrecht, welches auch das alleinige Marktrecht im ganzen Umkreis bedeutete, wurde durch den Rat später noch um das Braumonopol erweitert. Ein jahrhundertelang anhaltender Streit mit den Nachbarorten sollte dadurch

Das Scheunenviertel

beginnen. Im Bierkrieg von 1510 zogen Rat und Bürger bewaffnet gegen Pretzfeld, um den dortigen Schwarzbrauern das Handwerk zu legen. Auch mit den Nürnberger Markgrafen legte man sich an. Auf von dort importiertes Vieh wurden hohe Zölle aufgeschlagen. Während des 30jährigen Krieges war die Stadt mehrmals hilfloses Opfer der beiden kriegerischen Parteien und wurde niedergebrannt.

Während der Säkularisation wurde das Bistum Bamberg aufgelöst und ein Teil Bayerns. Ebermannstadt profitierte davon und erhielt ein Landgericht. Die ersten Gemeinderatswahlen fanden 1818 auf Geheiß des Königs statt, Frauen und Juden blieb das Stimmrecht versagt. Auch in der "guten, alten Zeit" begegnete man sich ungezwungen - eine Statistik belegt, daß 25 Prozent aller Kinder unehelich geboren wurden.

1883 wurde die Hauptstraße gepflastert - Fuhrwerke, die hier entlang fuhren, mußten Wegzoll entrichten. Ein Pächter des Wegerechts kassierte die Gebühr. 1891 wurde die Zugverbindung Forchheim - Ebermannstadt fertiggestellt.

Das III. Reich: Chronisten zufolge verweigerten die Einwohner zumindest klammheimlich dem Führer die Treue. Die Wahlergebnisse zeigen auch, daß hier in der katholischen Hochburg die Königstreuen noch eine große Gefolgschaft hatten. Damalige Spottverse: "Der Führer hat ka Fra, der Metzger ka Sau, der Bäcker kan Teich, so schön ist's im III. Reich", oder "NSDAP - Nachbar suchst a Pöstla".

Im Krieg fielen nur einmal Bomben auf den Ort, als sich am 9. April 1945 Soldaten der Wehrmacht am Marktplatz sammelten, um eine "Front Fränkische Schweiz" aufzubauen. Mehrere Scheunen und Häuser wurden getroffen. Der Totengräber Fritz Albert starb mit seinem Sohn in den Trümmern. Fünf Tage später kamen die Amerikaner.

• *Information*: Mo - Fr 8.00 - 12.00 Uhr im **Bürgerhaus** Pretzfelder Str., gegenüber Post). Tel. 09194 / 8128. **Tourismuszentrale** Fränkische Schweiz, zuständig für das gesamte Gebiet: Oberes Tor 1, (beim alten Wasserschöpfrad) Tel. 8101.

Essen/Übernachten

Die Herstellung von heute weltweit bekannten Würsten wurde von einem Sproß der Stadt erfunden (wenn man es genau nimmt, stammte er aus Gasseldorf, heute eingemeindet). Der zuerst nach Frankfurt und später nach Wien abgewanderte Johann Georg Lahner (geb. 13.8.1772) erfand das erste Brühwürstchen, das WIENERLE! Das Würstchen besteht fast nur aus Schweinefleisch, wird über Buchenholz heiß geräuchert und danach gebrüht. Der weltweite Erfolg ist in der Hauptsache dem appetitlich dünnen Schafsdarm zu verdanken, zuvor kannte man nur dicken Rinder- und Schweinedarm. Heute kommen 70 Prozent der Schafsdärme aus der Volksrepublik China.

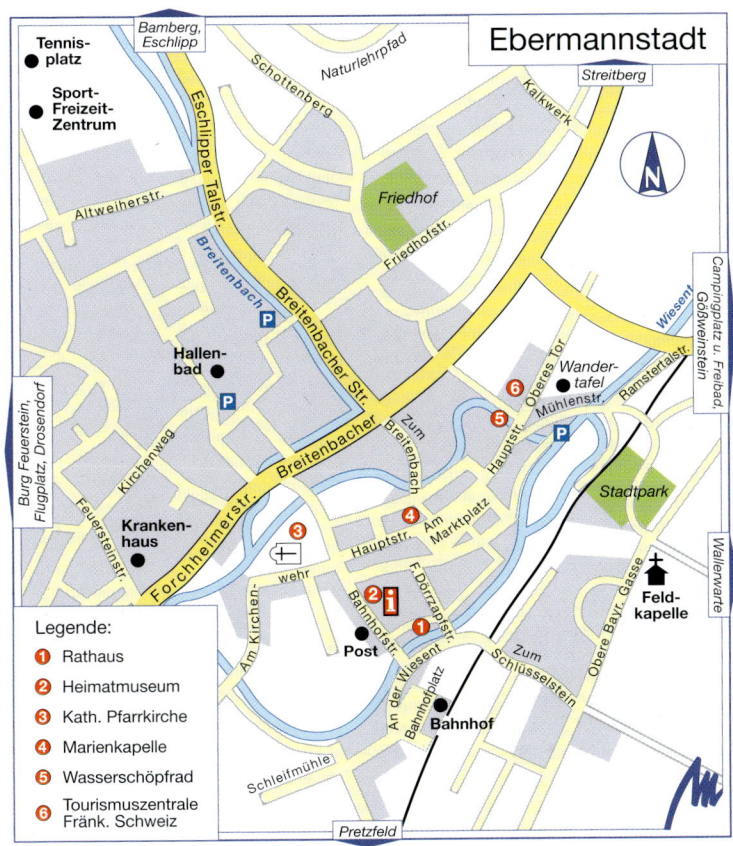

Ebermannstadt

Tennis-
platz

Sport-
Freizeit-
Zentrum

Bamberg,
Eschlipp

Schottenberg

Naturlehrpfad

Streitberg

Kalkwerk

Eschlipper Talstr.

Altweiherstr.

Breitenbach

Breitenbacher Str.

Friedhof

Friedhofstr.

Campingplatz u. Freibad,
Gößweinstein

Hallen-
bad

Wiesent

Burg Feuerstein,
Flugplatz, Drosendorf

Kirchenweg

Breitenbacher Str.

Zum
Breitenbach

Oberes Tor

Wander-
tafel

Mühlenstr.

Ramstertalstr.

⑥

⑤

Stadtpark

Forchheimerstr.

Feuersteinstr.

Kranken-
haus

③

Am
Marktplatz

④

Hauptstr.

Hauptstr.

Wallerstr.

-wehr

Am Kirchen-

②①

ℹ️

Bahnhofstr.

F. Dörrzapfstr.

①

Feld-
kapelle

Obere Bayr. Gasse

Post

An der Wiesent

Bahnhofplatz

Zum
Schlüsselstein

Bahnhof

Schleifmühle

Pretzfeld

Legende:

① Rathaus

② Heimatmuseum

③ Kath. Pfarrkirche

④ Marienkapelle

⑤ Wasserschöpfrad

⑥ Tourismuszentrale
Fränk. Schweiz

Resengörg: Top-Abendkarte, große Auswahl an Pfannengerichten, sehr zu empfehlen auch die Fischgerichte. Zwei kleine gemütliche Gaststuben, guter Service. Gästezimmer in einem Fachwerkbau hinter dem Stammhaus (typisch Altstadt). Modernes Gästehaus, zentral, relativ ruhig (mit Weinstube im 3. OG - Ausblick). Komfortable Doppelzimmer mit dem üblichen Service für ca. 80 - 85 DM. Hauptstr. 36, Tel. 8174.

Sonne: gutbürgerliche Küche. Großer modernisierter Speisesaal, dezent unterteilt. Eigene Brauerei, gutes Festbier (nur aus der Flasche). Großer Saal für Veranstaltungen. Neu eingerichtete Fremdenzimmer im Haus, mit einem weiteren Gästehaus am Ortsrand einer der größten Zimmeranbieter im Ort. Doppelzimmer mit Du/WC ab 80 DM Hauptstr. 29, Tel. 342.

Schwanenbräu: sehr gute Braten - jeder in seiner typischen Soße. Eigene Brauerei - sehr gutes Märzenbier und selbstdestillierte Schnäpse. Das Gebäude im Stil der 60er Jahre befindet sich direkt am Marktplatz. Doppelzimmer, ca. 80 DM, natürlich mit Du/WC. Marktplatz 2, Tel. 209.

Post: Seit über 100 Jahren in Familienbesitz. Gute Brotzeiten und warme Gerichte, preiswert, uriges Stammpublikum. Doppelzimmer ab ca. 60 DM. Di ab 14.00 gönnt sich der Wirt ein Päuschen. Doppelzimmer mit Du/WC etwa 70 DM. Marktplatz 3, Tel. 201.

Zum Bayrischen: Von der Einrichtung und vom Publikum eines der ursprünglichsten Lokale. Hier werkelt die halbe Verwandtschaft, um die deftigen Portionen schnell an den Gast zu bringen. Ausgezeichnete Sonntagsbraten, Spezialität: Breitenbachspieß f. ca. 26 DM (2 Pers.). Für rund 70 DM pro DZ (mit Du/WC) kann man im modernen Gästehaus nebenan übernachten. Breitenbacherstr. 12, Tel. 8148.

Bierbrunnen: 20 verschiedene Biersorten. Junges Publikum und oft sehr laut. Hübsche Lage am Rande der Wiesent. Nur abends geöffnet, Montag Ruhetag.

Café Altmayer: Die neuen Besitzer des traditionsreichen Cafés bieten zwar keine selbstgebackenen Kuchen mehr an, dafür gibt es nun nebenan ein Solarium. Das Café ist trotzdem nett geblieben. Am Breitenbach, Tel. 9183.

Café Schnobrich: Von der Terrasse des ruhig am Hang gelegenen Cafes kann man bei Kaffee und Kuchen aus eigener Konditorei die schöne Aussicht auf Stadt und Wiesenttal genießen. Von 10.00-21.00 Uhr geöffnet, Diesbrunnen 1, Tel. 1777, Mo Ruhetag.

Café Asteria: allgemeiner Treff, nicht nur für Schüler, Eiscreme, zentral neben der Pfarrkirche. Bahnhofstr. 4, Tel. 1727.

Café Haendel: Gediegenes Café mit leckerem Kuchen und Gebäck aus eigener Konditorei. Im Sommer auch Terrassenbetrieb. An der Breitenbacherstr./Ecke Schulstr., Tel.1699.

Privatzimmer/Ferienwohnungen

Über 30 Privatzimmer in Ebermannstadt selbst, weitere Übernachtungsmöglichkeiten zum Teil in idyllischer Lage in den anderen Gemeindeteilen. Hier kann man noch Doppelzimmer unter 40 DM bekommen, allerdings sind Du/WC dann separat, jedoch zur Alleinbenutzung. Unterkunftsverzeichnis beim Verkehrsamt anfordern. Ferienwohnungen: insgesamt ca. 20, hier eine kleine Auswahl.

Kirchner: Obere Röth 1, Tel. 8898, ruhige Gegend in Südhanglage, mit Swimmingpool, ca. 40 - 50 DM pro Tag (ca. 60 qm, 3-5 Pers.), plus 25 DM für Endreinigung.

Herlitz: Hauptstr. 33, Tel. 1070, alter Fachwerkbau im Ortskern, ruhig, da Zimmer nach hinten raus liegen. Ca. 80 qm, 3 Schlafzimmer, 40 - 50 DM pro Tag, Endreinigung wird nicht berechnet.

Urlaub auf dem Bauernhof u.a. möglich bei Familie **Kornmann** in **Moggast**. Hübsches Dörfchen 7 km östlich von Eber-mannstadt. Im über 100jährigen, renovierten Bauernhaus kann man in angenehmer Atmosphäre Urlaub machen, völlig ruhig. Tagespreis ca. 50 - 55 DM pro Wohnung, Endreinigung 30 DM. Moggast 45, Tel. 9215.

● *Camping*: idyllische Lage, 2 km außerhalb im Weiler Rothenbühl, neben Städtischem Freibad. Der ganzjährig geöffnete Campingplatz liegt direkt am Fluß, eingebettet in Streuobstwiesen, wird vorwiegend von Dauercampern aufgesucht. Erwachsene zahlen pro Tag 3 DM, der Stellplatz für ein Zelt kostet 4 DM. Der Besitzer des Campingplatzes betreibt den nebenan gelegenen Gasthof Bieger - schöner Biergarten mit alten Bäumen! Es werden auch ordentliche Fremdenzimmer vermietet, Doppelzimmer, Bad/WC 60 - 70 DM. Rothenbühl 3, Tel. 9534.

Bierkeller

Oberhalb des **Gasthauses Nietsche**, schöne schattige Lage in der "Oberen Röth". Hier und im Ramstertal lagen früher die Bierkeller der Ebermannstädter Brauereien. Dicke Sandsteinlagen machten den Bau von labyrinthartigen Lagerstollen möglich. Nur an Wochenenden geöffnet, hausgemachte Brotzeiten. Adresse: Eschlippertal, kurz vor Ortsausgang nach Buttenheim/Bamberg rechts.

Senftenberg: schöne Lage auf einer bewaldeten Hügelkuppe neben der Senftenbergkapelle. Geöffnet Mai bis September (außer Montag). Von Oktober bis April in einem improvisierten Schankraum nur am Wochenende.

Der Hauptsitz der Brauerei Sauer in **Gunzendorf** ist bekannt für seine Tanzveranstaltungen mit lokalen und internationalen Pop-Bands (im Volksmund Bauerntanz genannt). Im Restaurant Gediegenes zu mäßigen Preisen, internationale Auswahl (Di, Mi geschl.).

Sehenswertes

Marienkapelle: Das Mauerwerk dieser kleinen Wehrkirche dürfte wohl noch aus dem 14. Jahrhundert stammen. Erstmalig wurde der Bau 1308 erwähnt. 1633 wurde das Heiligtum durch die Schweden eingeäschert. Die jetzige, üppig-barocke Ausstattung, stammt aus dem 17. Jahrhundert. Die Altäre sind aus sogenanntem "Bauernmarmor" gefertigt - mit Pinsel und Farbe wird eine Marmorstruktur nachgeahmt. Bei Restaurierungsarbeiten im Sommer '79 wurde die alte bemalte Kassettendecke wieder freigelegt.

Bemerkenswert sind noch die *Holzplastiken* des hl. Sebastian, Johannes des Täufers und die *Strahlenmadonna*. Sie stammen von dem Ebermannstädter Bildhauer FRIEDRICH THEILER (1748 - 1826).

> Theiler war ein eigenbrödlerischer, einsamer Mann und blieb sein Leben lang unverheiratet. Mit 17 Jahren verließ er Ebermannstadt, um in der Bamberger Künstlerwerkstatt Mutschelle sein Handwerk zu erlernen. Als 32jähriger ging er in seine Heimatstadt zurück und arbeitete dort. Dem Volksmund nach soll er selbst sein bester Kunde gewesen sein. Viele seiner Arbeiten genügten ihm nicht und verschwanden im Küchenherd.

Altes Wasserschöpfrad: Es stammt aus dem Jahr 1603 und dreht sich nach regelmäßig vorgenommenen Reparaturen heute noch. Bis 1951 schöpfte es noch das Spülwasser der Kanalisation. Bei diesem mittelalterlichen Abwassersystem wurden die Küchenabfälle und das Schmutzwasser in den Rinnstein zu beiden Seiten der Hauptstraße gekippt.

Das Schöpfrad liegt an einem Wiesenarm nahe des ehemaligen Oberen Tores (neben Polizei).

Scheunenviertel: Außerhalb der ehemaligen Stadtmauern stoßen wir auf die alten Ebermannstädter Scheunenviertel, von denen noch zwei erhalten sind: eines findet man hinter der Stadtpfarrkirche, das andere neben der Sägemühle. Der Platz im alten Stadtkern und innerhalb der schützenden Stadtmauern war zu wertvoll als Standort für Scheunen, die deshalb vor die Stadttore verbannt wurden.

Das Scheunenviertel bei der Stadtpfarrkirche brannte im Jahre 1900 völlig ab, wurde jedoch schnell wieder aufgebaut. Den heutigen Bestand der Scheunenviertel sichert der Denkmalschutz, der den weiteren Abbruch der historischen Scheunen unter Strafe stellt. So wird ein Teil der Scheunen wieder hergerichtet und vor dem Verfall gerettet.

Heimatmuseum: In 7 wohlgeordneten Ausstellungsräumen viel zur Stadtgeschichte, altem Handwerk und bäuerlicher Kultur. In einem kleinen Raum wird das Leben und Werk des Bildschnitzers FRIEDRICH THEILER dargestellt. Geöffnet: Mittwoch von 16 - 18 Uhr, Tel. 9106 u. 8128. Nebenan die **Fränkische Schweiz Bibliothek**, wohl die umfassendste Sammlung heimatlicher Schriften.

Burg Feuerstein: Die Burg wurde erst im Jahre 1941 erbaut - als Institut für Hochfrequenztechnik. Getarnt als mittelalterliche Raubritterburg blieb sie von feindlichen Angriffsflügen unbehelligt, und es konnten fleißig Kodiergeräte und elektronische Steuerungssysteme für Flugzeuge entwickelt und produziert werden. Der Leiter der damaligen Unternehmung war Prof. Vierling, der heute in Ebermannstadt eine Fabrik für Fernmeldegeräte besitzt.

1946 ging die Burg in den Besitz des Bamberger Bistums über, das daraus eine sogenannte Jugendburg mit Herberge und Tagungsort für die Landjugend machte. Besonders während der Sommermonate ist viel los. Sehenswert die moderne zweigeschossige Kirche mit riesigen eindrucksvollen Glasfenstern.

Lage: Ca. 3 km außerhalb von Ebermannstadt, auf der langen Meile. Nur Gruppen mit Voranmeldung haben eine Chance, hier unterzukommen. Tel 8114.

Museumsbahn: Nach Stillegung der wildromantischen Eisenbahnstrecke Ebermannstadt - Behringersmühle wurde der *Verein Dampfbahn Fränkische Schweiz* gegründet. Seit Sommer '83 werden Fahrten mit dem Museumszug von Ebermannstadt nach Behringersmühle veranstaltet. Die Lok ist eine Hanomag Ploxeman Baujahr 1923! Fahrten an Sonn- und Feiertagen, von Ostern bis Anfang September (siehe Kursbuch, Strecke 824).

Höhepunkt ist jedes Jahr die *Theatralische Reise*, veranstaltet vom Theater in der Garage, Erlangen. An jedem der stillgelegten Bahnhöfe werden kurze Stücke unters mitfahrende Volk gebracht. Nicht minder originell, wenn auch für Jüngere - im *Discozug* durch die Fränkische. Veranstaltet von der Jugendinitiative Ebermannstadt. Heißer "Funk" im Tanzwaggon!

Reifenberger Vexierkapelle *(ca. 6 km Richtung Forchheim)*
Auffällige und von weitem sichtbare Kapelle, oberhalb der Gemeinde
Reifenberg auf einem Bergsporn gelegen. Die Kapelle ist zwar dem
hl. St. Nikolaus geweiht, bekannter aber unter dem Namen Vexier-
kapelle. Angeblich bietet das Kirchlein dem Reisenden ein jeweils anderes Bild, je nachdem von welcher Seite er sich nähert.
Die Kapelle setzt sich aus verschiedenen alten Bauteilen zusammen:
zum ältesten Westteil gehören Mauerreste aus dem 12. Jh., der
Hauptteil entstand in den Jahren 1607/13, 1705 und 1788. Neben der
Plastik der hl. Barbara befindet sich im Kircheninneren auch eine Figur des Ebermannstädter Holzschnitzers Friedrich Theiler.
Einen Kenner der Fränkischen Schweiz wird es kaum erstaunen,
daß an dieser strategisch günstigen Stelle im Mittelalter eine Burg
stand. Die Herren von Reifenberg residierten in der 1151 erstmals erwähnten Burganlage - sie fiel, wie viele andere Burgen in der Region,
einem der zahlreichen Kriege zum Opfer.
Wegen der schönen Aussicht auf Wiesenttal und Walberla ist ein Abstecher zur Vexierkapelle allemal lohnenswert - nicht zuletzt wenn
man weiß, daß im Sommer unterhalb der Kapelle ein Bierkeller zur
Rast lädt.

Wandern

Zum Schlüsselstein mit Aussichtsturm Wallerwarte

Am Ortsausgang Richtung Gößweinstein, nach den beiden Brücken
auf dem Schotterweg geradeaus durchs Scheunenviertel, hinauf zum
Stadtpark. Bei der Kapelle am oberen Ende des kleinen Parks beginnt der geradlinig den Berg hinaufsteigende Stationsweg mit Bild-
tafeln am Wegrand (am Karfreitag führt hier die Prozession entlang).
Auf der Hochfläche steht eine weitere kleine Kapelle. Sich links hal-
tend erreicht man nach ca. 200 m den Aussichtsturm *Wallerwarte*. Bei
schönem Wetter Blick bis ins Fichtelgebirge!
Wer sich bei der zweiten Kapelle rechts hält, kommt zum *Kreuzberg*
(ca. 15 Min., keine Steigung). Der Weg kreuzt zwei verwachsene Gräben - die letzten übriggebliebenen Spuren einer Schlüsselberger
Burganlage.
Kreuzberg: Helle Felsnase inmitten des grünen Mischwalds. Hier fanden wir oft kleine versteinerte Muscheln. Der Fels ist hübsch zerklüftet, es macht Spaß, darin herumzuklettern. Das mächtige Eichen-
kreuz erinnert an eine wundersame Begebenheit vor einigen Jahrhunderten. Hier irrte nächtens während eines Gewittersturms ein
Priester entlang. Der Schein eines plötzlichen Blitzes bewahrte Pferd
und Reiter vor dem Absturz.

Naturlehrpfad: Am Schottenberg, hinter dem Nietsche Bierkeller, beginnt der ca. 4 km lange Rundwanderweg. Auf über 20 Tafeln werden
knappe Informationen zu einigen heimischen Bäumen und Sträu-

chern vermittelt. Die kleine Rundwanderung führt durch einen abwechslungsreichen Landschaftsausschnitt mit Laubmischwäldern; in die Route sind auch sehenswerte Aussichtspunkte einbezogen.

Sportmöglichkeiten

Tennis Sportplatzstraße, Doppel pro Stunde ca. 12,- DM, nähere Auskünfte unter Tel. 1277 u. 9411.

Golf gepflegter 18-Loch-Platz in Kanndorf. Nähere Infos über Herrn Messingschlager, Tel. 9228.

Reiten Burg Feuerstein, Tel. 8114, oder in Birkenreuth (Gasthof zur Linde).

Fliegen Fränkische Fliegerschule, 5 km außerhalb bei Burg Feuerstein, Tel. 334. Wer die fränkische Schweiz einmal aus der Vogelperspektive erleben will, kann in der Fliegerschule einen Rundflug buchen. Für zwei Personen kostet die Viertelstunde im Motorflugzeug ca. 30 DM. Jede weitere Minute kostet 2 DM, jedoch sind fünfzehn Minuten in der Regel ausreichend. Es werden auch 14-tägige Segelflugkurse angeboten.

Fahrradfahren Bei den **Bike Tours** kann man ganztägig geführte Fahrradtouren mit erstklassigen Rädern buchen, für 15 Personen kostet der Spaß allerdings 800 DM. Man kann sich natürlich auch nur Fahrräder mieten und auf eigene Faust losradeln, Mountain Bikes ab 35 DM pro Tag. Tel. vormittags: 09194/4431 oder nachmittags 09191/64885.

Schwimmen Renoviertes, beheiztes **Freibad** im Weiler Rothenbühl, von Mai bis September wochentags 10.00 - 20.00 Uhr geöffnet, Samstag, Sonn- und Feiertag schon ab 9 Uhr, Tel. 9465. In der kalten Jahreszeit (Oktober bis April) ist das **Hallenbad** ab 17 Uhr geöffnet, Tel. 611.

Streitberg

Erst bei Streitberg beginnt das für die Fränkische Schweiz typische Landschaftsbild, das Wiesenttal verengt sich, helle Kalksteinfelsen formen die von Mischwald begrünten Talhänge. An einer Flußschleife, etwas talaufwärts, steht auf einer Felsnase über dem Tal die Burgruine Neideck, wohl die schönsten Überreste einer Burg in dieser Gegend. Auch der Turm steht noch, obwohl er schon bröckelt.

Den frommen Pilgern, die das Wiesenttal hinauf Richtung Gößweinstein pilgerten, war das lutherische Streitberg ein Dorn im Auge. Schnellen Schritts, mit eingerollten Fahnen zog man daran vorbei, ohne den vorzüglichen Schnapsbrennereien einen Besuch abzustatten. Weiterhin lohnenswert ist der Besuch der *Binghöhle*.

- *Information*:   Bürgerhaus/Verkehrsamt. Mo - Fr 9-12 Uhr, während der Sommermonate auch 14-16 Uhr. Tel. 09196 / 346.
- *Fahrradverleih*: Fa. Distler, Tel. 256, pro Tag 8,50 DM.

- *Freibad*: Richtung Niederfellendorf, in schöner Lage an der Wiesent, zu Füßen der Ruine Neideck, geöffnet von Mitte Mai bis Anfang September, 8 - 18 Uhr. Beim Schwimmbad auch Bootsverleih, Tel. 298.

Essen/Übernachten

Altes Kurhaus: Das empfehlenswerte Restaurant war im letzten Jh. die bekannte Molkenkuranstalt, in der Dr. Weber seinen Patienten Molke aus Ziegenmilch verabreichte. Wie die Inschrift am Haus erläutert, gehörte 1883 auch Victor von Scheffel zu den Gästen des Hauses.
Heute empfängt den Gast dort eine gepflegte Einrichtung mit offenem Kamin sowie eine große Auswahl an z.T. exotisch gewürzten Gerichten, auch internationale Spezialitäten, allerdings etwas teurer. Als Spezialitäten des Hauses gelten die Fisch- und Wildgerichte. Hauptgerichte ab ca. 18 DM. Komfortable DZ mit Bad/Du/WC ab 80 DM. Streitberger Berg 13, Tel. 736, Montag Ruhetag.

Schwarzer Adler: Vermutlich schon seit Anfang des 16 Jhs. eine Schenke, der Fachwerkbau (Anf. 18. Jh.) entstand auf Veranlassung von Markgraf Christian zu Brandenburg, der bei den Reisen durch sein Territorium standesgemäß Quartier nehmen wollte. Der heutige Gasthof ist beliebt für seine große Auswahl an fränkischen Braten (je nach Saison auch Wild- oder Entenbraten). Im Sommer auch Gartenbetrieb, kühles Bier unter schattenspendenden Linden.   Doppelzimmer mit Bad ca. 65 bis 70 DM. Dorfplatz 7, Tel. 630.

Stern's Posthotel: Die Möblierung der renovierten Gasträume ist verschiedenen Stilepochen nachempfunden (Jugendstil, Landhausstil), auch für größere Gruppen geeignet. Gemütliche Bierstube mit umlaufender Wirtshausbank und dunkler Holztäfelung. Die Holztäfelung an Wand und Decke ist mit Motiven bemalt, welche an die frühere Nutzung des Gebäudes erinnern: Posthorn, Postkutsche, Briefträger...

Fränkische Küche, oft noch zu vorgerückter Stunde. Biergarten und Terrasse vorhanden, eigener Busparkplatz. Größter Zimmeranbieter im Ort. Doppelz. mit Bad ca. 80 - 90 DM. Dorfplatz 1, Tel. 579.

Zum Metzger: Ungekünstelter Gastraum mit netter Atmosphäre und freundlicher Bedienung. Fränkische Küche, große Auswahl an hausgemachtem Dosenfleisch und Dosenwurst, auch zum Mitnehmen. Insgesamt gut - eigene Metzgerei - und preiswert. Streitberger Berg 8, Tel. 290, Samstag Ruhetag.

Bei Laki: Gleich am Ortseingang, gegenüber des ehemaligen Bahnhofs, befindet sich das beliebte griechische Lokal. In der vormals fränkischen Gaststätte erhält man nun griechische Köstlichkeiten, wodurch die Angebotspalette um eine leckere Variante bereichert wird. Der freundliche Wirt stellt auch alle Speisen zum Mitnehmen bereit. Im Sommer lockt der schöne alte Biergarten Einheimische wie Touristen zu Speis und Trank. Bahnhofstr. 14, Tel. 335, Montag Ruhetag.

• *Pensionen*: **Haus Lorenz**, kleine Pension in hübscher Lage oberhalb des Wedenbaches, direkt am Felsen gelegen, mit kleiner Quelle und schönem Garten. Die freundliche Wirtin vermietet einfache, ordentliche Zimmer. Doppelzimmer mit Frühstück, je nach Ausstattung um 35 DM; Schauertal 18, Tel. 572.

Pension Lang: Familiäre Pension beim Lebensmittelgeschäft, 4 Doppelzimmer je nach Ausstattung für ca. 36 bis knapp 50 DM, jeweils mit Bad/WC bzw. Etagenbad, incl. Frühstück. Streitberger Berg 1, Tel. 294.

Zahlreiche weitere Möglichkeiten für Urlaub auf dem Bauernhof oder Privatunterkünfte vermittelt das Verkehrsamt gern auf Anfrage.

• *Jugendherberge*: (Kat. II): ruhig, am Berghang, Selbstkocherküche. Eine Übernachtung knapp unter 10 DM, Frühstück kostet extra. Vom 31. Okt. - 1. März nur Gruppen mit Voranmeldung. Am Gailling 6, Tel. 288 oder 491.

AUSSERHALB

• *Oberfellendorf*: **Gasthof Sponsel**, rustikales Speisezimmer. Große Schinkenplatte, auch warme Speisen. Doppelzimmer je nach Ausstattung (Bad/WC bzw. Etagenbad) zwischen 30 und 40 DM, incl. Frühstück; Oberfellendorf 2, Tel. 269.

Distler: zwei geräumige Zimmer mit moderner, farbiger Einrichtung, Küchenbenutzung. Doppelz. mit Etagendusche ca. 30 DM. Urlaub auf dem Bauernhof, Oberfellendorf 18, Tel. 601

• *Engelhardsberg*: **Gasthaus Heumann**, warme Küche von April bis November. Ansonsten nur donnerstags und an Wochenenden. Spezialität sind in schwimmendem

Fett gebackene Riesenpfannkuchen (einer reicht meist für zwei Personen). Kleine, umrankte Terrasse zum draußen sitzen. Tel. 361.

Endres: Urlaub auf dem Bauernhof mit Kühen, Schweinen, Ziegen, Geflügel und einem Pferd; Doppelzimmer ca. 35 DM. Engelhardsberg 36, Tel. 332.

• *Störnhof*: **Gasthaus Hofmann** ("beim Kunna"), ca. 3 km bergauf von Streitberg: wohnzimmerkleine Gaststube mit Holzverkleidung, Einrichtungsstücken aus den 60er Jahren und einem Klavier. Deftige Brotzeiten - an Wochenenden warme Mahlzeiten. Tel. 261.

Sehenswertes

Burgruine Neideck: Hübsche Bilderbuchromantik im Wiesenttal zwischen Streitberg und Muggendorf. Die Burg war der Stammsitz des mächtigen Geschlechts der Schlüsselberger, die früheren "Geschäftsführer" der heutigen Fränkischen Schweiz. Graf Konrad von Schlüsselberg provozierte 1347 seine mächtigen Nachbarn durch die Errichtung einer Zollstelle im Wiesenttal. Söldner der Markgrafen von Nürnberg und der Würzburger Bischöfe belagerten die Burg, dabei wurde Konrad von Schlüsselberg von einem Wurfgeschoß "erworfen". Die Burg fiel daraufhin in die Hände der Bamberger Bischöfe und blieb bis 1553 Sitz der Bamberger Verwaltung. Während des 2. Markgrafenkriegs wurde sie von Anhängern der Markgrafen Brandenburg/Kulmbach so gründlich zerstört, daß auf einen Wiederaufbau verzichtet wurde.

Waren die Trümmer der Ruine zunächst als Baumaterial begehrt, so wurden die bis ins 18. Jh. verbliebenen Überreste abgerissen, als man hier sogenannten Juramarmor fand und abbauen wollte. Bei dem gelblichen und rotgebänderten Gestein handelt es sich nicht um echten Marmor, sondern lediglich um dichten, polierfähigen Jurakalk, der jedoch zum Ausbau der Würzburger Residenz verwendet wurde.

Ruine Streitberg: Der Anfang 12. Jh. erstmals erwähnte Walter de Stritberg, Dienstmann des Bamberger Bistums, war wohl der erste Burgherr. Nachdem die strategisch wichtige Anlage im ausgehenden 13. Jh. an die Schlüsselberger gelangte, widerfuhr ihr ein ähnliches Schicksal wie Burg Neideck: 1553 zerstört, bis 1565 als Schloß mit Uhrturm im Renaissance-Stil wiederaufgebaut, 1632 während des Dreißigjährigen Krieges niedergebrannt, danach kontinuierlicher Verfall. Besiegelt wurde die endgültige Zerstörung, nachdem das bayerische Königreich die immer noch stattlichen Reste der Burganlage der Gemeinde Streitberg billigst verkaufte, welche sie dann als Steinbruch nutzte. Heute erkennt man von der einst stolzen Feste nur noch das Burgtor mit dem markgräflichen Wappen, Teile der Wallmauer sowie alte Kellergewölbe - dennoch ist der Aufstieg zur Ruine wegen der Aussicht auf Streitberg und das Wiesenttal zu empfehlen.

Höhlen

Binghöhle: Unter den touristischen Höhlen der Fränkischen Schweiz sicher die interessanteste. Sie besitzt einen zweiten, künstlich gegrabenen Ausgang - der Besucher braucht deshalb nicht auf demselben Weg zurückzukehren. Gesamtlänge ca. 400 m, prächtige Tropfsteingebilde mit phantasievollen Namen, imposant der Kerzensaal als größter Raum der Höhle.

Entdecker war 1905 der Nürnberger Fabrikant *Ignaz Bing*. Bei Grabungen fand er ein Erdloch, und da er für das Durchschlüpfen der Öffnung von zu kräftiger Statur war, wurde der 13jährige Nachbarjunge *Konrad Braungart* mit einer Karbidlampe zur Erkundung herangezogen. Seit 1907 wird die Höhle elektrisch beleuchtet.

Öffnungszeiten: 15. März - 31. Oktober täglich 8-12 u. 13-17 Uhr. Während der Wintersaison ist der Besuch nach Rücksprache mit dem Höhlenwart möglich, dann auch Einzelführungen. Eintritt für Erwachsene ca. 3 DM.

Schönsteinhöhle: bei Neudorf. Führungen organisiert das Verkehrsamt Streitberg/Muggendorf. Der Verbindungsgang zur Brunnsteinhöhle wurde erst 1952 entdeckt. Infolge unterschiedlicher Höhenlage der beiden Höhleneingänge oft sehr zugig. Ausrüstung und Höhlenerfahrung erforderlich (Kletterpartien und nasse Kriechgänge). Die Höhle ist ebenso wie die Binghöhle eine sogenannte Spalthöhle, die über ein recht ausgedehntes und verwinkeltes Gangsystem verfügt. Wer also unbedingt meint, ohne Führung die Höhle besichtigen zu wollen, sollte vom großen Saal aus nicht auf eigene Faust weiter in das System vordringen. In der Zeit von Oktober bis April ist die Höhle geschlossen, zum Schutz der vom Aussterben bedrohten Fledermäuse, die hier überwintern und keinesfalls gestört werden dürfen.

Streitberger Liköre

Während die meisten kleineren Brennereien der Gegend ihren *Obstler* für den Hausgebrauch brennen, befinden sich hier zwei mittelständische Unternehmen, die ausgezeichnete Edelliköre, Edelbranntweine und Kräuterliköre herstellen. Eine der beiden Brennereien füllt mit ihrem bekannten Streitberger Bitter sogar die Regale großer Handelsketten. Im Bitter sind über 50 verschiedene Kräuter enthalten, unter anderem die Heil-Kaktuspflanze Aloe. In beiden Brennereien gibt es Probierstuben, Autofahrer sollten besser von der Einkaufsmöglichkeit Gebrauch machen und mit der Likörprobe erst zuhause beginnen. Beide Brennereien können nach Anfrage besichtigt werden.

Hertlein's Alte Kurhausbrennerei: Seit 1898, historisch eingerichtete "Pilgerstube" mit einer Menge alter Kupferstiche und Radierungen an den Wänden. Kleine gemütliche Räumlichkeiten, fast gänzlich mit Holz ausgekleidet. Tip für heiße Tage: Blutorangenlikör

mit Sekt. Am Streitberger Berg Richtung Oberfellendorf, gegenüber vom Alten Kurhaus, Tel. 777.

Adlerbrennerei Schütz: Familienbetrieb seit 1921, insgesamt 41 verschiedene hausgemachte Liköre und Edelbranntweine. Außer den guten Schlehenlikören gibt es auch so ausgefallene Sorten wie Maracuja, Kakao... Die Brennerei liegt mit ihrer Probierstube Höhlen-Klause direkt am Aufgang zur Binghöhle, Tel. 325

▶**Wandern:** Noch im Ort befindet sich der Wedenbach mit Wasserfall, auf dem ausgeschilderten Weg zum Schauertal. Der Wedenbach plätschert über sehenswerte Tuffkaskaden, beiderseits schöner Hangfußwald mit Buche, Spitzahorn, Linde, Ulme, Hainbuche und krautreichem Unterwuchs.

Rundwanderung Streitberg: Eine Wandertafel zur Übersicht über die zahllosen Wandermöglichkeiten befindet sich gleich beim Bürgerhaus. Zu Recht beliebt ist die Rundwanderung mit der Markierung Schwarzer Ring: Gut beschildert, verbindet der Weg die Hauptsehenswürdigkeiten in und um Streitberg, mit Ausnahme der Ruine Neideck. Die vorgeschlagene Route führt durch schönen Laubmischwald und zum Teil in etwas beschwerlicheren Abschnitten an eindrucksvollen Felsen vorbei, weshalb festes Schuhwerk ratsam ist. Wegstrecke ca. 5 km, jedoch mehrmaliges Auf- und Absteigen erforderlich.

Nach dem Besuch der Binghöhle geht's hoch zur ehemaligen Feste Streitberg (Aussicht). Ein kleines Stück Richtung Oberfellendorf, Überqueren der Straße und über die Brocksanlage zur Aussichtsplattform Guckhüll. Nun bergab über das Lange Tal (Waldlehrpfad) und Klararuhe zur Muschelquelle am Ortsrand von Streitberg. Durch eine Lindenallee führt der Weg direkt an der Probierstube vorbei - ob man schnurstracks daran vorübereilt oder sich mit einem Bitter stärkt, sollte spontan nach Lust und Laune entschieden werden.

Muggendorf

Neben Pottenstein und Gößweinstein der bekannteste Ort der Fränkischen Schweiz. Ziel der ersten Touristikwelle Anfang des letzten Jahrhunderts. Durch Reiseberichte und Forschungsreisen in das "Muggendorfer Gebürg" erstmals bekannt geworden, pilgerten bald vornehme Kurgäste zur Erholung und Genesung nach Muggendorf. Natürlich wurde der Ort auch Reiseziel damaliger VIP's: 1804 Professor Rosenmüller (Entdecker der nach ihm benannten Höhle), 1837 Karl Immermann und 1879 gab sich schließlich Richard Wagner samt Familie die Ehre.

Eine wechselvolle Geschichte hat das im letzten Jh. errichtete Kurhaus hinter sich: In den 30er Jahren zum Parkhotel umfunktioniert, 1945 von den siegreichen Amerikanern beschlagnahmt, danach Notquartier für Flüchtlinge. 1987 war es als Notquartier für Asylanten Gegenstand hitziger Debatten, die auch von der überregionalen Presse interessiert verfolgt wurden. Kürzlich von der Gemeinde gekauft, soll das ehrwürdige Haus für eine künftige Freizeit-Nutzung renoviert und umgebaut werden.

Neuer Zündstoff steckt in den Plänen zum Bau einer Umgehungsstraße: Für etliche Millionen Märker sollen hier Brücken und Dämme mitten durchs Wiesenttal gebaut werden, ein Eingriff mit nachhalti-

gen Folgen für den Naturhaushalt ebenso wie für den Erholungswert der Landschaft. Doch könnte die gesamtdeutsche Situation sowie die daraus neu erwachsenden Aufgaben und neuen Pflichten eine Umschichtung finanzieller Mittel verlangen. Auch wenn es manche Damen und Herren nicht so gerne hören, hoffen wir jedenfalls fürs Wiesenttal, daß dieses Großprojekt bis auf weiteres verschoben wird.

- *Information*: Verkehrsamt im Rathaus, Marktplatz 1; Öffnungszeiten: Montag - Freitag 7.30-12 Uhr, in den Sommermonaten auch nachmittags 13 - 16 Uhr. Tel. 09196 / 717.

Essen/Übernachten

Sonne: gleich neben dem Rathaus, gediegenes Restaurant mit Terrasse. Mittags große Auswahl an diversen Braten, jeder in seiner eigenen Soße. Fränkische Spezialität: Kartoffelsuppe. Abends Pfannengerichte, Steaks . . . Sie wünschen als Vorspeise geräuchertes Forellenfilet oder norwegischen Räucherlachs mit Sahnemeerrettich? Zwei Nebenräume stehen für Tagungen, Familienfeiern, Jubiläen etc. bereit. Zu solchen Anlässen stellt der nette Wirt auch gern Menüvorschläge zusammen. Freundlich renovierte Zimmer, DZ mit Bad ca. 70 DM, ab einer Woche nur noch ca. 60 DM. Forchheimer Str. 2, Tel. 754, Montag Ruhetag.

Goldener Stern: alteingesessenes Restaurant am Marktplatz, im Sommer auch mit Gartenbetrieb. Im Restaurant gibt's gutbürgerliche Küche zu gutbürgerlichen Preisen, aber an der Bartheke kann man auch einfach so ein Bier trinken. Eine Nacht in einem der komfortablen Doppelzimmer kostet 80 - 90 DM. Marktplatz 6, Tel. 204, Mittwoch Ruhetag.

Eberhard: Das Interieur im gehobenen Stil der 50er Jahre verleiht dem Restaurant eine besondere Note. Fränkische Küche, für knapp 20 DM ein kleines Menü bestehend aus Suppe, Braten und Dessert. Zum Restaurant gehört eine eigene Forellenfische-

rei, aber auch Gäste dürfen im Fischwasser an der Wiesent angeln. Kein Wunder, wenn zu den Stammgästen besonders viele Angler zählen, die hier für 80 bis knapp 100 DM pro Doppelzimmer Quartier nehmen. Bayreuther Str. 2, Tel. 230, kein Ruhetag.

Zur Wolfsschlucht: Im Gasthof mit eigener Metzgerei werden deftige Gerichte serviert - Schlachtplatte mit Sauerkraut (nur am Mittwoch), Braten gibt's am Wochenende; preisgünstig: Hauptgerichte unter 10 DM. Im Ausschank Muggendorfer Wehrfritz-Bier. Beliebt auch die hauseigene Kegelbahn. Doppelzimmer mit modernem Komfort ca. 70 DM. Wiesentweg 2, Tel. 324, Dienstag Ruhetag.

Kohlmannsgarten: Die netten Besitzer haben den Gasthof hübsch renoviert; zu empfehlen auch die solide fränkische Küche und die selbstgebackenen Kuchen. Im Sommer wird auch der schattige Biergarten bewirtschaftet: Anläßlich des Aufenthaltes von Richard Wagner wurde 1879 eine Linde gepflanzt, die mittlerweile eine stattliche Größe erreicht hat. Im Obergeschoß einige Fremdenzimmer mit Bad/Dusche (Doppelz. ca. 75 DM) und zwei komplett eingerichtete Appartements bzw. Ferienwohnungen ab 45 DM für 2 Personen.

Lindenberg 2, Tel. 201, Dienstagnachmittag geschlossen.

Türkei (Gasthaus Walch): Exkneipe einer Erlanger Studentenverbindung. Um Mißverständnissen vorzubeugen, wird gleich am Eingang erklärt, daß es sich hier nicht um ein türkisches Restaurant handelt, sondern der Gründer des Gasthauses, ein waschechter Franke, so hieß. Kleine rustikale Gaststube, typisch fränkische Küche, Schnäpse aus eigener Brennerei. Doppelzimmer mit dem üblichen Komfort ab ca.

50 DM. Oberer Markt 7, Tel. 205, Mittwoch Ruhetag.

Café Wiesenttalblick: Ruhige Lage am bewaldeten Berghang oberhalb vom Ort. Der Blick ins Tal von der kleinen Terrasse aus zwar etwas eingeschränkt, aber trotzdem schön. Doppelzimmer mit Etagenbad/WC für knapp 40 - 50 DM. Rosenauweg 13, Tel. 1465.

Vom Café aus führt ein kleiner Waldweg am Hang entlang bis zum Schwimmbad und den kleinen Kneippanlagen.

• *Ausserhalb*: **Wohlmannsgesees**: Gasthof Heid, moderner Speisesaal - für Hausgäste gemütliches Nebenzimmer mit Kachelofen. Gute Hausmannskost, preiswert. Selbstgemachter Schinken vom Hausschwein (Schinkenplatte ca. 7 DM). Leckere Liköre aus eigener Brennerei (Sauerkirsche!!). Es werden auch Zimmer vermietet, Doppelz. in ruhiger Lage mit Dusche 50 - 60 DM. Wohlmannsgesees 1, Tel. 306, Dienstag Ruhetag.

Neudorf: Gasthof Heumann, wohl die kleinste "Besenwirtschaft" der Gegend. Die Mini-Schenke und der Kachelofen beanspruchen schon fast ein Drittel des Raums. Der Wirt, hauptberuflich Landwirt, hockt sich gerne kurz an den Tisch des Fremden und fragt, woher er des Wegs kommt. Um die Mittagszeit wird dem Wanderer vom familiären Mittagstisch eine warme Mahlzeit

angeboten. Ansonsten üppige Brotzeitteller und hausgebackenes Brot. Vom Wanderparkplatz, gegenüber der Burgruine Neideck, kann man leicht durchs "Lange Tal" nach Neudorf auf die Jurahöhe hinaufsteigen. Neudorf 4, Tel. 459.

Kuchenmühle: Bis Anfang der 70er Jahre als Säge- und Getreidemühle voll funktionsfähig, kurze Zeit später Ausbau des gastronomischen Betriebs. An Stelle des alten, Anfang der 80er Jahre abgebrannten Gebäudes, befindet sich seit 1985 ein moderner Fachwerkbau in fränkischem Stil. In der Gastwirtschaft gute heimische Küche und deftige Brotzeiten. Tel. 377, Montag Ruhetag.

Doos: Renommierter Gasthof Heinlein, am Zusammenfluß von Wiesent und Aufseß gelegen, näheres unter Waischenfeld.

• *Pensionen*: **Wöhrmühle**; altes Mühlengebäude (seit 1919 stillgelegt), ca. 1,5 km flußabwärts in romantischer Lage unterhalb der Burgruine Neideck. In der Mühle sowie in den beiden näher an der Bundesstraße gelegenen Häusern bieten freundliche Leute schlichte Übernachtungsmöglichkeiten an; Zimmerpreise um die 30 DM für das Doppel. Tel. 1216.

Pension Brütting: Richtung Doos in Hanglage, ruhig; die freundliche Wirtin vermietet Zimmer mit dem üblichen Service für

knapp 50 DM, auch Ferienwohnung ab ca. 60 DM. Sonnenweg 10, Tel. 660.

In Muggendorf zahlreiche weitere Privatzimmer in der Preiskategorie 35 - 50 DM, die meisten Vermieter bieten ein bis drei Doppelzimmer an.

An Ferienwohnungen unter anderem empfehlenswert: **Monika Stein's** angenehme und geräumige Ferienwohnung 50 - 55 DM für 2 Personen, plus 30 DM Gebühr für Endreinigung. Adresse: Wiesentweg 13; Anfragen richten an: Monika Stein, Hermannstr. 2, 8480 Weiden, Tel. 0961 / 32017.

Geschichte / Sehenswertes

Nach der mündlichen Überlieferung soll es bei Muggendorf eine Burg gegeben haben, welche sich jedoch nicht urkundlich belegen läßt. Immerhin werden Anfang bis Mitte des 12. Jhs. Angehörige des Adelsgeschlechtes Sterker von Muggendorf aktiv. Später war der Ort dann wie das benachbarte Streitberg im Besitz der Schlüsselberger. Neben den Kriegsschäden, welche die ganze Region betrafen (Hussitenkriege, die beiden Markgrafenkriege, Dreißigjähriger Krieg), wurde Muggendorf mehrfach durch verheerende Brandkatastrophen zerstört: 1601, 1667 und 1726 wütete der Feuerteufel.

Einer Sage zufolge soll in Muggendorf der Reformator Martin Luther gepredigt haben: Die Muggendorfer feierten gerade ausgelassen ihr Kirchweihfest, als sich zwei Fremde als Luther und sein Begleiter vorstellten. Angesichts des hohen Besuchs wurde es auf dem Festplatz sofort still, und Luther hielt vor seiner Weiterfahrt nach Nürnberg eine Predigt. Gemäß der Überlieferung gaben die Muggendorfer

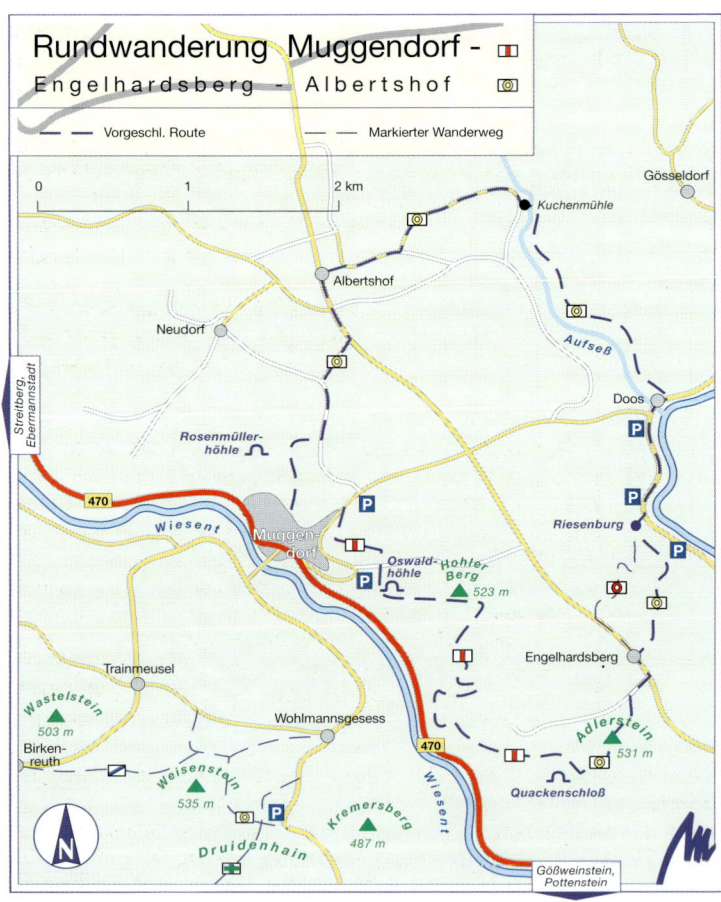

dem Platz, an dem Luther gepredigt hatte, den Namen "Stille Wiese". Überlieferung hin oder her - heute befindet sich auf jener bewußten Wiese ein Minigolfplatz.

Sehenswert ist die protestantische **Laurentiuskirche**, die größtenteils nach der fürchterlichen Feuersbrunst von 1632 erbaut wurde. Erhalten blieben von der ursprünglich gotischen Kirche die Spitzbogenfenster, während Altar und Taufstein schon dem Frühbarock zuzuordnen sind. Auffällig am Altar sind die drei geschnitzten Statuen, welche die beiden Apostel Petrus und Paulus sowie den namengebenden Laurentius darstellen. Kunstgeschichtlich bemerkenswert ist der 1971 wiederentdeckte Bilderzyklus an den Emporentäfelungen. Ein großer Teil der alt- und neutestamentarischen Tafeln konnte restauriert werden. Solcherart bemalte Emporen waren in den evangelischen Kirchen zwischen dem 17. und Ende 18. Jh. in Franken weit verbreitet; sie wurden jedoch häufig bei späteren Renovierungen übermalt.

▶**Wandern**: Eine klassisch zu nennende Rundwanderung (Markierung: Roter Senkrechtbalken, Gelber Ring) verbindet Muggendorfs berühmte Höhlen und Aussichtspunkte.
Routenverlauf: *Muggendorf - Oswaldhöhle - Quackenschloß - Adlerstein - Engelhardsberg - Riesenburg - Doos - Kuchenmühle - Albertshof - Muggendorf.*
Länge ca. 17 km, jedoch mit häufigem Auf -und Absteigen verbunden (festes Schuhwerk). Am besten, man nimmt sich einen ganzen Tag Zeit und nutzt eine der Einkehrmöglichkeiten, wer's eiliger hat, kann natürlich auch abkürzen.

Von Muggendorf geht es mit der Markierung Roter, senkrechter Balken durch einen Buchenwald zur **Oswaldhöhle** - eine ca. 60 m lange Durchgangshöhle. Man läuft im Dunkeln durch die Höhle, der Lichtstrahl von der anderen Seite leitet einen gefahrlos hindurch. In konditionsförderndem bergauf und bergab geht es zum *Quackenschloß* - verfallener Rest eines Höhlensystems. Über einen Felsensteig erreicht man den nahegelegenen *Adlerstein*. Wenn sich im vergangenen Jahrhundert Wanderer dem Adlerstein näherten, stand ein Bauer mit einer Leiter parat, über die man gegen Entgelt den Felsen erklimmen konnte. Seit Anfang dieses Jahrhunderts gelangt man über eine Eisentreppe zum Aussichtspunkt: der faszinierende Rundblick wurde schon von dem in der Fränkischen Schweiz allgegenwärtigen Victor von Scheffel in einem Gedicht verewigt.
Über Engelhardsberg (Markierung Gelber Ring) geht es abwärts zum romantischen Felsengebilde der *Riesenburg*. Durch die zerklüfteten Felsen und Felsentore führen Treppen hinab ins Wiesenttal und nach Doos. Von dort bis zur Kuchenmühle entlang dem weitgehend unberührten Aufseßtal und wieder hinauf zur Hochfläche nach Al-

bertshof. Die Wanderung führt über die Landstraße (wenig Verkehr) zurück nach Muggendorf.

Feste

Kürbisfest: jedes Jahr Anfang Oktober, ein Erntedankfest besonderer Art. Am frühen Nachmittag zieht ein Festzug aus blumengeschmückten Wagen mit Blaskapelle vorbei. Am Abend tragen die Kinder reich mit Ornamenten verzierte Kürbisse, innen hohl und mit einem Kerzenlicht bestückt, durch die Straßen. Dieser Brauch hat möglicherweise heidnische Wurzeln, wird aber von den Muggendorfern eifrig bis heute fortgeführt. Das originelle Fest lockt jedes Jahr viele Besucher auch aus dem benachbarten Großraum nach Muggendorf.

Freizeit/Sport

● *Freibad*: Das gleich am Ortseingang gelegene kleine Waldschwimmbad hat nach meinem Geschmack mehr Atmosphäre als so manch modernes Schwimmbad-Erlebniszentrum! Das ältere und unbeheizte Bassin wird mit kühlem, erfrischendem und ungechlortem Quellwasser (!) gefüllt. Die Liegeplätze sind auf mehreren kleinen Terrassen über den Hang verteilt. Gewöhnlich in der Zeit von Mitte Mai bis Anfang September zwischen 8 und 18 Uhr geöffnet, Eintritt 2 DM für Erwachsene.

● *Tennis*: Tennisplatz vorhanden, Auskunft beim Gasthof Kohlmannsgarten, Tel. 201. Nicht nur bei Familien mit Kindern ist der Minigolfplatz beliebt (am Ortseingang, neben der Forchheimer Straße; nicht zu verfehlen).

Druidenhain   *(bei Wohlmannsgesees)*

Tausend Tonnen schwere, bemooste Felsbrocken liegen, scheinbar einer geometrischen Ordnung folgend, in einem Buchen-Fichtenmischwald - eine keltische Kultstätte? Besuch besonders bei nebligem Wetter empfehlenswert.

In der Hallstatt- und Latènezeit (800 v. Chr. bis Christi Geburt) sind, von einer Unterbrechung abgesehen, keltische Stämme in Oberfranken nachweisbar. Größere Siedlungen und Wehranlagen keltischer Adelsgeschlechter sind z.B. von der Ehrenbürg, aber auch von dem nahegelegenen Schloßberg bei Burggaillenreuth belegt. Die Kelten hatten eine hochentwickelte Kultur. In ihrer Gesellschaft war die Priesterkaste hochangesehen - in die

Der Druidenhain bei Wohlmannsgesees

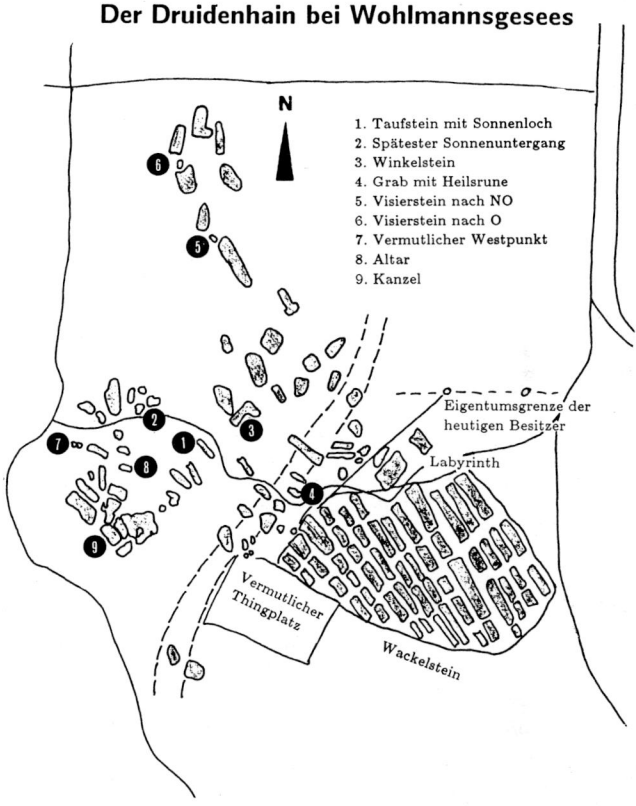

N

1. Taufstein mit Sonnenloch
2. Spätester Sonnenuntergang
3. Winkelstein
4. Grab mit Heilsrune
5. Visierstein nach NO
6. Visierstein nach O
7. Vermutlicher Westpunkt
8. Altar
9. Kanzel

Eigentumsgrenze der heutigen Besitzer

Labyrinth

Vermutlicher Thingplatz

Wackelstein

Geheimnisse der Sternen- und Zauberkunde waren nur die Druiden eingeweiht. Der mystische Flair des sogenannten Druidenhains zog schon damals die Menschen in ihren Bann. Immer wieder war angesichts der merkwürdigen reihenförmigen Anordnung der Felsen vermutet worden, daß die Druiden unter Zuhilfenahme ihrer Zauberkräfte die Felsen bewußt zu Gassen angeordnet hätten. Einem anderen Zweck sollen die schüsselförmigen Vertiefungen und ringförmigen Öffnungen der Felsen gedient haben.

Der Landwirt GEORG RICHTER beschäftigte sich sein halbes Leben mit der Vermessung des Geländes. Nach seinen Schlußfolgerungen handelte es sich um eine Sonnenkultstätte, auf der astronomische Berechnungen durchgeführt wurden und Druiden ihre kinetischen Kräfte übten. Der *Wackelstein* wurde mittels Konzentration, allein durch Geisteskraft, bewegt.

Auch der *Taufstein*, ein vier Meter langer und ca. 40 cm dicker Felsblock soll religiöse und astronomische Funktionen erfüllt haben: durch das runde Loch in der Mitte paßt gerade ein Neugeborenes. An Sonnwendtagen sollen durch dieses Loch die ersten und letzten Sonnenstrahlen auf die umstehenden Felsblöcke geworfen werden (frühester Sonnenaufgang - Winkelstein, spätester Sonnenuntergang - Grab). Der Sonnenaufgang symbolisiert die Geburt.

Bemerkenswert - der *Wächter*, ein mit menschlichen Gesichtszügen ausgestatteter Felsblock, blickt direkt auf den Taufstein.

Etwas nüchterner klingt die wissenschaftliche Erklärung, daß lediglich *einige* (der kleineren) Steine von Menschenhand in ihre heutige Position gerückt worden seien. Die bis zu 5 Meter hohen Blöcke des Felsenlabyrinths sind durch bestimmte Verwitterungsvorgänge entstanden, wobei geologisch vorgezeichnete Klüfte und Spalten im Gestein die "symmetrische" Anordnung beeinflußten. Seiner Anziehungskraft wird dieser geheimnisumwitterte Platz trotz einer naturwissenschaftlichen Erklärung nicht beraubt...

Gößweinstein

Frommer Ort auf der Jurahöhe, überragt von der Burg und einer doppeltürmigen Wallfahrtsbasilika - Ziel zahlloser Pilgergruppen. Je nach Entfernung brechen die Wallfahrer zu nächtlicher Stunde oder im Morgengrauen in ihrem Heimatdorf auf und treffen nach einem langen Fußmarsch zur Morgenmesse in Gößweinstein ein. Die Pilger aus dem etwa 75 Kilometer entfernten Lichtenfels müssen sogar drei Tagesetappen auf sich nehmen.

Die Pilgersaison dauert von Mai bis September. Höhepunkt ist der erste Sonntag nach Pfingsten, der Namenstag der Basilika. Um die jährlich ca. 20.000 Wallfahrer kümmern sich eine ganze Reihe gastronomischer Betriebe - Andenkenläden an jedem Eck. Der Ortskern gruppiert sich entlang der Hauptstraße und zieht sich terrassenförmig zum Burgfelsen hinauf. Besonders von hier hat man einen schönen Ausblick auf den von kleinen Felspartien eingerahmten Ort.

• *Information*: Verkehrsamt seit kurzem im Haus des Gastes, Burgstr.67, geöffnet Mo - Fr 8-12 Uhr u. 14 - 17 Uhr; Sa 9-12 Uhr. Tel. 09242/456.
Im gleichen Haus untergebracht ist eine geologische Ausstellung und Bibliothek. Kulturgeschichtlich Interessierte können sich hier erkundigen nach Terminen für Stadtführungen, Führungen durch die Basilika, Orgelkonzerte und Veranstaltungen in der Theaterhöhle - aber auch die Teilnahme an den botanischen und ornithologischen (vogelkundlichen) Führungen lohnt. Im übrigen hilft die freundliche Dame vom Verkehrsamt dem Fremden gern weiter bei der Zimmersuche, gibt Tips für Ausflüge und Wanderungen und was man sonst noch wissen möchte.

Freizeit/Sport

Hallenbad mit Sauna, Solarium und medizinischer Bäderabteilung, täglich ab 14 bzw. 15 Uhr geöffnet, an Sonn- und Feiertagen schon ab 10 Uhr. **Beheiztes Freibad** (Richtung Behringersmühle), von Mitte Mai bis September täglich von 10 bis 19 Uhr geöffnet. **Boots-** und **Kajakverleih**: von Frühjahr bis Herbst an Stempfermühle und Sachsenmühle; **Fahrradverleih**: Texaco Tankstelle; **Angeln**: Angelkarten f. die Püttlach erhältlich, **Tennis** in Behringersmühle, **Minigolf** in Gößweinstein.

Ortsansicht mit Burg und Basilika

Essen/Übernachten

Als traditionsreicher Urlaubsort und beliebter Wallfahrtsort verfügt Gößweinstein über ein äußerst reiches Angebot an Restaurants, Gasthöfen, Hotels, Pensionen, nachstehend eine kleine Auswahl. Beachten sollte man, daß die meisten Zimmeranbieter bei weniger als drei Übernachtungen durchschnittlich 2 bis 5 DM Aufschlag verlangen.

Fränkische Schweiz: Wenn es das Wetter gut meint, kann man unter alten Ahornbäumen die selbstgemachten Klöße - manchmal auch Semmelknödel - verspeisen. Im Familienbetrieb wird solide fränkische Küche gebruzzelt, die meisten Hauptgerichte 9 - 12 DM, Schweinebraten unter 10 DM. Doppelzimmer mit Bad knapp 60 DM. Pezoldstr. 21, Tel. 290, Dienstag Ruhetag.

Scheffel: In diesem altbekannten Gasthof wohnte 1883 der Dichter Victor v. Scheffel. Der aus Karlsruhe stammende Scheffel bereiste in den Jahren 1859 und 1883 die Fränkische Schweiz und besuchte dabei Streitberg, Muggendorf, Riesenburg, Ra-beneck und Rabenstein, Schloß Unteraufseß und Schloß Greifenstein, Gößweinstein, Behringersmühle, Tüchersfeld und Pottenstein. Die Eindrücke dieser Reisen verarbeitete er in der Dichtung "Bamberger Domchorknaben Sängerfahrt". Ins Gästebuch des Scheffel-Gasthofs trug er sich mit dem ironischen Spruch ein: "Belletriste?! siehste wie du biste. Belle warste, triste biste, siehste, wie de biste, Belletriste?" Zur Erinnerung an den Dichter wurde eine Scheffel-Stube eingerichtet, die mit Bildern, Wandsprüchen, Artikeln und Gedichten geschmückt ist. Dem Gasthof gegenüber wurde auch ein Scheffel-Denkmal errichtet.

Doch zurück zur Gastronomie: Als Spezialität gilt der fränkische Sauerbraten mit selbstgemachtem Kloß oder fangfrische Forellen aus dem eigenen Bassin; wer am Nachmittag kommt, lernt den Inhalt der Kuchentheke schätzen; auch große Auswahl an Weinen.

Im traditionsreichen Haus mit 40 Betten kostet das Doppelzimmer mit Bad ca. 60 DM. Balthasar-Neumann-Str. 75, Tel. 201, Montag Ruhetag.

Stern: Renommierter Gasthof mit gutbürgerlicher Küche; auf der Karte finden sich auch Saison-Spezialitäten, wie z.B. Forellenfilet in Blätterteig für ca. 15 DM oder Wilddieb-Pfanne mit frischen Waldpilzen, Kloß und Preiselbeeren. Neben dem schönen Fachwerkhaus liegt die Gartenterrasse. Mit über 50 Betten der größte Zimmeranbieter im Ort; für eine Nacht im komfortablen Doppelzimmer müssen hier rund 60 - 70 DM bezahlt werden. Pezoldstr. 10, Tel. 249, kein Ruhetag.

Zur Rose: Geschichtsträchtiges Haus mit über 500jähriger gastronomischer Tradition, schräg gegenüber der Basilika. Große Auswahl an Gerichten, nicht nur Fränkisches. Spezialität sind die hausgemachten Spätzle. "Für das erfolgreiche Bemühen um die Erhaltung der bayerischen Wirtschaftstradition" wurde dem Gasthaus eine bayerische Staatsurkunde überreicht. Doppelzimmer mit den üblichen Komfort für ca. 60 DM, Zuschlag bei nur 1-2 Übernachtungen 10 DM! Balthasar-Neumann-Str. 7, Tel. 225, Montag Ruhetag.

Frankenland: Netter Gasthof gleich beim Verkehrsamt, dezent rustikal im Landhausstil eingerichtet. Gutbürgerliche Küche zu durchschnittlichen Preisen, selbstgebackene Kuchen. Es werden auch Übernachtungsmöglichkeiten angeboten; da abseits der Hauptstraße, ruhige Lage. Doppelzimmer mit Bad/WC für knapp 60 DM. Burgstr. 54, Tel. 247, Montag Ruhetag.

Café Greif: Hier gibt es den wohl besten Kaffee am Ort, dazu die leckeren, selbstgebackenen Kuchen. Da fällt es dem Gast leicht, über die etwas steril wirkende Einrichtung hinwegzusehen. Es werden auch kleine Imbisse und Pizzen gereicht. Behringersmühler Str. 106, Tel. 236, kein Ruhetag.

Nicht verschweigen wollen wir, daß Gößweinstein neben Cafés und Speisegaststätten eine *Weinklause Heumann* und ein *Weinhaus zur Post*, jeweils mit großer Weinkarte, zu bieten hat (Montag Ruhetag) sowie die Pilsbars *Holzwurm* und *Schlupfwinkel* und das griechische Lokal *Mykonos*.

Schönblick: modernes Haus am Ortsausgang Richtung Behringersmühle - der Name des Hauses besteht zu Recht (Hanglage). Restaurantbetrieb mit gutbürgerlicher Küche und Zimmervermietung; Doppelzimmer mit Bad/WC ca. 55 DM. August-Sieghardt-Str. 202, Tel. 377, Dienstag Ruhetag.

Fränkischer Hahn: Im Sommer 1989 eröffnete Hotel-Pension im Landhausstil, am Ortsrand Richtung Behringersmühle. 21 Betten mit allem Komfort, ca. 72 DM für das Doppelzimmer. Badangerstr. 355, Tel. 402.

• *Pensionen/Ferienwohnungen*:   **Regina**: beliebtes Hotel Garni in modernem Bau am Ortseingang (Richtung Ebermannstadt) mit hellem, geräumigem Frühstücksraum. Doppelz. mit Dusche ca.65 DM. Pezoldstr. 109, Tel. 250.

Haas: in absolut ruhiger Hanglage unterhalb der Burg mit großem Südbalkon. Private Vermieter, Doppelzimmer mit Bad/Wc rund 50 DM. Karl Brückner Str. 28, Tel. 468.

Thürmer: etwas abseits vom Zentrum, sehr ruhige Lage, Gästehaus inmitten eines großen Gartens. Doppelz. mit Bad/WC für etwa 50 DM. Victor-von-Scheffel-Str. 197, Tel. 494.

Martinswand: gepflegte Pension am Waldrand, am Fußweg zur Stempfermühle. Gästezimmer mit dem üblichen Komfort für ca. 50 DM das Doppel, allerdings stolze 30% Aufschlag bei weniger als drei Übernachtungen. An der Martinswand 128, Tel. 836.

Zahlreiche weitere private Übernachtungsmöglichkeiten, die meisten Doppelzimmer mit Bad/WC bewegen sich im Preis zwischen 40 und 50 DM. Wer sich eine Ferienwohnung mieten möchte, kann allein in Gößweinstein unter 31 Anbietern wählen. Grundpreis pro Tag für zwei Personen 40 - 60 DM, hinzu kommen meist noch durchschnittlich 25 bis 30 DM für die Endreinigung, und/oder anteilige Stromkosten.

• *Jugendherberge*: Hübsches Gebäude am Ortsrand (BJ 1954) mit großem Garten. Selbstkocherküche. Vom 31. Okt. - 1. März nur Gruppen mit Voranmeldung. Übernachtung pro Person 9 DM, incl. Frühstück 13 DM. Etzdorfer Str. 142, Tel. 259.

• *Camping*:Bei dem Dorf Moritz auf der Jurahöhe, jenseits der Wiesent. Ganzjährig geöffneter Campingplatz. Preis pro Person DM 3 plus 2 - 3 DM für das Zelt, PKW kostet 1 DM extra. Moritz 14, Tel. 359. Kleiner Zeltplatz bei der Sachsenmühle, Infos gibt die gleichnamige Gaststätte.

AUSSERHALB

Vielfältige Möglichkeiten in den 18 Ortsteilen:

Etzdorf: nur 2 km südwestlich von Gößweinstein werden in einem "Hirtenhaus" 2 Ferienwohnungen vermietet. Das renovierte Fachwerkhaus ist gemütlich eingerichtet, mit Bauernmöbeln und Kachelofen;mit schönem Garten, zum Entspannen. Grundpreis für 2 Personen 60 DM, plus 40 DM Endreinigung. Anfragen an: Carmen Rommeler, Neunkirchen am Brand, Hochstr. 7, Tel. 09134 / 839.

Sachsenmühle: Im 16. Jh. erstmals als Mühlenbetrieb erwähnt, seit dem Ende des letzten Jahrhunderts werden hier Getränke ausgeschenkt. Das in der Vorkriegszeit neu errichtete Gebäude wurde erst in jüngster Zeit renoviert und als Gaststätte wiedereröffnet. In der Gaststube gibt's natürlich fränkische Küche (was sonst?), deftige Braten und reichhaltige Brotzeiten zu üblichen Preisen.

Bösenbirkig: liegt ca. 2 km außerhalb auf der Jurahöhe. Preiswerter Landgasthof Sebald mit von Landluft umwehter Sonnenterrasse. Tel. 393, kein Ruhetag.

Sehenswertes

Wallfahrtsbasilika zur Hl. Dreifaltigkeit: Aufwendigster Kirchenbau der Fränkischen Schweiz, neben Bamberger Dom und Wallfahrtskirche Vierzehnheiligen die dritte Basilika in der Erzdiözese Bamberg. Der Ehrentitel "Basilica minor" wurde von Papst Pius XII. höchstpersönlich erteilt.

Im 11. Jh. soll an dieser Stelle schon eine Kapelle gestanden haben, die der Legende nach wegen der Türkengefahr entstand: Der Burgherr legte ein Gelübde ab, wonach er eine Kapelle bauen lassen wolle, falls ihn die Türken ungeschoren ließen. Im 12. Jh. erbauten die Reichsherren von Schlüsselberg eine neue Kirche.

Die Tradition der Wallfahrt läßt sich für Gößweinstein bis zum 15. Jh. zurückverfolgen. Ziel der Pilger damals wie heute ist das sogenannte Gnadenbild, die Heilige Dreifaltigkeit. Der Pilgerstrom hatte bis zum 18. Jh. solche Ausmaße angenommen, daß der Vorgängerbau überfordert wurde und einen größeren Neubau notwendig machte.

Die jetzt zu bewundernde Basilika wurde zwischen 1730 und 1739 im Auftrag des FÜRSTBISCHOF FRIEDRICH KARL GRAF VON SCHÖNBORN erbaut, der sich auch über dem Eingangsportal verewigen ließ. Die Pläne stammen von dem vielbeschäftigten BALTHASAR NEUMANN. An eine Ausmalung der Kirche war jedoch 200 Jahre lang nicht zu denken, da den Fürstbischöfen die von den Künstler geforderte Geldsumme zu hoch erschien. Erst 1928 führte PROFESSOR KOLMSPERGER die von KÜCHEL angelegten Freskenmalereien aus.

Der berühmte Hofbaumeister Neumann erbaute die doppeltürmige Barockkirche mit kleeblattförmigem Grundriß (Querschiff u. Chor mit dreiseitigem Abschluß). Beim Eintritt in die Kirche überwältigt einen der mächtige Hochaltar (von Küchel), aus dessen belebtem Aufbau eine große vergoldete Weltkugel hervortritt. Engel umringen das darüberliegende, in einem Glasgehäuse befindliche Gnadenbild. In den zwei Nebenaltären verkörpert links der Kreuzaltar das Geheimnis der Erlösung und rechts der Marienaltar die Menschwerdung. Im Kirchenschiff befinden sich noch vier weitere Altäre für die Anliegen der Wallfahrer - der St. Josefs-Altar für die Herren, der St. Anna-Altar für die Damen, sowie ein Kunigunden-Altar und der Nepomuk-Altar (der Märtyrer des Beichtgeheimnisses).

Das Deckengemälde mit dem Wort *Jahve* zeigt den brennenden Dornbusch. Jahve ist die jüdische Umschreibung für Gott. Den Namen Gott auszusprechen oder ein Gottesbild zu entwerfen, war für sie verboten, so verwendeten sie die Metapher, die übersetzt heißt: "Ich bin immer für euch da". An den Ecken des Deckengemäldes verkörpern vier Frauen die Erdteile - Europa mit dem Petersdom, eine Indianerin, eine Schwarze auf einem Elefanten und eine Türkin mit Turban. Dieses Gemälde entstand 1928 durch Prof. Kolmsperger.

Burg Gößweinstein: Die aus dem 11. Jh. stammende Burg wurde von einem Grafen Goswin erbaut, dessen Name auf Burg und Ort übertragen wurde. Obwohl nicht nachweisbar, halten sich hartnäckig Vermutungen, denen zufolge Burg Gößweinstein als Vorlage für Richard Wagners Gralsburg in Parsival gedient haben soll. Sicher ist jedoch nur, daß sich der Komponist mehrfach als Gast in Gößweinstein aufhielt.

Jahrhundertelang Amtssitz der Bamberger Bischöfe, gelangte die Burg mit der Säkularisation an das Königreich Bayern, kam 1877 in Privatbesitz und wurde 1890 von DR. FREIHERR VON SOHLERN erworben, dessen Nachfahren sich heute um den Erhalt des Gemäuers kümmern. Die Burg mit Turm und Zinnen läßt klischeehafte Bilder der Ritterromantik aufleben. Mittelalterliche Fundamente sind zwar teilweise noch erhalten, doch haben die Auf-, Um- und Neubauten des 17. und 19 Jhs. das ursprüngliche Bild verändert. Der markante Rundturm entstand erst Ende des 17. Jhs., die mittelalterlich anmutenden Zinnen wurden nach 1890 aufgesetzt.

Neben dem Turm die kleine Kapelle mit einfachen Wandgemälden. Außer Turm, Kapelle, Kellerverlies und Burgzisterne kann man sonst leider nichts mehr besichtigen. Trotzdem entschädigt der Weitblick für die vielen Stufen nach oben. An Wochenenden wird der Gast vom Burgherren persönlich in der kleinen Schänke bedient (große Auswahl an Weinen und Snacks). Öffnungszeiten: von Ostern bis 15. Oktober tägl. 10 - 18 Uhr (bei schönem Wetter).

Andenken - Souvenirs - Witziges, Kitschiges, Nützliches, Heiliges, leider auch Geschmackloses

Bei rund 20.000 Fußwallfahrern und rund 40.000 mit dem Bus anreisenden Gläubigen plus einigen tausend "normalen" Urlaubern pro Jahr besteht eine gesunde Grundlage für den Souvenirhandel. Abgestimmt auf Wunsch und Geschmack des zumeist älteren Publikums, werden neben Heiligenfiguren, Rosenkränzen und anderen Wallfahrer-Andenken auch eine bunte Palette weltlicher Gegenstände angeboten:

Hexen, Plastikdinosaurier, Wurzelsepp, Fossilien und Mineralien, Muschelmännchen, Damenpullover, Trachtenhüte, Spazierstöcke ... Beliebt auch die "Sondermünzprägungen": bei Einwurf von 1 DM wird ein Pfennigstück zu einer Gößweinstein-Gedenkmünze umgeprägt. In einer anderen Variante sägt der Holzfäller im Automat eine Baumscheibe ab, die dann mit Grüßen aus Gößweinstein geprägt wird.

Zwar legitim, aber nach unserer Meinung moralisch zweifelhaft, ist das Feilbieten von Tropfsteinen und ausgestopften Tieren. Potentielle Käufer sollten sich bewußt machen, daß die ausgestellten Tropfsteine nur durch Vandalismus skrupelloser Höhlenschänder in den Handel gelangen konnten. Tropfsteine wachsen sehr langsam - stattliche Exemplare wurden in mehreren zehntausend Jahren gebildet. Einzelne, abgebrochene Stalagmiten oder Stalaktiten verlieren in den Wohnzimmer-Vitrinen ihren Höhlenzauber und ihr Äußeres wird matt, wenn sie der trockenen Zentralheizungsluft ausgesetzt sind.

Befremdend wirkte auf uns ebenfalls der Verkauf ausgestopfter Königsfischer, selten vorkommende und geschützte Eisvögel. Ferner wurden noch Fuchs, Pirol, Eichhörnchen und Specht gesehen, die Elster gab's zum Sonderpreis - wie im Supermarkt mit roten Etiketten ausgezeichnet. Jedem Urlauber/Wallfahrer sei Stadtbummel und Freude am Souvenirkauf gegönnt, jedoch sollte dabei jeder für sich prüfen, ob man/frau alles, was zum Kauf angeboten wird, auch wirklich kaufen muß ?!

Wandern

Gößweinstein - Leutzdorf - Burggaillenreuth - Sachsenmühle - Stempfermühle - Gößweinstein. Rundwanderung (Markierung Blauer, senkrechter Balken, ab Burggaillenreuth Rotes Kreuz), ca. 2 1/2 - 3 Stunden, genü-

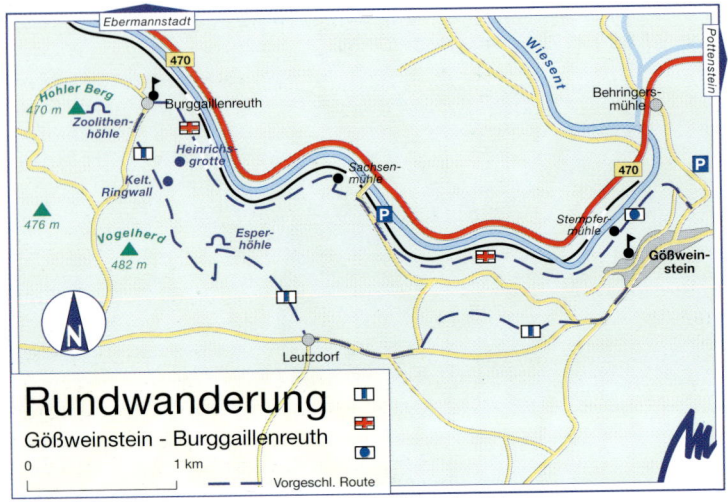

Rundwanderung

Gößweinstein - Burggaillenreuth

0   1 km

Vorgeschl. Route

gend Einkehrmöglichkeiten. In 1 1/2 bis 2 Stunden nach Burggaillenreuth mit malerischer kleiner Burg.

Beim südwestlichen Ortsausgang zweigt nach einer Straßengabelung links der markierte Wanderweg Richtung Leutzdorf ab (Markierung Blauer, senkrechter Balken). Der Aufstieg zur Hochfläche führt durch einen artenreichen Buchenmischwald mit Felsgruppen; oben angekommen, entfaltet die typische Hochflächenlandschaft ihren herben Charme: lebhaftes Relief, Ackerflächen wechseln ab mit kleinen Wäldern. Der markierte Weg kreuzt eine Teerstraße und nach wenigen hundert Metern erreichen wir *Leutzdorf*. Am Dorfweiher rechts vorbei, queren wir den Ort in nordwestlicher Richtung und biegen wieder in einen Flurweg ein. Nach einigen hundert Metern darf man die Abzweigung halblinks in den Wald hinein nicht verpassen, im übrigen ist der Wanderweg jedoch vorbildlich markiert (Blauer Balken). Im Wald hoch aufragende graue Dolomitfelsen, nicht weit davon entfernt die **Esperhöhle** (zwischen 1. 10. und 30. 4. Besuchsverbot) - ihr Grottenlabyrinth wurde im 18. Jh. vom Uttenreuther Pfarrer Esper entdeckt (die Höhle wurde kürzlich als Naturdenkmal unter Schutz gestellt, Zuwiderhandlungen werden mit Geldbußen bis zu 50.000 DM bestraft). An der Höhle vorbei führt der Weg weiter über die Hochfläche, das letzte Stück vor Burggaillenreuth im Zick-Zack-Kurs, dennoch leichte Orientierung.

Etwa 500 m vor Burggaillenreuth ist der beschilderte Abstecher zum *keltischen Ringwall* lohnenswert:

Der *Alte Schloßberg* ist eine plateauartige Bergkuppe, die seit der Jungsteinzeit immer wieder von frühen Kulturen bewohnt wurde. Am Ende der Hallstattzeit (vor rund 2600 Jahren) hatte hier ein keltisches Adelsgeschlecht einen befestigten Herrensitz. Die nach Norden senkrecht abfallende Felswand bot natürlichen Schutz vor Feinden - die West,- Süd- und Ostflanke waren mit Wallanlagen versehen, deren Reste man noch ganz gut erkennen kann. Wissenschaftler vermuten, daß die nahegelegene *Heinrichsgrotte* seinerzeit als Kultstätte genutzt wurde. Trotz der traumhaften Lage wurde nach Zerstörung der Anlage vor etwa 2400 Jahren später keine neue Burg mehr gebaut, lediglich ein mittelalterlicher Wachturm läßt sich nachweisen. Auch wenn man heute keine Burgruine mehr sieht, den tollen Blick ins Wiesenttal kann man im 20. Jh. immer noch genießen.

Vom Keltenwall zurück zum Wanderweg, über das Neubaugebiet am Ortsrand gelangt man nach **Burggaillenreuth.** Auf einer Felsnadel thront die renovierte Burganlage - im Mittelalter eine der kleinsten Befestigungsanlagen der Fränkischen Schweiz. Burg Gaillenreuth ist in Privatbesitz - leider wird das Burgrestaurant mit dem herrlichen Biergarten von den Eigentümern bis auf weiteres nicht mehr bewirtschaftet. Eine Einkehrmöglichkeit besteht im Gasthaus Wolf. Die Wanderung führt rechts an der Burg vorbei hinab ins Wiesenttal. Mit der Rote-Kreuz-Markierung des Leo-Jobst-Wanderweges laufen wir weitgehend parallel zur Wiesent und zur alten Bahnlinie, erreichen bald die **Sachsenmühle** und nach weiteren 1,5 km die **Stempfermühle** (jeweils Möglichkeit zur Einkehr). Von dort der Markierung Blauer Ring folgend, gelangt man nach einem kurzen, aber steilen Aufstieg nach Gößweinstein, wo die Wanderung an der Martinswand endet.

Die Wegführung entlang der Wiesent mit dem Aufstieg nach **Gößweinstein** verdient das Prädikat wildromantisch: tosende Wiesent, hübsch renovierte Mühlen, alter Bahndamm der Museumslinie, grüne Wiesen, rechter Hand am Steilhang imposante Dolomit-(Kletter)felsen, dazwischen artenreiche Laubmischwälder. Botanisch interessierten Wanderern sei verraten, daß dieses Kleinod dem Naturschutzgebiet Eibenwald angehört. Am steilen, schattigen Hang des Wasserberges bei Gößweinstein sind dem Laubwald mehrere Exemplare der *Eiben* beigemischt: der geschützte Nadelbaum kommt in Deutschland nur noch in wenigen Beständen vor. Markante Erkennungsmerkmale der Eiben sind ihre knorrige Gestalt, die dunkelgrünen, nadelförmigen Blätter und die hellroten Früchte. Daß Exemplare dieser botanischen Besonderheit nicht in zerstörerischer Absicht angerührt werden dürfen, ist wohl selbstverständlich.

Eiben - Von den Germanen ausgerottet ?

Mit dem Abklingen der Eiszeiten setzte langsam eine Wiederbewaldung ein, zunächst überwiegend mit Nadelbäumen. Als das
Klima sich verbesserte und freundlicher wurde, fanden allmählich
auch Laubbäume in Mitteleuropa eine Lebensgrundlage. Die Eibe
als Nadelbaum war schon geraume Zeit vor den Laubbäumen bei
uns verbreitet. Als jedoch verschiedene Laubbaumarten verstärkt
nachdrängten, entstand eine Konkurrenz um die besten Boden-
standorte und vor allem um Licht. Dabei war die langsam wachsende Eibe gegenüber den rasch hochwachsenden Laubbäumen
benachteiligt. Seit etwa 7000 - 5000 Jahren kommt die Eibe durch
natürliche Wettbewerbs- und Selektionsvorgänge weniger häufig
vor als zu Beginn der Nacheiszeit. Von ihrem ehemals großen Ver-
breitungsgebiet wurden die Eiben auf Standorte zurückgedrängt,
wo sie gegenüber anderen Bäumen konkurrenzfähig waren.
Im Mittelalter betrat nun der Mensch die Bühne und verschob mit
seinem Eingreifen die Artenzusammensetzung der Wälder:
Das Holz der Eibe ist zäh und biegsam zugleich, wodurch es sehr
begehrt war für Bogen und Armbrüste sowie für Schnitzarbeiten.
Bei den häufigen kriegerischen Auseinandersetzungen des Mittelalters war der Bedarf entsprechend hoch - sowohl im Inland als
auch im Ausland. Wegen der Nachfrage an Armbrüsten schon im
Bestand verkleinert, erfuhr die Eibe weitere Zurückdrängung wegen der Giftigkeit ihres Laubes. Zum Schutz der Zugtiere wurde
diese Baumart von den Fuhrleuten längs ihrer Fuhrwege besei-
tigt. Interessanterweise ist die Eibe zwar für Pferde unverträg-
lich, nicht aber für Rehe. Bedingt durch das unerbittliche Fällen
der Eiben - besonders während des Mittelalters - waren sie in der
Neuzeit in der freien Natur schon selten geworden, kamen jedoch
als Zierbäume für barocke Gärten in Mode.

Bis zum 20. Jh. konnte sich dieser wertvolle Baum hauptsächlich
erhalten:
• in der Nähe alter Städte und Burgen, wo ihn die Burgherren wegen ihres Nutzens teilweise unter ihren Schutz nahmen und
• an steilen Hängen, denn in den lichteren Wäldern am Steilhang
konnten sie sich gut gegenüber anderen Bäumen behaupten; andererseits bestand für den Menschen kein Anlaß bzw. keine wirtschaftliche Notwendigkeit, die Eibe an schwer zugänglichen Steil-
hängen auszurotten. Durch eine Reihe glücklicher Umstände
konnten sich also einzelne Bestände ins 20. Jh. hinüberretten -
wie der unter Naturschutz gestellte Eibenwald bei Gößweinstein.

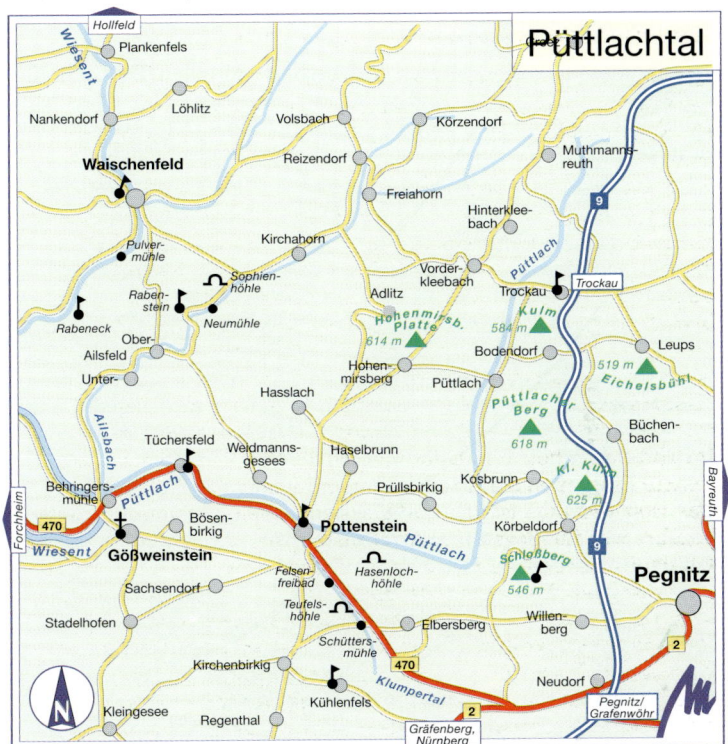

Kohlstein

Der kleine malerische Ort liegt auf der Juraebene, nicht weit von Behringersmühle. Besonderen Reiz bietet das Schlößchen, von dem aus, sofern man Einlaß bekommt, sich ein herrlicher Ausblick auf das Püttlachtal bietet. Es wurde 1486 erbaut und ist seit 1608 im Besitz der Familie Groß von Trockau. Sehenswert die Kapelle im Schloßgarten. Sie wurde 1711 erbaut und ist reich an Holzschnitzereien.

Attraktion des Dorfes ist das *Brotbacken* im alten Backhaus. Man kann zuschauen, und wer will, ein knusprig gebackenes Brot mit nach Hause nehmen. Backtage beim Verkehrsamt in Gößweinstein erfragen.

Gasthof Zur fröhlichen Runde, in der alten Gaststube preiswerte und reichliche Portionen. Ab Oktober jedoch nur an Wochenenden. Es werden auch einfache Zimmer vermietet, ca. 35 DM das Doppelzimmer. Tel. 803.

Behringersmühle

Hier in diesem ausgeweiteten Talabschnitt münden Püttlach und
Ailsbach in die Wiesent. Endstation der Museumsbahn Ebermannstadt - Behringersmühle. Es gibt keinen richtigen Ortskern, die Häuser liegen verstreut an Berghängen und am Ufer des Flüßchens.

• *Information*: Im Verkehrsamt Mo-Fr 10-12
Uhr u. 14.30-16.00 Uhr, Sa 9-12 Uhr, Tel.
09242 / 840.

Fahrräder: "Haus Magdalen", Hauptstr. 16,
Tel. 378.

Essen/Übernachten

Café/Pension Frankengold: Der von der
Hauptstraße aus sichtbare Neubau mit den
hölzernen Balkongeländern wurde 1987
an das ältere Café angebaut. Café und Restaurant sind in geschmackvollem Landhausstil eingerichtet und bieten schöne
Ausblicke auf das Püttlachtal. In dieser an-
genehmen Atmosphäre kann man sich mit
gutbürgerlicher Küche verwöhnen lassen,
Hauptgerichte ab ca. 15 DM. Komfortable
Doppelzimmer zwischen 70 und 85 DM.
Pottensteiner Str. 29, Tel. 1505.

Gasthof Behringersmühle: Freundliches
Speiselokal mit Sonnenterrasse. Gutbür-
gerliche Küche und eigene Hausbäckerei.
Spezialitäten: Forelle, Schäufele, Wild.
Hübsche, geräumige Zimmer, DZ ab
60 DM. Hauptstr. 8, Tel. 205.

Gasthof Stempfermühle: Ca. 1 km flußabwärts von Behringersmühle, idyllisch einsame Lage an der Wiesent, drei starke Quellen schäumen direkt aus dem Felsgestein
beim Gasthof. Der Betrieb verfügt beinah
über 500jährige Mühlentradition, erst 1924
wurde die Mühle aufgegeben, schon seit
Mitte des letzten Jahrhunderts hatte man
eine Konzession zum Bierausschank. Der
schlichte Bau entstammt der Nachkriegs-
zeit. Bei Kriegsende hatte sich eine Handvoll SS-Männer im Glauben an den End-
sieg im alten Mühlengebäude verschanzt.
Beim Einmarsch der amerikanischen Truppen wurde die alte Mühle deshalb zerstört,
aber bereits vier Jahre später schon wieder
aufgebaut.

Der Gasthof ist nach mehreren Renovierungen im altfränkischen Stil eingerichtet,
wirkt durch den reichlich angebrachten
Zierrat fast puppenstubenhaft. Spezialität
des Hauses sind heißgeräucherte Forellen
(eigene Zucht), Wildschweinbraten in böhmischer Soße; Hauptgerichte um 14 DM.
Bei schönem Wetter ist es ein besonderer
Genuß, auf der Terrasse zu sitzen und bei
Kaffee und Kuchen (hausgemacht) den auf
der Wiesent vorbeifahrenden Kajaks zuzu-
sehen. Wer selber Lust zum ausprobieren
bekommt, kann hier Boote und Kajaks
mieten. Schwierige Parkmöglichkeit auf
dem Seitenstreifen der B 470. Besser in
Behringersmühle den Wagen abstellen und
entlang der Wiesent marschieren.
Stempfermühle 19, Tel. 1658.

Von den Privatunterkünften des Ortes sei
z.B das **Haus Ailsbachruh** erwähnt (im
gleichen Haus wie die Metzgerei), DZ mit
Du/WC und Balkon für rund 50 DM, Ails-
bachweg 5, Tel. 487.

Ferienwohnungen im alten Bauernhaus
vermietet Frau Brendel. In den behutsam
renovierten Wohnungen stehen geschmackvolle alte Familienerbstücke, Küche und Bad/WC sind natürlich den Ansprüchen unserer Zeit angepaßt. Die geräumigen Ferienwohnungen kosten für 2
Personen 50 DM, für 4 Personen 70 DM,
plus jeweils 30 DM für Endreinigung.
Frau Rosita Brendel, Behringersmühle 13,
Tel. 334.

*Kurzwanderung, ca. 30 Min. von Behringersmühle über den Heuberg
nach Kohlstein.*

Auf der Straße nach Oberailsbach biegt man gleich rechts nach Über-
querung der Püttlach ein, läuft die Teerstraße entlang bis zum letzten
Haus. Dann folgt man dem Wanderweg nach links oben, der sich etwas

steil durch den Mischwald schlängelt. Die Hochebene entlohnt mit einem prächtigen Ausblick auf die Turmspitzen der Basilika und der Burg in Gößweinstein. Wenn man dem Weg geradeaus weiterfolgt, gelangt man direkt ins Dorf, wo eine deftige Bauernbrotzeit wartet.

Tüchersfeld

Felsentürme überragen das kleine Dörfchen im Püttlachtal. Man nennt sie Wachposten, Hubertusfelsen, Bischofsgruppe . .

In wildromantischer Lage wurden hier um die Mitte des 13. Jhs. 2 Burgen errichtet - Burg Ober- und Untertüchersfeld. Während die Obere Burg nach den Zerstörungen im Hussitenkrieg verfiel, wurde die Untere Burg nochmals aufgebaut, bis ihr im Bauernkrieg und Dreißigjährigen Krieg gleiches widerfuhr. In den Ruinen der Unteren Burg entstand Anfang des 18 Jhs. eine jüdische Siedlung. Der markante Fachwerkbau - Judenhof genannt - wurde nach einer Feuersbrunst Mitte des 18. Jhs von Bamberger Juden erbaut. Die jüdische Gemeinde löste sich gegen 1871/72 wegen Überalterung ihrer Mitglieder und deren Wegzug in die Städte bzw. Auswanderung nach Übersee auf. Das mittlerweile sorgfältig renovierte Ensemble des Judenhofes zählt zu den beliebtesten Fotomotiven der Fränkischen Schweiz!

- *Information*: Verkehrsbüro Pottenstein, Öffnungszeiten Mo - Fr 8/30 - 17/00, Sa 10/00 - 12/00, Tel. 09243/833835
- *Essen/Übernachten*: **Zum Püttlachtal**, die einkehrenden Gäste erwartet eine typische Auswahl an fränkischen Gerichten, Brotzeiten und Gebäck. In der rustikalen Gaststube mit der freundlichen Bedienung hat auch der heimische Fanclub des FC Bayern seinen Stammtisch. Nebenan im

modernen Anbau ein Saal für größere Ge-
sellschaften. Gleichzeitig größter Zimmeranbieter im Ort, Doppelzimmer ab ca. 50
DM, mit Du/WC ca. 65 DM. Tel. 09242/291
Etwas günstiger sind der Gasthof **Zur Einkehr** (Tel. 809) und die Pension **Zur fränkischen Schweiz** (Tel. 338): Die Nacht pro
Doppelzimmer kostet je nach Ausstattung
50 - 60 DM bzw. um 40 DM.
Café Müller: Leckere Kuchen aus eigener
Konditorei, im Sommer auch Terrassenbetrieb. Tel. 890

Der kleine Ort hat sich mit rund 90 Betten,
die von Privatvermietern für durchschnittlich 40 - 50 DM angeboten werden, be-
stens für den Fremdenverkehr gerüstet -
trotzdem konnte der Charme des Felsen-
dorfes noch bewahrt werden!
● *Camping*:   Camping   **Fränkische
Schweiz**: An der B 470 gelegener Campingplatz mit Aufenthaltsraum und modernen Sanitäreinrichtungen. Durchschnittli-
ches Preisniveau, näheres unter Tel.
09242/440 und 1788.

Fränkische Schweiz Museum   *(im Judenhof)*

Mit einem Kostenaufwand von 2,7 Millionen DM wurde der Gebäudekomplex restauriert. 1985 konnte das Museum der Öffentlichkeit zugänglich gemacht werden - ein Besuch ist lohnenswert! In anspre-
chender Weise werden alle Aspekte des Landschaftsraumes Fränkische Schweiz dargestellt:

In der Eingangshalle wird der Besucher über die geologischen Verhältnisse der Region informiert. In weiteren Räumen sind Exponate
und Erklärungen zu folgenden Themenschwerpunkten zu sehen:
Archäologie: Angefangen von den frühen Jäger- und Sammlerkulturen der Altsteinzeit können wir die weitere Entwicklung des Menschen verfolgen: Sei es die Seßhaftwerdung während der Jungsteinzeit, die voranschreitenden Kenntnisse der Metallverarbeitung während der Bronze- und Eisenzeit oder die ersten merowingischen Ein-
flüsse nach der Völkerwanderung. Die **historische Abteilung** veran-
schaulicht die Siedlungstätigkeit der Karolinger und Ottonen ebenso
wie die überregionale Bedeutung der Herren von Schlüsselberg oder
das Leid der Landbevölkerung während der zahlreichen Kriege.

Eindrucksvoll auch die Abteilung **bäuerliches Wohnen** im 19. Jh. Anhand der sparsamen Einrichtung von Küche und Rockenstube,
Wohnstube und Schlafzimmer werden die früheren Lebensverhält-
nisse der Bauern ohne falsche Romantik vermittelt. Der Überblick
über die bäuerliche Lebensweise wird abgerundet mit den Besonder-
heiten fränkischer Trachten, Volksmusik und Religiosität.

Der Bedeutung des **Handwerks** als zweiter Haupterwerbszweig ist ein
weiterer Raum gewidmet: In rekonstruierten Werkstätten wird an
die Arbeitsweise der Handwerker erinnert: Büttnerei, Seilerei,
Schuhmacherei, Schreinerei und Schmiede dokumentieren traditionelle Fertigungstechniken. Die Organisation der Handwerker wird
mit den Exponaten zum **Zunftwesen** verdeutlicht.

Eine Vorstellung von der religiösen Gemeinschaft der Juden vermittelt die **Synagoge**, die in den Gebäudekomplex eingegliedert ist. Die

seit dem Mittelalter in Franken nachweisbaren jüdischen Siedlungen zeugen von einer langen Epoche weitgehend friedlichen Zusammenlebens zwischen Christen und Juden. Sich des gemeinsamen kulturellen Erbes zu erinnern, es zu bewahren und das "Anderssein" unserer Mitbürger zu akzeptieren, dazu will auch diese Ausstellung beitragen.

Öffnungszeiten: April -Oktober Di - So 10 - 17/00, Montags geschl. Im Winter nur sonntags von 13/30-17/00 sowie Dienstag und Donnerstag 13/30 - 15/30 oder nach Vereinbarung.   Eintritt   3   DM.   Tel. 09242/1640.

Pottenstein

Von Felsen umrahmt, liegt Pottenstein am Zusammenfluß der Püttlach und des Weihersbachs. Es ist einer der hübschesten Orte der Fränkischen Schweiz und touristisch gut erschlossen - Berlin ist nah. Mit 200.000 Übernachtungen pro Jahr der mit Abstand beliebteste Ort der Fränkischen Schweiz.

Die nur spärlich mit Bäumen bestandenen Talhänge erwecken einen ganz anderen Eindruck als wir es von den weiter flußabwärts gelegenen Landschaften gewohnt sind. Anheimelnd ein Streifzug durch die schmalen Gassen mit den alten Fachwerkhäusern. Von der 1000jährigen *Burg* oberhalb des Orts kann man das friedliche Bild am schönsten einfangen.

Ende des 18. Jhs. wurden Geologen in den Höhlen um Pottenstein fündig und schleppten Knochen und Gebisse von Höhlenbären ans Tageslicht - wertvolle und von Sammlern heißbegehrte Fundstücke. Die Einheimischen, um jedes kleine Trinkgeld dankbar, wurden daraufhin nicht minder aktiv. Aus Wohnstuben wurden Fälscherwerkstätten und aus einem kunstvoll zurechtgeschnitzten Rinderknochen eine Fossilie. Immerhin blühte dieser Schwarzhandel von 1880-1900.

Geschichte

Pottenstein, an der alten Nürnberger Straße gelegen, war im Mittelalter ein wohlhabendes Dorf. Kaufleute auf Durchreise nächtigten gerne hier, um am nächsten Morgen Richtung Pegnitz aufzubrechen. Davon profitierte das sogenannte Vorspanngewerbe. Für die behäbigen Kaufleute war es bequem, sich auf den unwegsamen Schotterpisten bergauf zusätzlicher Pferdestärken bedienen zu können. Auch das Handwerk blühte, es gab sieben Mühlen, wovon heute nur noch die Weihersmühle betrieben wird (eigentlich könnten kluge Gemeinderäte daraus später ein Museum machen).

Durch den Bau der Eisenbahnlinie Nürnberg - Pegnitz verlor Pottenstein seine Stellung als Verkehrsort. Ursprünglich plante man eine Verbindungsstrecke von Behringersmühle nach Pegnitz, die aber wegen der Einsprüche der Fuhrwerksleute keine Gemeinderatsmehrheit fand.

• *Information*: Geöffnet von 9 - 12 Uhr und 13 - 17 Uhr, Sa u. So von 10 - 12 Uhr (Mai-Okt.) Tel. 09243/833 - 835.
Der angegliederte, gemütliche, in hellem Naturholz gehaltene Aufenthaltsraum mit Leseecke und Schachtischen bietet jedem die Möglichkeit, sich eingehend zu informieren. Geöffnet bis 18.30 Uhr. Spät ankommende Gäste können nachts am Eingang aus einem Automaten einen Hotelführer ziehen. Außerdem sind hier Kurkarten erhältlich für Dauerermäßigung auf alle Einrichtungen.

Essen/Übernachten

Wagnerbräu: Allein schon wegen der Einrichtung eines der gemütlichsten Lokale am Ort. Gute fränkische Küche (Sauerbraten). Hier stimmen Preis und Service. DZ ca. 70 DM. Tel. 205.

Tucher Stuben: gut geführtes Restaurant am Ort, reichhaltiges Angebot aus der einheimischen sowie internationalen Küche; preisgekrönter Weinkeller. Doppelzimmer ca. 75 DM; Tel 339.

Luisengarten: Gehobene fränkische Küche. Als Beilage Spätzle oder Rösti. Spezialitäten: Steaks mit Pilzen, auch Vollwertkost. Speisemöglichkeit auch im Garten unter schattenspendenden alten Bäumen. Doppelzimmer ab 70 DM; Tel 251.

Brauerei Hufeisen: Hier gibt es zur Abwechslung nur flüssiges Brot auf der Speisekarte. Die neueingerichtete Brauerei befindet sich, nur durch Glasscheiben abgetrennt, im Lokal. Die Gaststube ist einfach und gemütlich. Das dunkle Bier besticht durch seinen feinherben Hopfengeschmack. Im Grunde dem Altbier sehr verwandt, wird bei der Herstellung streng geröstetes Malz verwendet. Hier bekommt man die Halbe für 2 DM.

Forellenhof: Vor der modernen Speisegaststätte schwimmen in einem Teich mit Springbrunnen die schlachtreifen Forellen und Karpfen. Hauptgerichte ab ca. 14 DM. Spezialität ist die wacholdergeräucherte Forelle; am Kurzentrum.

Kohlmühle: "Urlaub auf dem Bauernhof" mitten im Ort; ehemaliges Mühlengebäude, aufwendig restauriert. Im geräumigen Aufenthaltsraum stand früher das Mahlwerk. DZ. ab 50 DM; Tel 492.

Schwan: Ein frischer, 3-geschossiger Hotelneubau, luftige Zimmer mit Balkon. Im Erdgeschoß ein taubenblaues Bistro-Café. DZ. ca. 100 DM; Tel 836.

Pension Förster: preiswert, Tel 307.

Waldcafé: etwas außerhalb, romantische Lage am Eingang zum Püttlachtal, überdachte Terrasse mit Korbstühlen, schöner Garten am Bach. Geöffnet 14 - 18 Uhr, von Ostern bis November.

• *Camping*: einige Kilometer flußabwärts an der **Bärenschlucht**. Hübsche Lage, wenn auch die B 470 in diesem engen Talabschnitt entlangführt. Tel 206. Ein weiterer Platz in **Tüchersfeld** "Fränkische Schweiz", Tel 09242/440 (im Sommer 1788).

• *Jugendherberge*: ca. 1 km vom Pottensteiner Zentrum auf der Höhe gelegen. Hübscher verschachtelter Neubau; Tel 1224.

Außerhalb

• *Püttlach*: **Gasthof Persau**, im hübschen Dorf mit vielen Fachwerkbauten. Hier bekommt man preiswert Wildgerichte, während der Hauptsaison auch unter der Woche. Täglich frische rohe Klöße.

• *Weidmannsgesees*: **Gasthof Schmitt**, im kleinen, abseits gelegenen Dorf auf der Juraebene. Gut und billig, ¼ Ente für ca. 10 DM. An Wochenenden frische Klöße, oft auch Semmelknödel; Weißenoher Klosterbier. Doppelzimmer mit Dusche ca. 50 DM; Tel 362.

• *Hollenberg*: **Landgasthof Schatz**, ruhigeb Lage, fast idyllisch. Anspruchsvolle Speisekarte, aber auch deftige Brotzeiten (Burgritterbrett mit allen Spezialitäten der Eigenschlachtung), selbst gebackenes Brot. Relativ teuer. Die Zimmer (ca. 70 DM das Doppel) genügen auch dem Anspruchsvolleren. Für die Hausgäste stehen Solarium und Sauna zur Verfügung.

• *Kirchenbirkig*:

Gasthof Bauernschmitt: Die 50 Betten des Hauses sind oft ausgebucht, was für das gute Preis- Leistungsverhältnis spricht (Doppelz. 60 - 70 DM). In der Gaststube bekommt man schmackhafte Hausmannskost. Zum Zeitvertreib sind zwei Kegelbahnen im Haus vorhanden. Tel. 1062.

Gasthof Jägerslust, an Wochenenden Wildgerichte ab 11 DM, Schweinebraten etc.; eigene Metzgerei.

Sehenswertes

Burg Pottenstein: Sie überragt den Ort auf einem steil ansteigenden Felsen. Eine mit Schindeln überdachte Holztreppe entlang der Felsen führt vom Haus des früheren Steuereintreibers zur Burganlage hinauf. Der *Rote Salon* - Empirestil, rote Samtmöbel, Ahnengalerie und herrlich geschnitzte Deckenbalken. Insgesamt eine wirkungsvolle Raumausstattung, die nicht mit Ausstellungsstücken überladen ist. Der *Rittersaal* birgt geschnitzte Eichenmöbel und Wandmalereien mit Jagdmotiven.

Die Burg wurde 918 unter KÖNIG KONRAD als Befestigung gegen die Magyaren und Slaven gebaut. Der Name stammt von Pfalzgraf BOTHO VON KÄRNTEN (Bothostein - Bodinstein - Pottenstein), der die Burg Mitte des 11. Jhs. weiter ausbauen ließ. Um 1100 gelangte die Burg in Besitz des Bistums Bamberg. 1228 war sie Zufluchtstätte der hl. Elisabeth. Nach dem Tod ihres Mannes wurde sie wegen ihrer Großzügigkeit gegenüber den Armen (Rosenwunder) von der Verwandtschaft aus der Eisenacher Wartburg verjagt. 1878 erwarb die Burg der Nürnberger Apotheker KLEEMANN für 400 Taler. Er war ein Romantiker, der es liebte, in Ritterrüstung umherzulaufen. Bei seinen Zechgelagen mußten sich seine Freunde erst einmal zeitgemäße ritterliche Kleidung aus den Schränken holen, ehe sie zum Krug greifen durften. Obwohl er als Spinner oder Kleefuchs bezeichnet wurde, können ihm die Pottensteiner dafür dankbar sein, daß er die Burg vor dem Verfall rettete. 1918 kaufte sie WILHELM LOTHAR, FREIHERR VON WINTZINGERODE, dessen Sohn sie noch heute mit seiner Familie bewohnt.

Teufelshöhle: Sie besitzt mit ihrer Höhe von 14 m und einer Breite von 25 m, aus deren Mitte noch eine 8 m hohe Höhlenterrasse hervorspringt, den größten Eingang deutscher Höhlen. Früher nannte man sie auch das "Große Teufelsloch". Viele Anhänger einer Höhlentherapie haben sich inzwischen zu Therapiesitzungen gegen Atemwegserkrankungen in der Höhle eingefunden. Öffnungszeiten: 10 - 17 Uhr (April - Mitte Okt.) Montag geschlossen.

> Als erster hat der Höhlenforscher Dr. Phil. Adalbert Neischel die Teufelshöhle erforscht, ohne sich jedoch das Ausmaß ihrer Größe vorstellen zu können. 1922 erkundete sie dann Prof. Dr. Hans Brand, der den Gedanken verfolgte, es handle sich um das Bachbett eines ehemaligen Höhlenflusses, womit er richtig lag. Mit Hilfe von Bohrhämmern fing man langsam an, die Höhlenräume freizulegen, was weitere 30 Jahre in Anspruch nahm.

Man kann sich auf den 1,5 km langen Wegen mit elektrischer Beleuchtung dem Höhlenzauber hingeben. Den schönsten Gebilden gab man Namen wie Barbarossabart, Orgelgrotte oder Kerzensaal (man meint wirklich, viele Kerzen zu sehen).

Tiermuseum Haselbrunn: Etwa 2 km außerhalb von Pottenstein. Im ehemaligen Kuhstall eines Bauerngehöfts sind vielerlei Arten ausgestopfter und mit Mottenpulver behandelter Waldtiere und Geweihe zu besichtigen.

▶**Wandern: Oberes Püttlachtal:** Eines der schönsten Täler der Fränkischen - eng, mit üppiger, ursprünglicher Vegetation. Besonders an Wochenenden ist deshalb viel los.

Es ist außergewöhnlich, daß hier noch 40 verschiedene Orchideenarten zu Hause sind. Es zeigt, daß wir hier noch ein kleines Stückchen unverbrauchter Natur vorfinden. Selbst der Laie wird sich an den Blumen wie Frauenschuh, Türkenbund, Enzian, Anemone etc. erfreuen können, die er ja meist nur von Naturschutzplakaten her kennt. Auch seltene Käuzchen und Wasservögel sieht man mit etwas Glück (früh aufstehen).

Um ins Obere Püttlachtal zu gelangen, verfolgt man von Pottenstein die Obere Püttlach entgegengesetzt zu den Markierungen (*rotes Kreuz, blauer Punkt*). Eine Zeitlang läuft man noch an Häusern entlang bis zum Waldcafé, in dem man sich noch eine Tasse Kaffee zugute kommen lassen kann. Bald darauf umhüllt einen das ruhige Geplätscher des Bachs. Er ist umsäumt von hohen Felsblöcken und herrlich dichtem Mischwald. Nach ca. 500 m der *Adams-Fels*; hier befand sich eine steinzeitliche Wohnsiedlung. Der Fels, der nach Süden offen liegt, diente als Wärmespeicher. Die Felsnischen wurden mit Baumstämmen abgedeckt. Hier, sowie im ganzen Tal, wurden viele prähistorische Funde gemacht. Läuft man weiter, erreicht man nach ca. 7 bis 8 km Püttlach, das dem hungrigen Magen Entspannung bietet (siehe weiter oben unter Essen/Außerhalb). Von hier aus lohnt sich noch der Weg über den Heiligen Steg nach Hollenberg (ca. 2 km),

Wanderung
Pottenstein - Püttlach

— Vorgeschl. Route
— — Markierter Wanderweg

Adlitz
Aussichts-turm
Pullendorf
Bodendorf
Hohenmirsberg
Steifling
Brünnberg
Burgstößel 539 m
Püttlach
Püttlacher Berg 618 m
Hasslach
Beiersleite
Entenstein 492 m
Eschenberg 572 m
Püttlacher Berg 582 m
Haselbrunn
Weidmanns-gesees
Mandlau
Eising 551 m
Kosbrunn
Schwalben-lochhöhle
Prüllsbirkig
Gr. Dossau 589 m
Körbel-dorf
Pottenstein
Adamsfelsen
Geiskirche
Kühnerstein
Hollenberg
Siegmanns-brunn
Hasenloch-höhle
Püttlach
Schloßberg 546 m
Heiligen-steig
470
Elbersberg
Willenreuth
Ebermannstadt

von dessen Ruine man einen herrlichen Ausblick hat. Wegstrecke Pottenstein - Hollenberg ca. 3 Stunden.

Klumpertal: Schöner Spaziergang ab Schüttersmühle. Der Name "Naturgarten", der dem Tal gegeben wurde, ist etwas übertrieben. Im oberen Tal erkennt man darin eher einen gut gepflegten Staatswald mit Fichtenmonokultur und grünumwucherten Fischteichen, die sich in Kirchenbesitz befinden. An einer etwas breiteren Talstelle liegt sehr idyllisch die Mittelmühle, die vor nunmehr 50 Jahren ihren Betrieb einstellte. Im Haus nebenan werden einige Zimmer vermietet.

Heiligenstadt

Der hübsche Ort mit Marktplatz und schmucken Fachwerkhäusern ist ein beliebtes Ausflugsziel im Leinleitertal. Der in einer Talmulde gelegene Marktflecken ist von bewaldeten Hängen umgeben, mächtige Felsmassive verleihen der Landschaft herbe Schönheit - auf einem nordöstlich vorgelagerten Bergsporn thront die imposante Burg Greifenstein.

Seit der Gemeindegebietsreform hat sich Heiligenstadt auf 23 Gemeindeteile vergrößert. Anfang der siebziger Jahre kam Heiligenstadt als kleinste Gemeinde Bayerns in das Städtebauförderungsprogramm. Für die umfangreichen Renovierungs- und Sanierungsarbeiten erhielt die Marktgemeinde 1979/80 einen Preis vom Bayerischen Staatsministerium für Ernährung, Landwirtschaft und Forsten für den "vorbildlichen Beitrag für die Gestaltung und Neuordnung des ländlichen Raumes".

Geschichte

Eine erste Siedlung bestand vermutlich schon zu Beginn des 9. Jahrhunderts, erste urkundliche Erwähnung um 1165. Seit 1150 unterstand das Dorf den mächtigen Schlüsselbergern. Nach deren Aussterben gelangte Heiligenstadt an das Bistum Bamberg, das den Ort den Streitberger Rittern überließ. Die Verleihung des Marktrechtes durch Kaiser Karl V. erhob die Bevölkerung 1541 zu Bürgern. 1582 wurde der Ort durch die Streitberger lutherisch - in Abgrenzung zum übrigen katholischen Leinleitertal hieß er zeitweise "Lutherisch Hallstatt". Der ursprüngliche Ortsname greift nicht auf einen "Heiligen" zurück, sondern leitet sich von der Lage ab: Stätte an der Halde, einem Abhang.

Nachdem das Geschlecht der Streitberger 1691 ausstarb, ging das gesamte Gebiet an die Freiherrn von Stauffenberg über, die heute noch auf Schloß Greifenstein residieren.

● *Information:* Verkehrsamt im Haus des Bürgers (gegenüber dem Rathaus), geöffnet von Montag bis Freitag 8.00 - 12.00 Uhr, Tel. 09198/721 u. 722, außerhalb der Öffnungs-

Leinleiter- und Aufseßtal

zeiten Tel. 09198/462. Die hilfsbereite Angestellte unterstützt Ankömmlinge bei der Zimmersuche und steht bei Fragen gern mit Rat und Tat zur Seite.

● *Fahrradverleih*: bei G. Weigelt in Heiligenstadt und der Firma Böhrer in Veilbronn. Tennisbegeisterte können sich auf den Plätzen des örtlichen *Tennisclub* SC Heiligenstadt austoben.
Möglichkeit zum *Zelten* besteht leider nur theoretisch, denn der kleine, aber sehr hübsche Jugendzeltplatz am Pavillon ist während der Ferienzeit stets auf Jahre voraus von Gruppen ausgebucht (Anfragen über Verkehrsamt).

Essen/Übernachten

Brauereigasthof Aichinger (Drei Kronen): preiswerter Gasthof direkt am Marktplatz mit typisch fränkischer Küche; Bratwürste mit Kraut und Brot 3 DM, Sauerbraten 8 DM. Dazu sollte man das süffige Bier der hauseigenen Brauerei probieren, die Halbe für 1,90 DM. Es werden auch Zimmer vermietet, das Doppelzimmer für ca. 40 DM (Etagenbad/-WC).
Marktplatz 5, Tel. 522, kein Ruhetag.
Rudys: Der Chef kochte in den besten Restaurants in Belgien und London, bevor er

in seinem Heimatort ein eigenes Speiselokal eröffnete. Auf der täglich wechselnden Karte werden fränkische und internationale Gerichte angeboten. Leckere Pfannengerichte, hervorragende Soßen! Hauptgerichte ca. 15 - 20 DM, jedoch auch preiswerte Gerichte um 10 DM. Im Herbst werden auf Vorbestellung auch Wachteln zubereitet. Hauptstraße, Tel. 259, Mittwoch Ruhetag.

Von privater Seite werden für durchschnittlich 20 - 25 DM pro Person Übernachtungsmöglichkeiten angeboten, für 40 - 60 DM pro Tag kann man auch eine Ferienwohnung anmieten. Im Sommer 1991 öffnet voraussichtlich ein Landgasthof mit ca. 50 Betten seine Pforten. Derzeit laufen die Umbau- und Renovierungsarbeiten im denkmalgeschützten Fachwerkhaus auf Hochtouren.

Außerhalb

• *Burggrub*: Gemütliche Gaststube im **Gasthof Hösch** (dunkel gebeizter Holzfußboden, helle Wandvertäfelung, umlaufende Holzbänke). Gute und preiswerte Hausmannskost. Für knapp 60 DM kann man im Doppelzimmer mit Du/WC nächtigen.
Tel.391, Dienstag Ruhetag.

• *Heroldsmühle*: Das historische Mühlengebäude wurde 1975 zur Gaststätte umgebaut, die mittlerweile ein beliebtes Ausflugsziel ist. Der jetzige Pächter ist für seine Fischspezialitäten (Forellen, Karpfen) bekannt - eine Fischzucht ist dem Betrieb angegliedert.
Die Heroldsmühle wurde erstmals 1150 erwähnt und gehörte damals zur nahegelegenen Burg Heroldstein (bei Hohenpölz), heute eine Ruine. Die Mühle diente früher zum Getreidemahlen, später zur Stromgewinnung. Das beeindruckendste Relikt des alten Mühlenbetriebes ist das oberschlächtige Eisenmühlrad, mit 7,20 m Durchmesser das größte in Deutschland. Über eine Zulaufrinne wird das Wasser von einer nahegelegenen Karstquelle herangeführt und das Wasserrad von oben benetzt. Heute ist das Mühlrad eine fotogene Attrappe.
Heroldsmühle 3, Tel. 641, Montag, Dienstag erst ab 17.00 Uhr

• *Neumühle*: Der **Gasthof Neumühle** im gleichnamigen Ortsteil gleich hinter Heiligenstadt lohnt schon wegen der frisch geräucherten Forellen einen Zwischenstop. In der kleinen, alten Gaststube kann man gemütlich sitzen, im Sommer auch Gartenbetrieb. Mit 25 Betten ist die Pension auf Urlaubsgäste eingerichtet, günstige Doppelzimmer mit Bad/WC für 50 - 60 DM.
Neumühle 72, Tel. 228, Montag Ruhetag.

• *Oberleinleiter*: Die **Brauerei Ott** des gleichnamigen Gasthofes braut schon seit 1516 ihren wohlschmeckenden Gerstensaft. In der rustikal renovierten Kneipe treffen sich die Einheimischen, hier wird zünftig Schafkopf gekartelt, am Stammtisch des örtlichen Fußballvereins werden die Spielergebnisse diskutiert. Zu den Spezialitäten des Hauses zählen außer Schäufele und fränkischen Braten die leckeren Brathändl! Tel. 271, Montag Ruhetag.

• *Veilbronn*: **Lahner**: Gutbürgerliche Küche im rustikalen Landgasthof. Angenehme Atmosphäre im kleinen Gastraum mit Kachelofen, hintendran ein größerer Saal für Reisegesellschaften. Die Preise für Essen und Trinken bewegen sich auf ortsüblichem Niveau. Für Übernachtungsgäste stehen 58 Betten zur Verfügung, das Doppelzimmer mit Dusche/WC ca. 60 DM.
Veilbronn 10, Tel. 276, Montag Ruhetag.
Sponsel-Regus: Der engagiert geführte Betrieb ist seit 1760 in Familienbesitz. Man legt hier viel Wert auf Tradition: Die reichhaltige Speisekarte ist fränkisch ausgerichtet, hausgemachte Fleisch- und Wurstwaren sowie Gemüse aus eigenem Anbau. Eine Besonderheit ist die Forelle in Rahmsauce - "weil die Franken halt alles mit Sauce essen wollen". Rustikal eingerichtete Gasträume, auch hier ist man mit einem Saal auf größeren Besucherandrang eingerichtet. Mit 70 Betten gleichzeitig größter Zimmeranbieter im Ort, Doppelzimmer mit Du/WC ca.60 DM, teilweise mit Balkon.
Veilbronn 9, Tel. 222, Dienstag Ruhetag.
Naturfreundehaus Veilbronn: Preisgünstige und idyllisch gelegene Unterkunftsmöglichkeit (nur für Mitglieder); für 6-8 DM kann man hier nächtigen, Bettwäsche kostet extra. Tel. 0911 / 778091.

Sehenswertes

Marktplatz: Der Marktplatz mit den restaurierten denkmalgeschütz-
ten Fachwerkhäusern und dem zur Osterzeit hübsch geschmückten
Marktbrunnen. Das Schmücken der Brunnen an Ostern ist in der
Fränkischen Schweiz aufgrund des lebendig gebliebenen bzw. touri-
stisch geförderten Brauchtums weit verbreitet. Der Heiligenstädter
Osterbrunnen wurde jedoch schon vor der Förderung des Fremden-
verkehrs liebevoll mit handbemalten Eiern verziert- auch in den 90er
Jahren wird mit Hühnereiern dekoriert, Plastikeier bleiben verpönt!

Evang. Pfarrkirche St. Veit u. St. Michael: Die Kirche steht an Stelle der
Veitsburg, die im Dreißigjährigen Krieg endgültig zerstört wurde.
Der Kirchturm, der noch heute isoliert neben dem Langhaus steht,
ist das Überbleibsel eines Verteidigungsturmes der alten Festung.
Vermutlich war in die ehemalige Veitsburg schon ein Gotteshaus integriert gewesen; die St. Veits Kirche selbst läßt sich jedoch erst ab
Mitte des 15. Jahrhunderts nachweisen. 1483/84 wurde der spätgotische Chor samt Sakristei an das schon bestehende Langhaus angebaut. Nach dem verheerenden Brand von 1634 wurde das Langhaus
neu errichtet und ab 1654 das Kircheninnere ausgebaut, 1671 wurde
der Turm aufgestockt und mit der barocken Zwiebel versehen.
Beim Betreten der Kirche fallen zuerst die Deckengemälde sowie die
reich bemalten Emporenbrüstungen ins Auge. Die Bilder und Ornamente zeigen Szenen aus dem Alten und Neuen Testament oder stellen Apostel und Evangelisten dar. Ebenfalls bemerkenswert ist der
barock ausgestattete Chorraum mit Kanzel, Taufstein und der
prachtvollen Orgel, die vom Dominikanerkloster in Bamberg erworben wurde.

Judenfriedhof: Nordöstlich des Ortes auf einer Anhöhe liegt inmitten
eines Buchenwaldes der Judenfriedhof mit ca. 60 Grabsteinen. Als
Folge der letzten Stürme wurde der Friedhof im hinteren Teil durch
umgestürzte Bäume beschädigt, ansonsten ist die Anlage aber gut erhalten.
Unter dem Schutz der Reichsritterschaft ließen sich Angehörige jüdischen Glaubens vielerorts in Franken nieder. Seit Beginn des 17.
Jahrhunderts ist eine jüdische Gemeinde in Heiligenstadt überlie-
fert, die ihre größte Ausdehnung um 1800 erreichte. Damals lebten
die meisten Juden rund um den Marktplatz. Bis zu Beginn unseres
Jahrhunderts hatte sich die jüdische Gemeinde infolge Abwanderung
in die umliegenden Städte oder Auswanderung nach Amerika aufgelöst. Daß der Judenfriedhof als Denkmal der Nachwelt erhalten
blieb, ist Berthold Schenk Graf von Stauffenberg zu verdanken, der
das Gelände 1943 kaufte.

Burg Greifenstein: Bereits 1172 wurde die Burg als Grifenstein erwähnt. Sie kam später (durch Heirat?) in Schlüsselberger Besitz.
Nach schweren Zerstörungen während des Bauernkriegs wurde sie

nie wieder richtig instandgesetzt. Nach dem Tode des letzten von Streitberg wurde 1691 der Fürstbischof MARQUARD VON STAUFFENBERG stolzer Besitzer. Er ließ die Burgruine zum barocken Jagdschloß ausbauen.

Die Burg ist zu besichtigen: umfangreiche Waffensammlung, Trophäen, 90 m tiefer Brunnen. Führungen ca. stündlich zwischen 8.30 - 12.00 und 14.00 - 18.00 Uhr. Eintritt ca. 4 DM.

Bei der Burg befindet sich eine kleine Kneipe, die zum Verweilen auf einen Imbiß oder Kaffee und Kuchen einlädt. Von dem nahegelegenen Wildschweinfreigehege werden vor allem die Kinder begeistert sein.

Stauffenberg und die Nazis

Eine der ersten, die unter dem Regime Hitlers zu leiden hatte, war die Köchin der Burg. Bereits 1933 wurde sie in Schutzhaft gesteckt. Ihr Spruch "Wenn Hitler hier wäre, würde ich ihm mit dem Küchenbeil den Kopf abhauen", gelangte ans Ohr der Gestapo.

Der Hitlerattentäter CLAUS SCHENK V. STAUFFENBERG weilte hier oft bei seinem Onkel. Als am 21. Juli 1944 das Attentat publik wurde, kochte die Seele der NS-Schergen. Es wurden Sonderfahrten von Nürnberg nach Heiligenstadt eingerichtet - Gauleiter WÄCHTER verlangte, "die Brut da oben zu vernichten". Im letzten Moment konnte der Abbruch der Burg verhindert werden - eine Sonderabteilung der SS riegelte das Gelände ab.

Die Burg wurde enteignet, das Mobiliar verteilt. Alle Familienmitglieder der Stauffenbergs wanderten ins Gefängnis oder ins Konzentrationslager. Kinder unter 15 Jahren wurden unter neuen Namen in Umerziehungslager gesteckt. BERTHOLD GRAF SCHENK VON STAUFFENBERG, der damalige Burgherr, verstarb November '44 im Gefängnis.

▶ **Wandern:** Kleine Rundwanderung *Heiligenstadt - Judenfriedhof - Burg Greifenstein - Heiligenstadt* (Markierung gelber Ring), knapp 4 km.

Wandern um Heiligenstadt

Legende:
- **1** Geologischer Lehrpfad
- **2** Waldlehrpfad
- **3** Naturkundl. Lehrpfad Veilbronn
- —— Vorgeschl. Routen
- – – – Markierter Wanderweg
- ········· Nicht markierter Weg (Verbindungswege)

Wir begeben uns zum Ortsausgang Richtung Zoggendorf, von dort
zweigt rechter Hand eine asphaltierte Straße ab, die zur modernen
katholischen Kirche führt; vom Kirchenplatz aus hat man einen schönen Blick auf Heiligenstadt. Über die Schloßblickstraße gelangen wir
zum Ortsrand, parallel zur Höhenlinie führt ein Weg am Waldrand
entlang. Unmittelbar nach einer verwitterten gelben Bank entdeckt
man an einem Pfosten die gelbe Dreiecks-Markierung. Dort folgen
wir dem Trampelpfad, der uns durch einen Buchenwald zum Judenfriedhof auf die Hochfläche führt. Alte Grabsteine mit hebräischen
Schriftzeichen stehen im Buchenwald. Der Markierung gelber Ring
folgend gelangt man nach 1,5 km zur Burg Greifenstein. Das letzte
Stück zur Burg muß man leider über Asphalt laufen, versöhnlicher
stimmen die 300 Jahre alten Linden, die diese Straße säumen. Nach
Einkehr und/oder Besichtigung des Wildschweingeheges führt der
Weg steil abwärts zur Neumühle und zurück nach Heiligenstadt
(Markierung: roter senkrechter Balken).

Wer sich länger in der Gegend von Heiligenstadt aufhält, sollte keinesfalls eine Wanderung durch das **Leidingshofer Tal bei Veilbronn** versäumen: das romantische Tal mit Felsformationen und Wacholderhängen ist bei Wanderern bekannt. Wie die Wandertafel am Parkplatz Veilbronn erläutert, kann man die Rundwanderung unterschiedlich lang gestalten (ca. 800 m bis 5 km, insgesamt gut markiert).

Naturkundlich interessierten Wanderern ist das *Leinleitertal bei der Heroldsmühle* wegen der eindrucksvollen Karsterscheinungen zu empfehlen: Karstquelle Tummler, Trockental. Bei der Heroldsmühle beginnt ein geologischer Lehrpfad: er führt an Leinleiterquelle und Tummler vorbei zu den Aussichtspunkten Heroldsstein, Kreuzstein und Eichenberg (Markierung Ammonit, etwas mehr als 7 km). Lohnenswert ein kurzer Abstecher zum touristisch unberührten Hohenpölz: hübsches Wehrkirchlein und frühgeschichtliches Gräberfeld.

Aufseß

Schloß Oberaufseß

In dem kleinen Tal gruppieren sich die Häuser unterhalb der Burg Unteraufseß. Die kleinere Burg Oberaufseß, liegt rund einen Kilometer bachaufwärts - hübsche Lage.

Die zwei Burgen verdankt Aufseß einer kleinen familiären Auseinandersetzung des alten Geschlechts der FREIHERREN VON UND ZU AUFSESS. Wegen unterschiedlichen Glaubensauffassungen kamen sich die Herrschaften in die Haare.

Abgesehen von höheren Frondiensten der Bürger profitierte die kleine 600-Seelengemeinde durch die dreifache Hofhaltung - das Handwerk blühte. Im Ort gibt es heute noch zwei Kachelofensetzer, Sattler, Friseure, und einen pensionierten Korbflechter. Ebenso drei Friedhöfe - je einen für die Bauern, die Juden und den Adel.

Neu in Aufseß ist der Hauch des Mittelmeers, der einer kleinen *Aromafabrik* entströmt, sowie eine Versuchsanlage für *Forellenzucht* am unteren Ortsende (Besuch lohnenswert).

• *Information*: Im Rathaus der Gemeinde Aufseß, Montag, Mittwoch, Freitag 8 - 12 Uhr, 8551 Aufseß, Schloßberg 98, Tel. 09198 / 287 oder Raiffeisenstr. 52, Tel. 328.

Essen/Übernachten

Stern (im Volksmund Postler): In der schönen alten Gaststube, im Sommer auch auf der Terrasse, kann man preiswert die fränkische Küche genießen: neben der Tageskarte gibt es je nach Saison wunderbare *Forellen* mit vielen verschiedenen Gewürzen, feines Wild und gute Braten, bei Vorbestellung auch Tauben (gefüllt oder ungefüllt); kein selbstgebrautes Bier, trotzdem gut. Mont. Ruhetag, Neuhauser Str. 39.

Sonnenhof Rothenbach: die hauseigene Brauerei füllt ihr Bier in traditionellen Flaschen mit Schnappverschlüssen ab; fränkische Küche und ausgezeichnete Forellen nach Müllerin-Art. Zimmervermietung im modernen Neubau, das DZ mit Du/WC kostet ca. 55-65 DM. Im Tal 70, Tel. 736, Dienstag Ruhetag.

Zur Post ("Batler"): Die älteste und auch originellste Wirtschaft im Ort hat eine hübsche Lage zwischen unterem Schloßtor und den Burgmauern. Im Gebäude befindet sich schon seit 1706 eine Schänke. Wie der Name Post verrät, hatten die früheren Besitzer gleichzeitig eine Posthalterei - Aufseß lag früher an der Postkutschenlinie nach Hollfeld.

Die mittlerweile betagte Wirtin hat das alte Anwesen renovieren lassen: Gemütliche kleine Gaststube, umlaufende Bänke und holzverkleidete Wände, von der Decke hängt ein Holzgestell zur Hutablage. Wie das in der Gaststube ausgestellte Autogramm zeigt, fühlte sich auch die Erlanger Schauspielerin Elke Sommer hier wohl. Warme Gerichte gibt's nur am Sonntag.

Brauereigaststätten Umgebung

Kleine Anekdote - beim Bier hört der Spaß auf, zumindest im Jahr 1699. Damals sollte im Vorgängergebäude des heutigen Gasthofs und Brauerei von Benedikt Stadter ein *Hochzeitsmahl* stattfinden. Der damalige Besitzer, Freiherr J. G. H. von Eußenheim, sollte, als Inhaber des Schankrechts, das Bier liefern. Das war aber den Hollfeldern gar nicht recht. 74 schwerbewaffnete Bürger aus der kleinen Stadt standen den mit 24 Gewehren bewaffneten 16 Kämpfern des Freiherrn gegenüber. Nach dem Sieg kannten die Hollfelder kein Pardon: "Der Hund muß sterben!" Nicht einmal die Bitte des kirchentreuen Adeligen von Eußenheim, noch beichten und kommunizieren zu dürfen, wurde erhört.
Der Sachsendorfer Bierkrieg hatte ein Nachspiel. Die gerichtlichen Auseinandersetzungen dauerten 22 Jahre und landeten schließlich beim kaiserlichen Hofgericht in Wien. Ein klares Urteil wurde aber nie gefällt.

• *Sachsendorf* - Brauerei **Stadter**, einige Kilometer außerhalb im Aufseßtal, sehr bekömmliches Bier, wenig Touristen.

• *Neuhaus* - Gasthof Pension Mühlengrund, Doppelzimmer mit Dusche/WC ca. 60 DM. Neuhaus 49, Tel. 09274/790

• *Hochstahl* - Brauerei Gasthof **Reichold**, preisgünstige fränkische Küche und wohlbekömmliches Bier. In der schlichten Gaststube hängen viele Geweihe, auch der Golf GTI Club gibt sich hier ein Stelldichein.
Montag Ruhetag
Hochstahl 24, Tel. 09204/271

• *Heckenhof*- Der Name des kleinen Weilers wird mittlerweile mit **Kathi-Bräu** verbunden, der Geheimtip in Bayreuth/Erlangen/Nürnberg. Die über 80-jährige Kathi steht beispielhaft für die zahllosen Kleinbrauereien. In der regionalen Presse wurde eine zeitlang darüber spekuliert, ob das im Ausschank erhältliche Bier noch selbstgebraut ist. Allen Unkenrufen zum Trotz geben wir hiermit bekannt: Der Name Kathi-Bräu besteht zu Recht. Prosit!
Bei dem zweigeschoßigen Bau handelt es sich um einen ehemaligen Amtssitz der Herren v. Aufseß, Ende des 17. Jahrhunderts erbaut, Reste des Rundturms an der nördlichen Giebelseite. Innen gibt es neben der urigen alten Gaststube (Kathis Stüberl) auch ein modern-rustikales Klosterbräu-Stüberl; im Sommer auch Gartenbetrieb.
Sollten die Erweiterungs- und Anbaupläne der agilen Wirtin realisiert werden, dürfte es

noch schwieriger als bisher werden, am Wochenende in dem kleinen Weiler einen Parkplatz zu bekommen.
Kein Ruhetag; Tel. 09198/776.

• *Wüstenstein*: Brauereigasthof **Schoberth**, renovierte Gaststube, aber trotzdem noch gemütlich. Bier vom Faß (klar). Sonntags Mittagstisch mit hausgemachten Klößen, ansonsten kalte Gerichte wie Stadtwurst und Hausmacherwurstplatte.

Sehenswertes

Burg Unteraufseß: Die erste Burg wurde bereits zu Beginn des 12. Jahrhunderts errichtet und ist seitdem der Stammsitz der Freiherren von Aufseß. Zum Herrschaftsbereich dieser einst mächtigen Familie gehörten früher 50 Burgen und Schlösser sowie 43 Ortschaften. Die Zerstörungen der späteren Jahrhunderte überstanden nur das sogenannte Meingoz-Steinhaus und der Rabenturm mit seinen zwei Meter dicken Mauern; Schloß und Kirche erhielten ihre heutige Form erst im 17./18. Jahrhundert. Heute hat die Burg 13 Besitzer; diese Vielzahl geht auf den "unantastbaren Burgfrieden", einen Familienvertrag von 1395, zurück.

Schloßführungen täglich außer Montag, ab 10 Personen 4 DM pro Person. Info bei der Schloßverwaltung, Tel. 09198 / 1556.

In der barocken *Schloßkapelle* gotische Buntglasfenster aus dem 14. Jahrhundert - mit die ältesten Glasmalereien Frankens; schöner Schnitzaltar aus dem 16. Jahrhundert mit den 12 Jüngern. Rechts unten sind dickbäuchige Mönche in der Hölle dargestellt.

Daneben die *Totenkapelle* (sie wurde erst 1725 errichtet) und die *Sakristei*, die als Gefangenenverlies oder bei Belagerungen als Lebensmittelkammer diente.

Meingoz Steinhaus: Der Name des Gebäudes geht auf den um die Mitte des 12. Jahrhunderts mehrfach erwähnten Meingoz von Aufseß zurück. Heute führt eine lange baufällige Holztreppe zu den Gemächern, in denen HANS VON AUFSESS (Gründer des Germanischen Nationalmuseums Nürnberg) mit seinem Leibdiener lebte, wenn er sich mit seiner Frau zankte, was oft der Fall war. Sein ehemaliges Studierzimmer mit romantischer Inneneinrichtung blieb seitdem unverändert.

Ahnensaal: Befindet sich im Hauptgebäude; während der Sommermonate werden Schloßkonzerte (unregelmäßig) abgehalten; der "Club der Ebermannstädter Jungunternehmer" tagt hier auch sehr gerne.

Schloß Oberaufseß: Mit seinen vier runden Mauertürmen wirkt es wie eine mittelalterliche Raubritterburg, entstand aber erst Ende des 17. Jahrhunderts. HANS MAX VON AUFSESS, seines Zeichens Waldbesitzer und Heimatdichter, hat sich hier häuslich niedergelassen.

▶**Wandern**: Gleich am Ortseingang, unterhalb vom Schloß, gibt es einen Parkplatz mit Wandertafel zur Orientierung.

An Schloß Aufseß (Besichtigung) vorbei, führt der Weg durch den reizenden Ort hindurch Richtung Norden. Die Markierung "Blauer Punkt" führt in der Pulvermühlstraße an den letzten Häusern des Dörfchens vorbei und am Waldrand entlang zur Hochfläche. Auf der Hochfläche orientieren wir uns nach dem "Roten Dreieck", halten uns zweimal rechts und sehen dann schon den oberen Teil des Hugoturms zwischen den Fichten hervorspitzen. Den 1883 erbauten Rundturm kann man leider nicht besteigen, da die hölzernen Treppen zerstört sind.

Ab dem Rand des Fichtenforstes (Markierung Grüner Punkt) geht es dann über Äcker, Wiesen und Obstgärten zum Schloß Oberaufseß, bemerkenswert die prächtige Lindenallee. Ab Schloß Oberaufseß gelangt man entweder mit der Markierung "Gelbes Kreuz"oder "Grüner Punkt" zurück nach Aufseß. Abstieg durch einen schönen Buchenmischwald ins herrliche Aufseßtal. Ein Stück vor dem Ort Aufseß dann rechter Hand ein mächtiger Felsen mit Höhle, der möglicherweise kultischen Zwecken der Kelten diente .

Waischenfeld

Kleines Städtchen an der Wiesent in der oberen Fränkischen Schweiz. Auf den Höhen über Waischenfeld Reste mittelalterlicher Befestigungsanlagen, deren bekannteste der "Steinerne Beutel" ist - heute Wahrzeichen der Stadt mit schöner Aussicht.

Nach Erteilung der Stadtrechte 1316 wurde ein geschlossener Mauerring um den Ort gebaut; infolge der zahlreichen Kriege und den damit verbundenen Zerstörungen blieb davon jedoch nichts mehr erhalten. Waischenfeld wollte, wie andere Städte auch, von der frühen touristischen Erschließung der Fränkischen Schweiz profitieren. Um den Ort für Kurgäste attraktiver zu machen, wurde 1884 ein Verschönerungsverein ins Leben gerufen, Parkbänke aufgestellt, Wegweiser errichtet und die alten Fachwerkbauten mit Ochsenblut koloriert. Der alte Ortskern mit den Fachwerkhäusern und Scheunen ist nach wie vor sehenswert.

Ein Unsummen verschlingendes Großprojekt des 20. Jahrhunderts könnte den altfränkischen Charme des Städtchens bald beeinträchtigen. Falls die Pläne realisiert werden, soll hier ein Ferienpark Frankenland entstehen mit Ferienhäusern, ca. 1500 Übernachtungsmöglichkeiten, Sportplätzen, Supermärkten, Boutiquen...

Die ganze Angelegenheit sorgt seit Jahren in den Stadtratssitzungen für emotionsgeladene Debatten - ob das Touristenzentrum aber wirklich Realität wird, vermochte bei Redaktionsschluß noch niemand zu sagen. Auch wenn die Stadt und ihre Einwohner daraus finanziellen Nutzen ziehen, so fragt man sich als Außenstehender doch, ob es nicht einige Nummern kleiner und für die Landschaft schonender ginge...?

- *Information*: Verkehrsamt Waischenfeld, Montag bis Freitag 8 -12 Uhr, Mo bis Do 13.30 - 17 Uhr, in der Zeit von Mai bis Oktober auch Samstag 9 - 11.30 Uhr.
  Tel. 09202 / 1548 oder 1088 - 9, Fax 09202 / 1571.
- *Verbindungen*: Bahnbusse - 2 x tägl. Bayreuth, 2 x tägl. Bamberg, 2 x tägl. nach Ebermannstadt (zweimaliges Umsteigen erforderlich).

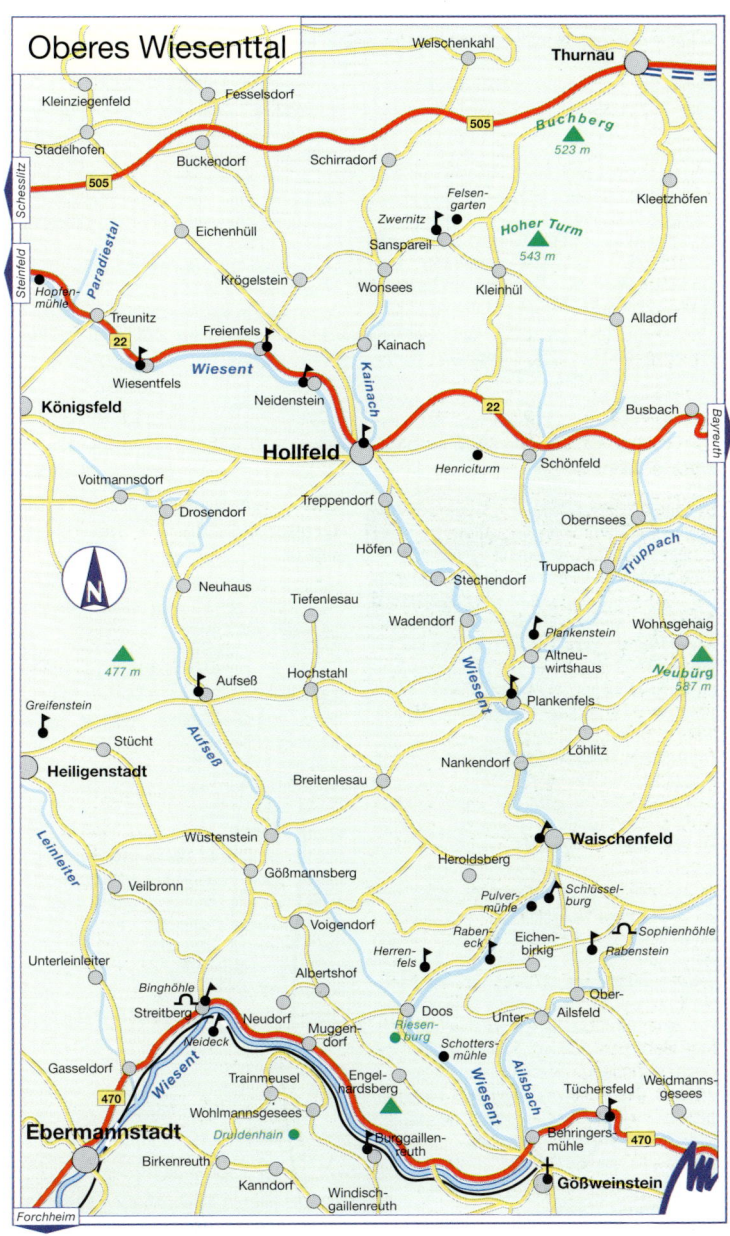

Oberes Wiesenttal

Welschenkahl

Thurnau

Kleinziegenfeld

Fesselsdorf

Buchberg
523 m

505

Stadelhofen

Buckendorf

Schirradorf

Kleetzhöfen

505

Schesslitz

Felsen-
garten

Eichenhüll

Zwernitz

Hoher Turm
543 m

Sanspareil

Paradiestal

Krögelstein

Wonsees

Kleinhül

Alladorf

Steinfeld

Hopfen-
mühle

Treunitz

Freienfels

Kainach

22

Wiesent

Wiesentfels

Neidenstein

Kainach

22

Busbach

Königsfeld

Bayreuth

Hollfeld

Henriciturm

Schönfeld

Voitmannsdorf

Treppendorf

Obernsees

Drosendorf

Höfen

Truppach

N

Neuhaus

Tiefenlesau

Stechendorf

Truppach

Wadendorf

Plankenstein

Wohnsgehaig

477 m

Aufseß

Hochstahl

Altneu-
wirtshaus

Neubürg
587 m

Wiesent

Plankenfels

Greifenstein

Aufseß

Stücht

Plankenfels

Löhlitz

Heiligenstadt

Breitenlesau

Nankendorf

Leinleiter

Wüstenstein

Waischenfeld

Veilbronn

Gößmannsberg

Heroldsberg

Voigendorf

Pulver-
mühle

Schlüssel-
burg

Sophienhöhle

Unterleinleiter

Albertshof

Herren-
fels

Raben-
eck

Eichen-
birkig

Rabenstein

Binghöhle

Streitberg

Neudorf

Doos

Ober-
Ailsfeld

Neideck

Muggen-
dorf

Riesen-
burg

Schotters-
mühle

Unter-
Ailsfeld

Gasseldorf

Trainmeusel

Engel-
hardsberg

Ailsbach

Tüchersfeld

Weidmanns-
gesees

470

Wiesent

Wohlmannsgesees

Wiesent

Behringers-
mühle

470

Ebermannstadt

Druidenhain

Burggaillen-
reuth

Gößweinstein

Birkenreuth

Kanndorf

Windisch-
gaillenreuth

Forchheim

Essen/Übernachten

Hotel Post: gehobenes Niveau, neu und gepflegt, fränkische Küche.

Das Hotel mit drei Gästehäusern, eines davon ein hübscher fränkischer Nachbau, hält einen hohen Standard. Zimmer mit Tisch und Sitzgruppe, die durch einen Klappmechanismus in ein zusätzliches Bett umfunktioniert wird. Hübsche Möbel aus Tiroler Zirbelkiefer.

Unter gleichem Management das Fliegenfischer-Hotel -Café **Am Mühlbach**: Das Doppelzimmer mit Bad/WC kostet zwischen 70 und 90 DM. Marktplatz 108, Tel. 275 (1275).

Pulvermühle: ca. 1 km flußabwärts, gepflegte Atmosphäre, idyllische Lage. Fast ein Feinschmeckerlokal, große Auswahl, exquisite Saucen. Zum Betrieb, seit über 100 Jahren in Familienbesitz, gehören auch eigene Fischgewässer. Die fränkischen Gerichte (Kenner schätzen das Schäufele) und selbstgebackenen Kuchen (Käsekuchen probieren) werden von der Chefin persönlich zubereitet.

Zu Napoleons Zeiten wurde hier Schießpulver hergestellt, und die Mühle flog deshalb schon mal in die Luft. Hier trafen sich das letzte Mal die Schriftsteller der Gruppe 47, bevor sie sich wegen interner Meinungsverschiedenheiten auflöste. Doppelzimmer mit Bad 80 - 90 DM. Pulvermühle 35, Tel. 1044, Montag Ruhetag.

Biertränke Heckel: Dem fremden Gast, besonders mit weiblicher Begleitung, wird gerne ein Platz freigemacht. Jeder der hier herumhockt, kennt den anderen, und im Herbst, wenn die Fremden nur noch ganz selten auftauchen, freut man sich über jede Abwechslung. Eigene Brauerei, gutes helles Bier, welches nicht mit Kohlensäure versetzt ist (aus 10 u. 20 l Fässern). Wenn um 21.30 Uhr das Faß leer ist und nicht mehr genug Gäste da sind, um das nächste Faß leerzutrinken, gibt's Flaschenbier von einer Großbrauerei, und das Gastzimmer leert sich schnell. Kein Ruhetag, jedoch nachmittags geschlossen, Tel. 493.

Jöbstel (Harletzstein): moderner Neubau, gute preiswerte Gerichte, Hirschgulasch 10 DM. Dazu Tucherbier vom Faß. Zimmer mit Dusche/WC ca. 55 DM. Harletzsteiner Weg 178, Tel. 240, Montag Ruhetag.

Zur Sonne: preiswerte Wirtschaft mit Hausmannskost; ab 12 Uhr warme Gerichte mit selbstgemachten Klößen. Zimmer mit Dusche/WC ca. 35-55 DM. Kein Ruhetag. Hauptstr. 111, Tel. 818.

Rotes Roß: In dem schmucken Fachwerkhaus am Marktplatz nächtigte 1798 der damals sehr populäre Dichter Ernst Moritz Arndt. Der jetzige Wirt ist tagsüber im Rathaus beschäftigt und öffnet das Gasthaus nur nach Feierabend oder am Wochenende. Tel. 401.

Sta'häusla: Das rote Backsteinhaus ist die Anlaufstelle für das jugendliche Publikum. Rockmusik in netter Atmosphäre, dazu 'ne Halbe Bier und eine hausgemachte Pizza. Kein Ruhetag, nur abends geöffnet, Tel. 1540.

Krems: Café/Pension, 3 km außerhalb, sehr ruhige Lage mit gepflegten Räumlichkeiten; insbesondere wegen der selbstgebackenen Kuchen bekannt. Abendbrotfreundlicher Familienbetrieb. Zimmer mit Bad ca. 60-80 DM. Rabeneck Nr. 17, Tel. 245, Dienstag Ruhetag.

Waldpension Rabeneck: ruhige Lage (gegenüber von Krems), große Terrasse mit Blick ins Wiesenttal; vornehmes Restaurant mit sehr guter Küche; Spezialität Forelle. Zimmer mit Dusche ca. 60-70 DM. Rabeneck Nr. 27, Tel. 220, kein Ruhetag.

Hammermühle (Pension Plank): 1965 wurde die Mühle stillgelegt, aber der landwirtschaftliche Betrieb wird heute noch weitergeführt. Eigene Forellenfischerei, Angelmöglichkeit für Gäste. Doppelzimmer ca. 50-60 DM, Tel 252.

Wehrl: Schöne Lage unterhalb von Burg Rabeneck, kleiner Bauernhof in idyllischer Lage mit freundlicher Besitzerin. Im schlichten Bauernhaus werden zwei Zimmer vermietet, Doppelzimmer (Du/WC auf der Etage) mit Frühstück für rund 35 DM. Im kleinen Häuschen nebenan Ferienwohnungen für 2-5 Personen zwischen 45 und 70 DM, plus die übliche Endreinigung. Rabeneck 19, Tel 219.

• *Privatvermieter*
Zahlreiche weitere private Unterkünfte /Pensionen bieten ordentliche Zimmer mit dem üblichen Komfort an. Die Preise pro Doppelzimmer bewegen sich zwischen ca. 30 und maximal 45 DM. In den umliegenden Ortsteilen Schönhof, Eichenbirkig, Gösseldorf und Saugendorf idyllische An-

gebote für Urlaub auf dem Bauernhof. Nähere Auskünfte erteilt gerne das Verkehrsamt.

• _Camping_: Campingplatz Steinerner Beutel am Ortsrand, direkt an der Wiesent gelegen mit direktem Zugang zum Schwimmbad. Viele Dauercamper, daher ganzjährig geöffnet, auch Gaststätte dabei. Stellplatz kostet 6 DM, plus 5 DM je Erwachsener pro Nacht, Tel. 359.

AUSSERHALB

Doos: Gasthof Heinlein, ca. 6 km außerhalb in hübscher Lage an der Einmündung der Aufseß in die Wiesent. Der traditionelle Familienbetrieb wird seit 1830 als Gasthaus geschätzt. An der früheren Postlinie Forchheim-Hollfeld gelegen, machten die Kutscher gern vor dem steilen Dooser Berg Rast.
Im exclusiven Bau im Stil der 60er Jahre treffen sich Gaumenfreunde und Sportangler. Auf der täglich wechselnden Speisenkarte werden je nach Saison u.a. Fisch-, Wild- und Pilzgerichte angeboten. Hauptgerichte ab ca. 20 DM. Hausspezialität: Streuselpfannkuchen nach altem Familienrezept; da stark sättigend, als Nachtisch für mehrere Personen empfohlen (rund 18 DM), deliziös auch der Speckpfannkuchen. Gehobene Übernachtungspreise: Doppelzimmer mit Bad ca. 100 DM.
Doos 17, Tel. 09196/766, kein Ruhetag.

Die nur aus einigen Häusern bestehende Einöde Doos erhielt ihren Namen nach dem Wasserfall, über den die Aufseß früher zur Wiesent hinab"toste". Im 18. und 19. Jahrhundert wurde der Thooser Wasserfall von den Reisenden als naturkundliche Sehenswürdigkeit gerühmt, u.a. von so berühmten Leuten wie dem Leipziger Professor ROSENMÜLLER (Entdecker der gleichnamigen Höhle), dem markgräflichen Kanzleiinspektor Köppel oder dem romantischen Maler LUDWIG RICHTER.

Von den prächtigen Tuffsteinfelsen, über welche die Aufseß in die Wiesent hinabstürzte, ist heute nur noch ein bescheidener Rest übriggeblieben. Ursachen der Zerstörung sind ein großes Hochwasser um 1860 und vor allem der Abbau des als Baumaterial begehrten Tuffsteines um 1930.

Wer wissen will, wie der Dooser Wasserfall vor seiner Zerstörung ausgesehen hat, muß mit alten Stichen Vorlieb nehmen - in der Gaststätte Heinlein hängt eine stark vergrößerte Abbildung.

• _Breitenlesau_: Brauereigasthof **Krug** im schön renovierten Fachwerkhaus mit rötlichem Gebälk. Die beiden rustikalen Gastzimmer laden zu deftigen Brotzeiten und fränkischen Braten ein. Preisgünstig übernachten kann man in den Gästezimmern mit Etagen-Bad/WC für etwa 20 DM pro Person. Breitenlesau 1, Tel. 835, Montag Ruhetag.

• _Langenloh_: Gasthof **Thiem**, vor dem Gebäude aus den 70er Jahren eine große Terrasse für die Sommerzeit. Die "typisch" fränkische Gaststube ist vorwiegend Treff der Einheimischen, Fremde sind herzlich willkommen, die preisgünstige fränkische Küche zu probieren. Doppelzimmer werden je nach Ausstattung zwischen 40 u. 60 DM angeboten. Langenloh 14, Tel. 357, Dienstag Ruhetag

• _Eichenbirkig_: Restaurant **Gut Schönhof** - altfränkische Köstlichkeiten für verwöhnte Gaumen in den liebevoll renovierten Räumen des alten Gutshauses. Auf der wöchentlich wechselnden Speisenkarte hat man die Qual der Wahl zwischen ausgesuchten Spezialitäten und fränkischen Schmankerln - allerdings etwas teurer, aber den Preis wert. Im angegliederten Nebenraum kann man am festlich gedeckten Tisch - wahlweise in der Raucher- oder

Nichtraucherecke Platz nehmen, allerdings kostet dieser Service einen Aufschlag von 3,50 DM pro Person, worauf im Lokal mehrfach hingewiesen wird.

Besondere Erwähnung verdient das kulinarische Programm: Über's Jahr verteilt wird zu erlesenen Menues eingeladen, z.B. Chinesische Küche, Fränkisches Brunchbuffet, Meeresspezialitäten oder russische Sakusska-Tafel. Die Teilnahme an diesen Festessen steht jedermann/frau offen, die Menues kosten zwischen 40 und 50 DM. Bei schönem Wetter kann man auf der Terrasse Platz nehmen und die Ruhe dieses idyllischen Örtchens genießen. Das freundliche und aufmerksame Personal gehört der Johannischen Kirche an, deren Mitglieder das Restaurant und die Landwirtschaft des Gutes betreiben.

Eichenbirkig 10, Tel. 1228, Dienstag Ruhetag, ab November Montag und Dienstag geschlossen.

Johannische Kirche -
Christliche Glaubensgemeinschaft mit weiblichem Oberhaupt

Die Mitglieder der Johannischen Kirche unterhalten auf Gut Schönhof außer dem gastronomischen noch einen landwirtschaftlichen Betrieb: neben Tierhaltung (Kühe, Hühner) werden noch 350 Hektar Land im biologisch-alternativen Landbau bestellt. Dem Abwasserproblem wird mit einer biologischen Kläranlage zu Leibe gerückt.

Hier sind keine christlich angehauchten Aussteiger am Werk, sondern stille, freundliche Menschen, die den Auftrag der Bergpredigt Jesu in die Tat umsetzen, mit dem Ziel, auf Erden ein Stück gesellschaftliche Gerechtigkeit zu erreichen - ohne in missionarischem Eifer ihren Glauben anderen aufzudrängen. Die Johannische Kirche wurde 1926 von Joseph Weißenberg in Berlin gegründet, wo seitdem das Zentrum der Glaubensgemeinschaft ist. Während des Dritten Reiches war sie verboten und verfolgt, doch nach 1945 wurde sie von Weißenbergs Tochter wiederaufgebaut. Jetzt wird die Johannische Kirche von der 41jährigen Enkelin des Gründers geleitet.

Von den Lehren der großen christlichen Konfessionen unterscheidet sie der Glaube an die Reinkarnation: demnach sind die meisten Menschen schon mehrfach auf der Erde gewesen, um, ausgestattet mit neuen Chancen, es noch einmal versuchen zu können. Nach Joseph Weißenberg's Lehre kann man 80 - 90mal wiedergeboren werden!

Sehenswertes

Burg Waischenfeld: 1122 im Zusammenhang mit Konrad von Waischenfeld erstmals erwähnt, jedoch bereits 1216 in Schlüsselberger Besitz. Nach dem gewaltsamen Tod von KONRAD VON SCHLÜSSELBERG legte das Hochstift Bamberg die Hand über Waischenfeld, das später ein beliebter Sommersitz Bamberger Bischöfe war. Nach dem bischöflichen Machtverfall Anfang des 19. Jahrhunderts war die Burg dem Verfall preisgegeben; das Gemäuer wurde für den Bau des Rat-

Der steinerne Beutel

hauses benutzt.

Nach Abschluß von Bauarbeiten an der Burgruine präsentiert sie sich heute als "Haus des Gastes" mit gemütlichen Räumlichkeiten. Darin untergebracht sind jetzt Burgschenke, Tagungsräume, Galerie und kleines Heimatmuseum sowie eine Kegelbahn. Auf der Freilichtbühne finden Aufführungen und Konzerte statt.

Die renovierte Burganlage und ihre Räumlichkeiten können von Dienstag bis Sonntag zwischen 10 und 18 Uhr besucht werden.

Stadtmühle: Die einzige Mühle der Gegend, die fast ausschließlich Handelsmüllerei betreibt und mit eigenem Lkw Bäckereien bis nach Bamberg beliefert; Tagesleistung 5 Tonnen; die Energie wird zu 50 Prozent von einem Wasserrad erzeugt.

Stadtpfarrkirche St. Johannes *(der Täufer)*: Die hübsch renovierte Pfarrkirche wurde um die Mitte des 15. Jahrhunderts erbaut anstelle der zerstörten Burgkapelle. Der in Wien als Bischof zu Ehren gekommene Friedrich Grau, genannt Nausea, stiftete seiner Heimatstadt Waischenfeld um 1550 den spätgotischen Chor. Der Gönner verstarb 1552 unerwartet beim Turiner Konzil an Fleckfieber. Beim Einbau einer Heizungsanlage vor einigen Jahren entdeckte man die sterblichen Überreste der Eltern von Nausea.

Zwei Figuren, die heute wieder im Chor stehen, wurden vor einigen Jahren gestohlen und durch einen Zufall wiederentdeckt: Passanten wurden in Erlangen gegenüber dem Röthelheimbad auf einen Zeitgenossen aufmerksam, der in seinen Kellerräumen Madonnen abbeizte - darunter befanden sich auch die Waischenfelder.

St. Anna Kapelle: Die Pfarrkirche wurde im vorigen Jahrhundert aufgelassen; da damals die Friedhöfe um die Kirche herum angelegt waren, fand man eine Unmenge an Knochen. Der Volksmund sagt, daß eine Irre (dazu noch irischer Abstammung) die meisten Knochen aufsammelte und sie in der St. Anna Kapelle aufschichtete.

Noch heute liegen sie wie Holzscheite aufeinander. Erlanger Anatomiestudenten holten sich über einen längeren Zeitraum aus der Knochenkapelle original fränkische Totenschädel; dem wurde durch ein Eisengitter Einhalt geboten.

Hl. Laurentius Kapelle: im unteren Ortsteil, am Fluß; sie wurde 1641 erbaut und 1795 erneuert.

Nebenan ein *Spital* (Armenstift) vom Domkapitular von Rabenstein - heute ein schön restaurierter Fachwerkbau und das Pfarrgemeindehaus. Sieben Bedürftige wurden aufgenommen, zwei aus dem Bistum Bamberg. Gemäß der Stiftungssatzung bekamen die Armen Speis und Trank und mußten auch zu bestimmten Zeiten beten, da die arbeitende Bevölkerung dazu wenig Zeit fand.

▶**Wandern**: Rundwanderweg grüner Ring (ca. 10 km): *Waischenfeld - Heroldsberg - Rabeneck - Eichenbirkig - Waischenfeld* (mehrere Einkehrmöglichkeiten). Wandertafeln zur Übersicht beim Rathaus, am Nausea-Platz und in der Vorstadt bei der Raiffeisenbank.

Zu Beginn gleich der Aufstieg zur Hochfläche: Ein blauer Balken führt den Wanderer an der Stadtpfarrkirche mit der St. Anna Kapelle vorbei zur Burg Waischenfeld mit dem berühmten Steinernen Beutel. Die prächtige Aussicht auf Stadt und Umland inspirierte 1798 den Romantiker Ernst Moritz Arndt zu den schwermütigen Zeilen: "Hier auf und zwischen den Altären, die du dir erbaut hast, heilige Natur, unendliches unbegriffenes Leben und Weben der Welt, hier

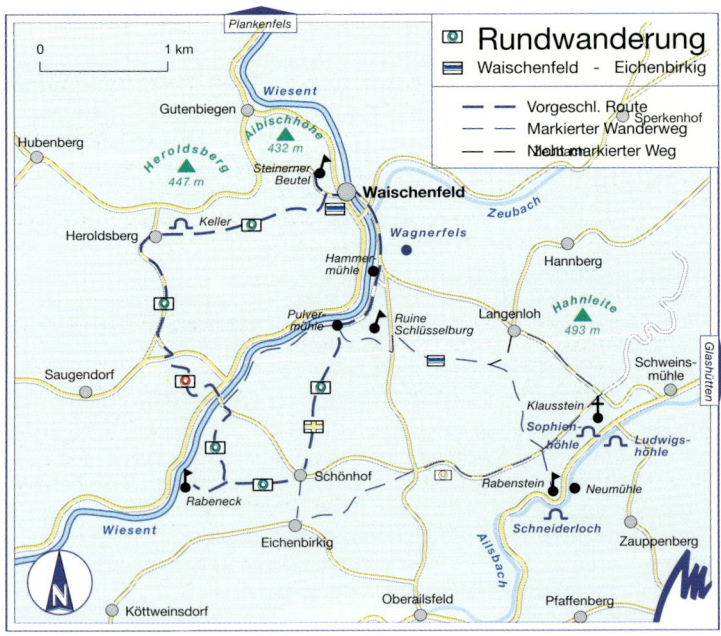

sitze und knie ich, selig durch dich, selig schon durch das Gefühl des Daseins, wenn ich auch ewig im nichts zerfallen sollte, wie diese zertrümmerten Felsen."

Von der Markierung "Grüner Ring" läßt man sich am Friedhof vorbei in Richtung Heroldsberg führen: beiderseits des Weges Ackerflächen, Hecken am Ackerrand, einzelne Baumgruppen und Wäldchen lockern das Bild auf, kurz vor dem Ort eine schöne Allee. Im Ort der geteerten Hauptstraße nach Saugendorf folgen, dann rechts abbiegen in Richtung Rabeneck, bis man nach wenigen Metern eine weitere Straße kreuzt. Nun halten wir uns ein kleines Stück rechts, um dann links von der Straße in den Wald abzubiegen (Markierung: Roter Ring). Auf dem Forstweg abwärts zum Wiesenttal, wo die heimische Gastronomie den Wanderer zur Stärkung einlädt.

Am gegenüberliegenden Ufer der Wiesent beginnt am Waldrand der Aufstieg zur Burg Rabeneck (Grüner Ring). Nach Besichtigung der Burg folgen wir bis Schönhof dem Wegweiser nach Eichenbirkig. Wer bisher noch nicht Rast gemacht hat, dem sei Gut Schönhof empfohlen (siehe Kasten). An der großen Linde vor dem Gut Wegweiser nach Waischenfeld. An Äckern vorbei, gelangt man nach ca. 1 km in einen Wald, wo man bald auf ein Kreuz stößt, welches Frau Erika Bezold, Pulvermühle, zum 50. Geburtstag ihres Gatten Kaspar stiftete. Beim Kreuz beginnt der Abstieg ins Wiesenttal, an Pulvermühle und Hammermühle vorbei gelangt man über die sogenannte Vorstadt zurück nach Waischenfeld.

Alternativvorschlag: Wer in Schönhof noch keine Lust zur Rückkehr nach Waischenfeld verspürt, kann die Route ausdehnen:
Von Schönhof geradeaus weiter nach Eichenbirkig, dort gen Nordosten orientieren (Markierung Gelbe Raute und Gelber Ring), bis man Burg Rabenstein und die Sophienhöhle mit der Klaussteinkapelle erreicht. Beim Rückweg in Langenloh links abbiegen, über das Wassertal gelangt man zum Ausgangsort Waischenfeld zurück.

Sport/Freizeit

Freibad: Beheizt (24°C);die Anlage an der Wiesent verfügt auch über Kinderspielplatz und Grillplatz. Öffnungszeiten in den Monaten Mai - September: Mo 10-19 Uhr, Di-So 9-19 Uhr.

Bootsverleih: Von Mai bis September täglich von 10-17 Uhr am Bischof-Nausea-Platz. Für jeweils 30 Minuten gibt's ein Tretboot für 8 DM, Ruderboote für 3 DM pro Person.

Fahrradverleih: wurde in Waischenfeld 1989 bis auf weiteres leider aufgegeben.

Angeln: Für Hausgäste in folgenden Gasthöfen: Heinlein (Doos), Pulvermühle (für jedermann 20 DM pro Tag), Post sowie in der Pension Hammermühle (es werden Kurse angeboten).

Waischenfeld Umgebung

Burg Rabeneck: Einige Kilometer flußabwärts von Waischenfeld liegt sie versteckt oberhalb des Tales. Sie wurde im 13. Jahrhundert von den SCHLÜSSELBERGERN gegründet und wechselte danach oft den Besitzer. Die Grafen von Schönborn waren die letzten adeligen Eigentümer.

Heute gehört das historische Gemäuer dem stillen *Norman Schiller*, der es sich zur Lebensaufgabe gemacht hat, die in diesem Jahrhundert stark vernachlässigte Burg wieder bewohnbar zu machen. Die Burg kann besichtigt werden, der Gast wird am Eingang um einen kleinen Obolus gebeten; in der Schenke gibt es Speis und Trank.

Wer gerne ausgefallene Feste feiert, kann sich für einige Tage die Burg mieten, Spanferkel und Faßbier werden organisiert. Romantische Pärchen können sich in der üppig ausgestatteten Schloßkapelle das Ja-Wort geben; sicher ein erinnerungsreicher Moment auch für die Zeit danach. Tel. 09202/565.

Burg Rabenstein: eine der schönsten im ganzen Gebiet - wildromantische Lage, auf einem ca. 60 m hohen Felsen über dem Ailsbachtal Erbaut wurde Rabenstein wahrscheinlich Ende des 12. Jahrhunderts von den Edelfreien von Waischenfeld, ging aber bald in SCHLÜSSELBERGER Besitz über. Was heute an Bausubstanz zu sehen ist, stammt aus der Zeit um 1829 - die Burg wurde mehrmals erobert und zerstört. Die letzten (adeligen) Burgherren waren ebenfalls die Grafen SCHÖNBORN, die bis vor einigen Jahrzehnten fast 100 Burgen und Schlösser zu ihrem Besitz zählten und durch Einheirat die größten Landbesitzer Portugals sind (ca. 5000 ha.).

Mit dem Popularitätszuwachs des Golfsports steigt offenbar auch in der Fränkischen Schweiz die Nachfrage nach englischem Rasen mit "Löchern". So soll bei der Burg ein gepflegter Golfplatz entstehen, die Burg selbst wird dann wohl zu einer Art Clubhaus umfunktioniert.

Oberhalb der Burg befindet sich noch ein *Campingplatz* Burg Rabenstein, der in der Saison 1991 noch genutzt werden kann, bis er dem Golfplatz weichen muß. Gegenwärtige Preise: Stellplatz 5 DM plus 4 DM pro Erwachsener. Info unter Tel. 09202 / 200 (Gemeinde Ahorntal).

Sophienhöhle: ca. 800 m nördlich der Burg. 1490 erstmals erwähnt, als der Bayreuther HANS BREU versuchte, hier Salpeter zur Herstellung von Schießpulver zu gewinnen. Der große Vorraum zur Höhle war zwar bekannt, aber der dahinterliegende eigentliche Höhlenraum mit den Tropfsteingebilden wurde erst 1833 vom Rabensteiner Burggärtner entdeckt - er ließ eine Felswand durchbrechen und gelangte so in die Galerie.

In der Höhle mit drei Hallen gibt es schöne Tropfsteine zu sehen. Bei der Erforschung der Höhle stieß man auf Knochenreste von Bären, aber auch auf frühgeschichtliche Reste vergangener Kulturen. Diese prähistorischen Funde werden heute auf Burg Rabenstein aufbewahrt. Ihren Namen verdankt die Höhle der Schwiegertochter des Grafen ERWIN VON SCHÖNBORN

Öffnungszeiten: April bis Oktober täglich von ca. 9 - 17 Uhr (bei wenig Andrang Mittagspause), Eintritt ca. 3 DM; nähere Informationen bei der Gemeindeverwaltung Ahorntal, Tel. 09202 / 200.

Klaussteinkapelle: oberhalb der Sophienhöhle auf einem nach drei Seiten steil abfallenden Dolomitfelsen. Das evangelische Kirchlein war im Mittelalter die Burgkapelle von Burg Ahorn, die einst auf dem Plateau stand. In den Seitenmauern der Kapelle sind zwar noch romanische Stilelemente erkennbar, insgesamt überwiegen jedoch barocke Merkmale vom Umbau in der ersten Hälfte des 18 Jahrhunderts.

Hollfeld

Das 2500 Einwohner große Städtchen an der nördlichen Grenze der Fränkischen Schweiz hat sich trotz mancher Veränderungen vielfach noch sein mittelalterliches Stadtbild erhalten können.

Aus einer frühmittelalterlichen Burganlage auf dem Bergsporn entstand der alte Ortskern, noch immer überragt vom *Gangolf-Turm*. Um den ovalen Marienplatz gruppieren sich das *Alte Rathaus* und das Wittauerhaus sowie die *Gangolfskirche*. Die Unterstadt, das heutige Geschäftszentrum der 5400 Einwohner großen Gemeinde, entstand erst in diesem Jahrhundert. Einen Besuch lohnt auch die spätbarocke Stadtpfarrkirche *Maria Himmelfahrt* mit ihrer prachtvollen Rokoko-Ausstattung oder das *Bartholomäus-Spital* aus rot-braunem Fachwerk. Spazieren Sie einfach durch die idyllischen Gassen und entdecken Sie die malerischen Winkel, beispielsweise zwischen dem Oberen Tor und der Stadtmauer.

Das Städtchen ist ein idealer Ausgangspunkt, um die nördliche Fränkische Schweiz zu entdecken. Zum *Felsengarten von Sanspareil* und zu den *Burgen von Neidenstein, Freienfels* und *Wiesentfels* ist es nur ein Katzensprung. Gut gekennzeichnete Wanderwege erschließen das obere Wiesent- und Kainachtal.

Spickhilfen für Pennäler

Generationen von Pennälern half über manch diffizile Probleme einer Latein- oder Griechisch-Schulaufgabe die "Kleine Übersetzungs-Bibliothek römischer und griechischer Klassiker". Die Spickhilfe, etwa so groß wie zwei Streichholzschachteln, stammt aus dem Hollfelder Bange-Verlag. Am Marienplatz in einem schlichten Haus hat das Familienunternehmen - einer der größten Verlage für Lernhilfen - sein Domizil. 559 Bände, von Demosthenes bis Tacitus, umfaßt die Miniaturbibliothek. Der Renner unter den Gymnasiasten ist Cäsars "Gallischer Krieg". In dem Haus wird auch die älteste Fachzeitschrift der Welt, die "Deutschen Schachblätter", fortgeführt. Der Verlag verfügt auch über eine kleine Buchhandlung, nicht nur für den Verkauf der eigenen Publikationen, sondern auch mit Büchern und Karten anderer Verlage zur Fränkischen Schweiz.

Geschichte

Im 9./10. Jh. wurde die Gegend um Hollfeld erschlossen. Erstmals wurde der Name der Stadt in einer Urkunde KAISER HEINRICHS II. vom 26. Oktober 1017 genannt. Das Dokument beurkundet die Übereignung des Orts an das neu gegründete Bistum Bamberg. Bereits 1329 erfolgte die Stadterhebung, ein Indiz für die wirtschaftliche Bedeutung Hollfelds. Die Stadt war damals ein äußerer Stützpunkt Bambergs gegen-

Wacholderheide im Wiesenttal bei Hollfeld

über der Markgrafschaft Kulmbach-Bayreuth. Immer wieder suchten furchtbare Kriege das Städtchen im oberen Wiesenttal heim. Zerstörungen gab es 1430 im Hussitenkrieg, 1552 im Markgrafenkrieg, 1632 im Dreißigjährigen Krieg. Nach fast 800jähriger Zugehörigkeit zum Erzbistum Bamberg wurde Hollfeld 1803 im Zuge der Säkularisation und Mediatisierung dem Königtum Bayern zugeschlagen.

In der Türkei

Man braucht die Fränkische Schweiz nicht zu verlassen, um sich wie in der Türkei zu fühlen. Sie ist mitten in Hollfeld. Denn

nach dem vorderasiatischen Land ist die Straße östlich des Orts-
kerns, parallel zur Kainach, benannt. Die Bezeichnung "Türkei"
erinnert an ein längst vergessenes Kapitel fränkischer Geschichte. Denn einst - vor allem Ende des 17. Jahrhunderts -
wurden Osmanen als Kriegsgefangene hierher verschlagen. Im
Christenheer war es geradezu Mode, einen "Beutetürken" nach
Deutschland zu verschleppen. Oft wurden sie ganz und gar un-
christlich für ein paar Reichstaler verschachert. Die Muslime
wurden getauft und haben sich später nahezu problemlos assi-
miliert. Nur die Namen mancher Straßen und Gasthäuser erinnern an diesen Abschnitt fränkischer Bevölkerungsgeschichte.

Sehenswertes

Pfarrkirche Maria Himmelfahrt: Das weiß-gelbe, hochstrebende Kir-
chenportal, flankiert von den Bistumsheiligen *Heinrich und Kunigunde*, der auf einem Bergrücken gelegenen Pfarrkirche der Stadt zeigt
deutlich, in welcher Epoche sie gebaut wurde: im ausgehenden Barock. Die Ursprünge der Kirche reichen jedoch bis ins 11./12. Jahrhundert zurück. Nachdem die mittelalterliche Kirche baufällig geworden war, erfolgte 1778 bis 1781 ein Neubau. Die Kirche, deren Architektur bereits frühklassizistische Merkmale aufweist, wirkt innen
weiträumig und schlicht. Ihre Ausstattung ist bis auf wenigen Ausnahmen einheitlich. Nur drei Altäre stammen aus der säkularisierten
Dominikanerkirche in Bamberg. Neben den üppig ausgestatteten
Hoch- und vier Seitenaltären fallen besonders die Kanzel sowie die
vier Rokokobeichtstühle aus Muschelkalk auf.

Gangolf-Turm: Ebenfalls in der Oberstadt steht der hohe Turm der
Gangolfskirche, das Wahrzeichen Hollfelds. Der viereckige Turm mit
seinem hölzernen Wehrgang und einer kleinen Türmerwohnung war
ursprünglich ein Befestigungsturm. Aus Geldmangel wurde er jedoch
zum Kirchturm umfunktioniert. Die heruntergekommene, angebau-
te Kirche ist verschlossen. Das heutige Gebäude stammt aus dem
frühen 18. Jahrhundert. Die Ursprünge der Gangolfskirche reichen
jedoch bis ins 11. Jahrhundert zurück. Die Ausstattung ist heute
nicht mehr vorhanden.

Den Schlüssel für den sonst verschlossenen Turm bekommt man im Rathaus (kostenlos).
Er kann zu den üblichen Amtsstunden (Mittagspause 12-13 Uhr) besichtigt werden, allerdings nicht samstags und sonntags. Auf einer neuen metallenen Wendeltreppe geht es
nach oben. Wunderbare Aussicht! Oben wurde die Türmerwohnung rekonstruiert und mit
einer Puppe versehen.

Salvatorkirche: An der Straße nach Waischenfeld liegt die unter dem
bekannten Architekten Johann Ludwig Dientzenhofer 1704 errichtete Wallfahrtskirche mit dem angrenzenden Stadtfriedhof. Das Kirchlein mit seinem schmalen, originellen Türmchen auf dem Chor wirkt
äußerlich schlicht, umso überraschender das üppige Interieur. Die
gesamte Innenausstattung im Barock- und Rokokostil stammt von

der Hollfelder Schreiner- und Bildhauerfamilie LAUTER. Auf den ersten Blick verblüfft der Hochaltar. Denn vergebens sucht man nach dem Kirchenpatron St. Salvator. Des Rätsels Lösung ist, daß der kreuztragende Christus selbst die Rolle übernommen hat. Denn Salvator heißt zu deutsch Heiland und war früher ein gebräuchlicher Ehrentitel Jesus'.

In der St. Salvator-Kirche wird der Kirchenheilige in besonderer Weise verehrt. Dies geht auf ein Gelübde aus dem Jahr 1634 zurück. Damals wütete die Pest in Hollfeld. Lediglich vierzehn Ehepaare sollen überlebt haben. Das Gelübde zur besonderen Verehrung des "Pestheiligen" wird bis heute gepflegt. Jedes Jahr im Februar wird am Patronatstag vormittags ein Festgottesdienst und nachmittags eine Schlußandacht mit Segen gehalten. Wie heißt es im "Lied zum göttlichen Salvator": *"Der Du Hollfeld hast begnadet, o Salvator, Jesu Christ! Rettung gäbst in Pestezeiten, oft noch Helfer geworden bist. Uns'res Lebens ... O Salvator, sei gegrüßt, alle Tag und jede Stund'! Dieser Gnadenort sei heilig, allen uns, das tun wir kund. Uns'res Lebens ...".*

• *Information*: Das Fremdenverkehrsamt ist im Wittauerhaus am Marienplatz untergebracht; Tel. 09274/727. Öffnungszeiten: Mo 13-16.30 Uhr, Di-Do 13-17 Uhr, Fr 8-12 Uhr. Im Foyer eine Ausstellung zur Geschichte der Stadt. Das Fremdenverkehrsamt verkauft auch für 4,50 DM eine nützliche Wanderkarte. Freundlicher Service.

• *Essen/Übernachten*: **Gasthof Schrenker,** Das grün gestrichene, moderne Eckhaus im Ortszentrum ist vor allem bei Einheimischen beliebt. Schließlich blickt das Wirtshaus auf eine 160 Jahre alte Familientradition zurück. Herzhaftes und preiswertes Essen (Hausschlachtung). Besonders empfehlenswert ist Hirschbraten. Ein Gästehaus in ruhiger Lage befindet sich ca. 70 m vom Gasthof entfernt, DZ ca. 40-52 DM. Angelmöglichkeit für Hotelgäste im eigenen Forellenwasser. Adresse: Spitalplatz 2, Tel. 09274/201.
Hotel Bettina: liegt 1,5 km außerhalb, Richtung Waischenfeld bei Treppendorf. Moderner Flachdachbau, innen nobel rustikal. Leider liegt das Hotel an einer vielbefahrenen Straße. Zweifellos höheren Ansprüchen wird das Restaurant gerecht. Regionale Küche mit französischem Einschlag. Uns schmeckte besonders das Hasenfilet. Auch Diät- und Schonkost. Mit 20-30 DM für ein Hauptgericht sollte man auf alle Fälle rechnen. Übernachtung 60-110 DM. Eigene Tennisplätze. Adresse: Treppendorf 22, Tel. 09274/328. Mi Ruhetag.
Es gibt auch eine Reihe von **Privatzimmern**. Die Preise liegen pro Tag und Person zwischen 15 und 22 DM. Für eine **Ferienwohnung** zahlt man ca. 50 DM pro Tag. Empfehlenswert ist das romantische, komplett eingerichtete Ferienhäuschen von Rosi Brehm, Marienplatz 6, Tel. 1478 (Anruf am besten nach 19 Uhr). Weitere ausführliche Informationen durch das Fremdenverkehrsamt.

• *Sport und Freizeit* **Fahrradverleih**: Das Fremdenverkehrsamt am Marienplatz verleiht für 5 DM pro Tag Fahrräder. Allerdings sind nur 5 Fahrräder (mit Gangschaltung) verfügbar.
Angeln: Wer gerne in der Wiesent angeln möchte, kann eine Tageskarte beim Hotel Bettina, Treppendorf, Tel. 328, erwerben. Dort werden auch Wochenendkurse im Fliegenfischen angeboten.
Kintopp-Filmtheater: Eine Filmjournalistin und ein Kameramann betreiben als Hobby das einzige Programmkino der Fränkischen Schweiz. Trotz der geringen Einwoh-

nerzahl gibt es seit wenigen Jahren wieder ein Kino, sogar mit eigenem Café. Vorstellungen Do - So. Adresse: Theresienstraße 8, Tel. 09274/343.

Freibad: Das nicht beheizte Freibad (großes Schwimmer- und Nichtschwimmer-becken) liegt am Stadtrand, im Kainachtal. Schöne Anlage. Außer im Sommer steht auch das Hallenbad in der Gesamtschule (nördlicher Stadtrand) zur Verfügung. Geöffnet Mo u. Mi 18-21 Uhr, Fr 17.30-21 Uhr.

▶ **Wandern:** Hollfeld bietet ideale Wandermöglichkeiten. Hierzu hat das Fremdenverkehrsamt eine vorbildliche Wanderkarte erarbeitet.

Wandervorschlag zum Henrici-Turm (ca. 1 Std.): Der Weg ist mit einem *grünen Kreuz* gekennzeichnet. Ausgangspunkt ist die Wandertafel an der *Kainachbrücke*. Von dort geht es in den 300 ha großen Stadtwald. Der Weg ist bequem und mit einfachem Schuhwerk zu bewältigen. Beim Erreichen der alten Reichsstraße, kurz vor dem Ende des Stadtwaldes (beim Parkplatz), biegt man rechts ab. Nach 300 m treffen Sie auf den etwa 15 m hohen *Henriciturm*, von dem sich eine schöne Aussicht bietet, die jedoch durch die hohen Bäume begrenzt wird. Neben dem Holzturm gibt es auch eine Brotzeitbank.

Wandervorschlag durchs Kainachtal: Der Weg ist mit einem *gelben Kreuz* gekennzeichnet. Man beginnt in der Oberstadt. Der Wanderweg führt durch das Obere Tor, vorbei an der Gesamtschule, bergab zum Kainachtal. Während in den oberen Talabschnitten des Kainachtales die Idylle längst von Asphaltstraßen zerstört ist, ist das etwa 3 km lange Stück zwischen Hollfeld und Kainach der letzte Rest der unzerstörten Talaue, die von Wäldern an den Berghängen begrenzt wird.

Von Kainach aus bietet sich die Möglichkeit, in das hübsch gelegene Felsendörfchen **Krögelstein** zu wandern. Der Weg hat die gleiche Markierung. Nur am Anfang in Kainach ist er etwas steil. Auf der Ebene muß man bei einer Feldscheune nach links abbiegen. Wegstrecke Kainach - Krögelstein ca. 3,5 km.

Neidenstein

Nordwestlich von Hollfeld, im idyllischen Wiesenttal, liegt das winzige Dorf. In der eher weiträumigen, flachen Landschaft fällt die Burgruine, die die wenigen Häuser überragt, sofort ins Auge.

Bis zu 15 m hoch sind die Mauern der ehemaligen Anlage. Die Burg, die ein dreigeschossiges Hauptgebäude besaß, das von einer Ringmauer umgeben war, stand lange unter der Herrschaft des Adelsgeschlechts von AUFSESS. Im Dreißigjährigen Krieg ließ der Bischof von Bamberg die Wehranlage zerstören. Der damalige Vogt machte die Reste zu Geld. Eine Bedeutung hatte Neidenstein in späteren Jahrhunderten nicht mehr. Das Gelände der 340 Jahre alten Ruine ist wegen Baufälligkeit nicht zu betreten (Privatgrundstück)!

Freienfels

Auf einem 45 m hohen Felsklotz liegt das Schloß des kleinen Dorfes im oberen Wiesenttal. Die weitläufige Anlage mit ihren massiven Türmen ist umgeben von Wohnhäusern.

An die Schloßmauer ist auch die heutige Pfarrkirche von Freienfels angebaut. Das Schloß ist derzeit im Besitz einer Bayreuther Familie und nicht zu besichtigen. Das malerische Gebäude, ein zweigeschossiger Haupt- und Seitenflügel, wirkt schlicht.

Die Geschichte des Adelssitzes reicht bis ins Jahr 1114 zurück. Mit dem Bau des heutigen Schlosses wurde 1693 begonnen. 1941 wurde das Schloß von den Nazis als "Gauschule für die Deutsche Arbeitsfront" beschlagnahmt und nach dem 2. Weltkrieg von der Stadt Nürnberg als Kinderheim genutzt. Von der prachtvollen Innenausstattung des Schlosses hat sich bis zum heutigen Tage nur wenig erhalten. Freienfels im engen Wiesenttal ist ein beliebtes Ausflugsziel.

Gaststätte Waldmühle: Die alte Mühle mit ihrem Gasthof bietet einen wunderschönen Blick auf das Schloß. Biergarten unter Kastanienbäumen. Einfache, nicht unbedingt gemütliche Wirtsstube. Empfehlenswert: hausgemachter Pressack. Das Seidla Maisel-Bier kostet weniger als 2 DM. Zur Gaststätte gehört auch der Campingplatz.

• *Campingplatz* **Freienfels**: Zwischen zwei Flußarmen der Wiesent liegt der private, einfache Campingplatz. Wegen der nahen Talstraße ist es bisweilen recht laut. Übernachtung: Erw. 3 DM, Kind 2 DM, Auto 2,50 DM, Wohnwagen 3 DM, Hunde erlaubt. Der 3000 qm große Platz ist vom 15. April bis 15. Oktober geöffnet. Adresse: Freienfels 31, 8607 Hollfeld-Freienfels, Tel. 09274/255.

Wiesentfels

Das Tal der Wiesent wird immer enger. Zwischen den bewaldeten Berghängen liegt das kleine Bauerndorf Wiesentfels.

Der Ort hat seinen Namen zu Recht. Auf einem 40 m hohen Fels ragt das verwinkelte Schloß empor. Im Talgrund die Bauernhöfe und Wohnhäuser. Wiesentfels ist ein guter Ausgangspunkt für Wanderungen. Einen Besuch ist das Paradiestal zwischen Treunitz und Steinfeld wert: Es wird von keiner Straße durchschnitten, und ein kleiner Bach schlängelt sich durch die hügelige Landschaft.

• *Essen/Übernachten* **Gasthof Gack:** Modernes Haus im Ortszentrum. Gastraum mit Vereinstellern und Alpenpanorama "geschmückt". Vor dem Haus Brotzeitbank. Hier kann man sehr preiswert fränkisch essen. Empfehlenswert ist der Sauerbraten. Sonntags gibt es frische Forellen aus der Wiesent. Seidla Bier noch unter 2 DM. Der Weg zur Gastwirtschaft ist beschildert. Nette Wirtin. Während der Woche auch Mittagstisch. DZ 35 DM, mit Du 40 DM. Ganzjährig geöffnet. Adresse: Wiesentfels 12, 8607 Hollfeld, Tel. 09274/539.

Sehenswertes

Schloß Wiesentfels: Schon vom Tal hat man einen malerischen Blick. Man erkennt den aufragenden Turm mit spitzem Dach, den hohen Giebel des Hauptgebäudes und die angebauten Nebengebäude. Eine Straße führt steil den Berghang hinauf, oben dann eine wunderbare Lindenallee zu dem von einem verwilderten Garten umgebenen Schloß. Hohe Mauern schirmen den Privatbesitz jedoch vor neugierigen Augen ab.

Von 1333 bis 1938 war das Schloß Eigentum der Grafen von GIECH. Die Adelsherren, mit dem Bamberger Bischof verbündet, hatten im oberen Wiesenttal ein bequemes Leben. Nur in einem Jahrhundert wurde den Untertanen die Knechtschaft zuviel: 1525 brannten die revolutionären Bauern den Adelssitz nieder. Die Bauern mußten die Revolte bitter bezahlen und der Graf konnte mit einer Entschädigungssumme sein Schloß wieder aufbauen.

▶ **Wandern**: Am Rand der Fränkischen Schweiz, 1,5 km nördlich von Treunitz (Richtung Bamberg), beginnt das etwa 5 km lange **Paradiestal**, ein idyllisches Seitental der Wiesent. Es zählt zu den schönsten der Fränkischen Schweiz. Zwischen den mit Nadelwäldern bestandenen Hängen schlängelt sich ein Bächlein. Die Landschaft wird zunehmend flacher. Mit einem *blauen Ring* ist der Wanderweg von Treunitz gekennzeichnet, der zuerst ein kurzes Stück durchs Wiesenttal und anschließend durch das gesamte Paradiestal führt, das an der B 505 endet. Dort geht man ein paar hundert Meter entlang der Bundesstraße und biegt dann nach Süden ab. Über den *Schultersberg* führt der Pfad zurück nach Treunitz. Gehzeit ca. 2 Stunden.

Rundwanderung
Treunitz bei Hollfeld
— Vorgeschl. Route

Sanspareil

"... man wird sehen, daß die Anlagen in ihrer Art einzig sind", schrieb Markgräfin Wilhelmine von Bayreuth in ihren lesenswerten Memoiren, die sie vor ihren Zeitgenossen versteckte. Recht behielt sie, denn der Felsengarten von Sanspareil war unter den Barock- und Rokoko-Gärten in Deutschland ohnegleichen - wie der französische Name schon andeutet.

Legende:

❶	Burg Zwernitz	❾	Dianengrotte	⓱	Ruinentheater
❷	Eiskeller	❿	Grüner Tisch	⓲	Sybillengrotte
❸	Hühnerloch	⓫	Enger Felsdurchgang	⓳	Äolusgrotte
❹	Küchenbau	⓬	Pansitz	⓴	Vulcanshöhle
❺	Parterre	⓭	Belvedere	㉑	Bärenhöhle
❻	Morgenländ. Bau	⓮	Tanzsaal	㉒	Ehem. Strohhaus
❼	Ehem. Referentenhaus	⓯	Sirenengrotte	㉓	Zschokkefelsen
❽	Regenschirm u. Mentorsgrotte	⓰	Kalypsogrotte	㉔	Gollerfelsen

Die Natur gab den Landschaftsarchitekten die Vorlage zu dem romantischen Park und nicht umgekehrt.

Das Dörflein am nördlichen Rand der Fränkischen Schweiz kann daher über Besucher nicht klagen. Neben dem Felsengarten samt Ruinentheater und Schlößchen (Morgenländischer Bau), heute ein Museum, überdauerte die auf einem Felsmassiv gebaute Burg Zwernitz mit ihrem mächtigen Rundturm die Jahrhunderte.

Die Landschaft rund um Sanspareil ist voller merkwürdiger Felsbildungen, beispielsweise der einem Perlpilz ähnliche *Zschokkefelsen* (300 m südlich vom Felsengarten). Er entstand durch Schwämme des Jurameeres vor rund 130 Millionen Jahren.

C'est sans pareil - Ein Felsengarten ohnegleichen

"Ma foi, Monseigneur, c'est sans pareil!" (Meiner Treu, gnädiger Herr, das ist ohnegleichen!), soll die Oberhofmeisterin gegenüber dem markgräflichen Ehepaar bei der ersten Besichtigung gesagt haben. Schon hatte das kleine Dorf seinen exotischen Namen. Der Felsengarten entstand (wie das Neue Schloß und die Eremitage in Bayreuth) nach einer Idee der Markgräfin WILHELMINE 1745 - 48. Die Bauleitung hatte Hofarchitekt Saint Pierre und die Ausstattung Hofstukkateur Pedrozzi inne. Wilhelmine machte mit der Verwirklichung ihrer Idee die Natur zur Bühne. Der schöne Buchenwald mit seinen eigentümlichen Felsformen war einst mit Skulpturen, Gemälden, Pavillons, Türmen und Häuschen ausgestattet, die die Abenteuer des Odysseus und seines Sohnes Telemach zum Thema hatten. In den über zwei Jahrhunderten seines Bestehens ist das meiste davon kaputtgegangen oder wurde zerstört, wie beispielsweise das *Strohhaus* am Rande des Hains, das vermutlich die Hütte des Schweinehirten Eumaios auf Ithaka symbolisieren sollte. Fast unversehrt blieb nur das Ruinentheater unter freiem Himmel, in dem sich die Markgrafen laue Sommernächte vertrieben. Unsicher ist bis heute, ob es je zu einer Theateraufführung in der künstlichen Ruine kam. Auf alle Fälle gab es einen Zuschauerraum unter der natürlichen Felsenbrücke, und Platz für das Orchester war ebenfalls vorgesehen. Auf verschlungenen Wegen kann der Besucher durch den Landschaftsgarten lustwandeln, die Sybillen- und Äolusgrotte entdecken oder auf den Belvederefelsen über dem Ruinentheater klettern oder durch das Hühnerloch kriechen.

Morgenländischer Bau: Maurisch mutet der *Morgenländische Bau* am Eingang des Felsengartens an. Die kahle Außenfassade mit den Felssteinen war einst prächtig mit bunten Steinen, Bergkristallen und Verzierungen besetzt. Damit sollte ein fremdländischer, illusionärer Eindruck erweckt werden. Angeblich soll das kleine Schloß in Sanspareil das erste Beispiel für die Verwendung islamischer Formen im Barock in ganz Europa sein! Der Bau diente als eine ländliche Eremitage. Der Mini-Palast wurde mit kostbaren Möbeln, Teppichen und Porzellan ausgestattet - was heut noch bewundert werden kann. Im Inneren überrascht eine architektonische Spielerei: Das Schlößlein mit seiner ungewöhnlichen Raumkonzeption wurde um die Buche im kleinen Innenhof herum geplant. Die Architektur huldigt auch hier der Natur. Aufgehängte Drucke von *Johann Thomas Koeppel* und seinem Sohn zeigen, wie Sanspareil um 1748 ausgesehen hat.
Geöffnet: Di - So 9-12 Uhr und 13.20-17 Uhr; letzter Einlaß jeweils um 11.30 Uhr und 16.30 Uhr. Mo geschl. Ebenfalls geschl. vom 1. Oktober bis 31. März. Eintritt: 1,50 DM, Schüler/Stud. 1 DM. Führungsdauer ca. 20 Minuten.

So malerisch wie heute die Gebäude der Markgrafen in Sanspareil, Donndorf und Bayreuth aussehen, so beschwerlich war die Herrschaft fürs Volk. Wie die Bautätigkeit in der Regierungsstadt und der Fränkischen Schweiz abgelaufen ist, beschreibt BERNT ENGELMANN in seinem Anti-Geschichtsbuch "Wir Untertanen": "*Steine und Holz kosteten den Markgrafen gar nichts, denn sie stammten aus 'seinen' Bergen und Wäldern, und die Arbeit verrichteten Zwangsarbeiter. Den Transport hatten dienstpflichtige*

Bauern gratis durchzuführen. Die eigentlichen Bauarbeiten wurden von Handwerkern für Hungerlöhne ausgeführt; der ausländische Architekt bekam für ein paar Jahre lang freie Kost und Unterkunft, einen schönen Titel, einen Orden und einen Beutel mit Dukaten. Und für die mühseligen Feinarbeiten, zum Beispiel Blattgold walzen und hämmern für die reichen Vergoldungen, verwendete man geschickte Waisenkinder, die noch dankbar sein mußten, wenn sie für täglich zehn Stunden Arbeit einen Teller Suppe und einen Kanten Brot erhielten. Ja und selbst das Gold, sowohl für die Dukaten wie für die Innenausstattung, kam teils aus dem Ländchen selbst, mußte vom Volk in Form von Steuern und Abgaben aller Art erarbeitet werden, oder wurde aus den markgräflichen Bergwerken in Goldkronach (bei Bayreuth) gewonnen, teils stammte es aus den Soldatenverkäufen des Markgrafen."

Burg Zwernitz: Schon von weitem ist der fast 35 m hohe Burgturm zu sehen. Seine Mauern sind zum Teil mehr als zwei Meter dick! Von ihm hat man einen weiten Rundblick. Die Burg mit den schönen Fachwerkgiebeln, der Ringmauer, den Schießscharten und den verwinkelten Gebäuden vermittelt den Eindruck, als wäre die Zeit stehengeblieben. Beeindruckend, wie der obere Teil der Burg auf einer länglichen, überhängenden Kalksteinklippe klebt. Durch das äußere Burgtor, der einstigen Vorburg, betritt man heute die Anlage. Über den anschließenden Kapellenhof, vorbei an dem nachmittelalterlichen Fachwerkhaus (*Kapellenbau*), gelangt der Besucher über Treppen zur Hochburg auf dem bizarren Felsrücken. Sie besitzt noch einen Vorraum, Waffengang und drei Kammern mit Waffen, Gemälden und Einrichtungsgegenständen vor allem aus dem 16. und 17. Jh. Am Ende der Räume öffnet sich der hübsche *Schönhof*, dessen Ostseite von der bastionsartigen *Zehentscheune* (*Archivbau*) begrenzt wird.

Die Burg Zwernitz, bereits im 12 Jh. urkundlich erwähnt, war Sitz der *Walpoten*. Die Wehranlage wurde während des Markgrafen- und des Dreißigjährigen Krieges niedergebrannt. 1430 ist sogar ein Waffenstillstandsvertrag zwischen dem Kurfürsten von Brandenburg Friedrich I. und dem Hussitenführer Prokop in der Burg geschlossen worden, der Friedrich allerdings eine Stange Geld kostete. Aufgrund der ungewöhnlichen Lage und Architektur des ehemaligen Militärstützpunktes ließen es die Bayreuther Markgrafen Mitte des 18. Jahrhunderts herrichten.

Öffnungszeiten: 9-12 Uhr und 13.20-17 Uhr (letzter Einlaß um 16.30 Uhr). Vom 1. Oktober bis 31. März geschlossen. Eintritt 1,50 DM, ermäßigt 1 DM.

● *Essen/Übernachten* **Schloß-Café**: Gegenüber dem Morgenländischen Bau, ein ehemaliges Küchengebäude, das heute als Café dient. Angenehme Inneneinrichtung mit großen Fenstern, idyllische Terrasse mit Blick auf einen gepflegten Garten und den Morgenländischen Bau. Selbstbedienung, aber dennoch relativ teuer. Warmes Essen wird von 12 bis 14 Uhr ausgegeben. Geöffnet nur 10-16.30 Uhr; Mo Ruhetag.

Café/Pension Karina: Seit 1793 gibt es die Gastwirtschaft in dem winzigen Dorf. Prominente Gäste wie Jean Paul oder Napoleon logierten hier schon. Trotz der traditionsreichen Vergangenheit ist die Pension ein modernes Haus. Hinter der wenig schönen Fassade hielt eine ganz seltsame Art "rustikaler Romantik" Einzug. Das Haus ist vor allem auf Touristen eingestellt. Für Hungrige: Küche schließt bereits um 20 Uhr! Im Hinterhof: Bänke zum Brotzeitmachen. Tischtennis, Fahrräder und Grillmöglichkeiten vorhanden. Nahegelegene "Ranch" mit Pferden und Kleintieren. Übernachtung mit Frühstück pro Person 22 DM. Adresse: Sanspareil 18, 8601 Wonsees, Tel. 09274/773.

Wandern durchs Wacholdertal

Vom Parkplatz beim Felsengarten führt ein mit einer *blauen Diagonale* gekennzeichneter Weg in Richtung Wonsees. Nach ca. 1,5 km geht nach rechts ein Weg ab - jetzt mit *blauem Punkt* markiert -, der durch das romantische Tal führt, an dessen Hängen der Wacholder, eine immergrüne Zypressenart, wächst. Er geht vorbei an einer Reiterkoppel zu dem Bauerndörflein Wonsees (Einkehrmöglichkeit). Nach einem Stück auf der Asphaltstraße (Richtung Sanspareil) biegt der Weg rechts ab und führt zum Ausgangspunkt zurück (Gehzeit ca. 1,5 Stunden).

Bayreuth

Im Vorbeifahren zeigt sich Bayreuth nur wenig attraktiv. Hochhäuser am Stadtrand, triste Industriegebiete und breite, eintönige Ausfallstraßen lassen wenig Reizvolles vermuten. Doch die 72.000 Einwohner zählende Universitätsstadt ist nicht nur Ort der Wagner-Festspiele. Vielmehr ist Bayreuth vor allem durch Generationen von Markgrafen und durch die von ihnen aufgebaute Bürokratie geprägt worden, bis heute, denn die Kleinstadt ist Sitz der Regierung von Oberfranken.

Die Atmosphäre der Stadt kennzeichnen nicht nur die vielen historischen Gebäude, wie das Neue oder das Alte Schloß mit Bayreuths Wahrzeichen, dem achteckigen Turm, sondern es sind die kleinen Gassen und die vielen gemütlichen Kneipen mit gutem Bier, die das eigentliche Bayreuth ausmachen. Die Verwaltungsstadt kennt kein hektisches Altstadtleben - dem sollte man sich anschließen, und sich für die "Weltstadt auf Zeit", wie die Bayreuther gerne ihre Stadt nennen, Zeit nehmen.

Geschichte

Bayreuth ist für europädoische Verhältnisse relativ jung. 1194 wurde erstmals die Bezeichnung "Baierrute" urkundlich vermerkt. Der Name läßt auf die Rodungstätigkeit (Reuth) bayerischer Siedler schließen. Seit 1231 wurde Bayreuth unter dem Begriff "civitas" als Stadt geführt. Der älteste Stadtkern wird heute von der Sophienstraße, der Maximilian- und der

Markgraf Friedrich von Bayreuth

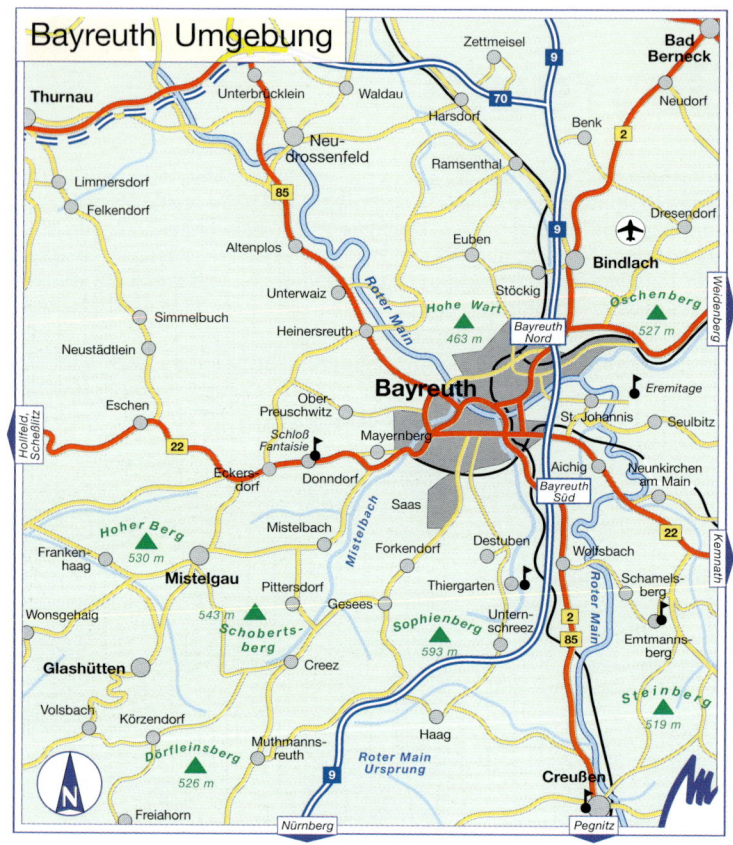

Bayreuth Umgebung

Kanzleistraße begrenzt.

Als Markgraf Christian 1603 den Regierungssitz Plassenburg bei Kulmbach aufgab, wurde Bayreuth Residenzstadt, womit ihr Aufstieg begann. Den Höhepunkt erreichte die feudale Bautätigkeit in Bayreuth unter MARKGRAF FRIEDRICH und seiner kunstsinnigen Gattin WILHELMINE, der Lieblingsschwester Friedrichs des Großen. Nicht wenige Gebäude gehen auf die Initiative der prunkliebenden Markgräfin zurück.

So entstand als Verkehrsachse des barocken Bayreuth die *Friedrichstraße*, eine geschlossene Straßenanlage des 18. Jahrhunderts, die erhalten geblieben ist. Außerdem wurden das *Neue Schloß* (1753), das *Opernhaus* im Rokokostil (1748), das Wagner nach Bayreuth locken

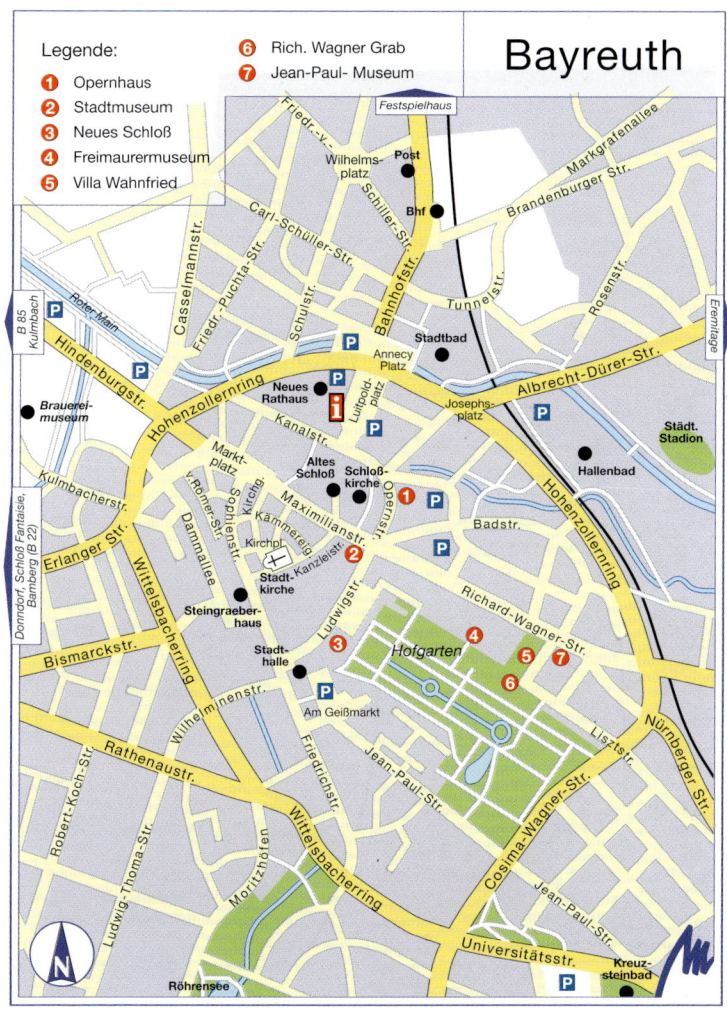

Bayreuth

Legende:
1 Opernhaus
2 Stadtmuseum
3 Neues Schloß
4 Freimaurermuseum
5 Villa Wahnfried
6 Rich. Wagner Grab
7 Jean-Paul- Museum

sollte, und die *Schloßkirche* mit der Gruftkapelle des Markgrafenpaares (1756) geschaffen. Als Zentrum des höfischen Lebens ließ Wilhelmine (1709 - 1758) außerhalb Bayreuths am Roten Main die einzigartige *Eremitage* erbauen.

Schon 1769 jedoch, nach Jahrzehnten der Blüte, endete die Bayreuther Linie der Hohenzollern mit dem Tod des MARKGRAFEN FRIEDRICH CHRISTIAN. Die Residenzstadt fiel zunächst an die Ansbacher Markgrafen und schließlich 1791 an Preußen. Dort verblieb Bayreuth, bis 1806 Preußen Napoleon unterlag. Es folgte ein kurzes französisches Zwischenspiel, bis Bayreuth 1810 bayerisch wurde und bis heute blieb.

Ein Reisebeschreibung besonderer Art lieferte der französische Baron Camille de Tournon. Als Bayreuth durch den "Tilsiter Frieden" an Kaiser Napoleon fiel, wurde der Baron als Zivilgouverneur (Statthalter des Kaisers) eingesetzt. Später, als kaiserlicher Präfekt in Rom, schrieb er das Buch "Die Provinz Bayreuth unter französischer Herrschaft". Im Jahre 1809 sah Bayreuth demzufolge so aus:

"Die Stadt Bayreuth und die Vorstädte umschließen eine Bevölkerung von 10.000 Seelen. Sie setzt sich zusammen aus Bauern, welche die umliegenden Ländereien bebauen, aus Handwerkern der mannigfachsten Art und Kaufleuten. Die Beamten der Regierung mit verschiedenen Titeln machen einen großen Teil aus (. . .).
Bayreuth liegt in einer herrlichen, weiten Mulde, welche vom Maine durchzogen wird; es ist eine der schönsten Städte Deutschlands. Es ist auf einer sanften Bodenerhebung gebaut und scheidet sich in die Stadt und in die Vorstadt Brandenburg oder St. Georgen. Eine schöne Allee von Kastanien und Linden verbindet beide Teile. Die Gärten um die Stadt, die Wiesen längs des Mains, die schönen Promenaden in der und um die Stadt geben ihr ein ebenso malerisches als angenehmes Aussehen, von welcher Seite man auch nahen mag."

• *Information*: Der Gästedienst des Fremdenverkehrsvereins, Tel. 0921/88588, am Luitpoldplatz 9, hat zwar nur dürftiges Material zur Stadt selbst, gibt aber zusammen mit dem DER-Reisebüro Bayreuth (Tel. 0921/885-0, ebenfalls Luitpoldplatz 9) Auskunft zu Theater- und Konzertveranstaltungen und betreibt den Kartenvorverkauf (Theaterkasse Tel.0921/69001).
Der Gästedienst organisiert auch **Stadtrundfahrten** für ca. 95 DM plus Eintrittsgelder (Dauer 3 Std.). In der Zeit von Mai bis Oktober werden auch für Einzelreisende Stadtrundgänge angeboten, jeweils mittwochs und samstags um 10 Uhr, Treffpunkt DER-Reisebüro. Die ca. zweistündige Führung durch die wichtigsten Sehenswürdigkeiten der Stadt kostet 7 DM, für Schüler/Studenten 4 DM, jeweils incl. Eintrittsgelder.
Außerdem vermittelt der Fremdenverkehrsverein günstige **Privatquartiere**, allerdings nur in der Festspielzeit. In Bayreuth gibt es keinen Campingplatz!
Das **DER-Reisebüro** gibt Auskunft zu Flügen der Route Frankfurt-Bayreuth-Hof.

Essen/Übernachten

Austria: Im September 1990 wiedereröffnetes Lokal mit gehobener österreichisch-böhmisch-ungarischer Küche. Der Pächter, Chef und Koch in Personalunion, ist gebürtiger Wiener und kocht nach original Wiener Rezepten aus der Zeit um die Jahrhundertwende. Auf der Speisekarte typisch österreichische Gerichte wie Tafelspitz und Palatschinken, aber auch leckere vegetarische Speisen (z. B. Sojaragout, Gemüse-Käse-Medaillons). Je nach Saison außerdem Wild-, Pilz- und Fischgerichte. Preisniveau der Qualität angemessen, die meisten Hauptgerichte ca. 15 - 20 DM. Moderne Inneneinrichtung in freundlichem Weiß/Grau , inmitten des Lokals ein ganzjährig blühender Kirschbaum. Kulmbacher Str. 3, Tel. 62095.

Bahnhofsrestaurant (im Bahnhof): Bitte keine Vorurteile- die Gaststätte gehört zu den beliebtesten Speiserestaurants Bayreuths! Eine große Speisekarte von fränkischen Spezialitäten bis zu chinesischen Köstlichkeiten. Empfehlenswert Wildbret wie Fasan oder Wildschweinbraten. In der Saison auch Spargelgerichte. Günstige Preise und freundliche Bedienung. Auch Terrassenbetrieb. Ab 6.30 Uhr bis 24 Uhr geöffnet. Der Wirt gönnt sich keinen Ruhetag. Tel. 23525.

Bei Brane: Das jugoslawische Spezialitätenrestaurant hat seit über 20 Jahren seinen angestammten Platz in der Fußgängerzone. Die Inneneinrichtung des Lokals ist eine Kombination aus jugoslawischen Motiven der Wandbemalung und deutschen weiß-rot karierten Tischdecken. Die große Auswahl an Gerichten wird vom Chef persönlich zubereitet: Die Palette reicht von Fleisch vom Rost, Kalbssteak, Hammelbraten über Fischspezialitäten zu den obligatorischen Cevapcici bis zu vegetarischen Gerichten. Reichhaltige Portionen! Sophienstr. 4, Tel. 64497, Dienstag Ruhetag.

Brauereischänke am Markt: Reichhaltige Auswahl an schmackhaften fränkischen Gerichten, dazu gibt's Bayreuther Bier. Der Gastraum im Souterrain ist mit Liebe zum Detail eingerichtet: insgesamt rustikaler Stil mit viel Holz und Rauhputz - der Clou sind die überall drapierten Küchengeräte und Küchenmöbel aus Oma's Zeiten. Freundliche Atmosphäre. Im Sommer Terrassenbetrieb. Maximilianstr. 65, Tel. 64919, kein Ruhetag.

Braunbierhaus: Kennt jeder Bayreuther. Das älteste Haus der Stadt, früher Nankendorfer Burggut genannt, stand schon vor dem Hussitensturm von 1430. Ausgezeichnetes Bayreuther Braunbier (Schinner-Bräu) zu 3 DM die Halbe. Im Erdgeschoß befindet sich eine kleine Kneipe, im Stockwerk darüber das Restaurant Ritterstuben mit fränkischer Küche bis um 22.30 Uhr; immer voll besetzt, Reservierung wird empfohlen - oder zwischenzeitlich in der Kneipe das Braunbier testen. Kanzleistraße 15 (Ecke Friedrichstr.), Tel. 69677, Sonntag ab 14 Uhr geschlossen.

Zur Eule: mitten im Zentrum, historische Gaststätte mit viel Atmosphäre: die Wände mit dunkler Holzvertäfelung, üppig bebil-

dert mit den Autogrammen bekannter Opernsänger und anderer Prominenz. Mit dem ehemaligen Stammlokal der Festspielsänger hat sich bereits Herbert Rosendorfer, allerdings literarisch, auseinandergesetzt. Gemischtes Publikum im Weinlokal, auf der Tageskarte einige wenige Gerichte zu durchschnittlichen Preisen. Kirchgasse 8, Tel. 57554, Dienstag Ruhetag.

Gottmannsgrüner: Hinter dem fränkischen Namen versteckt sich ein Italiener. Beliebt bei Schülern und Studenten. Fast immer voll; kleine Preise, Gerichte auch unter 10 DM. Rustikal mit großen Tischen eingerichtet. Gute Lasagne und Penne sowie andere Nudelgerichte. Sonntag Ruhetag. In der Dammallee 21, Tel. 54934.

Schinner Braustuben: 200 m von der Villa Wahnfried. In der Gaststätte mit eigener Brauerei wird gehobene fränkische Küche serviert, aber auch deftige Brotzeiten. Richard-Wagner-Straße 38, Tel. 67673, Dienstag Ruhetag.

Spiegelmühle: Läßt sich bis ins 16. Jh. nachweisen, doch in ihrer jetzigen Form und Gestalt entstammt das Gebäude weitgehend dem 18. Jh. Es gehörte damals als Spittelmühle zum alten Spital. Das Restaurant befindet sich heute im alten Mühlraum; beim behutsam vorgenommenen Umbau blieb die ursprüngliche Raumaufteilung der Mühle auf drei Ebenen bewahrt; Mühlräder und Transmissionsriemen wurden in den Gastraum integriert. Gaumenfreunde können sich bei altfränkischer Küche verwöhnen lassen: Die vom Küchenchef ausgewählten Speisen entstammen der Markgrafenzeit - die Rezepte dazu wurden nach langer Suche alten Kochbüchern entnommen und im Selbstversuch getestet. In dem gepflegten Lokal waren schon Loriot und Siggi Schwab zu Gast.
Im dazugehörenden Hotel werden einige Zimmer vermietet, im Altbau gibt es mehr Einzel- als Doppelzimmer. Doppelzimmer zwischen 90 und 110 DM, Einzelzimmer ca. 55-65 DM.
Kulmbacher Str. 28, Tel. 41091, Sonntag Ruhetag.

Weihenstephan: Das Hotel-Restaurant nennt sich nach der ältesten noch bestehenden Brauerei der Welt. In der gemütlichen, rustikalen Gaststube wird ländliche Gastronomie zu gutbürgerlichen Preisen angeboten (Sauerbraten 18 DM, Zwiebelrostbraten 24 DM). Die Lokale der Wagnerstadt schmücken sich gern mit prominenten Gästen. Auswahl aus der Promi-Liste des Weihenstephan: Günther Strack, René Kollo, Werner Herzog. Das angesehene Hotel wurde von zwei Wagnersängern eröffnet und zieht seitdem Mitwirkende der Festspiele an.

Zum Hotel gehören 10 Doppelzimmer, in denen man für 90 - 100 DM bequem nächtigen kann. Bahnhofstr. 5, Tel. 82288, Freitag Ruhetag.

Cafés/Kneipen

Café Florian: In einem Studentenwohnheim untergebracht und daher von überwiegend jugendlichem Publikum besucht. In dem Café mit den zahlreichen Filmmotiven an den Wänden kann man gut und in allen Variationen frühstücken. Abends bis 22 Uhr geöffnet, dann gilt sehen und gesehen werden! Die Terrasse wurde zum Wintergarten umgebaut, mit etwas Glück kann man einen der begehrten Plätze dort ergattern. Dammallee 12a, Tel. 56757, kein Ruhetag.

Café Händel: Bayreuths Schüler- und Studententreff, der auch von älteren Leuten aufgesucht wird, liegt ebenfalls in der Dammallee (Nr. 20), Tel. 69735. Preiswert und immer voll. Im Sommer Straßencafé; guter Kuchen. Schließt um 18 Uhr, Dienstag Ruhetag.

Jean-Paul-Café: im altdeutschen Stil eingerichtet, zahlreiche Konditorei- und Caféspezialitäten. Bei schönem Wetter auch Betrieb auf der Sonnenterrasse. Gemischtes Publikum. Wie der Name des Cafés schon vermuten läßt, wohnte einst Jean Paul hier. Friedrichstraße 10 (beim Hofgarten), Tel. 67876, Samstag Ruhetag.

Operncafé: unmittelbar neben dem markgräflichen Opernhaus. Die vornehme Inneneinrichtung hat ihre besten Tage wohl schon hinter sich, aber das Café hat Atmosphäre und das "gewisse Etwas". Die Spezialitäten des Konditors sind in ganz Bayreuth berühmt. Empfehlenswert der Baumkuchen und die delikaten Pralinen. Nicht ganz billig! Im Sommer Kaffeetrinken auf der Terrasse mit schönem Brunnen. Opernstraße 16, Tel. 65720, Montag Ruhetag.

Herzogkeller: Traditionsreicher Biergarten im roten Backsteinviertel der Stadt, Bayreuth's bekannten Bierbrauereien benachbart. Im erst jüngst wiedereröffneten Biergarten wird Gerstensaft der Bayreuther Bierbrauerei AG ausgeschenkt. Im Winter geschlossen.

La Foulie Douce: im Kellergewölbe, abends Studententreff. Gemischte Musik. Preiswerte Salate und Sandwiches. Kirchgasse 3, Tel. 65666, täglich ab 18 Uhr geöffnet.

Odeon: Beim zumeist jüngeren Publikum bekannt für gutes Frühstück und ausgefallene Getränke: Cocktails, Longdrinks, Flips, Sours, Softdrinks, große Auswahl an Cognac, Whisky und Wiskey, Wodka, natürlich auch Bier und Wein sowie Antialkoholisches. Bewußt schnörkelloses Interieur: italienische Bestuhlung, Wiener Thekenschrank, an den Wänden ausgesuchte Bilder eines berühmten Comic-Künstlers. Im Sommer lädt der geschickt begrünte Hinterhof zum Entspannen und Genießen. Alexanderstr. 7 (in Rathausnähe), Tel. 12601.

Podium: Einzige Jazzkneipe der Stadt, in der regelmäßig am Wochenende Live-Musik geboten wird. In den schlicht gehaltenen Räumen verkehrt vorwiegend jugendliches Publikum. Gute Musik; Pächter haben die Aktion Chess und Jazz ins Leben gerufen - einmal die Woche Schachtreff. Wenn der kleine Hunger kommt: Snacks bringen Abhilfe, beliebt sind auch die mexikanischen Tacos. Mainstr. 6, Tel. 26244, täglich ab 18 Uhr geöffnet.

Rosa Rosa: Nette kleine Szenekneipe inmitten der Altstadt. Hier treffen sich Studis und Profs, Berufstätige und Arbeitslose - ein bunt gemischtes Publikum also. Außer den obligatorischen Baguettes gibt es stets ein Tagesgericht. Warme Küche bis Mitternacht, preiswert. Kartenservice für Veranstaltungen. Von-Römerstr. 2, Tel. 68502.

Übernachten

Bei den Gasthöfen und Hotels ist zu beachten, daß die Preise während der Festspielzeit vom 20. Juli bis 31. August wesentlich höher liegen; zudem ist an frühzeitige Reservierung zu denken.

Die Preise für Übernachtungen liegen im Vergleich zum nahen Fichtelgebirge oder zur Fränkischen Schweiz grundsätzlich deutlich höher. Die nachstehend angegebenen Preise gelten für 1991. Im Gebiet der Fränkischen Schweiz steigen die Preise innerhalb einiger Jahre nur mäßig an, werden häufig nur an die Inflationsrate angepaßt - nicht so in Bayreuth: Dort ist das Preisniveau mit dem Wegfall der Mauer und erhöhtem Gästeaufkommen stark in Bewegung geraten. Seitdem ist es schwierig geworden, auch außerhalb der Festspielwochen ein Zimmer zu bekommen.

Die Kategorie der günstigen Übernachtungsmöglichkeiten bewegt sich in Bayreuth um etwa 60 DM pro Doppelzimmer, Bad/WC dann meist auf der Etage, wie z. B. beim Gasthof **Drei Linden**, Odinweg 1, Tel. 92101, (Doppelzimmer für 60 DM) oder im Gasthof **Vogel**, Friedrichstr. 13, Tel. 68268, zentrale Lage am Rand der Fußgängerzone (Doppelzimmer knapp unter 60 DM).

Etwas außerhalb von Bayreuth bekommt man für den gleichen Preis ein Doppelzimmer mit Bad/WC, wie z. B. in den Ortsteilen Bindlach, Heinersreuth, Neudrossenfeld, Weidenberg. Im Stadtgebiet von Bayreuth gelten Zimmerpreise von 70 DM für das Doppel (mit Bad/WC) als günstig - Komfort in Citylage hat eben ihren Preis.

Bayerischer Hof, Bahnhofstraße 14, Tel. 22081. First Class-Hotel gleich beim Bahnhof. Zur Festspielzeit High Society-Treff. Adenauer, Hermann Prey bis hin zu Boxweltmeister Floyd Patterson waren schon Gäste. Geschmackvoll eingerichtete Zimmer. Doppelzimmer mit Bad ab ca. 130 DM, je nach Größe und Ausstattung der Zimmer bis zu etwa 250 DM - insgesamt über 100 Betten. Sauna, Hallenbad, Solarium und ein Spitzenrestaurant gehören zum Service.

Vis à vis in Preis und Komfort vergleichbar das **Hotel Königshof**, Bahnhofstr. 23, Tel. 24094.

Fränkischer Hof, Rathenaustraße 28, Tel. 64214.
Das nahe der Stadthalle gelegene Hotel hat seit Januar 1991 neue Besitzer. Die Nutzung des Gebäudes als Hotel-Restaurant bleibt unverändert, über den neuen Namen des Hotels und das künftige Preisniveau war bei Redaktionsschluß nichts Konkretes bekannt - am besten beim Gästedienst nachfragen.

Goldener Anker, Operngasse 6, Tel. 65500. Zwischen Opernhaus und Fußgängerzone gelegen. Historisches Gebäude, recht fein eingerichtet. 42 Betten; rustikal gestaltete Zimmer. Doppelzimmer mit Bad für stolze 140-160 DM.

Goldener Löwe, Kulmbacher Straße 30, Tel. 41046. 21 Betten; Unterkunft, in der das Preis- Leistungsverhältnis stimmt. Alle Zimmer mit Dusche/Bad. Doppelzimmer ca. 95 DM. Der Gasthof bietet auch ein gemütlich eingerichtetes Speiselokal mit bürgerlicher Küche. Sonntag Ruhetag, Dienstag ab 14 Uhr geschlossen ebenso vom 1. bis 15. September.

Gasthof Hirsch, St. Georgen 26, Tel. 26714 (beim Friedhof St. Georgen), Doppelzimmer mit Etagenbad/-WC ca. 70 DM.

Zum Edlen Hirschen, Richard-Wagner-Str. 77, Tel. 64141, 64120.
Citynah gelegener Gasthof mit über 90 Betten, komfortable Doppelzimmer mit Bad/WC zwischen 80 und 100 DM, für ca. 70 DM mit Etagenbad.

AUSSERHALB

Hotel Eremitage, Tel. 99287. 3 km außerhalb der Stadtgrenzen Bayreuths gelegen. Etwas für Romantiker. Das Hotel liegt unmittelbar neben dem Alten Schloß und dem Barockgarten der Eremitage. Absolute Ruhe. Doppelzimmer mit Dusche/Bad etwa 100 DM, mit Etagenbad/-WC günstiger. 18 Betten (reservieren lassen!); Solarium vorhanden. Eigene Gaststätte mit Biergarten. Das Hotel ist von November bis Februar geschlossen.

Schloß Thiergarten, Oberthiergärtner Str. 36, Tel. 09209 / 1314 u. 1315. Im exclusiven Barockschlößchen hat sich schon hochrangige Prominenz verwöhnen lassen. Das ehemalige markgräfliche Jagdschloß gehört heute der Stadt Bayreuth, die darin Hotel und Gaststätte betreibt. Bei nur 16 Betten herrscht keine unpersönliche Hotelatmosphäre, jedoch muß

man sich rechtzeitig vormerken lassen. Gestaffelte Preise für die geschmackvollen Doppelzimmer von 100 bis knapp 200 DM.

Waldhotel Stein, Bayreuth-Seulbitz, Tel. 9001 u. 9002. In ruhiger Lage am Waldrand, für anspruchsvolle Gäste mit nicht zu knappem Portemonnaie. Die Zimmer selbstverständlich komfortabel ausgestattet, Doppelzimmer ca. 120 - 150 DM (mit Zimmerbar), für rund 200 DM kann man in der Luxussuite logieren. Bei diesen Preisen stehen den Gästen Hallenbad und Sauna zur Verfügung sowie eigene Parkanlagen.

● *Jugendherberge*: Die wirklich einzige Alternative für den kleinen Geldbeutel! Für 10 DM kann man, vorausgesetzt man ist jünger als 27 Jahre, ohne Bettwäsche und Frühstück hier nächtigen. Wer älter als 27 ist, dem wird für 12.50 DM bei Vorlage eines Jugendherbergsausweises Quartier für lediglich eine Nacht gewährt - dies erfordert das neue Jugendherbergsgesetz in Bayern. Die Jugendherberge befindet sich in einem modernen Gebäude in der Universitätsstraße 28, Tel. 25262, in der Nähe der Bayreuther Universität. Mitte der 70er Jahre erbaut, bietet die Jugendherberge auch Ein- und Zweibettzimmer.

Sehenswertes

Neues Schloß: Augenfälligstes Beispiel für das markgräfliche Bayreuth an der Ludwigstraße. Ein großer Platz mit Brunnen und eine lange Hausfassade schaffen den repräsentativen Rahmen für die Residenz. Nachdem das Alte Schloß teilweise abgebrannt war, wurde um die Mitte des 18. Jhs. von MARKGRAF FRIEDRICH der Bau auf sehnlichsten Wunsch der verwöhnten Gemahlin Wilhelmine angeordnet. Im Nordflügel des Schlosses wohnte WILHELMINE, der Südflügel war dem Markgrafen vorbehalten. Der sogenannte Italienische Bau, ein an den Südflügel angebautes Schlößchen, wurde nach dem Tod Wilhelmines für die zweite Gattin (Sophie Caroline von Braunschweig-Wolfenbüttel) des Markgrafen errichtet. Die Außenfassade des Neuen Schlosses ist ziemlich schmucklos, die Innenräume dagegen sind prächtigst ausgestaltet.

In nur eineinhalb Jahrzehnten wurden 140 Räume geschaffen, von denen die schönsten heute zu besichtigen sind. Zu sehen sind Rokokozimmer mit kunstvoll verzierten Möbeln, Jagd- und Spiegelkabinette sowie Audienzzimmer.

Besonders bemerkenswert sind die eingelegten Böden aus verschiedensten Hölzern. Eine außergewöhnliche Sehenswürdigkeit im Neuen Schloß ist der *Gobelin-Saal*. Dort hängen sechs große Wirkteppiche aus flämischen und Brüsseler Manufakturen des 17./18. Jhs. Die Herstellung der Wandteppiche dauerte 10 Jahre. Die Motive zeigen meist die höfische Gesellschaft und Naturdarstellungen. Auch die Decken der Zimmer sind kunstvoll gestaltet mit Spiegeln, Kristallen und Stoffen.

Beim Rundgang durch das Schloß macht man auch die Bekanntschaft der wichtigsten Persönlichkeiten der Markgrafen-Dynastie, denn ihre Porträts schmücken so manchen Raum. Damit die Aristokraten im Sommer nicht ins Schwitzen kamen, wurde im Erdgeschoß des weitläufigen Schlosses eine *Grotte* untergebracht. Sie ist prachtvoll mit Bergkristallen und Muscheln aus der Karibik ausgestaltet und diente als Erfrischungsraum.

Für den Normalsterblichen ist das Schloß im Rahmen offizieller Führungen zu besichtigen. Führungen gibt es von 10 bis 11.30 Uhr und von 13.30 bis 16.30 Uhr (vom 1.4. bis 30.9.).Von Oktober bis März ist die letzte Führung bereits um 15 Uhr. Eintritt 2 DM. Die Gesamtkarte für Neues Schloß und Opernhaus kostet 3 DM, für Schüler und Studenten 2 DM. Montag geschlossen.

An das Schloß schließt sich der Hofgarten an, der ehemals geometrische Rokokogarten ist heute eine grüne Oase inmitten der Stadt. Vorläufer des Hofgartens gehen bis ins 16. Jh. zurück - beim Bau des Neuen Schlosses wurde die alte Anlage ab 1753 erweitert und künstlerisch umgestaltet. Von der barocken Anlage zeugen noch heute das Wasserbassin mit Wasserkanal und Baumallee sowie die Statuen der Gebrüder Räntz. Spätere Versuche, den markgräflichen Rokokogarten in einen Landschaftsgarten englischen Stils umzuwandeln, schlugen fehl, und so bietet die Anlage das reizvolle Bild eines Gemischs verschiedener Stilversuche und natürlicher Verwilderung.

Altes Schloß: Vierflügeliger Gebäudekomplex an der Maximilianstraße, der auf eine Burganlage des 14. Jhs zurückgeht. Der heute noch vorhandene achteckige Schloßturm wurde 1565/66 von Caspar Vischer erbaut. Markgraf Christian Ernst (1655-1712) schloß die unter Markgraf Christian zu Beginn jenes Jahrhunderts begonnenen Umbaumaßnahmen des Alten Schlosses ab: rechtzeitig zu seiner Hochzeit im Jahre 1671 wurde der Theaterraum des historischen Gebäudes fertiggestellt. Große Teile des Nord-, West- und Osttraktes fielen dem Brand von 1753 zum Opfer und wurden später durch die Schloßkirche, das Gontardhaus (Gontard war der markgräfliche Hofbaumeister) und das Palais d' Adhemar ersetzt. In der Grabkapelle der Schloßkirche ist das Markgrafenpaar Friedrich und Wilhelmine beigesetzt.

Opernhaus: Unauffällig und schlicht ist die Fassade des Opernhauses an der Opernstraße. Doch hinter dem schmucklosen Äußeren verbirgt sich eines der am besten erhaltenen Barocktheater der Bundesrepublik.

Es wurde von 1745 bis 1748 nach Plänen der Barockbaumeister CARLO und GUISEPPE BIBIENA sowie dem Architekten JOSEPH SAINT-PIERRE erbaut, die bei der Inneneinrichtung nicht sparten. Wappen, Ornamente, Säulen, Balustraden, eine mit zahlreichen Figuren und dem Brandenburgischen Adler verzierte Fürstenloge geben einen anschaulichen Einblick in den ausschweifenden Stil des Barock.

Die gesamte Inneneinrichtung ist aus Holz. Die Bühne mit einer Tiefe von 27 m war eine der größten in Deutschland, das heutige Parkett einst der Platz des Orchesters.

Dieses Opernhaus war für Richard Wagner der Anlaß, 1870 nach Bayreuth zu kommen, um zu prüfen, ob das Theater für seine Zwecke geeignet sei, was aber nicht der Fall war. Dafür dirigierte er dann zur Feier der Grundsteinlegung des Festspielhauses 1872 im Opernhaus Beethovens Neunte Symphonie.

Heute wird das Opernhaus u.a. von der Bayerischen Staatsoper bespielt. Die ausgezeichnete Akustik wird dem Besucher mittels einer Stereoanlage nahegebracht. Das Musiktheater hat 530 Plätze.

Zu besichtigen ist das Markgräfliche Opernhaus von 9 bis 11.30 Uhr und von 13.30 - 16.30 Uhr (vom 1.4. bis 30.9.). Von Oktober bis März ist die erste Führung um 10 Uhr und die letzte bereits um 15 Uhr. Eintrittspreis 2 DM; Gesamtkarte für Opernhaus und Neues Schloß 3 DM. Montag geschlossen.

Wagner und Bayreuth

Die Namen der Stadt und des Komponisten werden gerne miteinander in Zusammenhang gebracht. Zumindest im Juli/August ist Bayreuth *Weltstadt auf Zeit*. Für Wagner-Freunde gibt es in den Buchhandlungen gleich meterweise Literatur, Wagner-Büsten und sein Konterfei zierende Bilder sind an jeder Straßenecke zu finden. Ein Angebot für betuchtere Festspielbesucher gibt es im Buchladen der "Gesellschaft für Oberflächentechnik": eine mit 24 Karat vergoldete Schallplatte mit Motiven aus "Tristan und Isolde" für 580 DM.

Nach seiner Eheschließung mit COSIMA LISZT (1870) siedelte Richard Wagner 1872 von Tribschen bei Luzern nach Bayreuth über. Im selben Jahr wurde auch der Grundstein für das Festspielhaus auf dem Grünen Hügel gelegt. Wagner verband mit diesem Bau seine Vorstellung *eines Gesamtkunstwerks* - Architektur, Bühnenbild, Libretto und Musik sollten sich harmonisierend zu einem Kunstwerk fügen.

Ebenfalls im Jahr 1872 wurde der Grundstein zur Villa Wahnfried am Hofgarten gelegt. Die ersten Festspiele gab es 1876 in Bayreuth mit dem *Ring der Nibelungen*. Als Wagner 1883 in Venedig unerwartet an einem Herzschlag starb, wurde er nach Bayreuth überführt. Im Garten der Villa Wahnfried ist sein Grab, in dem 1930 auch seine Frau Cosima beigesetzt wurde. Bis dahin hatte sie als "Hüterin des Erbes von Bayreuth" Wagners Lebenswerk weitergeführt.

Unterstützt wurde Cosima dabei von ihrem Sohn SIEGFRIED WAGNER und dessen Frau WINIFRED, die ab 1930 die Leitung der Festspiele allein ausübte.

Winifred Wagner genoß die persönliche Freundschaft von HIT-
LER, der Wagner vergötterte; allein "Tristan" soll er über hun-
dertmal gesehen haben, und die Festspiele gerieten unweiger-
lich unter den Einfluß der Nationalsozialisten. Schon 1933 sagte
der berühmte Dirigent ARTURO TOSCANINI seine Teilnahme ab,
aus Protest gegen antisemitische Tendenzen in Deutschland.
Nach dem Ausbruch des 2. Weltkrieges wurden die Festspiele
bis 1944 als Kriegsfestspiele fortgesetzt. Hitler stellte dafür das
gesamte künstlerische und technische Personal frei. Die Besucher rekrutierten sich nun aus verwundeten oder dekorierten
Soldaten sowie Beschäftigten der Rüstungsindustrie. Nach der
Kapitulation und während der Besatzungszeit wurden auf der
Bühne des Festspielhauses Revuen und Musicals aufgeführt,
später Konzerte und Opern. Erst 1951 wurden trotz vieler Wi-
derstände die Bayreuther Festspiele fortgeführt.
Als Folge der Entnazifizierung hatte Winifred die Leitung ihren
beiden Söhnen WIELAND und WOLFGANG übertragen müssen. Bis
1966 lagen sowohl Bühnenbild als auch Regie in ihren Händen.
Eine neue Epoche, die Theatergeschichte gemacht hat. Seit
dem Tod Wieland Wagners (1966) ist nun sein Enkel Wolfgang
allein verantwortlich.

Villa Wahnfried: An der gleichnamigen Bushaltestelle gelegen, ist die
Künstler-Villa Treffpunkt für Wagnerianer aus aller Welt. Sie steht
zwischen Richard-Wagner-Straße und Hofgarten und wurde von
Wagner in den Grundzügen selbst entworfen. 1874 hat er die Villa
bezogen und bis zu seinem Tod bewohnt. Über dem Portal ließ er folgende Inschrift anbringen: "*Hier, wo mein Wähnen Frieden fand /
Wahnfried / sei dieses Haus von mir benannt*".
1945 wurde das Haus von einer Bombe schwer zerstört. Zum 100jäh-
rigen Jubiläum der Bayreuther Festspiele 1976 wurde Wahnfried historisch genau aufgebaut.
Heute ist die nobel ausgestattete Villa, in der Wagner die "Götterdämmerung" vollendete und den "Parsival" begann, ein Museum, dessen Besuch sich nicht nur für Wagner-Freunde lohnt. Detailgetreu
wurde im Erdgeschoß die haushohe "Halle" und der "Saal", der eigentliche Wohnraum der Familie Wagner, samt Bibliothek wieder aufgebaut. Daneben befinden sich im Erdgeschoß auch die Räume für Sonderausstellungen, wo in jüngster Zeit Wagners problematisches Verhältnis zu den Juden dokumentiert wurde.

Stein des Anstoßes ist Wagners an seinen jüdischen Musikkollegen **Giacomo Meyerbeer**
adressierte Schrift "Das Judentum in der Musik", in der er sich antisemitisch äußert: "Der
Jude, der bekanntlich einen Gott ganz für sich hat, fällt uns im gemeinen Leben zunächst
durch seine äußere Erscheinung auf, die, gleichviel welcher europäischen Nationalität wir
angehören, etwas dieser Nationalität Fremdartiges hat: wir wünschen unwillkürlich, mit einem so aussehenden Menschen nichts gemein zu haben."

Die eigentlichen Museumsräume mit der Dauerausstellung sind im Unter-, Zwischen- und Obergeschoß untergebracht. Einmalig sind die sechzig, vornehmlich historischen Bühnenbildmodelle ab 1876, die im Keller zu sehen sind. Aber auch Kuriosa und Kitsch werden in einem ständigen Kabinett ausgestellt. Die pathetische Atmosphäre der Künstler-Villa wird durch das Abspielen (zur Festspielzeit um 10, 12 und 14 Uhr) von Wagner-Kompositionen noch verstärkt.

Das Richard-Wagner-Museum ist täglich von 9 bis 17 Uhr geöffnet. Der Eintritt kostet 2,50 DM, Schüler/Studenten 1 DM, Gruppen ab 10 Personen 1,50 DM; zur Festspielzeit (Juli/August) jeweils 1 DM mehr.

Festspielhaus: Der Wallfahrtsort der Wagnerianer ist ein monströses, aber mit schlichter Fassade versehenes Gebäude am Stadtrand auf dem "Grünen Hügel". Es thront inmitten einer gepflegten Parkanlage samt einem Großparkplatz, in der auch ein entschlossen dreinblickender Richard Wagner als Büste steht, 1876 wurde das Festspielhaus eingeweiht. Da die Gelder von LUDWIG II. nicht so reichhaltig flossen wie erwartet, verzichtete man auf ein prachtvolleres Äußeres.

Das Festspielhaus mit seiner unvergleichlichen Akustik bietet 1925 Zuhörern Platz. Die Festspiele beginnen jeweils im letzten Drittel des Juli und dauern bis Ende August. Insgesamt gibt es 30 Aufführungen mit Top-Solisten, Musikern und Regisseuren.

Neben dem Backstein-Gebäude (Festspielhaus) gibt es ein kleines Postamt, das der Festspielzeit regelmäßig Sonderstempel widmet und Sonderpostkarten vertreibt. Für das leibliche Wohl der Festspielbesucher sorgt ein Restaurant mit 1400 Sitzplätzen.

Besichtigt werden kann das Festspielhaus in der Zeit vom 1.4. bis 30.9. täglich außer Montag von 10 bis 11.30 Uhr und von 13.30 bis 15 Uhr. Eintrittspreis 2 DM, Schüler/Studenten zahlen 0,50 DM weniger. In der Proben- und Festspielzeit Besichtigung je nach Möglichkeit; im November geschlossen, sonst nach Vereinbarung.

Festspielkarten: Wer nicht zur Prominenz zählt, im Journalismus tätig ist oder Beziehungen hat, dem bleibt nur der offizielle Weg. Der Kartenvorverkauf beginnt jeweils Mitte November im Jahr vor den Festspielen. Vorher gestellte Kartenwünsche gelten erst ab diesem Zeitpunkt.

Eintrittskarten müssen *schriftlich* beim Kartenbüro, Postfach 100262, 8580 Bayreuth 2, bestellt werden oder an den bekannten Vorverkaufsstellen im In- und Ausland. Telefonische Informationen gibt es von Montag bis Freitag unter 0921/20221.

Das Kartenbüro im Festspielhaus (Portal II) ist zur Festspielzeit von 10 bis 12 Uhr geöffnet, sowie eineinhalb Stunden vor Beginn der Aufführung.

Die Karten kosten bis zu 230 DM (1. - 6. Reihe im Parkett), für 14 DM bekommt man Plätze mit beschränkter Sicht zugewiesen. Das billigste Festspielvergnügen bietet einer der wenigen Hörplätze für 7 DM, wo man von der Inszenierung nichts zu sehen bekommt.

Museen

Für Bayreuths Museen, die in ihrer Art zum Teil einmalig sind, sollte man sich etwas Zeit nehmen.

Jean-Paul-Museum: Gleich links neben dem Haus Wahnfried ist das Dichter-Museum (im gleichen Haus ist das Wagner-Archiv untergebracht) zu finden.

JOHANN PAUL FRIEDRICH RICHTER, der sich später JEAN PAUL nannte, entstammte einer Pfarrer- und Lehrerfamilie, die in ärmlichen Verhältnissen im Fichtelgebirge lebte. Geboren wurde der Dichter 1763 in Wunsiedel, besuchte das Gymnasium in Hof, das heute seinen Namen trägt, studierte in Leipzig, war Hauslehrer in Hof und Schwarzenbach/Saale und siedelte 1805 nach Bayreuth über. Seine bekanntesten Werke sind die Romane "*Titan*" und "*Flegeljahre*", beide in wertvollen Erstausgaben im Museum zu bewundern.

1825 starb Jean Paul in Bayreuth, wo er auf dem Stadtfriedhof begraben liegt.

Neben Erstausgaben finden sich in dem kleinen Museum Bilder, Porträts (eines auch von Horst Jansen) und handschriftliche Zeugnisse bis hin zu Jean Pauls Nickelbrille, einer Haarlocke und originaler Einrichtungsgegenstände. Jean Paul, einst mehr gelesen als Goethe und doch bis heute ein Außenseiter der Literaturwissenschaft, wird in diesem Museum fundiert vorgestellt.

Das Museum ist in der Zeit vom 1.7. bis 30.9. täglich von 9 bis 12 Uhr und von 14 bis 17 Uhr geöffnet. In der Zeit vom 1.10. bis 30.6. ist es allerdings nur von Montag bis Freitag zu den gleichen Zeiten geöffnet, an Samstagen und Feiertagen von 10 bis 13 Uhr; Sonntag geschlossen. Eintritt 1 DM, Schüler/Studenten 50 Pfennig.

Ein besonderes Schmankerl gibt es für Jean Paul Interessierte in der "**Rollwenzelei**". In dieser gastlichen Stätte auf dem Weg zur Eremitage hatte Jean Paul seine Dichterstube und genoß das Bayreuther Bier. Die Giebelstube, sein Lieblingsaufenthalt, kann besichtigt werden. Die Familie Mädl, in deren Besitz das Haus ist, zeigt gerne den sehenswerten Raum. Wer noch Interesse hat, kann zudem die bemerkenswerte private Sammlung an Fossilien und Mineralien sehen. Den Besuch unter Tel. Nr. 92413 anmelden.

Wie sehr Jean Paul in seinen späten Jahren mit Bayreuth verwachsen war, zeigt ein Brief, den er der Freundin RENATE WIRTH nach Hof schrieb: "Du liebes Bayreuth, auf einem so schön gearbeiteten, so grün gestrichenen Präsentierteller von Gegend einem dargeboten, man sollte sich einbohren in dich, um nimmer heraus zu können.".

Deutsches Freimaurermuseum: Die Loge wurde 1741 durch Markgraf Friedrich gegründet. Die Freimaurer, stets ein wenig geheimnisumwittert, haben sich als Ziel die freie Entfaltung der Persönlichkeit, Brüderlichkeit, Toleranz, Mildtätigkeit - kurzum Humanität - gesetzt. Das Museum, nur einen Steinwurf entfernt von der Villa Wahnfried direkt am Hofgarten gelegen, wurde bereits 1902 gegründet. Es zeigt rund 1700 Bijous (Logenabzeichen) sowie Utensilien der Freimaurer. In den Vitrinen sind Originalwerkzeuge, Zunftsymbole und Familienwappen zu sehen. Das Museum dient dem Zweck, die Freimaurerei einer breiten Öffentlichkeit vorzustellen und Vorurteile abzubauen. Namhafte Freimaurer waren beispielsweise Kurt Tucholsky, Gustav Stresemann, Winston Churchill und Carl v. Ossietzky. Das Museum ist wochentags von 10 bis 12 Uhr und von 14 bis 16 Uhr, samstags von 10 bis 12 Uhr geöffnet. Sonntag und Monat geschlossen. Eintritt frei!

Brauerei-Museum: Einen Einblick in die Kunst des Bierbrauens bietet das Museum, das im Stammhaus der Maisel-Brauerei (Gebr. "Maisel's Alte Brauerei", Alte Kulmbacher Str. 40) untergebracht ist. Bei der Führung sind alte Dampfmaschinen mit riesigen Schwungrädern zu sehen, das Sudhaus und die Büttner-Werkstatt. Endstation des Museumsbesuchs ist die *Alte Abfüllerei*, die als Kneipe im Stil der 20er Jahre eingerichtet ist. Es gibt Freibier. Führungen von Montag bis Donnerstag um 10 Uhr, Eintritt 3 DM. Treffpunkt vor dem Eingang Kulmbacher Str. 40. Anmeldung unter Tel. 401234.

Museum historischer Schreibmaschinen: Rund 200 alte Schreibmaschinen, das älteste Exponat von 1874, sind in dem kleinen Museum zu sehen. Eine Kuriosität ist ein japanisches Modell mit 1500 Wortzeichen! Das Museum ist im "Leer'schen Waisenhaus", Bernecker Str. 11 zu finden. Besichtigung des in Deutschland einzigartigen Museums nur nach Vereinbarung, Tel. 23445. Eintritt frei!

Museum für bäuerliche Arbeitsgeräte: In einer Scheune, die zum ehemaligen "Lettenhof" gehörte, sind verschiedenste Pflüge, Geräte zur Bodenbearbeitung, Handwerkszeug des täglichen Lebens bis hin zu handbetriebenen Feuerlöschmaschinen zu sehen. Das Museum in der Adolf-Wächter-Str. 17 ist von Anfang Mai bis Ende Oktober an Samstagen und Sonntagen zwischen 14 und 17 Uhr oder nach Vereinbarung (Tel. 68325 oder 98488) geöffnet. Eintritt frei!

Kleines Plakatmuseum: Das bemerkenswerte Museum öffnete 1986 erstmals seine Pforten. Grundstock der Sammlung ist die etwa 2000 Plakate umfassende Privatsammlung von Herrn Franz Joachim Schultz. Es werden etwa vier Ausstellungen jährlich aus dem Kulturbereich vorbereitet. Für große Resonanz sorgten u.a. Ausstellungen wie "Von Beuys bis Tinguley", "Zeitreiseplakate" (Bayreuth im Jahr 2883 zum 1000. Todestag Richard Wagners...) oder "Die Stadt auf dem Plakat". Außer einem zweiten (größeren) Plakatmuseum in Essen gibt es in Deutschland kein weiteres Museum dieser Art. Trotz enormen (ehrenamtlichen) Engagements der Mitarbeiter kämpft das kleine Museum ständig ums Überleben. Da die geringen Zuschüsse der Stadt gerade mal die halbe Miete decken, ist das Weiterbestehen für 1991 noch nicht gesichert! Wer sich für Plakatkunst interessiert, sollte sicherheitshalber mal beim Fremdenverkehrsverein nachfragen, ob das Museum noch existiert.

Bernecker Str. 21 (im Industriegebiet), aus finanziellen Gründen Besichtigung nur nach telefonischer Vereinbarung mit Herrn Schultz, Tel. 23975 oder 92244, Eintritt frei.

Iwalewa-Haus: Im Afrika-Zentrum der Universität werden neben bemerkenswerten afrikanischen Kunstwerken auch Film- und Theatervorführungen dargeboten sowie eigenwillige Konzerte mit ausgefallenen Rhythmen auf bei uns wenig bekannten Instrumenten.

Das Iwalewa-Haus in der Münzgasse 9 ist für jedermann zugänglich, Tel. 608250. Öffnungszeiten: Dienstag bis Freitag 14 Uhr - 18 Uhr, Samstag / Sonntag 11 - 16 Uhr.

Theater und Musik

Da Bayreuth kein eigenes Theater unterhält, wird das heimische Publikum mit Gastspielen bundesrepublikanischer Ensembles bedient. Aus dem Bayreuther Kulturtreiben nicht mehr wegzudenken sind einige Laienspielgruppen, die mittlerweile professioneller geworden sind und beachtliche Erfolge aufweisen können. Diese kleinen Theatergruppen sind aus Privatinitiativen hervorgegangen und erfüllen mit ihrem jeweiligen Programm spezielle Publikumsinteressen: anspruchsvolles Theater, Boulevardtheater, Märchen- und Volkstheater.

Brandenburger Kulturstadl: Das solide Laientheater spielt Kriminalstücke (u.a. von Agatha Christie), ferner Boulevardkomödien und Mundartstücke. Zusätzlich werden zweimal pro Jahr Kinderstücke vorbereitet. Jeweils zwei Aufführungen pro Woche. Brandenburger Str. 35, Kartenvorverkauf unter Tel. 13663 oder beim Fremdenverkehrsverein.

Kleines Theater Bayreuth: Die Laienspielgruppe hat keine eigenen Räumlichkeiten und tritt im kleinen Haus der Stadthalle auf, im Sommer auch Aufführungen im "Römischen Theater" der Eremitage. Gespielt werden vorzugsweise Märchenstücke, deftige Mundart- und Volksstücke, aber auch Klassisches. Karten unter Tel. 23316 oder beim Fremdenverkehrsamt.

Studiobühne Bayreuth: Die viel beachtete Theatergruppe wird von Profis geleitet - das Ensemble braucht den Vergleich mit professionellen Schauspielern nicht zu scheuen. Unter der Leitung von Uwe Hoppe gingen aus der hauseigenen Schauspielerausbildung Profis hervor, die dann für das Fernsehen verpflichtet wurden.

Überregionale Beachtung erzielt die Studiobühne mit ihren Wagneradaptionen - den Ausdruck Persiflage läßt Uwe Hoppe nur ungern gelten. Jedes Jahr zur Festspielzeit wird ein neues Stück vorbereitet und in der Eremitage sowie im Steingraeber Haus aufgeführt. Beim "Ring des Liebesjungen" beispielsweise raubte Räuber Wotan ganze Aktienpakete aus dem Chefbüro des Alberich. Der Gnom unterschreibt gerne den Transfer auf das Konto Wotans, bevor ihm die Ringshand per Skalpell abgetrennt wird. 1989 gelang dem Ensemble die Welt-Uraufführung des frühen Wagnerstückes "Leubald". Da Wagner das Stück in Dresden geschrieben hat, wurde folgerichtig seine Uraufführung in der Dresdener Semper-Oper organisiert.

Das Spektrum der Inszenierungen dieses eigenwilligen Theaters ist weit gefächert und reicht von Büchner bis Euripides, von Molière über Shakespeare bis zu Wagner. Röntgenstr. 2, Kartenvorbestellungen unter Tel. 56505 oder 27805 oder beim Fremdenverkehrsamt.

Steingraeber Haus: Im barocken Gebäude des Pianoherstellers Steingraeber befindet sich eine kleine Galerie für zeitgenössische Kunst. Ein kulturelles Ereignis sind auch die Kammer- und Klavierkonzerte sowie Liederabende im stilechten Rokokosaal. Friedrichstr. 2, Tel. 64049.

Freizeit/Sport

Rundflüge: Die Möglichkeit zu Rundflügen über Bayreuth und die nähere Umgebung, besteht beim Flugplatz der Fliegerschule Bayreuth-Bindlach. Tel. 09208/8222. Geflogen wird, sobald 3 Personen zusammen sind, wobei für 15 Minuten etwa 25-30 DM pro Passagier anfallen. Längere Flüge in die Fränkische Schweiz oder das Fichtelgebirge kommen auf etwa 40-50 DM.

Fahrradverleih: am Bahnhof Bayreuth für 12 DM am Tag, mit Fahrkarte 8 DM. Die Fahrräder kann man sich unter Tel. 282360 reservieren lassen.

Sport: Von Angeln, Eislaufen, Golf, über Kegeln, Minigolf, Reiten, bis zu Tennis reichen die sportlichen Möglichkeiten, nähere Auskünfte erteilt das Fremdenverkehrsbüro.

Freunden von spannenden und bewegten Ballsportarten kann der Besuch eines Heimspiels der Basketball-Herrenmannschaft des Steiner Bayreuth nur dringend empfohlen werden. Die Bayreuther spielen in der Bundesliga und gehören zur absoluten Spitze in Deutschland, sie waren auch schon Deutscher Meister - Bombenstimmung in der Halle. Saison von Herbst bis Frühjahr. Gespielt wird im Sportzentrum, gleich hinter dem östlichen Hohenzollernring.

Schwimmen: Kreuzsteinbad, beheiztes Freibad in der Universitätsstr., von Mai bis September zwischen 7 Uhr und 19.30 Uhr geöffnet. Stadtbad Bayreuth mit Schwimmhalle und römisch-irischem Dampfbad, außer montags ab 9.30 Uhr bis 20 Uhr geöffnet (12.30 Uhr bis 14 Uhr Mittagspause), Kolpingstr. 7, Tel. 600382.

Umgebung

Eremitage

Auf keinen Fall auslassen sollte man bei seinem Bayreuthbesuch die Eremitage. Die beiden Schlösser, das Alte und das Neue, liegen ungefähr sechs Kilometer vom Stadtzentrum entfernt und sind leicht mit dem Fahrrad oder Auto zu erreichen.

Schon von weitem glitzert der *Sonnentempel* des **Neuen Schlosses**, ein achteckiger Kuppelbau mit dem vergoldeten Sonnenwagen des Helios auf dem Dach. Den Sonnentempel flankieren zwei halbkreisförmig

gebaute Flügel mit zahlreichen Arkaden.

Das Auffälligste sind die unzähligen bunten Glasschlacken und Kristalle, die in mühevoller Arbeit in die Außenwände eingemauert wurden. Bei Sonnenschein glänzt das *Neue Schloß* in den verschiedensten Farben. Der Bau der Anlage geht auf die intellektuelle MARKGRÄFIN WILHELMINE zurück. Nach den Plänen des Hofarchitekten JOSEPH SAINT-PIERRE und KARL PHILIPP CHRISTIAN GONTARD ist es zwischen 1749 und 1753 errichtet worden.

Das Neue Schloß mit seinen blauen, roten und gelben Glasflüssen umschließt im Halbrund einen großangelegten *Brunnen* mit zwei großen Tritonengruppen und acht Fabelwesen aus Stein. In der Zeit vom 1.5. bis 15.10. finden jeweils um 10, 11, 13, 14, 15, 16 und 17 Uhr die Wasserspiele am Brunnen des Neuen Schlosses und jeweils 10 Minuten später in der Unteren Grotte statt.

Die ganze Anlage der Eremitage mit dem Sonnentempel, der künstlichen Grotte, Kaskaden, dem Ruinentheater und dem herrlichen Landschaftsgarten symbolisiert noch heute barockes Denken, für das ausgelassene Lebensfreude und die Gewißheit des Todes (*memento mori*) keinen Widerspruch darstellten. Am besten kann man sich diese Weltanschauung vergegenwärtigen, wenn man die totenkopfähnlichen Grimassen über den Arkaden des dem Licht geweihten neuen Schlosses wahrnimmt. Licht und Schatten - Leben und Tod - gehören hier untrennbar zusammen.

Das **Alte Schloß** liegt gleich nebenan, von außen unscheinbar, doch mit kostbarer Inneneinrichtung ausgestattet. Ursprünglich nach den

Plänen von JOHANN DAVID RÄNTZ als eingeschossige Vierflügelanlage um einen Innenhof gestaltet, wurde es von Markgräfin Wilhelmine erweitert. 1750 waren die Umbauten abgeschlossen und die Zimmer nach Entwürfen der anspruchsvollen Markgräfin ausgestaltet - in diesem Zustand präsentiert es sich heute dem Besucher.

Eine Führung durch das Alte Schloß mit der Inneren Grotte ist empfehlenswert (im Sommer von 9 bis 11.30 Uhr und von 13 bis 16.30 Uhr, im Winter von 10 bis 11.30 Uhr und von 13 bis 14.30 Uhr). Das **Japanische Kabinett**, das **Audienzzimmer des Markgrafen**, das **Chinesische Spiegelscherbenkabinett** sowie die **Grotte** mit Glasschlacken und Muscheln geben einen wirkungsvollen Eindruck der Lebensfreude und Verspieltheit des barocken Zeitalters.

Ein Erlebnis ist es auch, im gepflegten **Landschaftsgarten** einen Spaziergang zu machen. Man kommt an der *Drachenhöhle* vorbei - einer kleinen Grotte mit Reliefs, die Schildkröten und Drachen zeigen -, man passiert das VOGELHAUS, einen achteckigen Pavillon aus Tuffstein, und erreicht den Höhepunkt der Gartenarchitektur - die UNTERE GROTTE mit ihren herrlichen Wasserspielen. (Uhrzeit siehe oben). Weiter kann man den Garten der Eremitage, die von drei Seiten vom Roten Main umgeben ist, nach Herzenslust durchschlendern. Alte Baumbestände, Weiher mit Seerosen und schöne Alleen laden dazu ein.

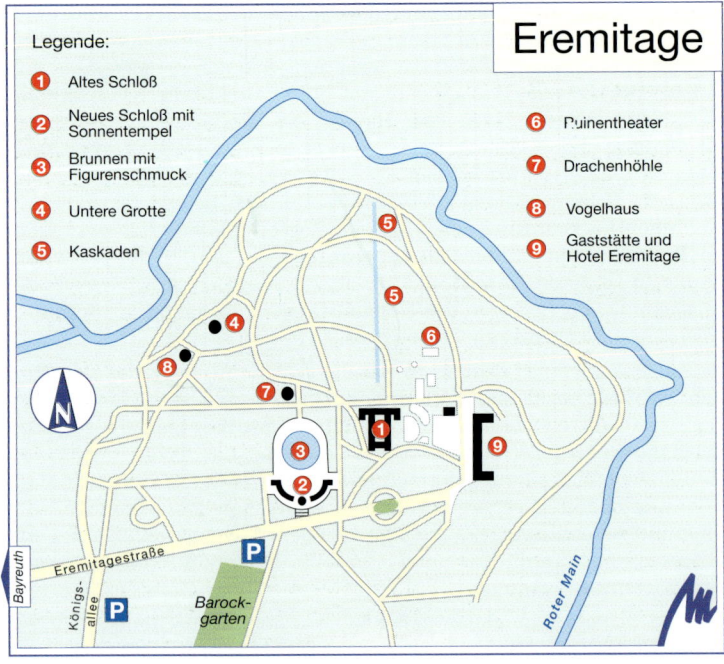

Eremitage

Legende:

❶ Altes Schloß
❷ Neues Schloß mit Sonnentempel
❸ Brunnen mit Figurenschmuck
❹ Untere Grotte
❺ Kaskaden

❻ Ruinentheater
❼ Drachenhöhle
❽ Vogelhaus
❾ Gaststätte und Hotel Eremitage

Café Eremitage, Tel. 99239, Montag Ruhetag, in den Wintermonaten geschlossen. Im Seitenflügel des Neuen Schlosses mit riesigen Fenstern und einem Glasdach. Auf Wunsch kann man sich Weizenbier auch mit Waldmeister oder Himbeersaft servieren lassen. Empfehlenswert die Kaffeespezialität "Philosoph": heißer Bohnenkaffee, Vanillezucker, exotischer Feigenlikör, Sahne.

Wer Deftigeres mag, kann die Gaststätte im Park der Eremitage aufsuchen. Auf Wunsch wird dort für Gruppen auch ein ganzes Schwein am Spieß gebraten.

Eremitage-Fest ist jeweils am ersten Samstag im August. Garten und Schloß werden hell beleuchtet, zu Live-Musik darf getanzt werden. Die Garderobe variiert vom festlichen Abendkleid bis zu normaler Straßenkleidung. Für Speis und Trank ist vor Ort gesorgt. Doch Vorsicht, wer Idylle erwartet - jährlich begehren über 20.000 Besucher Einlaß! Die Eintrittspreise sind nicht ganz billig, aber mit knapp 10 DM erschwinglich, für Schüler und Studenten gibt es Ermäßigung.

Ein weiterer Leckerbissen vor allem für Theaterbegeisterte sind die *Sommerspiele in der Eremitage*. Im "Römischen Theater", einem vom Hofarchitekten Saint-Pierre 1745 fertiggestellten Ruinentheater, spielen heute die beiden Bayreuther Alternativ-Theater, der "Brandenburger Kulturstadl" und die "Studiobühne Schützenhaus".

Die Aufführungen in der barocken Szenerie unter freiem Himmel finden von Juni bis August statt. Der Spielplan reicht von Klassikern über Operetten bis hin zum Kindertheater. Kartenvorbestellung unter Tel. 23316 oder 56555.

Schloß und Park Fantaisie

Das prächtige Schloß befindet sich etwa 5 km westlich von Bayreuth und liegt unmittelbar an der Hauptstraße von Donndorf - von weitem betrachtet wirkt es wie ein italienischer Palazzo inmitten eines verwunschenen Schloßgartens.

Geschichte

Inspiriert von den Eindrücken ihrer Italienreise ließen MARKGRAF FRIEDRICH und seine Gattin WILHELMINE mit dem Bau des Schlosses in Donndorf beginnen. Das Markgrafenpaar erlebte jedoch die Fertigstellung nicht mehr, stattdessen bezog ihre Tochter *Elisabeth Friederike Sophie* den bescheidenen Landsitz. Die "schönste Prinzessin Europas", wie Sophie zu Lebzeiten genannt wurde, lebte nach der Scheidung von Herzog *Carl Eugen von Württemberg* bis zu ihrem Tod (1780) in dem Anwesen, das von ihr den Beinamen *Fantaisie* erhielt.

Bis Ende des 18. Jhs. wurden unter Friedrich Eugen von Württemberg und seiner Gemahlin in einer weiteren Ausbauphase Ergänzungen und Verschönerungen vorgenommen. *Herzog Alexander von Württemberg* verlieh Schloß und Park Fantaisie um die Mitte des 19. Jhs. sein jetziges Aussehen. Sowohl die Parkanlage mit Skulpturen und Wasserspielen als auch der Umbau des Schlosses im Renaissancestil stammen aus dieser Zeit. Glücklicherweise hat Herzog Alexander von seinen Erwägungen, im Park Braunkohle abbauen zu lassen, wieder Abstand genommen.

Das gleichnamige Hotel neben dem Schloß beherbergte einen berühmten Gast: *Richard Wagner* bezog 1872 hier sein erstes Quartier in Franken. Während der vier Monate, die der Komponist dort logierte, wurde der Grundstein für das Festspielhaus gelegt, und der große Meister vollendete die Orchesterskizze zur Götterdämmerung. Während seines Aufenthalts erhielt Wagner so viel Besuch von Freunden und Bewunderern, Architekten und Baumeistern, Musikern und Schauspielern - daß sich die Bewohner des kleinen Dorfes über verstopfte Straßen beklagten.

Doch seitdem ging es mit der Anlage bergab: Wertvolle Ausstattungsstücke des Schlosses wurden in den nachfolgenden Jahrzehnten von einflußreichen, aber skrupellosen Würdenträgern "entnommen". Der nationalsozialistische Lehrerbund hinterließ seine Spuren mit "einfühlsamen" Umbauten; nach dem 2. Weltkrieg wurde das Schloß von den Besatzungsmächten geplündert. Später diente Fantaisie als Lungenheilanstalt und bis 1982 als Schulungszentrum für eine große Photo-Firma. Während das Hotel in den letzten Jahren liebevoll renoviert wurde, ist das Schloß mittlerweile baufällig geworden, und die Bürger Bayreuths denken über eine neue sinnvolle Nutzung nach. Die Ideenpalette reicht dabei von einem Gästehaus für die Universität bis zur Einrichtung eines Insti-

tuts für Weltliteratur. Zuletzt wurde ein für Deutschland einmaliges Museum für Gartengeschichte und Gartenkunst favorisiert. Dabei könnten sich der schöne Fantaisie-Park mit Eremitage und Bayreuther Hofgarten als Demonstrationsobjekte für Gartenkunst ergänzen. Nach positiven Signalen aus München wurde voller Hoffnung eine Museumslinde gepflanzt - angesichts drängender finanzieller Fragen nach der Wiedervereinigung und weitgehend leerer Kassen bei Bund und Freistaat bleibt jedoch offen, ob hierfür in naher Zukunft noch Mittel bereitstehen.

Doch unabhängig von bestehenden Plänen lohnt sich der Besuch und ein Spaziergang im Park, der gerade durch die verwilderten Gartenanlagen einen eigentümlichen, leicht morbiden Charme ausstrahlt. Das steil abfallende Parkgelände erinnert im oberen Bereich an die barocke Gartenbaukunst von Versailles; dagegen ist der unterhalb des Schlosses gelegene Teil dem englischen Landschaftsstil angepaßt. Der große Park mit altem Baumbestand, kunstvollen Sitzgruppen, Katakombe, Felsengrotte, Kapelle, Gräberstraße, Pavillon, Felsen und kleinen Weihern wurde von Jean Paul literarisch verewigt. Schließlich lockt nach einem abwechslungsreichen Spaziergang das alte Hotel Fantaisie mit Kaffee und Kuchen.

• *Übernachten* **Hotel Fantaisie**: Die traditionsreiche Unterkunft mit rotbraunem Anstrich und Arkadengängen liegt direkt am Schloßgarten. Im Sommer schöner Blick von der Terrasse. Übernachtung im Doppelzimmer mit Bad ab ca. 90 DM, Frühstück incl. Bamberger Str. 5, 8581 Eckersdorf-Donndorf, Tel. 31845.

Bamberg

Die Bischofs- und ehemalige Kaiserstadt liegt in einer weiten Talmulde der Regnitz und hat einen einmalig schönen, barocken Altstadtkern. Bamberg, das "fränkische Rom", steht auf sieben Hügeln. Von Bombardements der Alliierten weitgehend unbehelligt geblieben, finden wir hier die größte intakte Altstadt Deutschlands; erst danach folgen Regensburg und Lübeck. Der tiefkonservative Geist der Einwohner und die Grenznähe zur ehemaligen DDR verhinderten eine übermäßige Modernisierung. "Bamberg hatte Glück; es hat die städtefressenden Kriege fast heil überlebt", schrieb Hermann Kesten. Kurzum, eine Stadt als Gesamtkunstwerk.

Große Teile der Altstadt wurden in den letzten Jahrzehnten behutsam saniert - hoppelige, verwinkelte Gäßchen und bunte, jahrhundertealte Fassaden, fast südländisch mutet die barocke Bischofsstadt an. Eine Stadt auf sieben Hügeln, eine Stadt zum Bummeln. Der *heilige Bezirk* liegt in Hanglage am westlichen Flußufer. Hier konzentrieren sich Klosterbauten, prunkvolle Bischofsresidenzen, Paläste des Geldadels und der mächtige Dom. Hier verwandelte sich das absolutistische Selbstwertgefühl der Fürstbischöfe in Stein. Aus vielen Ecken, Winkeln und Eingängen blicken Madonnen, 200 allein im historischen Stadtzentrum. Im Dom ruht Papst Clemens II. in einer Gruft - das einzige Grab eines Pontifex maximus nördlich der Alpen. Nebenan der schönste aller Bamberger Höfe: Die Alte Hofhaltung -

Auf dem Weg in den Hain: das Wasserschloß Concordia

Bamberg

Legende:

1. Neues Rathaus
2. Naturkunde-museum
3. Michaelskirche
4. E.T.A.-Hoffmann-Theater
5. E.T.A.-Hoffmann-Haus
6. Schloß Geyers-wörth
7. Altes Rathaus
8. Dom
9. Diözesanmuseum
10. Domherrenhöfe
11. Alte Hofhaltung
12. Residenz

holpriges Kopfsteinpflaster, Stein, Holz und Fachwerk unter gotischem Steildach.

Mittelpunkt Bambergs ist heute der Bereich Grüner Markt/Maxplatz
(Fußgängerzone). Der *Maxplatz* wurde zwar stark modernisiert, doch
steht hier das Neue Rathaus mit seiner barocken Fassade. Wochentags drängeln sich die Menschen zwischen den dicht an dicht stehenden Ständen der Gemüsebauern.

Gleich daneben, in Richtung Regnitz, liegt der *Grüne Markt* mit der
1693 erbauten barocken *St. Martins-Kirche*. Am Platz steht auch das
originelle Wahrzeichen der Stadt: der *Neptunsbrunnen Coblmo* (Ga-
belmann) - im Sommer der Jugendtreff.

Bamberger Symphoniker: Klang von Weltruf

Von der Moldau kamen 1946 die Musiker an die Regnitz. Instru-
mentalisten aus Prag und Böhmen gründeten im Exil die Bamberger Symphoniker. Im Verlauf eines halben Jahrhunderts
brachten es die Tonkünstler (mittlerweile in internationaler Be-
setzung) zu einem Spitzenorchester mit Weltruf. Kein anderes
deutsches Orchester legt Jahr für Jahr mehr Reisekilometer zurück als die Bamberger Symphoniker. Tourneen führen die Musiker rund um die Welt. Unter ihrem geschäftigen Intendanten
Rolf Beck haben sich die "Bamberger" - wie das Orchester kurz
genannt wird - einen jahrzehntelang gehegten Wunsch erfüllt:
eine eigene Konzerthalle in der Heimatstadt. Für die 110 Mitglieder des Orchesters ließen die Veränderungen in Osteuropa
mittlerweile eine neue Epoche anbrechen. Vorbei sind die Zeiten,
in denen das "Emigrantenorchester" von den kommunistischen
Kulturmächtigen boykottiert wurde. Erstmals nach 45 Jahren
durften die Symphoniker 1991 wieder in Prag musizieren.

Zwei Einrichtungen prägen das Bevölkerungsbild der 70000 Einwohner großen Stadt: die junge *Universität* mit fast 7300 Studenten (vor
allem Sozial- und Wirtschaftswissenschaften sowie Sprach- und Lite-
raturwissenschaften, aber auch eine katholische Fakultät) und die
U.S. Garnison mit 8.000 GIs, deren Zahl zunehmend verringert wird.
Die Neugründung der Universität 1979 war sozusagen eine Wieder-
gutmachung von Bayern, das die alte Hochschule 1802 bei der Beset-
zung kurzerhand schloß.

Fischerstechen auf der Regnitz

Die Fischerstecher, bewaffnet mit vier Meter langen Holzstan-
gen, balancieren auf dem Bug der langen, schmalen Kähne. Der
Fahrer des Boots muß sich dabei möglichst ruhig fortbewegen,
nicht ruckartig, denn sonst wird sein Kompagnon eine leichte

Beute für den Gegner. Alljährlich Ende August zur **Sandkerwa**, dem größten Volksfest der Region, treten die Besten zum Wettbewerb an. Die Sandstraße verwandelt sich während der Kirchweih in eine kilometerlange Theke. Die Kerwa ist dabei kein "von oben" verordnetes Fest, sondern wurde von den Bürgern selbst, erstmals 1950, initiiert. Vielleicht erklärt das ihre Popularität. Jeweils am Samstag gegen 22 Uhr gibt es ein prächtiges Feuerwerk, das Zehntausende von Besuchern in die Altstadt lockt.

Geschichte

Bambergs Urzelle: *Castrum Babenberg* (der Bereich des heutigen Doms). Die Anfänge dieser karolingischen Siedlung reichen bis ins 8. Jh. zurück. Nach dem Sturz der Babenberger geht 906 die Burg in königlichen Besitz über. 997 beginnt HEINRICH II. mit dem Ausbau der Burg, 1002 wird er zum deutschen Kaiser ernannt. 1007 wird die Burg zum Sitz eines neugegründeten Bistums erhoben, dem die älteren Diözesen Würzburg und Eichstätt Gebiete abtreten müssen. CLEMENS II. wird hier später Bischof und 1046 Papst. Im Dom ist er begraben - als einziger Papst nördlich der Alpen. Bamberg wird zu einer der wichtigsten Städte des Heiligen Römischen Reichs deutscher Nation. Wiederholt finden an der Regnitz Hof- und Reichstage statt.

1237 wird auf den Fundamenten der beiden vorausgegangenen (abgebrannten) Dombauten der Grundstein für das noch heute erhaltene Bauwerk gelegt.

Die Bürgerschaft siedelt zuerst auf dem schmalen Streifen *im Sand*, zwischen dem linken Regnitzarm und dem Berggebiet. Anfang des 12. Jahrhunderts wächst die Stadt in den Bereich der heutigen Innenstadt. Höhepunkt der städtischen Entwicklung ist der Bau des Rathauses (14. Jh.). In den folgenden Jahrhunderten finden ständig Auseinandersetzungen zwischen der Geistlichkeit und der Bürgerschaft statt, denn die Privilegierten des "heiligen Bezirks" wollen sich nicht an den Baukosten für eine sichere Wehranlage beteiligen.

Im Montäter Krieg entlädt sich der Zorn der Bürgerschaft gegen die Bewohner der heiligen Bezirke. Die Bürger stürmen und beschädigen das Kloster Michaelsberg. Aber das vom Bischof angeforderte Ritterheer leistet gute Arbeit - der Aufstand wird niedergeschlagen. Während des Bauernkriegs und des Dreißigjährigen Kriegs wird Bamberg von feindlichen Heeren gestürmt.

Von 1623-1633 regiert der Hexenwahn die Stadt. Bischof GEORG FUCHS VON DORNHEIM und sein Weihbischof FRIEDRICH FÖRNER lassen in besonders eingerichteten Kammern 600 Leute foltern und anschließend umbringen - der Bürgermeister der Stadt war auch darunter!

Die Wende kommt Anfang des 18. Jahrhunderts mit den bauwütigen Bischöfen von Schönborn. Unter ihrer Herrschaft erhält die Stadt das

heute noch sichtbare barocke Gewand. Es wird viel abgerissen, renoviert, umgestaltet. Bamberg erlebt seine große kulturelle Blütezeit.

1796 wird Bamberg wie ganz Süddeutschland von der französischen
Revolutionsarmee erobert. Eine folgenreiche Eroberung, denn 1803
geht die fränkische Stadt mit ihrem Bistum als Entschädigung an
Bayern. Zu Beginn des 19. Jahrhunderts formieren sich neue Kräfte
in der Bürgerschaft, und wirtschaftliche Kräfte (Bahnlinie Nürnberg-
Bamberg-Hof) regen sich. Der Ludwig-Donau-Main-Kanal konnte allerdings die in ihn gesetzten Hoffnungen nicht erfüllen.

Bamberg - Hauptstadt Bayerns

Im Hof der Bamberger Infanteriekaserne fragte der bayerische
Ministerpräsident Johannes Hoffmann (SPD) am 7. April 1919
die rund tausend Soldaten: "Ich bin hier, um euch zu fragen, ob
ihr bereit seid, die Regierung aufzunehmen und zu unterstützen. Entscheidet ihr euch gegen die Regierung, dann fahre ich
mit dem nächsten Zug ab und muß es an anderer Stelle versuchen". Die Antwort der Garnison fiel positiv aus. Die 1919 aus
München vor der Rätebewegung geflüchtete bayrische Regierung mit ihrem ersten, demokratisch gewählten Ministerpräsi-
denten Hoffmann fand in der Domstadt Zuflucht. Somit wurde
Bamberg kurzfristig die Hauptstadt Bayerns. Die Neue Residenz wurde zum Regierungssitz umfunktioniert, im Gerichtsge-
bäude das Justizministerium und im Bahnhof das Verkehrsmi-
nisterium untergebracht. Seine Sitzungen hielt der Landtag in
den Harmoniesälen am Schillerplatz ab. Am 12. August 1919
wurde dort von den Parlamentariern die sogenannte Bamberger
Verfassung verabschiedet, die bis zur Machtergreifung der Nazis in Kraft blieb.

Während des Zweiten Weltkrieges blieb die Stadt vom Bombenhagel
der Alliierten verschont. Die Nationalsozialisten rotteten allerdings
in den Jahren ihrer Herrschaft die seit dem 11. Jh. bestehende jüdische Gemeinde Bambergs aus.

Bambergs prominente Bürger hatten stets ein kritisches Verhältnis
zur Stadt. E.T.A. HOFFMANN, der ein fünfjähriges Intermezzo an der
Regnitz gab, schrieb am Tag seiner Abreise, am 21. April 1813: "Meine Lehr- und Marterjahre sind nun in Bamberg abgebüßt." Ein Jahr
vor Hoffmann kam der Philosoph Georg Wilhelm Friedrich HEGEL
nach Bamberg, der als Politik-Redakteur der "Bamberger Zeitung" einen kritischen Journalismus begründen wollte und an der Zensur
scheiterte. Bambergs berühmtester, aber auch unbequemer Bürger
heutzutage ist der Schriftsteller und Literaturübersetzer Hans Woll-

schläger. Der gebürtige Westfale ließ sich 1962 im "fränkischen Rom" nieder.

- *Information*: Geyerswörthstr. 3, 8600 Bamberg, Tel. 0951 / 21040. Öffnungszeiten: Mo-Fr 9-17 Uhr, Sa 8.30-12.30 Uhr. Wenig hilfreiches Personal. Veranstaltungstips entnehmen Sie am besten der kostenlosen Illustrierten "Bamberg Aktuell", die in den meisten Geschäften und Gaststätten ausliegt oder den ebenfalls monatlich erscheinenden "Bamberger Notizen" (stets mit kleinem Stadtplan).

Stadtführungen mit Besuch des Doms, der alten Hofhaltung, des Alten Rathauses, "Klein Venedigs" und weiterer historischer Bauten mit kundigen Fremdenführern tägl. um 14 Uhr. Dauer zwei Stunden. Anmeldung im Fremdenverkehrsamt. Preis: Erw. 6 DM, Schüler/Stud. 3 DM.

Essen/Übernachten

Messerschmitt: Das Restaurant und Hotel im Herzen der Stadt ist eine Institution und zählt seit Jahrzehnten zu den besten Adressen für Gourmets in Bamberg. Selbst Ex-Kanzler und Friedensnobelpreisträger Willy Brandt wußte schon die vorzügliche fränkische Küche, die im Messerschmitt gepflegt wird, zu schätzen. In den gemütlichen Gasträumen (gediegen, Holztäfelung) werden Spezialitäten aufgetischt: viele Fischgerichte, frisch aus dem Springbrunnen im Garten - z.B. Mainaal in Salbei, auch Hechte und Zander. Hauptgerichte ab 30 DM, Festpreismenü ab ca. 40 DM. Im Nebenraum, der Hubertusklause, preiswerte Brotzeiten und z.B. Kalbslüngle mit Semmelknödel für 9 DM. Das Messerschmitt verfügt über 24 Zimmer: DZ mit Du 162 DM. Adresse: Lange Straße 41, Tel. 27866.

St. Nepomuk: Die oberen Mühlen, traumhaft in die Regnitz gebaut, haben längst ausgedient. Heute beherbergt das wie ineinander geschoben wirkende Fachwerkhaus auf der Pfahlinsel, das nur über eine Brücke zu erreichen ist, einen der schönsten Gastronomie-Betriebe der Altstadt. Im Nepomuk wird anspruchsvolle deutsche Küche mit fränkischem Einschlag gepflegt. Besonders empfehlenswert sind Rund- und Süßwasserfische. Reservieren Sie sich einen der Tische mit wunderschönem Blick auf das nachts beleuchtete Rathaus. In diesem Ambiente läßt es sich wirklich tafeln. Innen schafft der offene Kamin eine behagliche Atmosphäre. Sehr aufmerksamer Service. Menü ca. 50 DM. Bei der Familie Grüner kostet das DZ 160 DM. Frühzeitig zu reservieren ist nötig, denn das Hotel verfügt nur über zehn Zimmer. Adresse: Obere Mühlbrücke, Tel. 25183.

Hotel Residenzschloß: 1990 eröffnete das mondäne Vier-Sterne-Hotel am Rande der Altstadt seine Pforten. Die Herberge - ein umgebautes Krankenhaus - bietet allen Komfort, den ein anspruchsvoller Gast erwartet (Whirlpool, Dampfbad, Fitnessraum etc.), dazu 145 luxuriös ausgestattete Zimmer und Suiten. Zwei Restaurants verwöhnen den Gaumen. Besonders empfehlenswert - selbst für Nicht-Gäste - der sonntägliche Brunch. Zimmerpreise: EZ 140-190 DM, DZ 190-240 DM. Es gibt auch preiswerte Wochenend-Pakete. Adresse: Untere Sandstr. 30-32, Tel. 60910.

National: Der moderne Hotel- und Restaurantbetrieb, nur einen Straßenblock vom Bahnhof entfernt, bietet eine vorzügliche Speisekarte mit gutem Preis-Leistungs-Verhältnis. Wenn es wie auch im Speiseraum durch die integrierte Küche ziemlich warm werden kann, die servierten Gerichte lassen das leicht vergessen. Menü ca. 50 DM. Sehr aufmerksame Bedienung. Bekannt ist das National allerdings (zu Unrecht) weniger für seine Küche, sondern als Hotel. DZ mit Du 118-180 DM. Adresse: Luitpoldstr. 37.

Reichelbräu: Gesunden Köstlichkeiten hat sich das originell-gemütliche Restaurant in einem über 600 Jahre alten Altstadthaus verschrieben. Doch die Vollwertkost wird nicht zur Doktrin gemacht. Vielmehr gibt es leckere Steaks der besten Qualität (kein Schweinefleisch), die Küchenchefin Barbara Stöth mit einem 300 Grad heißen Stein serviert, auf dem der Gast sein Fleisch selbst grillt. Menüs ca. 25 DM, durchgehend warme Küche! Das Bier kommt natürlich von der Kulmbacher Reichelbräu. Täglich ab 11 Uhr geöffnet. Adresse: Judenstraße 9.

Brudermühle: Bis in die Mitte des 19. Jahrhunderts drehten sich hier die Mühlenräder, später entstand daraus das erste Wasserwerk Bambergs. Doch das alles gehört der Vergangenheit an, heute ist die Brudermühle eines der behaglichsten Hotels der Altstadt. Nur einen Katzensprung vom alten Rathaus entfernt, bietet das Restaurant mit rustikalem Ambiente auf zwei Etagen fränkische Spezialitäten mit saisonalen Höhepunkten wie Spargel, Pilzen und Wild. Dazu kredenzen Erna und Georg Vogler fränkische Weine - im offenen Glas oder im Bocksbeutel. Die Brudermühle bietet 16 Zimmer: DZ mit Du 115-120 DM. An der Hausecke prächtige, barocke Himmelfahrt Mariens. Adresse: Schranne 1, Tel. 54091.

Altenburg: Die Burggaststätte in der Altenburg, hoch über Bamberg, pflegt fränkische und internationale Küche. In der historischen Wirtsstube läßt es sich vorzüglich speisen. Empfehlenswert ein Ragout Fin für 12 DM, dazu ein Rauchbier. Das Menü kostet etwa 40 DM. Sehr guter Service. Im Sommer steht Besuchern auch der eindrucksvolle Rittersaal im Hauptgebäude zur Verfügung. Mo Ruhetag. Adresse: Altenburg 1.

Hotel Alt-Ringlein: Bereits um 1300 wird das Altstadthaus als Glockengießer- und Münzwerkstatt erwähnt und diente seit 1545 als Gast- und Brauhaus zum Ringlein. Seit 1987 beherbergt es eines der schönsten Mittelklasse-Hotels Bambergs. Das hohe Gebäude verbindet alte und moderne Architektur. Zimmer in gediegen-ru-

stikalem Stil. Fränkisch-derbes Restaurant und malerische Terrasse. Tiefgarage direkt unter dem Hotel. Reichhaltiges Frühstücks-Buffet im elegant-barocken Frühstücksraum. DZ 95-130 DM.

Kachelofen: Die kleine, vollkommen mit Holz verkleidete, urgemütliche Gaststube der Gaststätte am Katzenberg ist ein Ort zum Wohlfühlen. Durch und durch fränkisch ist die Küche. Probieren Sie bei kleinem Hunger die "Blauen Zipfel", drei Bratwürste in köstlichem Zwiebelsud, bei größerem Appetit die Ochsenbrust mit Meerrettichgemüse. Zur Brotzeit: Zwetschgen-Bames. Der Kachelofen hat durchgehend warme Küche bis 23 Uhr. Unschlagbar freundlicher Service. Im Sommer sind große Holzbänke aufgestellt, mit ein wenig Glück bekommt man sogar einen Platz. Adresse: Obere Sandstr. 1.

Weierich: Alt-Bamberger Lokal, einige fränkische Spezialitäten wie Bamberger Platte. Empfehlenswert auch die Gerichte mit Spätzle (der Wirt stammt aus Schwaben). Bürgerliche Einrichtung, in jedem Stuhl wohnt ein Wurzelgeist. DZ 90-110 DM. Adresse: Lugbank 5, Tel. 54004.

Sternla: Das Traditionslokal in der Innenstadt bietet deftiges fränkisches Essen zu Billigstpreisen. Täglich besondere Angebote, durchgehend warme Küche. Kleiner Garten, nette Bedienungen. Geöffnet 10-24 Uhr. Adresse: Lange Str. 46.

● PREISWERTE UNTERKÜNFTE:

Jugendherberge Wolfsschlucht: romantisch und abgelegen an der Regnitz im Stadtteil Bug (15 Min zu Fuß entlang des Regnitzufers in die Altstadt, Busverbindungen vorhanden); Adresse: Oberer Leinritt 70, Tel. 56002, geschl. 15. Dez. - 31 Jan. Jugendherberge Stadion, Pödeldorfer Str. 178, Tel. 12377, geschl. Okt.- April.

Café Bug: Zu Bamberg gehörig, doch still und abgeschieden - das ist Bug. Am Regnitzufer lag einst das fürstbischöfliche Jagdschloß, das heute als rustikales Café

(Lampen aus Hirschgeweihen) dient. Der schöne Biergarten ist im Sommer ein beliebtes Ziel für Spaziergänge. Das Café verfügt über 24 Zimmer. DZ 65 DM, mit Du 80 DM.

Gasthof Heerlein: Wildensorger Hauptstr. 57, Tel. 53137; DZ 45-50 DM, mit Du 60-70 DM.

Wilder Mann: Untere Sandstr. 9 (im Herzen der Altstadt), Tel. 56462; DZ 50 DM, mit Du 60-70 DM, Di Ruhetag, Rauchbier vom Faß.

• CAFES

Café Müller: Hohe Decke, lange Bänke, große Spiegel und Fenster - alles erinnert an die Tradition der großen spanischen Cafés. Auch der Tabak- und Presseladen, der vom Gastraum aus zu betreten ist, erinnert an das iberische Vorbild. Das Müller in der Nachbarschaft der Uni ist einer der beliebtesten Studententreffs. Manche gönnen sich nur schnell einen Espresso an der Bar, andere sprechen den leckeren italienischen Gerichten zu. Vor allem die frischen Antipasti sind eine wahre Gaumenfreude. Für Lesefreunde: Den Gästen stehen ein halbes Dutzend Tageszeitungen zur Verfügung. Manche Gäste kommen zum Frühstück und kurz vor Mitternacht. Seinen Gästen läßt das Müller gerade acht Stunden Schlaf, immer wenn geschlossen ist. Adresse: Austr. 23.

Café Beckstein: 1887 wurde die Bäckerei in der Langen Straße gegründet und zählt zu den besten der Stadt, glaubt man kundigen Bambergern. Das Café ist wie Bamberg: Gemütlich, rustikal und alles ein bißchen grob. Ein Kachelofen wärmt an kalten Wintertagen, und auf den Sofas läßt es sich stundenlang aushalten. Von der Wand blickt unverhohlen der Bamberger Reiter die Gäste an. Wer einmal die leckeren "Bamberger Hörnchen" probieren möchte, sollte das im Beckstein tun. Im Sommer verwandelt es sich durch die zu öffnende Fensterwand beinahe in ein Straßencafé. Schüler fühlen sich in dem rustikalen Ambiente genauso wohl wie alte Damen. Preiswert. Adresse: Lange Straße 9.

Café Graupner: Das Graupner ist Bambergs feinste Pastellerie. Vor allem die Kuchen sind vom Feinsten, etwa hauseigener Baumkuchen. Auf bequemen Sesseln läßt sich bei einer Tasse Kaffee das Straßenleben beobachten. Der hintere Teil des Cafés ist dem königlichen Spiel vorbehalten. An vielen Nachmittagen treffen sich Schachfans, darunter auch Bamberger Bundesligaspieler, zu einer anregenden Partie. Der Bedienung gegenüber ist im Graupner Geduld angesagt. Kleine Speisen wie Salate sind nicht die Stärken des Cafés. Älteres, konservatives Publikum. Das Graupner vermietet auch Zimmer: DZ 70 DM, mit Du 80 DM. Adresse: Lange Str. 5.

Café Central: Bis 1990 führte der bekannte Musiker Ingo Graupner hier, unterhalb des fränkischen Vatikans, das legendäre Café Residenz, den Bamberger Intellektuellentreff. Der Musiker verabschiedete sich aus der Domstadt, die beeindruckenden Räume des im 16. Jh. erbauten Palais' wurden renoviert und das Ganze als "Central" aus der Taufe gehoben. Manche erinnern sich melancholisch an das frühere Kaffeehaus zurück. Doch ein wenig der Tradition hat sich in den noblen Räumen des Barock-Anwesens gehalten: Eine Melange im lila Salon, dessen Decken einst prächtig vom Bamberger Hofstukkateur Franz Vogel gestaltet wurden. Dem Café im 1. Stock ist ein vornehmes Restaurant (Spezialität: Steaks vom Angusrind) angegliedert. Im Erdgeschoß: Cocktailbar mit anthrazitfarbenen Granittischen und klassischen Barhockern. Café tägl. ab 10 Uhr geöffnet, im Restaurant Mittags- und Abendtisch, Bar 19-1 Uhr.

Café Babylon: Wie eine Oase wirkt der kleine Innenhof in den Theatergassen. Bis um Mitternacht können Josephs Gäste an lauen Sommernächten bei orientalischen Spezialitäten ausharren. Für Frühaufsteher gibt es bereits ab 9 Uhr einen reichhaltigen Breakfast-Tisch. Der besondere Clou des Babylon ist nicht die modern-gemütliche Inneneinrichtung. sondern die Galerie im ersten Stock des Fachwerkhauses, an dessen Fassade der Wein hochklettert. Eine mediterrane Kulisse. Adresse: Theatergassen.

Hofcafé: Eines der beliebtesten Schülercafés. Durch einen Innenhof führt der Weg zu dem im ersten Stock gelegenen Café. Wie eine Galerie angelegt, einfach eingerichtet. Spezialität: Bio-Essen. Im Sommer sehr schöne Terrasse über dem Innenhof. Adresse: Austr. 14.

● KNEIPEN

Domterrassen: Tatsächlich bietet sich von keiner Terrasse der Altstadt ein malerischerer Blick auf den Bamberger Dom. Die am Unteren Kaulberg, hoch über dem Domgrund gelegene Gaststätte, ist im Sommer bereits ab dem späten Vormittag geöffnet. Einheimische und mancher Bamberg-Kenner lassen es sich nicht nehmen, an sonnigen Tagen auf der Holzterrasse zu speisen. Besonders empfehlenswert sind die preiswerten Schinkennudeln. Am Abend beherrschen Studenten die Szene. Adresse: Unterer Kaulberg 36.
Pelikan: Schlichtweg d i e Studentenkneipe. Der Pelikan überlebte alle Moden und blieb bis heute unverändert. Noch immer ist er Abend für Abend brechend voll. Im Sommer wird der kleine Innenhof als Biergarten genutzt. Adresse: Untere Sandstraße 45, Tel. 62 110.
Polarbär: Einfach und schlicht, dennoch gemütlich. Die Studentenkneipe zählt zu den beliebtesten Treffpunkten am Abend in der Altstadt. Preiswertes und schmackhaftes Essen. Ab und zu gibt es auch Konzerte. Im Sommer großer Biergarten, allerdings mit wenig Schatten und ziemlich viel Verkehrslärm. Adresse: Judenstr. 6.
Pizzini: Urgemütliche Weinstube, in der vor allem im Winter nur mit Glück ein Sitzplatz zu finden ist. Nicht nur Studenten fühlen sich in der verwinkelten, rustikalen Kneipe rundum wohl. Frankenweine werden hier genauso serviert wie ein Guiness-Bier. Adresse: Obere Sandstr. 17, Tel. 56 389.

● DISCOTHEKEN

Number one unter der kleinen Zahl Bamberger Discotheken ist das intime **Downstairs** in einer Seitengasse der Langen Straße. Cocktails und Musik stimmen hier. Ab 23 Uhr geht es hier erst los.
Einen ausgebauten Bundesbahn-Waggon hat sich die Altstadt-Discothek **Le Train** als Markenzeichen geleistet. Gemütliche Sitzgruppen in dezenter Eleganz. Viele Gäste vom Land. Besonderheit: Die Steak-Bar serviert warmes Essen von 20-3 Uhr. Adresse: Franz-Ludwig-Str. 5a.

● **Brauereigaststätten**

Da hocken sie, die Alteingesessenen, jederzeit bereit, mit dem fremden Tischnachbarn einen Schwatz anzufangen, aber lieber nicht über Politik reden . . . wenn, dann höchstens über den Oberbürgermeister, aber Bier, Brotzeit, Wetter bieten ausreichend Gesprächsstoff.
Auswahl an Brauereigaststätten hat man genug, es gibt 10 Brauereien in der Stadt, die meisten haben ihre eigene Wirtschaft direkt neben dem Sudhaus. Wer hier zu Mittag ißt, wird auf keinen Fall enttäuscht, auch nicht vom Preis. Außerhalb der normalen Essenszeiten kann auch die mitgebrachte Brotzeit auf den blankgescheuerten Ahorntischen ausgepackt werden. Ein Privileg, das sich die Bamberger nicht nehmen lassen.
Rauchbier: die Bamberger Spezialität. Den herben, rauchigen Geschmack des tief dunkelbraunen Bieres gewinnt man durch das Räuchern des Malzes über Buchenholz.

Schlenkerla: Die bekannteste Brauereigaststätte - nicht wegen ihrer Lage unterhalb des Domberges, sondern vor allem wegen des Gerstensaftes hocken hier Touristen und Einheimische harmonisch beisammen - fränkische Gemütlichkeit hinter Fachwerkfassade und Butzenscheiben. Das Schlenkerla ist das Mekka der Rauchbier-Fans. Seinen Namen verdankt das Haus einem Brauer, der hier im 17. Jh. lebte und durch seinen schlenkernden Gang auffiel. Es gibt gute Brotzeiten und ein Rauchbier mit extra starkem Rauchgeschmack (eigene Mälzerei). Im Innenhof werden zum Bier Brezeln, aber auch Krüge verkauft. Adresse: Dominikanerstr. 6, Tel. 56060.

Spezial: Fast immer voll, vormittags, nachmittags . . . erstaunlich. Touristen verschlägt es weniger hierher, Bauern aus dem Umland und Eingesessene mischen sich untereinander, im Hinterzimmer treffen sich noch immer gern Schüler und Studenten zum Kartenspiel. Gute, einfache fränkische Küche (Kesselfleisch, Bratwürste etc.) und eigenes Rauchbier. Adresse: Obere Königstr. 10, Tel. 24304. Auch Zimmervermietung: DZ mit Du 75 DM.

Bock auf Bock

Als Bockbier wird allgemein der Gerstensaft mit mehr als 16 Prozent Stammwürzegehalt bezeichnet. In Bamberg schlägt der Beginn der Starkbierzeit ab und zu besonderes hohe Wellen. Dichte Menschentrauben bilden sich beim Bockbieranstich vor den Brauereien. Vor dem Spezial blockierten beispielsweise im November 1990 rund 300 Bier-Fans die vielbefahrene Straße, um sich eine Halbe zu ergattern. Der Zustrom der Bockbier-Begeisterten nahm kein Ende, so daß die Polizei schließlich die Ausfallstraße komplett sperren mußte. Bierstadt Bamberg.

Fäßla: gleich gegenüber vom Spezial: hier hat sich auch schon lange nichts mehr verändert. Fässer als Bar im Eingangsbereich. Spezialität: Zwerglas Märzen mit einem Stammwürzegehalt von 13,8 %. Preiswerte Mahlzeiten mit Klößen. Moderne und saubere Zimmer im 1. Stock: DZ mit Du 85 DM. Adresse: Obere Königstr. 21, Tel. 22998 od. 26516.

Greifenklau: oben am Kaulberg, mit Biergarten hinterm Haus. Eigenes Rauchbier, milder Geschmack. Gründer der Brauerei war 1719 der Domherr Graf von Greiffenclau. (siehe auch Keller) Adresse: Laurenziplatz 20, Tel. 53219.

Zwei urige altbambergische Brauereien im Arbeiterviertel **Wunderburg**. Hierher verlaufen sich wenig Ortsfremde:

Mahrs Bräu: Von der Außenfassade löst sich die Farbe und verleiht dem Anwesen eine gewisse Patina. Im Inneren verräuchert, niedrige Decken - Stammtischbrüder staunen über ein fremdes Gesicht. Zum Ausschank kommt ungespundetes Bier aus dem Holzfaß der Privatbrauerei der Gebrüder Michel. Gute, preiswerte Küche.

Vorm Haus stehen im Schatten einige Biertische. Gelegentlich am Wochenende Konzerte. Adresse: Wunderburg 10, Tel. 25538.

Keesmann: etwas moderner, bürgerlicher. Gute Auswahl an Gerichten, auch für gehobene Ansprüche, und Knöchla, deren Fleisch sich beim Antippen vom Knochen löst. Adresse: Wunderburg 5, Tel. 26646.

Crash-Kurs für Anfänger: Diplom-Bierologe

Kenner behaupten, Bamberg wäre von drei Strömen durchzogen - vom rechten Arm der Regnitz, vom linken Arm der Regnitz und vom Bier. Wer letzteres kennenlernen und es dabei zu höheren Ehren bringen möchte, sollte sich zum viertägigen Bierseminar einschreiben: Besuch von Brau - und Sudhäusern, Flaschen- und Gärkellern, Exkursionen auf's Land, Besichtigung des Biermuseums - alles rund um Hopfen und Malz. Und am Ende steht die hochoffizielle Verleihung des begehrten Diploms. Das ungewöhnliche Programm für Freunde des Gerstensaft kostet 425 Mark pro Person. Anmeldung vier Wochen vor dem Reisetermin beim Fremdenverkehrsamt.

● BIERKELLER

Bei schönem Wetter auf die Keller zu gehen, hat lange Tradition. Die Brotzeit wird mitgebracht, das saubere Tischtuch darf auch nicht fehlen. Geöffnet sind sie von Anfang Mai bis Ende September ab 16 Uhr (Wochenende ab 15 Uhr).

Spezial: Schöne Lage am Stephansberg neben der Sternwarte - Blick aufs Domviertel. Während des Sommersemesters ein "Wallfahrtsort" für Bambergs Studenten. Leckere fränkische Brotzeiten wie Zwiebalaskäs. Gute Bedienung. Adresse: Sternwartstraße.

Wilde Rose: ganz oben am Stephansberg, viel Schatten durch alten Baumbewuchs, kein Ausblick, schade. Selbstbedienung. Adresse: Oberer Stephansberg 49.

Mahr: gleich in der Nachbarschaft der Wilden Rose. Bei aufziehenden Gewittern kann man in die gemütliche Gaststube im Haupthaus des Mahrs-Bräu flüchten. Fränkische Spezialitäten, Mo Ruhetag. Adresse: Obere Stephansberg 36.

Greifenklau: Auf dem Kaulberg am Laurenziplatz (10 Min. vom alten Rathaus) liegt hinter einer unscheinbaren Fassade der idyllische Biergarten. Auf dem Greifenklau geht es zünftig zu, und an den langen Bänken ist jung und alt vereint. Fränkische Brotzeiten, prima Bratwürste. Gaststube im Hauptgebäude. Im Sommer bereits ab spätem Vormittag geöffnet.

Sehenswertes

Die ganze Stadt, insbesondere die beiden Regnitzufer. Um den Domplatz konzentrieren sich Bambergs Baudenkmäler - neben dem Dom die alte Hofhaltung und die barocke Neue Residenz

▶ **Dom**: Neben den Kaiserdomen in Speyer, Mainz und Worms ist der Bamberger Dom eines der imposantesten deutschen Bauwerke des Mittelalters. Seine vier schlanken Türme beherrschen seit nunmehr 750 Jahren das Bild der Stadt.
Der Bau entstand in einer Zeit des Übergangs von der Romanik zur Gotik. Die wuchtigen Tonnengewölbe des Mittelalters haben hier schon eine gewisse Leichtigkeit. 1237 erhielt der heutige Dom St. Peter und Georg unter Bischof EKBERT VON ANDECHS seine feierliche Weihe. Er steht an Stelle einer von Heinrich II. errichteten Kathedrale, die 1012 geweiht wurde.

Das Innere wird farblich vom hellen fränkischen Sandstein dominiert. Der karge Eindruck des heutigen Domes ist freilich historisch nicht richtig. Vielmehr wurde das Gebäude zur Zeit seiner Entstehung leuchtend bunt gemalt. Die Harmonie des Innenraums lebt vom spätromanischen Georgenchor (Osten) und dem gegenüber liegenden frühgotischen Peterschor (Westen).

Der Bamberger Dom beherrscht seit 750 Jahren das Bild der Bistumsstadt

Das bekannteste Kunstwerk im Dom ist das Standbild des *Bamberger Reiters*. Bis heute blieb die Plastik ein ungelöstes Rätsel für die Wissenschaft. Bis heute ist ungeklärt, wen der elegante König hoch zu Roß eigentlich darstellen soll. Dieses Werk eines unbekannten Bildhauers, entstanden um 1235, wurde als Idealbild des mittelalterlichen Königs- und Rittertums von den Nationalsozialisten propagandistisch mißbraucht.

Nach dem Dreißigjährigen Krieg wurde der Dom vollständig modernisiert und erhielt eine barocke Innenausstattung. In der Romantik wurde der gesamte barocke Zierrat (1836-1837) wieder entfernt. "Stilreinigung" nannte man das unter König Ludwig I.

Auf was Sie achten sollten:

* **Fürstenportal**: Haupttür des Doms (um 1230) am nördlichen Seitenschiff mit einer Darstellung des Jüngsten Gerichts und Christus als Weltenrichter - schon stark durch Umwelteinflüsse beschädigt.

* Zwischen den Treppen zum Georgenchor: das von TILMAN RIEMENSCHNEIDER zwischen 1499 bis 1513 in Juramarmor geschaffene **Hochgrab** für KAISER HEINRICH II. und seine Gemahlin KUNIGUNDE. Lohnenswert die Betrachtung der Reliefs, die die Legenden der beiden Heiligen erzählen.

* **Marienaltar** von Veit Stoß (1523) im südlichen Querschiff. Im Zentrum des Lindenholz-Altars steht die Geburt Christi. Das ursprünglich für Nürnberg bestimmte Meisterwerk blieb wegen der Ausbreitung der Reformation im katholischen Bamberg, wohin sich der fränkische Bildhauer aus dem gleichen Grund zurückgezogen hatte.

* **Papstgrab**, das einzige nördlich der Alpen (nicht zugänglich). Papst CLEMENS II. (ehemaliger Bischof von Bamberg) war nur neun Monate lang das höchste Kirchenamt vergönnt - er wurde 1047 von seinem abgesetzten Vorgänger vergiftet!

* **Die beiden Domkühe** (-esel) am nordwestlichen Turm wurden aus Dankbarkeit für die fleißigen "Dombauhelfer" angebracht. Die alte Garnitur kann aus nächster Nähe im Dommuseum besichtigt werden. Die jetzt an der Fassade angebrachten Kopien wurden zwar erst nach dem II. Weltkrieg der Witterung ausgesetzt, sind aber heute schon stark angegriffen.

Gottesdienstordnung an Sonntagen: 7.30 Uhr, 8.45 Uhr (Choramt, bei dem meist der Domchor singt), 10.15 Uhr, 11.25 Uhr. Zu diesen Zeiten sollten Sie auf eine Besichtigung verzichten.

Wann ist der Dom nur noch eine Kopie ?

Der *Saure Regen* macht auch den Bamberger Kunstwerken schwer zu schaffen; was über Jahrhunderte hinweg fast unbeschädigt blieb, bröckelt jetzt vor sich hin. Schon Anfang dieses Jahrhunderts machten Konservatoren auf die Zusammenhänge von "Rauchgasen der Industrie" und sterbenden Kunstwerken aufmerksam.

Am Bamberger Dom wird laufend ausgebessert. Der ursprünglich gelbliche Mainsandstein wird heute dazu nicht mehr verwendet - eine weniger poröse "weiße" Substanz wird eingefärbt und in das historische Bauwerk eingefügt.

In Bamberg regnet es durchschnittlich 30,4 mg Schwefeldioxid pro Tag und qm (zum Vergleich - Köln 103 mg, Neuschwanstein 6,9 mg). Das SO_2 verbindet sich in der Luft mit Wasser und wird zu Schwefelsäure. Im Stein kristallisiert die schweflige Säure zu Salzen und sprengt dadurch das Steinmaterial ab.

▶ **Alte Hofhaltung:** Die Alte Hofhaltung am Domplatz steht an der Stelle der ehemaligen königlichen Pfalz, die bei der Gründung des Bistums in den Besitz des Bischofs überging. Die meisten Gebäude jedoch, die heute zu sehen sind, stammen aus dem 15. und 16. Jh. Die Front zum Domplatz wird vom **Kanzleibau** (1568) bestimmt. Den schönsten Teil der Alten Hofhaltung, den Innenhof, betritt man durch die *Schöne Pforte*, die ein Relief mit Maria, flankiert von Kaiser Heinrich II. und Kunigunde, schmückt. Der Innenhof wird durch hohe spätgotische Fachwerkgebäude (wird auch gerne als deutsche Renaissance bezeichnet) mit malerischen Galerien bestimmt, die in der zweiten Hälfte des 15. Jhs. entstanden. Im Sommer dient das Ensemble als Kulisse für die Freilichtinszenierungen der Calderón-Festspiele. Gegen Ende des 16. Jhs. hatte die Alte Hofhaltung als Fürstensitz weitgehend ausgedient. Beamte und Diener zogen ein, Stallungs- und Wirtschaftsräume entstanden.

Im Renaissance-Bau der Alten Hofhaltung (am Eingang links) ist das **Historische Museum** untergebracht, das sich der Stadtgeschichte von der Steinzeit bis zum 20. Jh. widmet. Besonders beachtenswert sind die Brücken- und Gartenfiguren des Rokoko-Bildhauers FERDINAND TIETZ (eigener Saal) und das Holzmodell (1744) für die Wallfahrtskirche Vierzehnheiligen von BALTHASAR NEUMANN. Beachtenswert auch der topographische Raum mit alten Gemälden (u. a. Gouachebild von E.T.A. Hoffmann) und Möbeln. Das Historische Museum veranstaltet auch Sonderausstellungen im Reichssaal. Geöffnet: 1. Mai bis 31. Okt. täglich 9-17 Uhr, Mo geschlossen; Eintritt 2 DM, Schüler/Stud. frei.

Sehenswert auch die **Dombauhütte**, die wegen ständiger Ausbesserungsarbeiten noch heute in Betrieb ist. Hier werden mit Kratzwerkzeugen und Meißel fleißig Kopien angefertigt.

▶ **Neue Residenz:** Der fürstbischöfliche Barockpalast entstand zwischen 1695 und 1704. Auftraggeber war der Fürstbischof von Bamberg und Kurfürst von Mainz LOTHAR FRANZ VON SCHÖNBORN, der als großer Barock- Baumeister in die Geschichte einging, obwohl vom Domkapitel ein Bauverbot aufgelegt wurde, um Geld zu sparen. Doch 1697 schaffte der Papst dieses Verbot ab, und Schönborns Architekt Leonhard Dientzenhofer bekam den Auftrag für die Neue Residenz. Schon 1703 war alles in Rekordzeit fix und fertig. Bis heute ist der prächtige Barockbau unverändert. Frühere großzügigere Planungen, zu deren Verwirklichung ein Teil der alten Hofhaltung hätte abgerissen werden müssen, sind aus Geldmangel verworfen worden.

Ein Teil des riesigen Palastes kann im Rahmen einer dreiviertelstündigen Führung besichtigt werden: Viel Stuck, fränkische und französische Möbel, Porzellan und Fayencen aus China und Holland - an nichts wurde in den fürstbischöflichen Wohn- und Repräsentationsräumen gespart. Höhepunkt jeder Führung ist zweifellos der Kaisersaal mit plastischer Deckenbemalung - Zentralperspektive von der Mitte des Raumes. Durch die perspektivischen Fresken versuchte Hofmaler MELCHIOR STEIDL den niedrigen Raum größer wirken zu lassen. Die Säle wurden mit aus Wien importierten Fayenceöfen beheizt. Die Befeuerung erfolgte durch separate Bedienstetengänge. In den Räumen lebte KÖNIG OTTO I. von Griechenland bis zu seinem Tod 1867, nachdem er fünf Jahre zuvor aus Hellas vertrieben worden war.

Im ersten Stock des Gebsattelhauses (westlicher Flügel) ist die **Staatsgalerie** der Bayerischen Staatsgemäldesammlung mit dem Schwerpunkt Spätgotik und Barock untergebracht. Wichtigstes Exponat ist die *Lucretia* von Lukas Cranach d. Ä.

Ein Flügel der Neuen Residenz wird auch von der Bayerischen Staatsbibliothek genutzt.

Öffnungszeiten: 1.4. - 30.9. tägl. 9-12 Uhr und 13.30-17 Uhr; 1.10 - 31.3. tägl. 9-12 Uhr, 13.30-16 Uhr; Eintritt: 2,50 DM. Adresse: Domplatz 8.

Der Rosengarten: Von der Residenz eingerahmte Terrasse mit malerischem Blick auf den Michaelsberg. Um den Springbrunnen sind Rosenbeete mit Rokokofigürchen (antike Götter und Jahreszeiten) von *Ferdinand Tietz* symmetrisch angeordnet. Im Rosengarten stehen allerdings nur Kopien, die Originale werden im Historischen Museum aufbewahrt. Der hübsche Pavillon wurde als Teehaus mit chinesischem Rokokodach erbaut und dient heute tagsüber als Café. Von hier fantastischer Blick auf die Stadt.

Diözesanmuseum: Das Museum links neben dem Dom war ursprünglich Kloster der St. Georgenbrüder. Aus dieser Bruderschaft entwickelte sich das sogenannte Metropolitan-Kapitel, die Verwaltungsgemeinschaft des Bistums. Das heutige Kapitelhaus wurde 1773 nach den Plänen BALTHASAR NEUMANNS fertiggestellt. Herzstück der Sammlung sind die prächtigen mittelalterlichen Textilien, darunter der

Sternenmantel KAISER HEINRICHS II. (1002-24) und der Mantel seiner Gattin Kunigunde. Der um 1020 aus blauem Damaststoff gefertigte Mantel des Bistumsgründers Heinrich beschreibt mit seinen Goldstickereien die gesamte Himmelssphäre mit vielen Sternenbildern und religiösen Symbolen. Der ebenfalls blaue Kunigundenmantel zeigt Darstellungen aus der Weihnachtsgeschichte und dem Leben von Petrus und Paulus.

In den anderen Räumen sind Teile des Domschatzes, historische Meßgewänder und wertvolle Reliquare ausgestellt. Die bekannteste Reliquie ist der noch heute verehrte "Heilige Nagel" vom Kreuz Jesu. Öffnungszeiten: 10-17.30 Uhr, Montag geschl.; Eintritt 2 DM. Adresse: Domplatz 5.

Die Katakomben des "fränkischen Roms"

Das Bamberger Berggebiet wurde vor allem im 17. und 18. Jh. durchlöchert wie Schweizerkäse. In den feinkörnigen Keupersandstein ließen sich spielend Stollen treiben. Die Gewölbe waren sozusagen der überdimensionale Kühlschrank Bambergs. Denn die gleichmäßig niedrigen Temperaturen waren optimal für die Lagerung von Bier, Wein und Nahrungsmitteln. Vor allem im 19. Jh. ließen die Bamberger Brauereien einen großen Teil des Berggebiets labyrinthartig aushöhlen. Lange schlummerte danach die Unterwelt Bambergs im Dunkel der Zeit, ehe sie von den Nazis in den letzten Kriegsjahren als Bunker entdeckt wurden. 1944 bezogen noch zwei Bamberger Rüstungszulieferbetriebe Stollen unter dem Stephans- und Kaulberg. Es wurden unterirdische Versorgungslager angelegt, die nach Kriegsende die Stadt kurzzeitig in ein Schlaraffenland verwandelten: Wein, Schokolade, Zigaretten in Hülle und Fülle. Wochenlang soll der würzige Geruch des Weines über dem Stephansberg gelegen haben. Die Katakomben des "fränkischen Roms" können heute im Rahmen einer Gruppenbesichtigung begangen werden. Anmeldungen bei der Abteilung Brand- und Katastrophenschutz der Stadt Bamberg, Rathaus Maxplatz, Tel. 873212. Bringen Sie Taschenlampen mit; warme Kleidung und feste Schuhe sind zu empfehlen.

▶ **Klein-Venedig:** Bamberger Postkartenmotiv: Kleine schiefe Fachwerkhäuser mit Balkonen und winzigen Vorgärten am Ufer, davor nostalgische Fischerkähne. Die Flußpartie von der Unteren Brücke bis zur Markusbrücke ist im August Mittelpunkt der Sandkirchweih mit Fischerstechen und Feuerwerk. Den Namen für die malerische Häuserzeile prägten zwei Journalisten in ihrem 1843 erschienen "Handbuch für Reisende auf dem Main".

▶ **Altes Rathaus:** Einmalige Lage auf einer künstlichen Insel mitten im Fluß. Eine Brücke "durch" das Rathaus verbindet hier die Ober- mit der Unterstadt.

Die Ursprünge des Gebäudes gehen zurück auf das 11. Jh., im Kern ist es gotisch. Nach einer Explosion 1440 wurde das Alte Rathaus neu gebaut und 1668 ein originelles Fachwerkgebäude - das "Rottmeisterhaus" - angefügt. Heute dominieren barocke Elemente, denn der gotische Bau wurde Mitte des 18. Jhs. von dem Bamberger Architekten Michael Küchel umgestaltet. Die Außenfassade ist über und über mit Fresken bemalt. Die Fassadenmalereien sind Allegorien von Herrschertugenden. Das Mittelbild auf der Ostseite zeigt die bischöfliche Regierungsführung. Prächtige Rokoko-Balkone mit dem Wappen der Stadt und des Bischofs hat der Brückenturm. Im Inneren Rokoko-Sitzungssaal (1. Stock) für Repräsentationszwecke der Stadt.

▶ **Michaelsberg:** Auf den Ausläufern des Steigerwalds thront das ehemalige *Benediktinerkloster Michaelsberg* über der Stadt. Gegründet wurde es schon unter HEINRICH II., als der Ostgau noch nicht vollständig christianisiert war. Als mächtiger Streiter gegen das Heidentum erhielt der hl. Erzengel Michael die Patenschaft. Besonders im 12. Jh. erlebte das Kloster seinen geistigen und ökonomischen Höhepunkt.

Nach Brandkatastrophen und starker Beschädigung während des Bauernkriegs zeigt sich das Kloster heute barock. Leonhard und Johann Dientzenhofer machten aus der mittelalterlichen Klosterburg zwischen 1696 und 1725 eine weitgehend barockisierte Anlage. Davon zeugt auch das Kircheninnere. Kurios ist am Ende des rechten Seitenschiffs die Heilig-Grab-Kapelle: An der Decke ein bildreicher Totenspiegel. Heute befindet sich im ehemaligen Benediktinerkloster ein Altersheim und das Biermuseum (siehe Museen).

Café neben dem Kloster: Im Schatten sitzen, den Blick genießen, dünnen Kaffee schlürfen! Auch ein Restaurant findet sich in den mittelalterlichen Klostergemäuern.

Der Himmelsgarten: ein gemaltes Kräuterbuch
Als die ursprüngliche Klosterkirche 1610 teilweise abbrannte, ließ man sich für das nachgotische Deckengewölbe etwas Besonderes einfallen. Ein Himmelsgarten sollte daraus werden. Versierte Freskenmaler pinselten 600 Pflanzen, botanisch genau, an die Decke - kurzum ein gemaltes Kräuterbuch.

▶ **Altenburg:** Der 33 Meter hohe Burgturm auf dem höchsten der sieben Hügel der Stadt ist von überall zu sehen. Die markante Lage wurde sogar einst für eine schnellere Kommunikation genützt. Der am Turm hängende Eisenkorb wurde früher für die Übermittlung von Feuersignalen an die 20 km von Bamberg gelegene Giechburg bei Scheßlitz benutzt. Die wuchtige Burg mit ihrer hohen Ringmauer wurde bereits 1108 urkundlich erwähnt und diente bereits knapp 150 Jahre später als Wohnsitz der Bischöfe. 1553 wurde sie im sogenannten Markgrafenkrieg schwer zerstört. Im Laufe des 19. und frühen

20. Jahrhunderts wurde infolge der Burgbegeisterung des neugegründeten Altenburgvereins viel ergänzt und neu gebaut, wie etwa die Kapelle (1834) und der 1902 geschaffene Bau, in dem das Restaurant untergebracht ist. Schöne Aussicht auf Bamberg.

Der letzte Gefangene: Auf dem Wehrgang sitzt er, seine Füße fest in den Löchern der Holzbalken eingekeilt. Im Winter wie im Sommer, Tag und Nacht harrt der letzte Gefangene im Freien aus. Nur die Überdachung schützt ihn vor Regen und Schnee. Eine Schaufensterpuppe sperrte der Altenburg-Verein für die Besucher in den sogenannten Gefangenenstock, um die Foltermethoden im 15. und 16. Jh. zu demonstrieren.

Die Altenburg ist mit dem Bus vom Zentralen Omnibus-Bahnhof (ZOB), Promenadenstraße, in 15 Min. erreichbar. Unterhalb der Burg ein großer Parkplatz.

Weitere Highlights der Bamberger Altstadt

Karmelitenkloster: Hinter einer barocken Eingangs-Fassade wartet ein wunderschöner romanischer Kreuzgang mit schönen Kapitellmotiven auf seine Entdeckung. Geöffnet: 8-11.30 Uhr, 14-17.30 Uhr. Adresse: Karmelitenplatz (Kaulberg).

Oberer Pfarre: Der hohe Turm mit seiner schön geschwungenen Kuppel prägt die Kulisse der Bamberger Altstadt. Die Obere Pfarre - Bauprojekt des 14. Jhs. - ist die größte gotische Kirche Bambergs. Beachtenswert: die *Brautpforte* an der Nordseite und das *Gnadenbild* der thronenden Muttergottes im Zentrum des Hochaltars. Adresse: Unterer Kaulberg.

Böttingerhaus: Vielleicht der schönste Bürgerpalast in der Altstadt. Das karamelfarbige Barock-Palais ließ sich der hohe Beamte IGNAZ TOBIAS BÖTTINGER, Berater des Fürstbischofs Lothar Franz von Schönborn, von 1706 bis 1713 nach

Prächtig - Portal des Böttingerhauses

dem Vorbild italienischer Palazzi erbauen. "Tropisch wuchernde Ornamentik" nannte der frühere Bundespräsident Theodor Heuss die Ausstattung des Palais im Genueser Barock. Adresse: Judenstraße 14.

Concordia-Schloß: Nur 200 m vom Böttingerhaus ließ sich Böttinger wenige Jahre später (1716-22) ein romantisch an der Regnitz gelegenes Wasserschloß bauen, das heute ein Forschungsinstitut für Geochemie beherbergt. Adresse: Concordiastraße (schönster Blick auf den Palast vom Mühlwörth).

Wasserschloß Geyerswörth: In Nachbarschaft des Alten Rathauses, über Holzbrücken erreichbar, liegt das 1585 errichtete fürstbischöfliche Stadtschloß, das heute von der Kommune für repräsentative Zwecke genutzt wird. Adresse: Geyerswörthstraße.

St. Martin: Jesuitenkirche der Gebrüder Dientzenhofer am Grünen Markt. Da sich der arme Orden keine Kuppel leisten konnte, malte Francesco Marchini 1714 eine originelle, in die Häuserzeile integrierte Fassade.

Weitere Museen

Karl May Museum: Mehr als 60 Millionen Bücher Karl Mays (1842-1912) wurden in deutscher Sprache gedruckt, der Autor ist damit einer der erfolgreichsten deutschen Schriftsteller. Das kleine Museum ist eine Fundgrube für Indianerfreaks. In den Ausstellungsvitrinen liegen Werkzeuge, Waffen, Kleidungsstücke, Hausrat etc. In Originalgröße gezeigt werden ein Totempfahl und zwei Kanus. Wertvollstes Stück (gleich rechts, 1. Raum) ist ein aus kleinen Muschelstücken (-Perlen) gewebter Irokesenhut Die Eroberer merkten damals bald, daß mit Glasperlen gute Geschäfte zu machen waren - billige Glasperlen wurden zum Zahlungsmittel.
Makaber: In einem kleinen Schaukasten rechts vom Durchgang sind eine Skalplocke und ein mumifiziertes Ohr zu sehen.
In einem weiteren Raum kann das Arbeitszimmer Mays besichtigt werden, mit wertvollem orientalischem Mobiliar, das einst die Grundlage des Museums bildete.
Adresse: Hainstr. 11, Tel. 22262, Mi 14 -17 Uhr, Do - Sa 9-12 Uhr und 14-17 Uhr, Sonntag 9-13 Uhr; Eintritt 2 DM.

E.T.A. Hoffmann-Haus: Nach zweijähriger Arbeitslosigkeit wurde 1808 Ernst Theodor Amadeus Hoffmann (1776-1822) eine Stelle als Theaterkapellmeister in Bamberg angeboten, die er gerne annahm. Der studierte Jurist aus Königsberg wirkte in der Domstadt auch als Musikkritiker, Bühnenbildner und nicht zuletzt als Komponist. Hier entstanden Kammermusiken, Zeichnungen und die Oper *Undine*. Nach unglücklicher Liebe zu einer 15jährigen Bürgertochter verließ er 1813 die Stadt. Die wichtigste Inspiration für seine Bücher - *Lebensansichten des Kater Murr; Die Elixiere des Teufels* - soll seine Zeit in

Bamberg gewesen sein.

Am Schillerplatz (!) steht das kleine, schmalbrüstige Häuschen, in dem das Multi-Talent lebte. Die vier Räume seiner ehemaligen Wohnung können besichtigt werden, eingerichtet sind sie im Stil der damaligen Zeit. Einige Exponate erschließen ein wenig die Welt des exzentrischen Romantikers.

Schillerplatz 26, 1. Mai - 31. Okt. Di - Fr 16-18 Uhr, Sa u. So 10-12 Uhr; Eintritt 1 DM.

Gärtner- und Häckermuseum: Gärtnerhaus mit Garten im Stil der Jahrhundertwende, das 1979 als Museum eröffnet wurde. Ausgestellt sind Geräte und Möbel, die einen Einblick in die Lebens- und Arbeitswelt der Zeit um 1900 geben. In zwei Räumen werden Geschichte und Glauben der beiden Handwerksberufe dokumentiert. Mittelstraße 34, 1. Mai - 31. Okt., Mi u. So 14-17 Uhr; Eintritt 2 DM.

Naturkundemuseum: Wurde bereits 1793 vom Fürstbischof Franz Ludwig von Erthal eingerichtet, es zählt deshalb zu den umfangreichsten seiner Art. 10.000 Objekte, von seltenen Tieren bis zu Fossilien, sind ausgestellt. Das Museum wurde zum Zeitpunkt der Recherche gerade umgebaut. Fleischstraße 2, Tel. 4026230,.

Fränkisches Brauereimuseum: "Das Bier hier ist gut", lobte schon der Philosoph Hegel vor fast 200 Jahren. Daran hat sich bis heute nicht viel geändert. Die Verarbeitung von Hopfen und Malz hat in Bamberg eine lange Tradition. Zehn der noch existierenden Brauereien geben davon Zeugnis. 1979 gründete sich ein Förderverein, der in den historischen Gewölben der ehemaligen Benediktinerbraustätte auf dem Michaelsberg das kleine Museum einrichtete. Historische Geräte dokumentieren den Produktionsprozeß von der Herstellung des Malzes bis zum fertigen Bier. Dazu im Sudhaus Vorträge mit Dias und Filmen. Mo - Fr 13.-16.30 Uhr, Sa/So nur bis 16 Uhr; Eintritt 3 DM. Michaelsberg 10 f, Tel. 53016.

Villa Dessauer: Eine noble alte Villa beherbergt die Bamberger Stadtgalerie. Keine Sammlung, sondern wechselnde Ausstellungen zeitgenössischer Kunst. Tägl. 10-16.30 Uhr, Mo geschlossen. Eintritt 2 DM. Adresse: Hainstr. 4a.

Missionsmuseum: Kleines Museum der Steyler Missionare. Viel Volkskundliches aus Südamerika und Indien. Geöffnet So 14-17 Uhr oder nach Vereinbarung (Tel. 56214). Adresse: Schloßstr. 30, Stadtteil Bug.

Der Krippenweg

Regelmäßig zur Weihnachtszeit können Besucher in der Altstadt von Krippe zu Krippe bummeln. Die üppigen und variationsreichen Darstellungen des Verkündigungsgeschehens der Geburt Christi stammen vor allem aus der Zeit des Barock. Diese Bamberger Tradition manifestiert sich noch heute in einer in Deutschland einzigartigen Krippenbauschule und den auf mittlerweile 26 Stationen in Kirchen und Museen angewachsenen Krippenweg. Augenfälligstes Beispiel sind die Figuren in Lebensgröße auf dem Schönleinsplatz. Das Fremdenverkehrsamt bietet gratis zum Krippenweg einen umfangreichen Prospekt mit Karte und Beschreibungen an.

Sport und Freizeit

Baden: Das originellste Freibad Bambergs ist das Licht-, Luft- und Sonnenbad im Hain, am Rande des gleichnamigen Stadtviertels (10 Min von der Altstadt). Es liegt direkt an einem der schönsten Abschnitte der alten Regnitz. Auf großen Holzblanken kann man sich sonnen oder Abkühlung im klaren Fluß suchen, in dem noch immer bedenkenlos gebadet werden kann. Kinderplanschbecken und Spielplatz sind vorhanden. Das Bad öffnet in der Regel am 15. Mai. Direkt neben dem Bad hat der Bamberger Ruderverein sein Domizil. Im gleichen Haus gibt es eine idyllische Gartenwirtschaft, von deren Biergarten man mit einer kühlen Halben die Sportler auf der Regnitz bequem beobachten kann.

Minigolf: Anlage im Hain und im Stadtteil Bug.

Personenschiffahrt: Im Sommer bietet die Fränkische Personenschiffahrt reizvolle Ausflüge. Die schönsten führen auf dem Main nach Mainfranken, nach Eltmann, Zeil, Haßfurt, Schweinfurt und Volkach. Beispiel: Bamberg-Volkach: Abfahrt 8.30 Uhr, Ankunft 16.30 Uhr, Rückfahrt mit dem Bus, für 27 DM. Die Abfahrt in Bamberg erfolgt am Kranen (beim Alten Rathaus). Informationen und Karten beim Bamberger Veranstaltungsdienst, Lange Str. 22, Tel. 25256.

Rudern: Am Leinritt im pittoresk-dörflichen Stadtteil Bug, dort wo sich die Regnitz in einen linken und rechten Flußarm teilt, werden Boote verliehen.

Wandern: Vom Alten Rathaus zur Altenburg

Bamberg zu erleben, heißt Spazierengehen. Eine der schönsten Exkursionen per pedes ist die rund einstündige Wanderung von der Altstadt hinauf zur Altenburg. Sie nimmt ihren Anfang beim Alten Rathaus. Gehen Sie dann in Richtung Dom, nach 150 m biegt rechts die Lugbank ab, die zum Pfahlplätzchen (Wohnhaus Hegels) führt, von dort geht die breite Straße Unterer Kaulberg steil den Berg hoch. Auf der Höhe der Oberen Pfarre mit ihrem originellen Turm (lohnende Besichtigung) biegen Sie rechts in das Gäßlein Hinterer Bach (Treppe) ab. Nach wenigen Metern treffen Sie auf den Fuß- und Radweg im Domgrund, der zwischen dem Kaul- und Domberg durch pittoreske Gärten führt. Er endet an einer kleinen Kreuzung (Sutte). Von dort gibt es zwei Möglichkeiten:

Die kürzere Variante: Geradeaus vor Ihnen beginnt die Altenburger Straße. Die bequeme Asphaltstraße (wenig befahren) führt direkt nach 1,5 km zur Altenburg.

Die Romantische Variante: An der Kreuzung biegen Sie in die kurze Ziegelgasse ab und dort nach wenigen Schritten in die Gartenstraße, die nach 100 m einen scharfen Knick (bei der Villa) macht und sich jetzt Teufelsgraben (Name des Tals) nennt. Die dichte Wohnbebauung endet hier. Nach 300 m macht der Weg eine Rechtskurve, Sie halten sich links und folgen der Bezeichnung Teufelsgraben. Von ferne sieht man bereits den Bergfried der Altenburg. Der Weg führt vorbei an Hausgärten und Wochenendhäuschen. Das Tal wird immer enger. Am Ende des Weges, etwa 700 m nach der Abbiegung, halten Sie sich links. Der steile Pfad mündet am Hang in den sogenannten Rübezahlweg (schöne Ausblicke), der das letzte Stück durch den Wald der Bergkuppe zur Altenburg führt.

Bestellung

☐ Ich möchte gerne unverbindlich das aktuelle Verlagsprogramm mit den Neuerscheinungen übersandt haben.

Alle unsere Titel sind im Buchhandel lieferbar, bitte bestellen Sie dort. Falls sich kein Buchladen in Ihrer Nähe befindet, liefern wir auch direkt.

Bitte schicken Sie mir:

. . . Ägypten ca. 29.80 DM
. . . Altmühltal 26.80 DM
. . . Amsterdam ca. 26.80 DM
. . . Berlin ca. 29.80 DM
. . . Bodensee ca. 29.80 DM
. . . Bretagne ca. 34.80 DM
. . . "DDR" 26.80 DM
. . . Europawanderweg E 5 19.80 DM
. . . Fichtelgebirge 19.80 DM
. . . Fränkische Schweiz ca. 29.80 DM
. . . Gomera 24.80 DM
. . . Griechenland/Gesamt 39.80 DM
. . . Griechische Inseln 34.80 DM
. . . Inter-Rail-1-Gesamt 29.80 DM
. . . Inter-Rail-2-Süd 29.80 DM
. . . Inter-Rail-3-Nord 26.80 DM
. . . Italien ca. 32.80 DM
. . . Jugoslawien/Gesamt 34.80 DM

. . . Jugoslawische Inseln 32.80 DM
. . . Korfu + Ionische Inseln 24.80 DM
. . . Korsika ca. 29.80 DM
. . . Kreta 34.80 DM
. . . Kykladen 32.80 DM
. . . Marokko 29.80 DM
. . . Nord/Mittelgriechenland 34.80 DM
. . . Peloponnes 32.80 DM
. . . Rom/Latium 29.80 DM
. . . Sardinien 32.80 DM
. . . Sauerland ca. 29.80 DM
. . . Sizilien ca. 32.80 DM
. . . Toscana 29.80 DM
. . . Tschechoslowakei ca. 29.80 DM
. . . Türkei-Gesamt 39.80 DM
. . . Türkei-Mittelmeerküste 32.80 DM
. . . Türkei-der Osten 34.80 DM
. . . Ungarn 29.80 DM

Ausschneiden, auf Postkarte kleben oder in einen Briefumschlag stecken und ab geht die Post (Absender nicht vergessen)! Zustellung postwendend und portofrei.

Michael Müller Verlag

Gerberei 19
8520 Erlangen

Verlagsprogramm

INTERRAIL

JUGOSLAWIEN

Fohrer, Eberhard:
Interrail Band 1 / Gesamt

Ein maßgeschneidertes Buch für Interrailer (bereits in zwei Sprachen übersetzt)! 20 europäische Länder, zusätzlich Marokko, Türkei und - brandneu - die Tschechoslowakei. Die schönsten Bahnlinien, Städte, Jugendherbergen, Sehenswürdigkeiten, Routen vom Nordkap bis Marrakesch , von Helsinki bis Ankara. Ein Muß für jeden Interrailer.

Die Zeit: "Birst geradezu vor Informationen"

690 Seiten, 29.80 DM, 4. Auflage '90, ISBN 3-923278-59-4

Fohrer, Eberhard:
Interrail Band 2 / Europa Mitte / Süd

Das Spezialbuch für Bahnreisende in Mittel- und Südeuropa, Marokko und der Türkei. Alle Tips für unterwegs - die interessantesten Routen, Sehenswürdigkeiten, preiswert Übernachten, günstig und gut Essen u. v. m. Detailliert wie kaum ein zweites Buch zu diesem Thema.

670 Seiten, 29.80 DM, 5. Auflage '90, ISBN 3-923278-02-0

Fohrer, Eberhard:
Interrail Band 3 / Europa Mitte / Nord

Das derzeit einzige Handbuch zum Bahnfahren in Mittel- und Nordeuropa - Skandinavien, Großbritannien, Irland, Benelux, Nordfrankreich, incl. BR Deutschland. Elementar für jeden Bahnfahrer: Routen, Städte, Landschaften, viele Wander- und Ausflugstips. Eine Anschaffung, die sich gerade im teuren Norden schnell rentiert.

390 Seiten 26.80 DM, 4. Auflage '90, ISBN 3-923278-64-0

Marr / Sippel: **Jugoslawien Gesamt**

1000 Kilometer Küste, zahllose Inseln. Städte und Landschaften vom barocken Ljubljana bis zum osmanisch geprägten Sarajewo. Die Naturparks und Seen zählen zu den schönsten Europas. Jugoslawien - ein Paradies für Nacktbader, Wassersportler und Naturfreunde. Viele praktische und nützliche Tips.

644 S., 34,80 DM, Originalausgabe '90, ISBN 3-923278-34-9

Marr-Bieger, Lore: **Jugoslawische Inseln**

Ein sehr umfassender Führer, der die vielfältige Inselwelt und die altertümlichen Festlandsstädte von Rijeka bis Dubrovnik ausführlichst beschreibt. Von Touristeninseln im Norden über die einsamen Kornaten und zahlreiche Inseln ohne Autoverkehr bis zu den Eilands an der südlichen Adria! Fährverbindungen, Slip-Plätze, hilfreiche Details zu Übernachten, Camping, Essen u. Touren. Zahlreiche Fotos, viele Karten.

560 Seiten, 32.80 DM, 2. erweiterte Auflage '89, ISBN 3-923278-75-6

NORDAFRIKA

Grashäuser / Schäffer: **Marokko**

Palmen, Lehmburgen und die Wellen des Atlantiks - jede Menge handfester Tips und viele Hintergrundinformationen. Ein islamisches Völkergemisch mit einer fremden Kultur. Die Exotik der Landschaften und Menschen verstehen und in die morgenländische Welt der Maghreb el Akhzem eindringen. Touren durch die Königsstädte, in den Hohen Atlas und die Oasen der Sahara.

440 Seiten, Originalausgabe 1989, 29,80 DM, ISBN 3-923278-24-1

Neu *Schröder, Thomas:* **Ägypten**

Eines der vielfältigsten Urlaubsländer der Welt - kaum vier Flugstunden entfernt und extrem preiswert. 5000 Jahre Geschichte, weite Wüsten, fruchtbare Oasen, Pyramiden und das Rote Meer. Tauchen und Baden auf dem Sinai, Bazarbummel in Kairo, mit dem Kamel ins Tal der Könige, mit der Feluke über den Nil . . . Dazu viele ausführliche Infos: Verkehrsmittel, Hotels und Restaurants, altägyptische Kunstschätze, Menschen und Mythen uvm.

Ca. 400 S., ca. 29.80 DM, Neuersch. Herbst '91, ISBN 3-923278-89-6

TÜRKEI

Weber u. a.: **Türkei - Gesamt**

Verlockung des Orients - gut erhaltene Ausgrabungsstätten, einsame Sandstrände und - preiswertestes Urlaubsland am Rande Europas. Türkei komplett: Istanbul, gesamte Agäis- und Mittelmeerküste, Inneranatolien, Kappadokien, Schwarzmeer, Van-See, Ararat und Nemrut-Dagi. Tausende von Adressen und Tips, aktuell und gründlich recherchiert.

890 Seiten, 39.80 DM, 4. erweiterte Auflage '90, ISBN 3-923278-70-5

Grashäuser / Weber:
Türkei-Mittelmeerküste, Kappadokien, Istanbul

Alles Wissenswerte zur "türkischen Riviera" - Übernachten, Essen, Sehenswertes . . . Badeurlaub im Schatten von Kreuzritterburgen und Minaretten. Im Hinterland Ausgrabungen von Weltrang: Ephesus, Troja, Milet. Kleinode in Inneranatolien, Istanbul, an der Südküste.

580 Seiten, 32,80 DM, 2. erweiterte Auflage '90, ISBN 3-923278-29-2

Grashäuser / Schmid: **Türkei - der Osten und Schwarzmeerküste incl. Istanbul**

Vom großen Tourismus unberührt: Anatolien mit der unendlichen Weite seines Hochlands und der tiefgrünen Küste des Schwarzen Meeres. Der bergumrahmte Vansee, Erzurum, die orthodoxe Metropole des Ostens, der Bibelberg Ararat, oder Trabzon, die alte Kaiserhauptstadt Trapezunt, locken zu einer Entdeckungsreise. Ein zuverlässiger und unterhaltsamer Reisebegleiter.

570 S., Originalausgabe '90, 34,80 DM, ISBN 3-923278-44-6

Weber u. a.: **Turkey**

The traveller's guide gives comprehensive information about the entire Aegean and Mediterranean coast, Sea of Marmara, West Anatolia, Cappadocia, Konya, Ankara and Istanbul. All you need to know about Antalya, Bodrum, Amamur - where you swim in the shadow of mediaeval castles and minarets - and Troy, Ephesus, Pergamon and Milet.

533 pages, 32.80 DM, first edition '89, ISBN 3-923278-39-X

KANARISCHE INSELN

Zeutschner / Burghold / Igel: **Gomera**

Das immergrüne Paradies vor der Küste Afrikas - Lorbeerwälder und bizarre Schluchten! Niveauvoller Winterurlaub neben Palmen und Bananenhainen auf der abwechslungsreichsten Kanarischen Insel. Die schönsten Wanderungen, die preiswertesten Residencias, die besten Bars und Strände. Zuverlässig, umfassend und aktuell!

250 S., Originalausgabe '91, 24,80 DM, ISBN 3-923278-09-8

OSTEUROPA

Zeutschner, Heiko: **Ungarn**

Alles über Land und Leute - nicht nur Budapest und Plattensee. Für den Reisenden akribisch recherchiert und detailliert: Übernachten, Essen, Sehenswertes, Shopping, Kultur, Camping, Wandern, Heilbaden, Reiten usw. Dazu viele Hintergrundstorys zu Interessantem und Kuriosem: Tokajer Weine, Pferdezucht, Donaukraftwerk, Pußtaausflüge . . . Das derzeit billigste Reiseland Europas!

480 Seiten, 29.80 DM, 3. Auflage 1991, ISBN 3-923278-80-2

Neu *Humphreys, R:* **Tschechoslowakei**

Brandaktuell und ausführlich: das Handbuch zu einem der interessantesten Länder in Osteuropa. Die "sanfte Revolution" von 1989 hat hier vieles verändert; dieses Buch ist auf dem neuesten Stand: so sind sogar schon die in jüngster Zeit geänderten Straßennamen verzeichnet. Ein nützlicher und unentbehrlicher Begleiter: ob in Prag, Bratislava oder Olomouc . . .

Ca. 400 S., ca. 29.80 DM, Neuersch. Sommer 1991, ISBN 3-923278-98-5

GRIECHENLAND

Kanzler / Siebenhaar / Fohrer:
Griechenland Gesamt

Es füllt eine Lücke im Buchregal - eine konzentrierte Zusammenfassung unserer Griechenlandreihe. In seiner Informationsfülle bestechend. Gesamtes Festland, Peloponnes und über 65 Inseln! Flächendeckend zahllose Tips, die sich schnell bezahlt machen: günstige Hotels, lohnende Tavernen, Nachtleben, Sehenswürdigkeiten, Ausgrabungen u.v.m.

720 S., ca. 39.80 DM, 4. Auflage '91, ISBN 3-923278-60-8

Fohrer / Kanzler / Siebenhaar:
Griechische Inseln

Inseln wie Sand am Meer - Nördliche und Südliche Sporaden, Ionische und Saronische Inseln, Dodekanes, Kykladen, Kreta und mehr. 75 griechische Inseln in einem Band vom Norden bis tief in den Süden! Alles Notwendige und viel Wissenswertes: Übernachten, Baden, Camping, Wandern, Tavernen, Klöster, Bootstrips, Sport, Ausflüge ins unberührte Hinterland.

650 Seiten, 34.80 DM, 3. Auflage '90, ISBN 3-923278-65-9

Kanzler, Peter:
Nord- und Mittel- Griechenland

Reisehandbuch mit vielen praktischen Tips zum griechischen Festland. Baden auf Chalkidiki, Bergwandern auf dem Olymp, Meteora-Klöster zwischen Himmel und Erde, das Orakel von Delphi . . . Athen, die Millionenstadt. Dazu die vorgelagerten Inseln: Korfu, Skiathos, Thassos, Samothraki, Skopelos, Euböa, Limnos u.v.m.

600 Seiten, 34.80 DM, 4. Auflage '91, ISBN 3-923278-50-0

Siebenhaar, H.-P.: ## Peloponnes

Alles zum »Herzen« Griechenlands und der umliegenden Inselwelt. Kilometerlange Sandstrände bei Killini, die weltberühmten Ausgrabungen von Olympia und Mykene, das Theater von Epidauros, die karge Halbinsel »Mani«, Mistra – die verfallene Klosterstadt, die Inseln Kephallonia, Ithaka, Zakynthos, Lefkas, Hydra, Spetse, Ägina und und und.

500 Seiten, 32,80 DM, 2. Auflage '90, ISBN 3-923278-45-4

Fohrer, Eberhard: ## Kreta

Schluchten, Meer, Palmenstrand. Über 600 Seiten Information und Hintergründe - die schönsten Strände, versteckte Fischerdörfer, minoische Paläste, byzantinische Fresken, familiäre Pensionen. Außerdem jede Menge detaillierte Wanderrouten. Ein unentbehrlicher Begleiter, der sich schnell bezahlt macht.

615 Seiten, 34.80 DM, 6. Auflage '90, ISBN 3-923278-35-7

Kanzler / Siebenhaar:
Korfu und Ionische Inseln

Griechenland mal anders - italienischer Flair und griechische Lebensart. Viele praktische Tips zu den grünen Inseln vor der Westküste Griechenlands. Korfu, Kephallonia, Zakynthos, Ithaka und die winzigen Eilande im Umkreis - bis auf Korfu noch abseits der Touristenströme. Sandstrände, Felsbuchten und Zypressenwälder.

260 S., 24,80 DM, Originalausgabe '90, ISBN 3-923278-19-5

Fohrer, Eberhard: ## Kykladen

Mittelpunkt der griechischen Inselwelt: Mykonos, Paros, Naxos, Santorini und 21 weitere Inseln. Die schönsten Strände, Tavernen, die nicht jeder kennt, preiswerte Pensionen und Hotels. Vulkane, Klöster, Eselspfade - vom Rummel in die Einsamkeit. Das spezielle Handbuch für jeden Kykladenfahrer.

558 S., 32,80 DM, Originalausgabe '90, ISBN 3-923278-04-7

ITALIEN

Müller, Michael: Toskana

Toskana, Umbrien, Elba - ein nützliches Reisebuch zur vielfältigsten Region Italiens. Zahllose praktische Tips zu Unterkunft, Ristorantes, Sehenswertes, Kunst und Kultur . . . Florenz, Siena, Perugia - Chianti kosten in Castellina, Filetto im Chiana-Tal, Michelangelo und die Medici-Gräber.

410 Seiten, 29.80 DM, 5. Auflage '90, ISBN 3-923278-06-3

Hemmie, Hagen: **Rom**

Umfassender Reiseführer über die Weltstadt und ihre Provinz (Latium) - zahlreiche Tips zu Sehenswürdigkeiten aus der ganzen Geschichte bis heute. Außerdem Café Greco, Eis bei "Giolitti", die Gärten von Tivoli . . . Restaurants / Hotels / Nachtleben, Bekanntes und Verstecktes, kleine Orte wie vor 100 Jahren . . .

Ca. 450 Seiten, 29.80 DM, 4. Auflage '91, ISBN 3-923278-30-6

Fohrer, Eberhard: **Sardinien**

Eine Insel zum Entdecken - kilometerlange Sandstrände, meerumspülte Felsbuchten, uralte Korkeichenwälder, winzige Bergnester . . . Eine Fülle praktischer Hinweise zu Übernachten, Essen, Baden, Sehenswertes, außerdem viele Hintergrundinformationen, Geschichte und Geschichten u.v.m.

Ca. 560 Seiten, ca. 32.80 DM, 3. Auflage '91, ISBN 3-923278-11-X

Neu *Fohrer, Eberhard:* **Italien**

Gelato, Cappuccino, Campari . . . Viele praktische Tips für jeden, der den Stiefel bereist, ausführlich und aktuell: Kneipen, Ristorantes, Übernachtungsmöglichkeiten, Camping, Sehenswürdigkeiten, Badeurlaub - vom hektischen Mailand bis zum faszinierenden Palermo, Surfen am Gardasee, Camping am Gargano, endlose Sandstrände auf Sardinien und Mittelalter in der Toskana.

Ca. 500 S., ca. 32.80 DM, Neuersch. Sommer 1991, ISBN 3-923278-20-9

Neu *Schröder, Thomas:* **Sizilien**

Italiens südlichste Ecke - Sommer von April bis November! Griechische Tempel und normannische Kathedralen, lange Strände und malerische Schluchten. Wertvolle Tips zu Camping, Hotels, Restaurants und Fortbewegung, reichlich Infos zu Geschichte und Sehenswürdigkeiten. Sightseeing in Palermo, Vulkanbesteigung auf Stromboli, Baden im Nationalpark Zingaro. Unentbehrlich für Sizilien-Entdecker.

Ca. 400 S., ca. 32.80 DM, Neuersch. Sommer 1991, ISBN 3-923278-74-8

DEUTSCHLAND

Siebenhaar / Müller: **Fränkische Schweiz**

Ursprüngliche Mittelgebirgslandschaft in Oberfranken. Üppiger Mischwald an den Talhängen, dazwischen helle Kalksteinfelsen, versteckte Dörfer, Tropfsteinhöhlen, Burgen, Mühlen und 100 Privatbrauereien (!). Viele Tips zu urigen Kneipen, Wanderungen, Kultur zwischen Heinrich II. und Wagner . .

Ca. 300 Seiten, ca. 29.80 DM, 4. Auflage '91, ISBN 3-923278-15-2

Müller, Martin: **Fichtelgebirge**

Ein Stück unentdecktes Deutschland am Rande der Republik! Aktivurlaub im Lande der Granitfelsen. Skiurlaub, Baden, Wandern, ausführliche Hinweise zu Einkehr- und Übernachtungsmöglichkeiten, Wissenswertes über Geschichte und Kultur. Umfassend und aktuell recherchiert.

195 S., 19.80 DM, Originalausgabe '88, ISBN 3-923278-99-3

Schrenk, Johann:
Altmühltal und Fränkisches Seenland

Ein praktisches Reisehandbuch mit vielen Hinweisen über Kultur und Geschichte des Altmühltals. Tips zum Segeln, Surfen, Wandern, Radeln und Bootfahren. Viele aktuelle Übernachtungstips und Restaurantadressen.

342 S., 26.80 DM, Originalausgabe '90, ISBN 3-923278-49-7

Loose, Stefan u.a.: **Berlin**

Das Handbuch zur Weltstadt - für Neuentdecker und Fortgeschrittene. Prall gefüllt mit praktischen Informationen aus Ost und West. Ausführlich, aktuell und unentbehrlich - für Einheimische und Zugereiste.

Ca. 450 Seiten, ca. 29.80 DM, 3. Auflage 1991, ISBN 3-923278-85-3

Neu *Zeutschner, Heiko:* **Sauerland**

"Heiko Zeutschner (...) geht ausführlich (...) ans Werk und geht dabei die Details so dicht an, daß er mit seiner interessanten, praktischen und unterhaltsamen Darstellung (...) die Grenzen eines gängigen Reiseführers (...) überschreitet."
Frankfurter Allgemeine Zeitung

"Der zur Zeit beste Urlaubsführer durch die Region . . ." *Einkaufszentrale für öffentliche Bibliotheken*

Ca. 450 Seiten, ca. 29.80 DM, 2. Auflage 1991, ISBN 3-923278-55-1

Speck, Klaus: **DDR**

Trabis wie Sand am Meer, Schrebergarten-Datschas und Funktionärsvillen, Kartoffelklöße und Rotkäppchensekt. Viele praktische Informationen zu den neuen Bundesländern: Einkaufen im HO-Geschäft, Übernachten im Gagarin-Hotel, Schwimmen am Friedrich-Engels-Ufer, Schlemmen im Club der Werktätigen . . .

358 S., 26.80 DM, Originalausgabe '90, ISBN 3-923278-69-1

Neu *Siebenhaar, H.-P.:* **Bodensee**

Alles über den Bodensee - von Meersburg bis Lindau, von Bregenz bis Konstanz. Die schönsten Wandergebiete, Baden, Camping, Sport, Einkaufen, gute Restaurants, preiswert Übernachten (aber auch mit mehr Komfort) uvm. Einsame Plätze und Touristenrummel; Hermann Hesse und Graf Zeppelin auf der Spur. . .

Ca. 400 Seiten, ca. 29.80 DM, 2. Auflage 1991, ISBN 3-923278-40-3

STÄDTEFÜHRER

Neu *Dunford / Holland:* **Amsterdam**

Ein detaillierter Führer durch sämtliche Viertel der jugendlichsten Hauptstadt Europas mit einer Fülle praktischer Tips: Grachten und Märkte, Museen und Galerien, Hotels und Restaurants, Theater, Konzertsäle, Discos, Bars . . . Alles über die holländische Kultur von Hieronymus Bosch bis zum Jenever, dem holländischen Gin.

Ca. 250 S., ca. 26.80 DM, Neuersch. Frühjahr 1991, ISBN 3-923278-94-2

WANDERN

Grashäuser, Jochen: **Europawanderweg 5**

Zu Fuß vom Bodensee zur Adria über 5 Grenzen und rund 600 km. Das Buch ist dabei ein unentbehrlicher Begleiter, amüsant und nützlich! Ein umfangreicher Vorbereitungsteil, reizvolle Streckenvarianten, ausführliches Kartenmaterial, Quartierbeschreibungen und ein Sprachführer sind die wichtigsten Pluspunkte. Damit der Weg von Konstanz nach Verona zu einem unvergeßlichen Alpenerlebnis wird!
"Ein Reisebuch, das den Wanderappetit anregt."
Münchner Merkur

188 S., 19.80 DM, Originalausgabe '88, ISBN 3-923278-90-X

FRANKREICH

Neu *Grashäuser / Schäffer:* **Bretagne**

Meerumspülte und sagenumwobene Granit-Halbinsel, die man für das Ende der Welt hielt - Hinkelsteine, Kirchenkunst und 4000 Kilometer Küste. Wo einst die Druiden ihre Zaubertränke brauten, locken heute moderne Badeorte und kilometerlange Strände. Rund 500 Seiten prall gefüllt mit handfesten Informationen und wunderschönen Geschichten über Dolmen und Menhire, Kirchen, Kapellen und Calvaires von Mont St. Michel bis La Paule . . .

Ca. 470 S., ca. 34.80 DM, Neuersch. Frühjahr 1991, ISBN 3-923278-79-9

Neu *Schmid, M. X.:* **Korsika**

Die "Insel der Schönheit": von traumhaften Badebuchten hinauf zu entlegenen Hochtälern. Kastanienwälder, Korkeichen und eine wild duftende Maccia. Geschichte und Geschichten von der Menhir-Kultur bis zur Gegenwart. Vorschläge zu aufregend schönen Wanderungen - und natürlich eine Fülle praktischer Tips: Hotels, Campingplätze, Restaurants etc.

Ca. 350 S., ca. 29.80 DM, Neuersch. Frühjahr 1991, ISBN 3-923278-84-5

Index